Grenzüberschreitende Sachverhalte
im Bankenaufsichtsrecht

Frankfurter wirtschaftsrechtliche Studien

Herausgegeben von
Theodor Baums, Andreas Cahn, Friedrich Kübler,
Hans-Joachim Mertens, Eckard Rehbinder
und Gunther Teubner

Band 94

PETER LANG
Frankfurt am Main · Berlin · Bern · Bruxelles · New York · Oxford · Wien

Ulrike Blömer

Grenzüberschreitende Sachverhalte im Bankenaufsichtsrecht

PETER LANG
Internationaler Verlag der Wissenschaften

Bibliografische Information der Deutschen Nationalbibliothek
Die Deutsche Nationalbibliothek verzeichnet diese Publikation in der Deutschen Nationalbibliografie; detaillierte bibliografische Daten sind im Internet über http://dnb.d-nb.de abrufbar.

Zugl.: Frankfurt (Main), Univ., Diss., 2009

Umschlaggestaltung und Lichtbildwerk:
Olaf Glöckler, Atelier Platen, Friedberg

Gedruckt auf alterungsbeständigem,
säurefreiem Papier.

D 30
ISSN 0723-0427
ISBN 978-3-631-60413-7

www.peterlang.de

Meinen Eltern

Vorwort

Diese Arbeit lag dem Fachbereich Rechtswissenschaft der Johann Wolfgang Goethe-Universität Frankfurt am Main im Sommersemester 2009 als Dissertation vor. Die weitere Entwicklung in Rechtsprechung, Literatur und Gesetzgebung habe ich soweit wie möglich bis Januar 2010 berücksichtigt.

Ein besonderer Dank gilt meinem Doktorvater Herrn Prof. Dr. Andreas Cahn, LL.M. Er hat diese Arbeit während aller Phasen betreut und gefördert. Frau Prof. Dr. Katja Langenbucher danke ich herzlich für die zügige Erstellung des Zweitgutachtens. Herr Richter Dr. Michael Senger, Dipl.-Kfm., hat diese Arbeit angeregt. Dafür und für die vielen wertvollen Hinweise bin ich ihm sehr dankbar. Den Herausgebern der Schriftenreihe „Frankfurter wirtschaftsrechtliche Studien" drücke ich an dieser Stelle meinen Dank für die Aufnahme dieser Arbeit aus.

Weiterhin möchte ich mich bei der Stiftung Kapitalmarktrecht für den Finanzstandort Deutschland für die Förderung meiner Stelle am Institute for Law and Finance (ILF) der Johann Wolfgang Goethe-Universität bedanken. Zu besonderem Dank bin ich auch den Mitarbeiterinnen und Mitarbeitern des ILF verpflichtet, vor allem der Bibliothekarin Frau Jeanine Koch.

Schließlich danke ich meinen Freunden und Verwandten für ihre Unterstützung und Ermutigung während der Fertigstellung dieser Arbeit. Ein besonderer Dank gilt dabei meinem Freund WP/StB Dipl.-Kfm. Benjamin Bröring und meinen Eltern Dres. Ansgar und Elisabeth Blömer.

Bremen, Februar 2010 Ulrike Blömer

Inhaltsübersicht

Inhaltsverzeichnis

Abkürzungen

a. A.	andere Ansicht, anderer Ansicht
ABl. EG	Amtsblatt der Europäischen Gemeinschaften
Abs.	Absatz, Absätze
a. E.	am Ende
AEUV	Vertrag über die Arbeitsweise der Europäischen Union (vormals EGV)
a. F.	alte Fassung
AG	Aktiengesellschaft; die Aktiengesellschaft (Zeitschrift); Amtsgericht
AJP/PJA	Aktuelle juristische Praxis
AktG	Aktiengesetz
Alt.	Alternative, Alternativen
AnzV	Anzeigenverordnung
arg. e	argumentum e
Art.	Artikel
Aufl.	Auflage
BaFin	Bundesanstalt für Finanzdienstleistungsaufsicht
BAKred	Bundesaufsichtsamt für das Kreditwesen
BausparkG	Bausparkassengesetz
BAWe	Bundesaufsichtsamt für Wertpapierhandel
BB	Betriebs-Berater
BCCI	Bank of Credit and Commerce International
Bd.	Band
Beschl.	Beschluss
BetrVG	Betriebsverfassungsgesetz
BGB	Bürgerliches Gesetzbuch
BGBl.	Bundesgesetzblatt
BGH	Bundesgerichtshof
BGHZ	Entscheidungen des Bundesgerichtshof in Zivilsachen
BilMoG	Bilanzrechtsmodernisierungsgesetz
BKR	Zeitschrift für Bank- und Kapitalmarktrecht
BMJ	Bundesministerium der Justiz
BörsG	Börsengesetz
BT-Drucks.	Drucksachen des Bundestages

BuM	Bank und Markt
BVerfG	Bundesverfassungsgericht
BVerfGE	Entscheidungen des Bundesverfassungsgerichts
BVerwG	Bundesverwaltungsgericht
BVerwGE	Entscheidungen des Bundesverwaltungsgerichts
BWG	Bankwesengesetz (Österreich)
bzw.	beziehungsweise
CEBS	Committee of European Banking Supervisors
CESR	Committee of European Securities Regulators
CR	Computer und Recht
DB	Der Betrieb
DepotG	Depotgesetz
ders. / dies.	derselbe / dieselbe
d. h.	das heißt
DStR	Deutsches Steuerrecht
EG	Europäische Gemeinschaft
EGBGB	Einführungsgesetz zum Bürgerlichen Gesetzbuch
EGL	Ergänzungslieferung
EGV	Vertrag zur Gründung der Europäischen Gemeinschaft
etc.	et cetera
EU	Europäische Union
EuGH	Europäischer Gerichtshof
EUV	Vertrag über die Europäische Union
EuZW	Zeitschrift für Europäisches Wirtschaftsrecht
e. V.	eingetragener Verein
EWG	Europäische Wirtschaftsgemeinschaft
EWGV	Vertrag zur Gründung der Europäischen Wirtschaftsgemeinschaft
EWiR	Entscheidungen zum Wirtschaftsrecht
EWR	Europäischer Wirtschaftsraum
EWS	Europäisches Wirtschafts- und Sozialrecht
EZB	Europäische Zentralbank
f.	folgende
FAZ	Frankfurter Allgemeine Zeitung
ff.	fortfolgende
FinDAG	Finanzdienstleistungsaufsichtsgesetz
FMFG	Gesetz zur weiteren Fortentwicklung des Finanzplatzes Deutschland

Fn.	Fußnote
FRUG	Finanzmarktrichtlinie-Umsetzungsgesetz
FS	Festschrift
FSA	Financial Services Authority
GA	Generalanwalt, Generalanwältin
GATS	General Agreement on Trade in Services (Allgemeines Übereinkommen über den Dienstleistungshandel)
GATT	General Agreement on Tariffs and Trade
gem.	gemäß
GenG	Genossenschaftsgesetz
GewO	Gewerbeordnung
GG	Grundgesetz
ggf.	gegebenenfalls
GmbHG	Gesetz betreffend die Gesellschaften mit beschränkter Haftung
GWB	Gesetz gegen Wettbewerbsbeschränkungen
GwG	Geldwäschegesetz
GWR	Gesellschafts- und Wirtschaftsrecht
HGB	Handelsgesetzbuch
Hrsg.	Herausgeber
Hs.	Halbsatz
HypBankG	Hypothekenbankgesetz
i. d. R.	in der Regel
i. d. S.	in diesem Sinn
int.T.L.R.	International Trade Law and Regulation
InvG	Investmentgesetz
IPrax	Praxis des Internationalen Privat- und Verfahrensrechts
i. S. d.	im Sinne des, im Sinne der
IStR	Internationales Steuerrecht
i. V. m.	in Verbindung mit
IWF	Internationaler Währungsfonds
JZ	Juristenzeitung
KG	Kammergericht
KOM	Dokumente der Kommission der Europäischen Gemeinschaften
Konzern	Der Konzern
Kreditwesen	Zeitschrift für das gesamte Kreditwesen

KWG	Gesetz über das Kreditwesen
KWG-Texte	Consbruch, Johannes / Fischer, Reinfrid: Kreditwesengesetz
LG	Landgericht
lit.	litera
MMR	Multimedia und Recht
MoMiG	Gesetz zur Modernisierung des GmbH-Rechts und zur Bekämpfung von Missbräuchen
MüKo	Münchener Kommentar
m. w. N.	mit weiteren Nachweisen
NJW	Neue Juristische Wochenschrift
Nr.	Nummer
NWB	Neue Wirtschafts-Briefe
NZG	Neue Zeitschrift für Gesellschaftsrecht
ÖBA	Österreichisches Bank-Archiv
OLG	Oberlandesgericht
OLGE	Entscheidungen der Oberlandesgerichte
o.V.	ohne Verfasser
OVG	Oberverwaltungsgericht
RabelsZ	Rabels Zeitschrift für ausländisches und internationales Privatrecht
RegBgr.	Begründung der Regierung
RefE	Referentenentwurf
RegE	Entwurf der Regierung
RG	Reichsgericht
RGBl.	Reichsgesetzblatt
RGZ	Entscheidungen des Reichsgerichts in Zivilsachen
RIW	Recht der Internationalen Wirtschaft
RL	Richtlinie
Rn.	Randnummer, Randnummern
Rs.	Rechtssache
S.	Seite, Seiten
ScheckG	Scheckgesetz
SE	Societas Europaea (Europäische Gesellschaft)
SEEG	Gesetz zur Einführung der Europäischen Gesellschaft
Slg.	Sammlung der Rechtsprechung des Gerichtshofes und

	des Gerichts erster Instanz
sog.	sogenannt
StGB	Strafgesetzbuch
u. a.	und andere, unter anderem
UmwG	Umwandlungsgesetz
UNCTAD	United Nations Conference on Trade and Development
Unterabs.	Unterabsatz
u. U.	unter Umständen
v.	vom, von
VAG	Versicherungsaufsichtsgesetz
VerkProspG	Wertpapier-Verkaufsprospektgesetz
VersR	Versicherungsrecht
VG	Verwaltungsgericht
VGH	Verwaltungsgerichtshof
vgl.	vergleiche
VO	Verordnung
VwVfG	Verwaltungsverfahrensgesetz
WBl.	Wirtschaftsrechtliche Blätter
WG	Wechselgesetz
WM	Wertpapier-Mitteilungen
WP	Wirtschaftsprüfer
WpHG	Wertpapierhandelsgesetz
WpÜG	Wertpapierübernahmegesetz
WTO	World Trade Organisation
WuB	Wirtschafts- und Bankrecht
z. B.	zum Beispiel
ZBB	Zeitschrift für Bankrecht und Bankwirtschaft
ZEuP	Zeitschrift für Europäisches Privatrecht
ZEuS	Zeitschrift für Europarechtliche Studien
zfbf	Schmalenbachs Zeitschrift für betriebswirtschaftliche Forschung
ZGR	Zeitschrift für Unternehmens- und Gesellschaftsrecht
ZHR	Zeitschrift für das gesamte Handels- und Wirtschaftsrecht
Ziff.	Ziffer
ZIP	Zeitschrift für Wirtschaftsrecht
zit.	zitiert
ZPO	Zivilprozessordnung

Einleitung und Gang der Untersuchung

Seit Anfang der 1980er Jahre ist auf dem internationalen Finanzsektor ein stark wachsender Expansionsdrang der Banken in fremde Staaten zu verzeichnen. Ursachen sind die Wachstumspotenziale, die mit Blick auf zunehmend gesättigte inländische Märkte in anderen Ländern erwartet werden, und die damit verbundenen Aussichten auf Ertragssteigerungen. Mit dem Ausbau des Auslandsengagements geht ein Wandel in der Struktur der Geschäftsaktivitäten der Banken einher. Früher beschränkten sich Banken darauf, Niederlassungen in fremden Staaten zu errichten und auslandsbezogene Geschäfte für inländische Kunden zu erbringen[1]. Mittlerweile hat sich eine Fülle unterschiedlicher Geschäftsmodelle entwickelt, die auf einen Ausbau und eine Pflege von direkten Beziehungen zu Kunden, die in fremden Staaten ansässig sind, gerichtet sind. Folge ist ein stetiges Zusammenwachsen der nationalen Finanzmärkte. Banken aus dem europäischen und außereuropäischen Ausland dringen in die Bundesrepublik[2], und auch inländische Banken expandieren über das Gebiet der Bundesrepublik hinaus.

Diese geänderten Strukturen stellen besondere Anforderungen an die bankenaufsichtsrechtlichen Regelwerke. Die herkömmlichen aufsichtsrechtlichen Vorschriften sind in erster Linie auf nationale Sachverhalte zugeschnitten. Daher stellen sich die Fragen, inwieweit die bestehenden Normen auf die neueren grenzüberschreitenden Vertriebsstrukturen anwendbar sind und inwiefern diese Normen den nationalen Aufsichtsbehörden Regelungskompetenzen zuweisen. Möglicherweise haben die Entwicklungen der jüngeren Vergangenheit zu einem gesetzgeberischen Handlungsbedarf geführt.

Diese Fragen betreffen auch das KWG. Sie haben bereits zu mehreren Entscheidungen der Verwaltungsgerichtsbarkeit sowie auf Vorlage des VG Frankfurt am Main zu einem Urteil des EuGH[3] geführt. In der vorliegenden Arbeit soll untersucht werden, inwieweit auf Grundlage der geltenden Regelungen des KWG die neueren Rechtsprobleme gelöst werden können und ob ein Regelungsbedarf für den deutschen Gesetzgeber besteht.

1 Vgl. *Zeitler*, Internationales Bankgeschäft (1984), S. 1.

2 Z. B. ist die Zahl der im Verband der Auslandsbanken in Deutschland e. V. vertretenen Mitglieder im Jahr 2006 um 20 % gestiegen, siehe hierzu *Siedenbiedel*, FAZ v. 20.04.2007, S. 55.

3 Vgl. EuGH v. 03.10.2006 C-452/04 (Fidium Finanz) Slg. 2006, S. I 9521.

Im 1. Teil der Arbeit werden die für den Bereich der Bankenaufsicht anwendbaren Vorschriften und die Grundbegriffe des KWG erläutert. Daneben wird ein Überblick über die Ziele der Bankenaufsicht und die Aufsichtseinrichtungen gegeben. Als Übergang zum 2. Teil werden die aufsichtsrechtlichen Probleme, die mit der Europäisierung und Internationalisierung der Finanzmärkte einhergehen, sowie die Grundlagen einer grenzüberschreitenden Bankenaufsicht aufgezeigt.

Der 2. Teil der Arbeit beschäftigt sich mit der regulatorischen Erfassung grenzüberschreitender Bank- und Finanzdienstleistungen. Zunächst erfolgt eine an der Systematik des AEUV[4] und des GATS[5] orientierte Strukturierung. Unterschieden wird hierbei zwischen dem Zugang von Instituten aus anderen Staaten des EWR und aus Drittstaaten zum deutschen Markt und dem spiegelbildlichen Eintritt inländischer Institute in andere Staaten des EWR und in Drittstaaten. Die weitere Unterteilung richtet sich danach, ob in dem fremden Staat feste Niederlassungen errichtet oder ob Aktivitäten ohne dauerhafte physische Präsenz entfaltet werden. Diese verschiedenen Konstellationen, in denen Institute grenzüberschreitend tätig werden können, werden zunächst dargestellt. Anschließend wird erörtert, welche rechtliche Behandlung die jeweiligen Sachverhalte durch das KWG erfahren[6]. Dabei beschränkt sich die Untersuchung auf die Frage, ob Banken bei ihrem Eintritt in bzw. Austritt aus der Bundesrepublik einer aufsichtsrechtlichen Zulassung bedürfen. Inwiefern eine laufende behördliche Beaufsichtigung zu erfolgen hat, ist nicht Gegenstand der Arbeit. Ziel ist es, Inkonsistenzen des KWG und der behördlichen Normanwendung aufzuzeigen. Ein Kern der Analyse ist die in Literatur, Rechtsprechung und Verwaltung umstrittene Frage, inwieweit das KWG auf Marktteilnehmer anwendbar ist, die im Wege des grenzüberschreitenden Dienstleistungsverkehrs Bank- und Finanzdienstleistungen im Inland erbringen. In diesem Zusammenhang wird ein Augenmerk auf den Einfluss des Europarechts und des GATS auf das KWG gelegt. Auf Grundlage der gewonnenen Erkenntnisse werden Vorschläge zur Reform der einschlägigen kreditwesenrechtlichen Vorschriften gemacht.

Gegenstand des 3. Teils der Arbeit ist das bislang in der Literatur wenig diskutierte Problem, inwiefern grenzüberschreitende Verlegungen des Verwaltungssitzes durch Kredit- und Finanzdienstleistungsinstitute zulässig sind. Für die gesellschaftsrechtliche Behandlung dieser Form der Auslandsexpansion hat der EuGH wiederholt festgestellt, dass es gegen die Niederlassungsfreiheit verstößt,

---

4 Vertrag über die Arbeitsweise der Europäischen Union, vormals EGV.

5 General Agreement on Trade in Services. Abkommen, das Bestandteil des WTO-Abkommens der Uruguay Runde (1986-1994) ist. Es ist am 01.01.1995 in Kraft getreten. Siehe eingehend zum GATS *Weber*, Auslandsbanken (1996), S. 153 ff.

6 Eine zusammengefasste, generelle Analyse soll nicht erfolgen. Siehe hierzu *Zeitler*, Internationales Bankgeschäft (1984), S. 11.

wenn ein Mitgliedstaat einem in einem anderen Mitgliedstaat ansässigen Unternehmen den Eintritt verbietet. Das europäische Bankenaufsichtsrecht gibt aber eine Übereinstimmung des Verwaltungssitzes mit dem Satzungssitz zwingend vor; dies hat der deutsche Gesetzgeber im KWG umgesetzt. Untersucht wird daher, ob das bankenaufsichtsrechtliche Verbot der Verwaltungssitzverlegung mit der Niederlassungsfreiheit vereinbar ist.

1. Teil: Einführung in das Bankenaufsichtsrecht

1. Kapitel: Rechtsgrundlagen und Begriffe

Banken unterliegen in der Bundesrepublik einer Beschränkung der ihnen durch Art. 12 Abs. 1 GG verfassungsrechtlich verbürgten Gewerbefreiheit. Sie werden von der BaFin umfassend beaufsichtigt. Den Kern der Regulierung stellt das am 01.01.1962 in Kraft getretene KWG[7] dar. Das KWG ist ein spezielles Gewerbegesetz[8]. Die zentralen Aufsichtsobjekte im KWG sind Kredit- und Finanzdienstleistungsinstitute. Diese werden in § 1 Abs. 1 b KWG unter dem Begriff „Institute" zusammengefasst.

Kreditinstitute sind gem. § 1 Abs. 1 Satz 1 KWG Unternehmen, die Bankgeschäfte gewerbsmäßig oder in einem Umfang betreiben, der einen in kaufmännischer Weise eingerichteten Geschäftsbetrieb erfordert. Die einzelnen Bankgeschäfte sind in § 1 Abs. 1 Satz 2 Nr. 1-12 KWG aufgezählt. Finanzdienstleistungsinstitute sind gem. § 1 Abs. 1 a Satz 1 KWG Unternehmen, die Finanzdienstleistungen für andere gewerbsmäßig oder in einem Umfang erbringen, der einen in kaufmännischer Weise eingerichteten Geschäftsbetrieb erfordert, und die keine Kreditinstitute sind. § 1 Abs. 1 a Satz 2 Nr. 1-10 KWG enthält einen Katalog der Finanzdienstleistungen.

Abzugrenzen von Kredit- und Finanzdienstleistungsinstituten sind Finanzunternehmen. Diese stellen gem. § 1 Abs. 3 Satz 1 KWG Unternehmen dar, die keine Institute, Kapitalanlagegesellschaften oder Investmentaktiengesellschaften sind, aber finanzbezogene Tätigkeiten i. S. d. § 1 Abs. 3 Satz 1 Nr. 1-8 KWG ausüben. Bestimmte Gruppen von Instituten unterliegen neben dem KWG weiteren aufsichtsrechtlichen Anforderungen. So müssen etwa Sparkassen die Sparkassengesetze der Länder beachten, Hypothekenbanken das HypBankG und Bausparkassen das BausparkG.

---

7 Vgl. BGBl. I 1961, S. 881 ff.

8 Vgl. *Beck/Samm/Kokemoor*, KWG, § 6 Rn. 21; *Schäfer*, in: Boos/Fischer/Schulte-Mattler, KWG, § 6 Rn. 2.

Die aufsichtsrechtliche Beschränkung der den Instituten verfassungsrechtlich gewährleisteten Gewerbefreiheit unterliegt einem Rechtfertigungszwang[9]. Die Regulierung muss aus übergeordneten gesamtwirtschaftlichen Gesichtspunkten[10] geboten sein.

Ziel des KWG ist es, einen funktionsfähigen Kreditapparat zu gewährleisten. Der Gesetzesbegründung zufolge kann nur ein wirksames Kredit- und Finanzwesen seinem zentralen volkswirtschaftlichen Zweck genügen, freie Mittel als Einlagen einzusammeln und Gelder an kreditbedürftige Unternehmen weiterzugeben[11]. Dabei nimmt das Kredit- und Finanzwesen im Vergleich zu anderen Wirtschaftsbereichen eine Sonderstellung ein, weil sich Störungen im Bankapparat wegen der engen Verzahnung von Banken mit anderen Wirtschaftsbranchen höchst negativ auf weite Bereiche der Wirtschaft auswirken[12].

Daneben wird in Rechtsprechung[13] und Literatur[14] auf die kreditwesenrechtliche Zielsetzung des Schutzes der Gläubiger verwiesen. Hierzu stellt der Gesetzgeber fest: *„Wenn sich nicht jeder einzelne Gläubiger eines Kreditinstituts darauf verlassen kann, daß seine Gelder von diesem sicher angelegt und termingerecht zurückgezahlt werden, schwindet die Bereitschaft des Publikums, seine Mittel dem Kreditapparat anzuvertrauen"*[15]. Diese Aussage legt auf den ersten Blick nahe, den Gläubigerschutz nur als Mittel zu einem übergeordneten Zweck, nämlich der Funktionsfähigkeit des Kreditwesens, anzusehen[16]. Allerdings führt der Gesetzgeber weiter aus: *„Der Entwurf sieht sein Ziel darin, die Funktionsfähigkeit des Kreditapparates zu wahren und die Gläubiger ... zu schützen"*[17]. Genauso gleichwertig nebeneinander sind beide Aspekte im Aufgabenkatalog der BaFin gem. § 6 Abs. 2 KWG genannt. Hiernach ist die BaFin verpflichtet, einer Gefährdung der Sicherheit der den Instituten anvertrauten Vermögenswerte, einer Beeinträchtigung der ordnungsgemäßen Durchführung der Bankgeschäfte und Finanzdienstleistungen

---

9 Vgl. BVerfG v. 11.06.1958 1 BvR 596/56 E 7, S. 377 (403 f.).

10 Vgl. RegBgr. KWG BT-Drucks. 3/1114 S. 19.

11 Vgl. RegBgr. KWG BT-Drucks. 3/1114 S. 19.

12 Vgl. ferner RegBgr. KWG BT-Drucks. 3/1114 S. 19 f.

13 Vgl. BVerfG v. 24.07.1962 2 BvF 4/61 u. a. E 14, S. 197 (198); BVerwG v. 21.04.2004 6 C 20/03 E 120, S. 311 (330 ff.); BGH v. 12.07.1979 III ZR 154/77 Z 75, S. 120 (122).

14 Vgl. *Beck/Samm/Kokemoor*, KWG, § 6 Rn. 16; *Bester*, Kontrolle internationaler Bankkonzerne (1986), S. 25; *Senger*, Bankenaufsicht (2004), S. 37 f. m. w. N.

15 RegBgr. KWG BT-Drucks. 3/1114 S. 19.

16 So *Fischer*, in: Schimansky/Bunte/Lwowski (2007), § 125 Rn. 17; *Gaddum*, in: Büschgen/Richolt (1989), S. 45 (47); *Weber*, Auslandsbanken (1996), S. 25.

17 RegBgr. KWG BT-Drucks. 3/1114 S. 20.

sowie erheblichen gesamtwirtschaftlichen Nachteilen entgegenzuwirken. Dieser Aufgabenkatalog legt zugleich die generellen Zielsetzungen des KWG fest[18].

Das KWG dient somit zwei gleichwertigen übergeordneten Zielsetzungen, nämlich der Funktionsfähigkeit des Kreditapparates und dem Gläubigerschutz. Die Zwecke stehen nicht völlig unabhängig nebeneinander, sondern beeinflussen sich gegenseitig[19].

Gem. § 6 Abs. 1 KWG führt die BaFin die kreditwesenrechtliche Beaufsichtigung der Institute, die sog. Institutsaufsicht, aus. Die BaFin wird dabei gem. § 4 Abs. 4 FinDAG nur im öffentlichen Interesse tätig. Das KWG überträgt daneben bestimmte aufsichtsbezogene Aufgaben der Bundesbank[20]. Die Pflicht zur Zusammenarbeit von BaFin und Bundesbank ist in § 7 KWG geregelt[21]. Neben der BaFin und der Bundesbank gibt es auf europäischer und internationaler Ebene weitere Akteure der Finanzmarktaufsicht, so etwa das CEBS[22] oder den IWF[23].

Die Aufsichtsinstrumente, die den verschiedenen Einrichtungen zustehen, lassen sich unterteilen in Instrumente zur Zulassung der Institute zum Markt, zur laufenden Kontrolle sowie zum Eingriff in Sonderfällen[24]. Die Zulassung der Institute ist in §§ 32-38 KWG geregelt. Eingeleitet wird sie durch einen Erlaubnisantrag. Diesem sind gem. § 32 Abs. 1 Satz 2 KWG umfangreiche Unterlagen beizufügen. Beendet wird das Verfahren mit Erlaubniserteilung, ggf. gem. § 32 Abs. 2 KWG unter Auflagen oder Beschränkungen, oder mit Erlaubnisablehnung. Die laufende Überwachung umfasst insbesondere die Eigenkapital- und Liquiditätskontrolle gem. §§ 10 ff. i. V. m. §§ 25 ff. KWG sowie die Überwachung des Kreditgeschäfts durch die Anzeigen gem. §§ 13 ff. KWG. Befugnisse und Zwangsmittel der BaFin für besondere Fälle ergeben sich aus §§ 45 ff. KWG[25].

3. Kapitel: Folgen der Europäisierung und Internationalisierung

A. Entwicklung eines europäischen und internationalen Finanzmarkts

Seit dem Ende des Zweiten Weltkriegs bauen Unternehmen im Industrie- und im Dienstleistungssektor zunehmend ihre europäischen und internationalen Verflech-

18 Vgl. *Niethammer*, Bankenaufsicht (1990), S. 32 m. w. N.
19 Vgl. *Senger*, Bankenaufsicht (2004), S. 39 m. w. N.
20 Vgl. etwa §§ 2c Abs. 1, 13 Abs. 1, 13 a Abs. 1, 14 Abs. 1 KWG.
21 Siehe ausführlich *Nirk*, KWG (2008), S. 62 ff.
22 Committee of European Banking Supervisors.
23 Siehe eingehend *Richter*, Europäische Bankenaufsichtsbehörde (2006), S. 19 ff.
24 Vgl. *Büschgen/Börner*, Bankbetriebslehre (2003), S. 303.
25 Siehe ausführlich *Büschgen/Börner*, Bankbetriebslehre (2003), S. 304 ff.

tungen aus und formieren sich zu multinationalen Konzernen[26]. Weltweit tätige Unternehmen bedürfen eines grenzübergreifenden Finanzangebots[27], sodass auch der Finanzmarkt seit Anfang der 1980er Jahre einen umfassenden Strukturwandel erfährt[28]. Bis dato auf nationale Geschäfte beschränkte Institute folgen ihren Kunden ins Ausland, um sie mit grenzüberschreitenden Produkten zu betreuen[29]. Die fortschreitende Liberalisierung und Deregulierung der Finanzmärkte, insbesondere im europäischen Raum, unterstützt diese Entwicklung[30].

Entscheidend verstärkt wird dieser Trend seit Ende der 1990er Jahre durch den technischen Fortschritt, insbesondere durch die Etablierung des Internets. Hierdurch ist es Instituten möglich, Kunden ohne hohen Arbeitsaufwand und erhebliche Kosten weltweit zu erreichen[31]. Allgemeine Preissenkungen für Reisen und für den gesamten Telekommunikationsbereich lassen einen effizienten Ausbau grenzübergreifender Kundenbeziehungen zu. Die steigende Verbreitung der englischen Sprache vereinfacht die Kommunikation zwischen Marktteilnehmern, die in verschiedenen Staaten ansässig sind. Folge der Globalisierung der Finanzmärkte ist ein intensivierter Wettbewerb unter den Instituten; damit geht eine Ausweitung der Angebotspalette einher. Im Gegenzug wächst die Nachfrage nach diversifizierten Finanzprodukten[32] mit der Folge eines stetigen Umsatzwachstums in der Finanzbranche.

B. Aufsichtsrechtliche Herausforderungen der Europäisierung und Internationalisierung

Die fortschreitende Europäisierung und Internationalisierung des Finanzsektors führt zu regulatorischen Problemen. Die Anwendbarkeit des ursprünglich im Wesentlichen national ausgerichteten Aufsichtsrechts auf europäische und internationale Sachverhalte wird zunehmend infrage gestellt[33]. Mit steigendem Einsatz des

---

26 Vgl. *Wagner*, Internationale Tätigkeit der Banken (1982), S. 19.
27 Vgl. *Gkoutzinis*, Internet Banking (2006), S. 1.
28 Vgl. *Meister*, Kreditwesen 2000, S. 20.
29 Vgl. *Dicken*, in: Blaurock (1981), S. 75 (78); *Schlag*, Grenzüberschreitende Verwaltungsbefugnisse (1998), S. 27.
30 Vgl. *Lusser*, ZBB 1989, S. 101 (102); *Meister*, Kreditwesen 2000, S. 20; *Royla*, Grenzüberschreitende Finanzmarktaufsicht (2000), S. 21.
31 Vgl. *Bachmann*, in: Lehmann (1997), S. 169 (170); *Florian*, Rechtsfragen des Wertpapierhandels (2001), S. 15; *Gkoutzinis*, Internet Banking (2006), S. 7.
32 Vgl. *Royla*, Grenzüberschreitende Finanzmarktaufsicht (2000), S. 21 f.
33 Vgl. *Schlag*, Grenzüberschreitende Verwaltungsbefugnisse (1998), S. 29.

Internets verlieren staatliche Grenzen an Bedeutung[34]. Folge ist, dass ein sinnvoller Anknüpfungspunkt für die neuen Konstellationen gefunden werden muss. Dieser muss einerseits die Kompetenzen fremder Staaten beachten, andererseits ungewollte Aufsichtslücken schließen.

Schwierigkeiten ergeben sich nicht nur bei der Auslegung und Anwendung des Aufsichtsrechts, sondern auch bei der Durchsetzung von Verwaltungsmaßnahmen. Hoheitliche Befugnisse sind grundsätzlich auf das eigene Staatsgebiet beschränkt. Daher müssen Wege gefunden werden, auch europaweit bzw. international agierende Institute einer wirksamen behördlichen Kontrolle zu unterwerfen. Dringlich wird dies insbesondere dadurch, dass grenzüberschreitende Strukturen erhöht risikoanfällig sind. Dabei lassen sich vier Risikoarten unterscheiden: Länderrisiken, d. h. politische Interventionen des Aufnahmestaats gegen den Transfer von Geldern, Rentabilitätsrisiken, die vom Umfang des Auslandsengagements abhängen, Währungsschwankungen und Refinanzierungsprobleme auf internationalen Kapitalmärkten. Der finanzielle Status von grenzüberschreitend tätigen inländischen Instituten hängt dabei untrennbar mit der Situation im jeweiligen Aufnahmestaat zusammen[35]. Diese Risiken erfordern insgesamt eine eingehende behördliche Überwachung der Institute.

Nicht überzeugend ist es, wenn die einzelnen Staaten auf diese Anforderungen mit einer schlichten Erhöhung der Regulierungsdichte reagieren. Folge der Intensivierung der Aufsichtsstrukturen ist, dass grenzüberschreitend tätige Institute in den betroffenen Ländern als Aufsichtsadressaten eingeordnet werden. Die Institute müssen die von Staat zu Staat unterschiedlichen Aufsichtsstandards beachten. Da die Institute regelmäßig nicht sämtliche Voraussetzungen in allen Staaten, in denen sie tätig sind, erfüllen können, erweisen sich die Regelungen als unüberwindbare Zugangsschranken zu den fremden Märkten. Das gilt erst recht, wenn ein Staat z. B. festlegen würde, dass das nationale Bankenaufsichtsrecht bereits bei bloßer Abrufbarkeit der Internetpräsenz eines ausländischen Instituts vom Inland aus anwendbar sei. Wegen der kaum kontrollierbaren Verbreitung von Informationen über das Internet führte ein derart weiter Anwendungsbereich des Gesetzes zu nicht überschaubaren Haftungsrisiken für die Institute. Die Internetaktivitäten des Finanzsektors würden durch die strikten Regelungen geschwächt und sogar zum Erliegen gebracht[36]. Dies würde die Entwicklung des Finanzmarkts behindern und stünde den Interessen der Kunden entgegen. Daher sind Lösungen zu suchen, die

---

34 Vgl. *Böttcher*, Aktienplatzierungen (2004), S. 1 ff., 103; *Krause*, Alternative Wertpapierhandelssysteme (2005), S. 82 ff.

35 Siehe umfassend *Möschel*, ZBB 1989, S. 168 (169 f.); *Zeitler*, Internationales Bankgeschäft (1984), S. 47 ff.

36 Vgl. *Schlag*, Grenzüberschreitende Verwaltungsbefugnisse (1998), S. 30 ff.; *Spindler*, NZG 2000, S. 1058 (1059).

ohne unverhältnismäßige Steigerung der Regulierungsdichte eine wirksame Beaufsichtigung erlauben.

Da eine Beaufsichtigung von Instituten für diese einen erheblichen Kostenfaktor darstellt, führen divergierende Aufsichtsstandards zu unterschiedlichen finanziellen Belastungen für die Institute. Es entstehen Wettbewerbsverzerrungen, die die Wachstumsmöglichkeiten für Institute beschränken, die in einem hoch regulierten Finanzmarkt tätig sind. Ein gemeinsamer Finanzbinnenmarkt, dessen Schaffung nach Art. 26 AEUV Aufgabe der Europäischen Gemeinschaft ist, erfordert aber gleiche oder jedenfalls annähernd gleiche Wettbewerbschancen für alle Institute[37]. Um dieses europäische Ziel zu erfüllen, ist es notwendig, die Aufsichtsstandards der Mitgliedstaaten anzugleichen[38]. Im Verhältnis zu Staaten außerhalb der Gemeinschaft ist dafür zu sorgen, dass nationale und in anderen Mitgliedstaaten ansässige Institute jedenfalls keinen strikteren Anforderungen unterworfen werden.

C. Grundlagen des europäischen und internationalen Aufsichtsrechts

I. Europäische Aufsichtsregeln

1. Inhalt

Ziel des gemeinschaftsrechtlichen Bankenaufsichtsrechts ist zum einen, den Grundfreiheiten umfassende Geltung zu verschaffen; diese werden durch Zugangsbarrieren und unterschiedliche Aufsichtsniveaus in den Mitgliedstaaten[39] beeinträchtigt. Zum anderen sollen Beaufsichtigungsdefizite minimiert werden, die sich aus einer verminderten Kontrollierbarkeit multinationaler Institute ergeben. Diese Ziele sollen im Wesentlichen durch eine Angleichung der aufsichtsrechtlichen Regelwerke erreicht werden[40].

Harmonisiert wurden die Aufsichtsregeln für Kreditinstitute i. S. d. Gemeinschaftsrechts. Dieser Kreditinstitutsbegriff stimmt nicht mit dem des § 1 Abs. 1

37 Vgl. *Schlag*, Grenzüberschreitende Verwaltungsbefugnisse (1998), S. 30 f.

38 Vgl. *Schlag*, Grenzüberschreitende Verwaltungsbefugnisse (1998), S. 30 f.

39 Es soll ein „level playing field“ geschaffen werden, d. h. ein einheitlicher Markt mit gleichen Wettbewerbsbedingungen, vgl. *Liermann*, Deutsche Kreditinstitute (2002), S. 78.

40 Vgl. 3. Begründungserwägung zur Bankenrichtlinie (Richtlinie 2006/48/EG v. 14.06.2006); *Liermann*, Deutsche Kreditinstitute (2002), S. 77 ff.; *Rehbein*, ÖBA 1993, S. 251 (252); *Schneider*, in: The Institute of Comparative Law in Japan (1998), S. 261 (265). Siehe hierzu Bestandsaufnahme bei *Hirte/Heinrich*, ZBB 2001, S. 388 ff.

Satz 1 KWG überein, sondern beschränkt sich gem. Art. 4 Abs. 1 a) Bankenrichtlinie[41] auf Unternehmen, die Einlagen oder andere unbedingt rückzahlbare Gelder des Publikums entgegennehmen und kumulativ das Kreditgeschäft betreiben. Auf nationaler Ebene wird diese Institutsart gem. § 1 Abs. 3 d Satz 1 KWG als Einlagenkreditinstitut bezeichnet. Der enge Anwendungsbereich des Kreditinstitutsbegriffs der 1. BRKR[42] blieb damit – trotz anderweitiger Bestrebungen Deutschlands und Frankreichs[43] – erhalten. Anders als Deutschland oder auch Frankreich haben einige Mitgliedstaaten ihr Bankenaufsichtsrecht auf Kreditinstitute i. S. d. Gemeinschaftsrechts begrenzt[44].

Gem. Art. 4 Abs. 1 b) Bankenrichtlinie[45] erfasst der gemeinschaftsrechtliche Kreditinstitutsbegriff auch das E-Geld-Institut i. S. d. E-Geld-Richtlinie[46]. Der richtlinienrechtliche Begriff des E-Geld-Instituts stimmt mit dem des KWG überein. Gem. § 1 Abs. 3 d Satz 4 KWG handelt es sich bei einem E-Geld-Institut um ein Kreditinstitut, das nur das E-Geld-Geschäft betreibt.

Daneben wurden die Aufsichtsregeln für Wertpapierfirmen i. S. d. Art. 4 Abs. 1 Nr. 1 MiFID[47] harmonisiert. Im KWG werden diese als Wertpapierhandelsunternehmen bezeichnet. Gem. § 1 Abs. 3 d Satz 2 KWG sind Wertpapierhandelsunternehmen Institute, die keine Einlagenkreditinstitute sind und die Bankgeschäfte i. S. d. § 1 Abs. 1 Satz 2 Nr. 4 oder 10 KWG betreiben oder Finanzdienstleistungen i. S. d. § 1 Abs. 1 a Satz 2 Nr. 1-4 KWG erbringen, sofern es sich hierbei nicht ausschließlich um Devisen, Rechnungseinheiten oder Derivate handelt.

2. Theoretische Grundlagen

Grundlagen des europäischen Bankenaufsichtsrechts sind die drei Prinzipien der Herkunftslandkontrolle, der gegenseitigen Anerkennung und der Mindestharmonisierung[48].

---

41 Vgl. Richtlinie 2006/48/EG v. 14.06.2006.
42 Vgl. Richtlinie 77/780/EWG v. 12.12.1977. Siehe hierzu *Troberg*, Europäische Aufsicht (1979), S. 12 f.
43 Vgl. *Horn*, ZBB 1989, S. 107 (112).
44 Vgl. *Lanzke*, WM 1994, S. 2001 (2002).
45 Vgl. Richtlinie 2006/48/EG v. 14.06.2006.
46 Vgl. Richtlinie 2000/46/EG v. 18.09.2000.
47 Vgl. Richtlinie 2004/39/EG v. 21.04.2004.
48 Vgl. *Bader*, EuZW 1990, S. 117 (118); *Kluge*, Kreditwesen 1990, S. 182.

a) Herkunftslandprinzip

Das Herkunftslandprinzip findet seine Grundlage in der Rechtsprechung des EuGH zur Warenverkehrsfreiheit[49], aber auch in den Entscheidungen des EuGH zu anderen Grundfreiheiten[50]. Hiernach gilt grundsätzlich das Aufsichtsrecht des Staates, in dem das zu kontrollierende Institut seinen Sitz hat. Die Aufsichtsbehörde des Aufnahmestaats, in dem das Institut grenzüberschreitend aktiv wird, ist hingegen nur für einzelne aufsichtsrechtliche Bereiche zuständig, insbesondere für die Liquiditätsüberwachung, die Statistik und den Verbraucherschutz[51]. Die Herkunftslandkontrolle setzt das Vertrauen des einen Mitgliedstaats in die Gleichwertigkeit des Aufsichtsstandards des anderen Mitgliedstaats voraus[52]. Das Herkunftslandprinzip geht davon aus, dass das Institut in seinem Herkunftsstaat ohnehin beaufsichtigt wird[53] und die Kontrolle dort effektiv durchgeführt werden kann[54].

b) Prinzip der gegenseitigen Anerkennung

Das Prinzip der gegenseitigen Anerkennung bzw. das Single-Licence-Prinzip bedingt ebenfalls, dass die Mitgliedstaaten die Gleichwertigkeit der aufsichtsrechtlichen Regelwerke der anderen Mitgliedstaaten anerkennen[55]. Das Prinzip der gegenseitigen Anerkennung besagt, dass Institute, die in ihren Herkunftsstaaten beaufsichtigt werden, grenzüberschreitend tätig werden dürfen, ohne zusätzlich von den Behörden der Aufnahmestaaten beaufsichtigt zu werden[56]. Die Zulassung durch die Behörde des Herkunftsstaats bindet die Behörden des Aufnahmestaats wie eine inländische Zulassung[57]. Begrenzt wird das Prinzip dadurch, dass die

---

49 Vgl. EuGH v. 20.02.1997 Rs. C-120/78 (Rewe) Slg. 1979, S. 649 (Rn. 13 ff.); *Hirte/ Heinrich*, ZBB 2001, S. 388 (392).

50 Vgl. zur Niederlassungsfreiheit EuGH v. 07.05.1991 Rs. C-340/89 (Vlassopoulou/ Baden-Württemberg) Slg. 1991, S. I 2357 (Rn. 16 ff.). Vgl. zur Dienstleistungsfreiheit EuGH v. 23.11.1999 Rs. C-369/96 (Arblade) Slg. 1999, S. I 8453 (Rn. 2 ff.). Vgl. allgemein *Ohler*, Kollisionsordnung (2005), S. 64; *Strub*, Finanzdienstleistungen im Binnenmarkt (1994), S. 24 f.

51 Siehe hierzu *Richter*, Europäische Bankenaufsichtsbehörde (2006), S. 17; *Royla*, Grenzüberschreitende Finanzmarktaufsicht (2000), S. 41 f.

52 Vgl. *Knaul*, Auswirkungen des europäischen Binnenmarkts (1995), S. 79.

53 Vgl. *Bader*, EuZW 1990, S. 117 (118).

54 Vgl. EuGH v. 10.05.1995 Rs. C-384/93 (Alpine Investment) Slg. 1995, S. I 1141 (Rn. 48).

55 Vgl. *Eilmansberger*, EuZW 1991, S. 691 (694); *Royla*, Grenzüberschreitende Finanzmarktaufsicht (2000), S. 41; *Weber*, Auslandsbanken (1996), S. 70.

56 Vgl. *Knaul*, Auswirkungen des europäischen Binnenmarkts (1995), S. 72.

57 Vgl. *Ohler*, Kollisionsordnung (2005), S. 57 f., 63 f., 187.

Aufnahmestaaten aus zwingenden Gründen des Allgemeininteresses eigene Regelungen erlassen dürfen[58].

c) Prinzip der Mindestharmonisierung

Nach der 7. Begründungserwägung zur Bankenrichtlinie[59] gilt: „*Die Harmonisierung sollte sich auf das Wesentliche beschränken und nur so weit gehen, wie notwendig und ausreichend ist, um zur gegenseitigen Anerkennung der Zulassung und der Bankenaufsichtssysteme zu gelangen, die die Gewährung einer einzigen Zulassung für die gesamte Gemeinschaft und die Anwendung des Grundsatzes der Kontrolle durch den Herkunftsmitgliedstaat ermöglichen*“[60].

Inhalt des Prinzips der Mindestharmonisierung ist danach, dass nur grundlegende Regelungen angeglichen werden. Die Charakteristika der nationalen aufsichtsrechtlichen Regelwerke sollen gewahrt werden[61]. Dabei steht den Mitgliedstaaten frei, die Vorgaben für die eigenen Institute im Vergleich zu den richtlinienrechtlichen Standards zu verschärfen bzw. verschärfte Regeln beizubehalten[62]. Erforderlich ist insofern aber eine gesetzgeberische Klarstellung, dass diese Bestimmungen nicht in Umsetzung der Richtlinie ergangen sind[63]. Vorteile des Prinzips sind, dass die Souveränität der Mitgliedstaaten erhalten bleibt[64] und gleichzeitig ein Wettbewerb zwischen den mitgliedstaatlichen Rechtsordnungen eröffnet wird[65].

3. Exkurs: Vorschläge für eine Weiterentwicklung des europäischen Bankenaufsichtsrechts

Im Bereich des Versicherungsaufsichtsrechts sollte nach dem Entwurf der Solvency-II-Richtlinie ein Systemwechsel zu einer umfassenden Gruppenaufsicht stattfinden[66]. Danach sollte die Behörde des Mitgliedstaats, in dem die Konzernmutter ihren Sitz hat, die gesamte Gruppe hinsichtlich der Eigenmittelvorschriften, des Risikomanagements und der Transparenzanforderungen beaufsichtigen. Den Behörden der Mitgliedstaaten, in denen sich die übrigen Konzernunterneh-

58 Vgl. *Knaul*, Auswirkungen des europäischen Binnenmarkts (1995), S. 73.
59 Vgl. Richtlinie 2006/48/EG v. 14.06.2006.
60 Richtlinie 2006/48/EG v. 14.06.2006, S. 1.
61 Vgl. *Bader*, EuZW 1990, S. 117 (118); *Hahn/Wild*, EuZW 2006, S. 107; *Horn*, ZBB 1989, S. 107 (111); *Schneider/Troberg*, WM 1990, S. 165 (166).
62 Vgl. *Knaul*, Auswirkungen des europäischen Binnenmarkts (1995), S. 80 f.
63 Vgl. EuGH v. 21.11.2002 Rs. C-356/00 (Testa) Slg. 2002, S. I 10797 (Rn. 36).
64 Vgl. *Wagner*, Mindestharmonisierung (2001), S. 161 ff.
65 Vgl. *Kluge*, Kreditwesen 1990, S. 182 ff.
66 Vgl. zu dem Entwurf *o.V.*, Handelsblatt v. 11.07.2007, S. 22.

men befinden, sollten lediglich untergeordnete Kompetenzen verbleiben. Letztlich wurde eine abgeschwächte Form der Gruppenaufsicht verabschiedet[67].

Vor dem Hintergrund der Änderungen des Versicherungsaufsichtsrechts wird auch für den Bereich der Bankenaufsicht eine Konzentration der Zuständigkeiten auf die Aufsichtsbehörde am Sitz der Konzernmutter diskutiert[68]. Vorgeschlagen wird, dass dieser Aufsichtsbehörde als Lead Supervisor die umfassende Beaufsichtigung sämtlicher europaweit angesiedelter Konzerninstitute obliegt, während die Kompetenzen der übrigen Aufsichtsbehörden eingeschränkt werden[69].

Noch weiter gehend ist die Überlegung, eine einheitliche Bankenaufsichtsbehörde in Europa zu schaffen. Dies soll entweder durch Umgestaltung bereits bestehender Einrichtungen, insbesondere der EZB oder des CEBS, oder durch Neugründung einer europäischen Aufsichtsinstitution erfolgen[70]. Zumindest die Anregungen für eine zentrale europäische Aufsichtsbehörde wurden von der Kommission jüngst zugunsten einer Stärkung der vorhandenen Aufsichtsstrukturen zurückgestellt[71].

Eine eingehende Bewertung der Modelle kann im Rahmen der vorliegenden Arbeit nicht erfolgen[72]. Es soll lediglich darauf hingewiesen werden, dass bereits die Einführung eines Lead Supervisors die Eigenständigkeit der Mitgliedstaaten stark beeinträchtigen würde. Gegen das Konzept einer zentralen europäischen Aufsichtsbehörde spricht insbesondere das Subsidiaritätsprinzip des Art. 5 Abs. 3 EUV. Ob die Mitgliedstaaten in der Lage sind, den Grundfreiheiten bei Wahrung der derzeitigen dezentralen Aufsichtsstrukturen weitestgehende Geltung zu verschaffen, kann zwar nicht sicher bejaht werden, sollte aber auch nicht vorschnell verneint werden[73]. Weil die bisherigen richtlinienrechtlichen Vorgaben dem Prinzip der Mindestharmonisierung Rechnung tragen, kann das derzeitige Regelungsgefälle zwischen den Mitgliedstaaten nicht als Argument gegen ein dezentrales Regulierungssystem angeführt werden. Im Rahmen der mitgliedstaatlichen Umsetzungen der Wohlverhaltensregeln der MiFID[74], die einen hohen Detaillierungs-

---

67 Vgl. Richtlinie 2009/138/EG v. 25.11.2009, dort Titel III.

68 Vgl. *Sanio*, Die Bank 2007, Heft 4, S. 20 (21, 23); *Scheerer*, Handelsblatt v. 20.06.2007, S. 26.

69 Vgl. *Artopoeus*, Die Bank 2000, S. 12 (14); *Sanio*, Die Bank 2007, Heft 4, S. 20 f.

70 Siehe zu den Vorschlägen *Richter*, Europäische Bankenaufsichtsbehörde (2006), S. 95 ff.

71 Vgl. Kommission, Anhang I zum Grünbuch zur Finanzdienstleistungspolitik v. 03.05.2005 KOM (2005) 177, S. 12 ff.

72 Siehe zu den Argumenten für und gegen eine zentrale europäische Aufsichtsbehörde *Richter*, Europäische Bankenaufsichtsbehörde (2006), S. 54 ff. Zu den Gegenargumenten siehe *Meister*, Kreditwesen 2000, S. 20 (22); *ders.*, Börsen-Zeitung v. 15.05.1999, S. 7.

73 A. A. *Richter*, Europäische Bankenaufsichtsbehörde (2006), S. 85 f.

74 Vgl. Richtlinie 2004/39/EG v. 21.04.2004.

grad aufweisen[75], sind keine besonderen Schwierigkeiten zu verzeichnen. Eine weitere Angleichung der bankenaufsichtsrechtlichen Regelwerke durch den Erlass zusätzlicher europäischer Rechtsakte ist durchaus vorstellbar.

Ein erhöhter Harmonisierungsgrad, der den grundfreiheitlichen Gewährleistungen umfassend Rechnung trägt, könnte deshalb auch ohne eine zentrale Bankenaufsichtsbehörde erreicht werden. Eine vollständige Harmonisierung ist nicht erforderlich[76]. Durch die Unterschiede zwischen den nationalen bankenaufsichtsrechtlichen Rechtsordnungen wird vielmehr Raum für einen maßvollen Wettbewerb gelassen. Um Aufsichtslücken frühzeitig entdecken und die Effizienz der Beaufsichtigung steigern zu können, ist aber eine verstärkte Zusammenarbeit der Aufsichtsbehörden sinnvoll[77]. Dieses Modell wird in der Literatur unter der Bezeichnung „Kooperation der Aufsichtsbehörden und Konvergenz der Aufsichtspraktiken“[78] diskutiert.

II. Internationale Aufsichtsregeln

1. Tragweite

Auf internationaler Ebene sind umfassende bankenaufsichtsrechtliche Vorschriften nicht vorhanden. Die bestehenden Regelungen haben nur begrenzte Bedeutung[79]. Die wichtigste Institution ist der Baseler Ausschuss für Bankenaufsicht. Dieser wurde zur internationalen Koordinierung der Bankenaufsicht im Jahr 1979 gegründet und ist bei der Bank für internationalen Zahlungsausgleich angesiedelt[80].

Ziel des Ausschusses ist eine umfassende Kooperation der Aufsichtsbehörden. Der Ausschuss legt dazu fest, welche Aufsichtsbehörden für grenzüberschreitende Bankengruppen zuständig sind. Hiernach obliegt die Aufsicht den Behörden der Staaten, in denen die Institute der Gruppe ihren Sitz haben. Den Vorsitz bei der Beaufsichtigung hat aber die Aufsichtsbehörde am Sitz des Mutterinstituts. Der Ausschuss strebt auch eine Angleichung der aufsichtsrechtlichen Regelwerke an.

---

75 Im Vergleich zur MiFID wurden im Rahmen der Vorgängerrichtlinie, der WDRL (Richtlinie 93/22/EWG v. 10.05.1993), lediglich ausfüllungsfähige Mindeststandards festgelegt; vgl. *Katsas*, Business Rules (2002), S. 30 ff.

76 Vgl. *Schneider*, in: Hadding/Welter (1994), S. 9 (11).

77 Eine verstärkte Zusammenarbeit fordert auch *Meister*, Kreditwesen 2000, S. 20 (22).

78 Vgl. *Sanio*, Die Bank 2007, Heft 4, S. 20 (21).

79 Siehe hierzu *Weber*, Auslandsbanken (1996), S. 149 ff.

80 Der Baseler Ausschuss setzt sich zusammen aus Vertretern der folgenden Länder: Belgien, Deutschland, Frankreich, Italien, Japan, Kanada, Luxemburg, Niederlande, Spanien, Schweden, Schweiz, den USA und dem Vereinigten Königreich.

Zu berücksichtigen ist, dass den Empfehlungen des Ausschusses Rechtsverbindlichkeit fehlt[81].

2. Reziprozitätsprinzip

Auf internationaler Ebene kommt dem Reziprozitäts- bzw. Gegenseitigkeitsprinzip maßgebende Bedeutung zu. Hiernach dürfen Institute aus anderen Staaten in einem Staat Bank- und Finanzdienstleistungen nur so erbringen, wie es auch Instituten dieses Staats in den jeweiligen Herkunftsstaaten der ausländischen Institute erlaubt ist[82]. Inhalt des Prinzips sind demnach wechselseitige Vergünstigungen und Benachteiligungen: Einerseits baut es Hemmnisse für inländische Institute, die sich international betätigen wollen, ab und begünstigt somit handelspolitisch wünschenswerte Liberalisierungen. Andererseits dient es dem Schutz inländischer Institute, da unter Hinweis auf das Reziprozitätsprinzip ausländische Institute vom inländischen Markt ferngehalten werden können[83].

81 Siehe umfassend *Jörgens*, Koordinierte Aufsicht (2001), S. 24 ff.; *Lusser*, ZBB 1989, S. 101 (103 f.).

82 Vgl. *Royla*, Grenzüberschreitende Finanzmarktaufsicht (2000), S. 47.

83 Vgl. *Möschel*, ZBB 1989, S. 168 (178, 184); *Simma*, Reziprozitätselement (1972), S. 47; *Weber*, Marktzugang (1996), S. 89 ff.

2. Teil: Grenzüberschreitende Bankgeschäfte und Finanzdienstleistungen

Dieser Teil der Arbeit behandelt die aufsichtsrechtliche Erfassung von Instituten, die Bank- und Finanzdienstleistungen außerhalb ihrer Herkunftsstaaten[84] erbringen. Die verschiedenen Vertriebsformen lassen sich unter Zuhilfenahme des AEUV und des GATS strukturieren (1. Kapitel). Diese Verträge enthalten nicht nur Regeln für die Errichtung von Niederlassungen in fremden Staaten, sondern auch für Arten der Leistungserbringung, die ohne den Aufbau von festen Präsenzen in den Aufnahmestaaten erfolgen. Beide Vertriebsformen werden bei den weiteren Untersuchungen berücksichtigt, denn während sich früher das Auslandsengagement von Instituten auf die Errichtung von festen Präsenzen, insbesondere von Repräsentanzen, Zweigstellen und Tochterunternehmen, beschränkte[85], ist heute die grenzüberschreitende Leistungserbringung ohne Niederlassung im Aufnahmestaat wesentlicher Bestandteil des Auslandsengagements der Institute.

Anschließend wird untersucht, inwieweit diese Vertriebsformen dem KWG unterliegen. Dabei wird zunächst der Zugang ausländischer Institute in die Bundesrepublik erörtert (2. Kapitel). Während das KWG ausdrückliche Regelungen für die verschiedenen Formen von Niederlassungen ausländischer Institute im Inland enthält, gilt dies nicht für den Vertrieb von Bank- und Finanzdienstleistungen durch Institute ohne feste Präsenz im Inland. Es wird sich zeigen, dass das KWG insoweit reformbedürftig ist.

Danach wird die aufsichtsrechtliche Erfassung inländischer Institute erörtert, die Bank- und Finanzdienstleistungen außerhalb der Bundesrepublik erbringen (3. Kapitel).

---

84 Das Begriffspaar Herkunftsstaat-Aufnahmestaat gem. § 1 Abs. 4, 5 KWG ist zu eng, da es nicht für Tochterunternehmen gilt, die ihren Sitz in anderen Staaten als das Mutterunternehmen haben.

85 So die Einteilungen bei *Bester*, Kontrolle internationaler Bankkonzerne (1986), S. 52 ff.; *Römer*, Bankenaufsicht (1977), S. 27; *Schmid-Burgk*, Bankenaufsicht (1989), S. 8 ff.; *Weber*, Auslandsbanken (1996), S. 48 f. Dementsprechend war nach Auffassung der Literatur (vgl. *v. Staudt*, Bankmarketing (1980), S. 17 f.; *Zeitler*, Internationales Bankgeschäft (1984), S. 8) die „Leistungserstellung im Ausland" wesentliches Kriterium für ein grenzüberschreitendes Engagement von Banken. Dieses erforderte zwingend eine Form physischer Präsenz der Bank im Ausland.

Von diesen grenzüberschreitenden Vertriebsformen werden im Folgenden zunächst die Vertriebsformen abgegrenzt, die zwar in der Praxis als Auslandsgeschäfte bezeichnet werden, denen jedoch ein staatenübergreifender Charakter fehlt (1. Kapitel, Unterabschnitt A.). Es handelt sich dabei um auslandsbezogene Geschäfte von Instituten für Kunden, die in demselben Staat ansässig sind[86]. Diese Vertriebsformen werden unproblematisch von der Aufsichtsbehörde des Staates überwacht, in dem die Institute ihren Sitz haben und zugleich die Kunden ansässig sind.

1. Kapitel: Systematisierung grenzüberschreitender Geschäfte

A. Abgrenzung schlicht auslandsbezogener Geschäfte von grenzüberschreitenden Aktivitäten

In der Bankpraxis wird der Begriff des Auslandsgeschäfts in einem umfassenden Sinn verstanden. Er wird für Finanzierungen und sonstige Dienstleistungen aller Art mit irgendeiner Form von Auslandsbezug verwendet[87]. Es ist nach allgemeiner Begriffsauffassung unerheblich, ob der Kunde seinen Wohn- oder Geschäftssitz bzw. gewöhnlichen Aufenthalt im In- oder Ausland hat. Erfasst werden von der Bezeichnung „Auslandsgeschäft" damit auch Aktivitäten, die ein Institut mit Sitz im Inland vom Inland aus für gebietsansässige Kunden ausübt, deren Durchführung aber Bezüge zum Ausland aufweist[88]. Als Auslandsgeschäfte kommen insofern internationale Zahlungsverkehrsleistungen, Außenhandelsfinanzierungen und Dienstleistungen im Zusammenhang mit Devisen in Betracht[89]. Spiegelbildlich gilt dieses weite Begriffsverständnis für die Auslandsgeschäfte eines ausländischen Instituts gegenüber Kunden, die in demselben Staat ansässig sind.

Die begriffliche Einordnung dieser nur auslandsbezogenen Konstellationen ist unklar. In der Literatur wird versucht, anhand von Abstufungen innerhalb des Begriffs des Auslandsgeschäfts genauer zu differenzieren: Als „*Auslandsge-*

---

86 Vgl. zu dieser Abgrenzung *Bauer*, Internationale Bankenaufsicht (1985), S. 24; *Zeitler*, Internationales Bankgeschäft (1984), S. 13 f.

87 Vgl. *Kümpel*, Bank- und Kapitalmarktrecht (2004), Rn. 7.4; *Nielsen*, in: Hellner/Steuer (2009), Rn. 5/1a.

88 Vgl. *Kümpel*, Bank- und Kapitalmarktrecht (2004), Rn. 7.2 f.; *Nielsen*, in: Hellner/Steuer (2009), Rn. 5/1b.

89 Siehe dazu *Büschgen/Börner*, Bankbetriebslehre (2003), S. 177; *Einsele*, Bank- und Kapitalmarktrecht (2006), S. 125 f., 158 f., 178, 211; *Huber*, Bankrecht (2001), Rn. 1097 ff., 1118 f., 1157 ff., 1178 ff.; *Kümpel*, Bank- und Kapitalmarktrecht (2004), Rn. 7.163 ff., 7.245 ff., 7.6, 7.95 ff.

schäft in seiner allgemeinsten Form" ist nach einer Auffassung eine internationale Banktätigkeit zu bezeichnen, bei der eine ausländische Währung verwendet wird, die staatenübergreifend ausgeübt wird oder an der ein Gebietsfremder beteiligt ist[90]. Nach anderer Auffassung wird von „*indirekten*" Auslandsberührungen gesprochen; diese treten beispielsweise bei Finanzierungen des Außenhandels von inländischen Unternehmen durch inländische Kreditinstitute auf. Eine „*direkte*" Auslandsberührung liege hingegen bei Bankgeschäften von Instituten an Kunden vor, die in einem anderen Land ansässig sind[91].

Sachlich und terminologisch überzeugend ist hingegen folgende Differenzierung: Das Auslandsgeschäft ist als Oberbegriff zum einen in das für Gebietsansässige vom Inland aus betriebene „*kommerzielle* Auslandsgeschäft", zum anderen in das europäische und internationale Bank- und Finanzgeschäft zu unterteilen[92]. Die Bezeichnung „kommerzielles Auslandsgeschäft" erklärt sich aus dem Zweck dieses Geschäftsbereichs, im Wesentlichen Leistungen zur Abwicklung und Finanzierung von Außenhandelsbeziehungen zu erbringen[93]. Angesichts der historischen Entwicklung des Finanzwesens wird das kommerzielle Auslandsgeschäft auch als das „*traditionelle*"[94] Auslandsgeschäft bezeichnet.

B. Vorgaben für eine Systematisierung grenzüberschreitender Aktivitäten

I. Implikationen des AEUV

Als Grundlage für eine Strukturierung des grenzüberschreitenden Engagements von europäischen Kredit- und Finanzdienstleistungsinstituten bieten sich die Grundfreiheiten des AEUV an[95]. Diese knüpfen tatbestandlich an grenzüberschreitende Sachverhalte an[96]. Im AEUV wird zwischen Niederlassungen gem. Art. 49 AEUV und Dienstleistungen gem. Art. 56 f. AEUV unterschieden.

Bei der Niederlassung gem. Art. 49 AEUV handelt es sich um die selbstständige, dauerhafte Ausübung einer wirtschaftlichen Tätigkeit mittels einer festen Ein-

---

90 Vgl. *Schmidt-Wilke*, Risikoproblematik (1970), S. 11 f.

91 Vgl. *Kümpel*, Bank- und Kapitalmarktrecht (2004), Rn. 7.5.

92 Vgl. *Bauer*, Internationale Bankenaufsicht (1985), S. 24; *Baumanns*, Internationalisierungsentscheidung (1984), S. 33 f.; *v. Staudt*, Bankmarketing (1980), S. 17.

93 Vgl. *v. Staudt*, Bankmarketing (1980), S. 18.

94 *Bauer*, Internationale Bankenaufsicht (1985), S. 24; *Büschgen*, in: Büschgen/Richolt (1989), S. 1 (3); *Cramer*, Kreditgeschäft (1981), S. 3 ff.; *Zeitler*, Internationales Bankgeschäft (1984), S. 13 f.

95 Vgl. *Hellenthal*, Bankenaufsichtsrecht (1992), S. 16; *Vahldiek*, in: Boos/Fischer/Schulte-Mattler, KWG, § 53 Rn. 5.

96 Vgl. *Ohler*, Kapital- und Zahlungsverkehrsfreiheit, Art. 56 Rn. 205.

richtung in einem anderen Mitgliedstaat auf unbestimmte Zeit[97]. Es wird unterschieden zwischen der primären und der sekundären Niederlassungsfreiheit. Die primäre Niederlassungsfreiheit gem. Art. 49 Abs. 1 Satz 1 AEUV erfasst die Verlagerung des Verwaltungssitzes, d. h. des tatsächlichen Sitzes der Hauptverwaltung, von einem Mitgliedstaat in den anderen[98]. Bei der sekundären Niederlassungsfreiheit verbleibt die Hauptverwaltung in dem Mitgliedstaat[99], und es werden gem. Art. 49 Abs. 1 Satz 2 AEUV Agenturen, Zweigstellen, Tochterunternehmen oder sonstige Betriebsteile in einem anderen Mitgliedstaat gegründet. Daneben werden Beteiligungen von der Niederlassungsfreiheit geschützt[100].

Eine Dienstleistung i. S. d. Art. 56 f. AEUV ist jede grenzüberschreitend und erwerbswirtschaftlich erbrachte Leistung, soweit sie nicht dem Waren- oder Kapitalverkehr oder der Freizügigkeit unterliegt[101]. Unter die Dienstleistungsfreiheit fallen gem. Art. 57 Abs. 3 AEUV nur vorübergehende bzw. gelegentliche[102] Leistungen. Die Dienstleistungsfreiheit umfasst den in Art. 57 Abs. 3 AEUV explizit geregelten aktiven Dienstleistungsverkehr (Dienstleistungserbringungsfreiheit), den Korrespondenzverkehr (Produktverkehrsfreiheit) und den passiven Dienstleistungsverkehr (Dienstleistungsempfangsfreiheit)[103]. Daneben werden in der Literatur weitere Sonderfälle des Dienstleistungsverkehrs aufgeführt. Hierbei handelt es sich um die Erbringung im Staat des Leistenden ohne Ortswechsel des Empfängers[104], die Leistungserbringung in einem für Er-

---

97 Vgl. EuGH v. 30.11.1995 Rs. C-55/94 (Gebhard) Slg. 1995, S. I 4165 (Rn. 25 f.); *Tiedje/Troberg*, in: von der Groeben/Schwarze, EU/EG, Art. 43 Rn. 3 ff.

98 Vgl. *Ebenroth/Eyles*, DB 1989, S. 363 (364); *Hinkel*, Niederlassungsfreiheit (1996), S. 69. Die Inanspruchnahme der primären Niederlassungsfreiheit durch Verlegung der Hauptverwaltung wird eigenständig im 3. Teil der Arbeit behandelt.

99 Vgl. *Tiedje/Troberg*, in: von der Groeben/Schwarze, EU/EG, Art. 43 Rn. 33.

100 Vgl. *Habersack*, Gesellschaftsrecht (2006), § 3 Rn. 2.

101 Vgl. *Schöne*, WM 1989, S. 873.

102 Vgl. EuGH v. 13.02.2003 Rs. C-131/01 (Kommission/Italien) Slg. 2003, S. I 1659 (Rn. 23 ff.).

103 Vgl. zum Korrespondenzverkehr EuGH v. 18.03.1980 Rs. C-52/97 (Debauve) Slg. 1980, S. 833 (Rn. 6). Vgl. zum passiven Dienstleistungsverkehr EuGH v. 02.02.1989 Rs. C-186/87 (Cowan/Tresor public) Slg. 1989, S. 195 (Rn. 20); EuGH v. 31.01.1984 Rs. C-286/82 (Luisi und Carbone/Ministero del Tesoro) Slg. 1984, S. 377 (Rn. 10 ff.). Vgl. zur Unterscheidung zwischen den drei Dienstleistungsformen *Geiger*, EUV/EGV, Art. 50 Rn. 6 ff.; *Hailbronner/Nachbaur*, EuZW 1992, S. 105 (108); *Kluth*, in: Calliess, EGV/EUV, Art. 49, 50 Rn. 24 ff.; *Müller-Graff*, in: FS Lukes (1989), S. 471 (474 ff.); *ders.*, in: Streinz, EUV/EGV, Art. 49 Rn. 33 ff.; *Vahldiek*, in: Boos/Fischer/Schulte-Mattler, KWG, § 53 Rn. 5.

104 Vgl. *McDonald*, Dienstleistung (2001), S. 30 f. (als „intrastate Erbringung“ bezeichnet).

bringer und Empfänger dritten Staat[105] oder die Leistungserbringung in einem Staat, während der Leistende und der Empfänger gemeinsam in einem anderen Staat ansässig sind[106].

Der AEUV kennt danach folgende Arten grenzüberschreitender Aktivitäten[107]:

1. angelehnt an die Niederlassungsfreiheit Formen physischer Präsenz, z. B. Zweigstellen, Tochterunternehmen, Beteiligungen und sonstige Betriebsteile,
2. angelehnt an die Dienstleistungsfreiheit den aktiven Dienstleistungsverkehr, Korrespondenzdienstleistungsverkehr, passiven Dienstleistungsverkehr sowie Sonderfälle der Dienstleistungserbringung.

II. Implikationen des GATS

Für eine Strukturierung der Aktivitäten von Kredit- und Finanzdienstleistungsinstituten auf internationaler Ebene kann auf das GATS zurückgegriffen werden[108]. Das GATS ist ein multilaterales Abkommen sämtlicher WTO-Staaten mit dem Ziel einer Liberalisierung des internationalen Dienstleistungshandels. Es bezieht sich ebenfalls auf grenzüberschreitende Sachverhalte. Das GATS enthält keine abstrakte Definition des Begriffs des Dienstleistungshandels. Nach der sog. Anlage zu Finanzdienstleistungen, die gem. Art. XXIX GATS Bestandteil des GATS ist, ist auch der Finanzbereich vom GATS erfasst[109]. Die Vielfalt der im GATS aufgezählten Erscheinungsformen zeigt, dass das Abkommen einen weiten Begriff des Dienstleistungshandels zugrunde legt[110].

---

105 Vgl. *McDonald*, Dienstleistung (2001), S. 28 f. (als „drittstaatliche Erbringung" bezeichnet).

106 Vgl. *Pasternacki*, Niederlassungsfreiheit (2000), S. 69 ff.

107 Vgl. *Hellenthal*, Bankenaufsichtsrecht (1992), S. 16, 18 ff.; *Vahldiek*, in: Boos/Fischer/Schulte-Mattler, KWG, § 53 Rn. 5, 208 ff.; vgl. zu diesen Arten grenzüberschreitender Tätigkeiten auch *Schneider/Troberg*, WM 1990, S. 165 (166).

108 Vgl. *Hanten*, in: Baudenbacher (2005), S. 153 (155 ff.); *Vahldiek*, in: Boos/Fischer/Schulte-Mattler, KWG, § 53 Rn. 5, 208 ff.

109 Siehe hierzu *Ohler*, Kapital- und Zahlungsverkehrsfreiheit, Art. 56 Rn. 360.

110 Vgl. *UNCTAD*, Trade and Development (1990), S. 138 ff.; *Walter*, Global Competition (1988), S. 111 f.

Art. I Abs. 2 GATS differenziert zwischen vier Arten des Dienstleistungshandels[111]:

1. Geschäftsbesuch des Dienstleistungserbringers gem. Art. I Abs. 2 lit. d GATS,
2. grenzüberschreitende Erbringung von Dienstleistungen gem. Art. I Abs. 2 lit. a GATS,
3. Nutzung von Dienstleistungen im Ausland gem. Art. I Abs. 2 lit. b GATS,
4. kommerzielle Präsenz gem. Art. I Abs. 2 lit. c GATS, d. h. physische Präsenz gem. Buchstabe B Nr. 2 Vereinbarung über Verpflichtungen bei Finanzdienstleistungen[112] i. V. m. der Liste spezifischer Verpflichtungen[113] in Form von vollständig oder teilweise im Eigentum des Unternehmens stehenden Tochterunternehmen, Gemeinschaftsunternehmen, Personengesellschaften, Einzelunternehmen, Franchiseunternehmen, Zweigstellen, Vertretungen, Repräsentanzen bzw. jeder sonstigen Organisationsart[114].

III. Kongruenz zwischen den Vorgaben des AEUV und des GATS

Da der Begriff „Dienstleistungshandel" im GATS auch Niederlassungen einbezieht, ist er weiter als der Begriff „Dienstleistungsverkehr" in Art. 56 f. AEUV[115]. Bei den Verhandlungen über die Inhalte des GATS kam dem AEUV aber die Funktion einer Richtschnur zu. Aus diesem Grund entsprechen drei Erbringungsformen des GATS den Ausprägungen der Dienstleistungsfreiheit, die von Rechtsprechung und Literatur in Auslegung der Art. 56 f. AEUV entwickelt wurden[116]. Der vierte Erbringungsmodus des GATS, die Errichtung einer kommerziellen Präsenz, steht der Niederlassungsfreiheit gem. Art. 49 AEUV gleich. Im Rahmen der Verhandlungen zum GATS wurde auch die Reichweite der Grundfreiheiten des AEUV diskutiert. Deshalb enthalten die Gesprächsergebnisse zum GATS Konkretisierun-

111 Vgl. *Footer*, in: International Banking Operations and Practices (1994), S. 25 (38 ff.); *Hanten*, in: Baudenbacher (2005), S. 153 (155 ff.); *Koehler*, GATS (1999), S. 92 ff.; *Ohler*, Kapital- und Zahlungsverkehrsfreiheit, Art. 56 Rn. 359; *Vahldiek*, in: Boos/Fischer/Schulte-Mattler, KWG, § 53 Rn. 5, 208 ff.; *Weber*, Auslandsbanken (1996), S. 171 f.

112 Vgl. BGBl. II 1994, S. 1675 ff.

113 Vgl. BGBl. II 1999, S. 328 (335 ff.).

114 Die Definition des Art. XXVIII lit. d GATS tritt hinter die speziellere Regelung in der Vereinbarung zurück, vgl. *Vahldiek*, BKR 2003, S. 971 (974, Fn. 38).

115 Vgl. *Ohler*, Kapital- und Zahlungsverkehrsfreiheit, Art. 56 Rn. 359; *ders.*, ZEuS 2002, S. 321 (349); *Pasternacki*, Niederlassungsfreiheit (2000), S. 54.

116 Vgl. *Barth*, EuZW 1994, S. 455 (Fn. 4); *Pasternacki*, Niederlassungsfreiheit (2000), S. 53 f.

gen zur Auslegung des AEUV. Beide Abkommen beeinflussten sich damit wechselseitig[117].

Im Einzelnen stimmen die Ausprägungen der sekundären Niederlassungsfreiheit gem. Art. 49 Abs. 1 Satz 2 AEUV und die Formen kommerzieller Präsenz gem. Art. I Abs. 2 lit. c GATS überein. Sie können unter dem Oberbegriff „physische Präsenz" zusammengefasst werden. Ferner beschreibt der Geschäftsbesuch gem. Art. I Abs. 2 lit. d GATS die aktive Dienstleistungsfreiheit gem. Art. 56, 57 Abs. 3 AEUV. Die grenzüberschreitende Erbringung gem. Art. I Abs. 2 lit. a GATS entspricht dem Korrespondenzdienstleistungsverkehr gem. Art. 56 f. AEUV. Bei der Nutzung im Ausland gem. Art. I Abs. 2 lit. b GATS handelt es sich um die passive Dienstleistungsfreiheit gem. Art. 56 f. AEUV[118].

Die systematische Darstellung grenzüberschreitender Bank- und Finanzdienstleistungen kann demnach auf europäischer und internationaler Ebene einheitlich erfolgen. Die sprachlichen Abweichungen zwischen dem AEUV und dem GATS können vernachlässigt werden. Dadurch wird auch dem Umstand Rechnung getragen, dass sich die Erscheinungsformen von Geschäften zwischen den Mitgliedstaaten faktisch nicht von denen zwischen einem Mitgliedstaat und einem Drittstaat unterscheiden[119].

C. Systematische Darstellung grenzüberschreitender Aktivitäten

In diesem Abschnitt der Arbeit werden die verschiedenen Arten der grenzüberschreitenden Erbringung von Bank- und Finanzdienstleistungen dargestellt. Sie lassen sich unterteilen nach Sachverhalten, in denen ausländische Institute entweder in das Inland eintreten oder aus der Bundesrepublik austreten[120].

Da das KWG zwischen Konstellationen unterscheidet, die andere Staaten des EWR und Drittstaaten betreffen, ist insofern zusätzlich zu differenzieren. Der Begriff des EWR ist in § 1 Abs. 5a Satz 1 KWG definiert. Er umfasst die jeweiligen Mitgliedstaaten der EU[121] sowie die anderen Vertragsstaaten des Abkommens

---

117 Vgl. *Timmermans*, in: Bourgeois/Berrod/Fournier (1995), S. 501 (503 ff.).

118 Vgl. *Ohler*, Kapital- und Zahlungsverkehrsfreiheit, Art. 56 Rn. 359; *ders.*, ZEuS 2002, S. 321 (349); *Pasternackl*, Niederlassungsfreiheit (2000), S. 54; *Vahldiek*, in: Boos/Fischer/Schulte-Mattler, KWG, § 53 Rn. 5.

119 So *Hinkel*, Niederlassungsfreiheit (1996), S. 68.

120 Sog. Inbound- und Outbound-Fälle, vgl. zu dieser Systematisierung *Hanten*, in: Baudenbacher (2005), S. 153 (160 ff.).

121 Seit dem 01.01.2007 Belgien, Bulgarien, Dänemark, Deutschland, Estland, Finnland, Frankreich, Griechenland, Großbritannien, Irland, Italien, Lettland, Litauen, Luxemburg, Malta, Niederlande, Österreich, Polen, Portugal, Rumänien, Schweden, Slowakei, Slowenien, Spanien, Tschechien, Ungarn, Zypern.

über den Europäischen Wirtschaftsraum vom 02.05.1992, d. h. zurzeit Island, Liechtenstein und Norwegen[122]. Drittstaaten sind gem. § 1 Abs. 5a Satz 2 KWG alle Staaten, die nicht zum EWR gehören.

Nach den vorstehend erörterten Vorgaben des AEUV und des GATS[123] ist schließlich danach zu unterscheiden, ob die Institute Bank- oder Finanzdienstleistungen mittels einer festen Niederlassung oder ohne dauerhafte Präsenz in den Aufnahmestaaten erbringen. Die erste Fallgruppe erfasst insbesondere Tochterunternehmen, Anteilserwerbe, Zweigstellen, Repräsentanzen sowie Kooperationen ohne Kapitalverflechtungen. Nach der Rechtsprechung des EuGH können selbstständige Vermittler, die von Unternehmen in fremden Staaten eingesetzt werden, ebenfalls Niederlassungen darstellen[124]. Zur zweiten Fallgruppe sind die grenzübergreifenden Sachverhalte zu zählen, die zu Art. 56 f. AEUV entwickelt wurden bzw. die Art. I Abs. 2 GATS vorgibt, insbesondere die Grenzüberschreitung des Dienstleistungserbringers, die Grenzüberschreitung der Dienstleistung sowie die Grenzüberschreitung des Dienstleistungsempfängers.

I. Eintritt in den inländischen Markt

1. Eintritt in den inländischen Markt aus anderen Staaten des EWR

a) Formen physischer Präsenz

Die Niederlassungsform, die Institute aus anderen Staaten des EWR für das Inland wählen, hängt von den konkreten wirtschaftlichen Zielsetzungen der Institute ab[125]. Ausschlaggebend ist, mit welcher Dauer und Intensität sie den deutschen Markt erschließen möchten. Tochterunternehmen, Anteilserwerbe und Zweigstellen stellen präsenzintensive Arten der Erschließung des deutschen Marktes dar[126]. Die Präsenzintensität[127] bezeichnet einen hohen Umfang des eigenen Ressourceneinsatzes im Aufnahmestaat[128]. Präsenzschwach sind dagegen Repräsentanzen[129],

---

122 In der Schweiz wurde der Beitritt zum EWR in einem Referendum am 06.10.1992 abgelehnt.

123 Siehe 2. Teil 1. Kapitel B.

124 Vgl. EuGH v. 04.12.1986 Rs. C-205/84 (Versicherungsurteil) Slg. 1986, S. 3755.

125 Vgl. *Baumanns*, Internationalisierungsentscheidung (1984), S. 89 f.; *Reimpell*, zfbf 1980, S. 905 (913 ff.).

126 Vgl. *Bauer*, Internationale Bankenaufsicht (1985), S. 31; *Weber*, Auslandsbanken (1996), S. 48 f.

127 Vgl. *v. Staudt*, Bankmarketing (1980), S. 118 f.; *Weber*, Auslandsbanken (1996), S. 48 f.

128 Vgl. *Büschgen*, in: Büschgen/Richolt (1989), S. 1 (11).

129 Vgl. *Baumanns*, Internationalisierungsentscheidung (1984), S. 91; *Büschgen*, Bankbetriebslehre (1998), S. 599, 618.

selbstständige Vermittler oder Kooperationen ohne Anteilseignerschaften. Kriterien für die Auswahl einer geeigneten Präsenzform sind neben dem verfolgten Ziel die rechtlichen, wirtschaftlichen und politischen Rahmenbedingungen in den Aufnahmestaaten[130].

aa) Tochterunternehmen und Anteilserwerb

Ein ausländisches Unternehmen kann ein inländisches Tochterunternehmen neu gründen oder Anteile an einem inländischen Kredit- oder Finanzdienstleistungsinstitut erwerben. Insofern wird unterschieden zwischen Kleinstbeteiligungen, Minderheitsbeteiligungen, Joint Ventures[131] sowie den in § 1 Abs. 9, 10 und 15 KWG legal definierten bedeutenden Beteiligungen[132], engen Verbindungen[133] oder qualifizierten Beteiligungen[134].

bb) Zweigstellen

Alternativ können ausländische Unternehmen im Inland Zweigstellen errichten. Der Begriff „Zweigstelle" findet sich neben den verschiedenen Regelungen im KWG beispielsweise in § 330 Abs. 2 HGB, § 2 Abs. 1 GwG sowie § 14 GewO wieder.

---

130 Vgl. *Büschgen*, Bankbetriebslehre (1998), S. 608 ff.; *ders.*, in: Büschgen/Richolt (1989), S. 1 (11 f.).

131 Vgl. *Bauer*, Internationale Bankenaufsicht (1985), S. 32. Unter einem Joint Venture wird die Neugründung einer rechtlich unabhängigen Gesellschaft zur Erledigung einer bestimmten Aufgabe durch beteiligte Kredit- und Finanzdienstleistungsinstitute verstanden, vgl. *Büschgen*, Bankbetriebslehre (1998), S. 627 f.

132 Gem. § 1 Abs. 9 Satz 1 KWG besteht eine bedeutende Beteiligung, wenn unmittelbar oder mittelbar über ein oder mehrere Tochterunternehmen oder ein gleichartiges Verhältnis oder im Zusammenwirken mit anderen Personen oder Unternehmen mindestens 10 vom Hundert des Kapitals oder der Stimmrechte eines dritten Unternehmens im Eigen- oder Fremdinteresse gehalten werden oder wenn auf die Geschäftsführung eines anderen Unternehmens maßgeblicher Einfluss ausgeübt werden kann.

133 Gem. § 1 Abs. 10 besteht eine enge Verbindung, wenn ein Institut und eine andere natürliche Person oder ein anderes Unternehmen verbunden sind 1. durch das unmittelbare oder mittelbare Halten durch ein oder mehrere Tochterunternehmen oder Treuhänder von mindestens 20 vom Hundert des Kapitals oder der Stimmrechte oder 2. als Mutter- oder Tochterunternehmen, mittels eines gleichartigen Verhältnisses oder als Schwesterunternehmen.

134 Gem. § 1 Abs. 15 KWG besteht eine qualifizierte Beteiligung, wenn eine Person oder ein Unternehmen an einem anderen Unternehmen unmittelbar oder mittelbar über ein oder mehrere Tochterunternehmen oder ein gleichartiges Verhältnis mindestens 10 vom Hundert des Kapitals oder der Stimmrechte hält oder auf die Geschäftsführung des anderen Unternehmens einen maßgeblichen Einfluss ausüben kann. Zu den Beteiligungsbegriffen siehe insgesamt *Hirschmann*, Anteilseignerkontrolle (2000), S. 24 f.

Keines dieser nationalen Regelwerke enthält eine Definition des Terminus „Zweigstelle". Allgemein werden unter Zweigstellen Teile eines Unternehmens verstanden, die im Gegensatz zu Tochterunternehmen rechtlich unselbstständig sind[135].

cc) Repräsentanzen

Bei Repräsentanzen handelt es sich um geschäftliche Vertretungen eines gebietsfremden Kredit- oder Finanzdienstleistungsinstituts im Inland. Charakteristisch für Repräsentanzen ist ihre Funktion als Informant für die politische und finanzwirtschaftliche Lage des Landes, in dem sie sich befinden. Darüber hinaus haben sie typischerweise die Aufgabe, Beziehungen zu Kunden oder zu Geschäftspartnern zu knüpfen und für das Institut zu werben[136]. Die Präsenzform wird zur Analyse der Markteintrittschancen oder als Übergangslösung bis zur Etablierung eines Tochterunternehmens bzw. einer Zweigstelle verwendet[137]. Durch die stärkere Nutzung elektronischer Kommunikationswege und durch die Einführung des Euros sind repräsentanzenspezifische Aufgabenbereiche weggefallen, sodass die Zahl der Repräsentanzen in der Bundesrepublik zurückgeht[138].

dd) Kooperationen ohne Kapitalverflechtung

Ferner kommen grenzüberschreitende Kooperationen zwischen Kredit- oder Finanzdienstleistungsinstituten ohne gegenseitigen Anteilserwerb in Betracht[139]. Hierbei handelt es sich vor allem um sog. Konsortien, d. h. befristete Zusammenschlüsse mehrerer Institute für ein bestimmtes, genau umgrenztes Fachgebiet[140]. Die Ziele von Kooperationen bestehen – je nach individueller Zwecksetzung – in einer Verbesserung des Ansehens, das mit einer Europäisierung und Internationalisierung des Instituts einhergeht, einem gegenseitigen Ausbau der Angebotspaletten, einem Austausch von Marktkenntnissen[141] oder der Nutzung von Synergieeffekten.

---

135 Vgl. *Hopt*, in: Baumbach/Hopt, HGB, § 13 Rn. 4.

136 Vgl. BGH v. 23.09.1999 III ZR 214/98 WM 1999, S. 2249; OLG Frankfurt a.M. v. 15.08.2001 23 U 97/99 WM 2002, S. 1219 (1222); *Büschgen*, Bankbetriebslehre (1998), S. 618; *Diehl*, Zweigniederlassungen ausländischer Banken (1978), S. 77; *Hanten*, in: Beck/Samm/Kokemoor, KWG, § 53 a Rn. 7; *Reischauer/Kleinhans*, KWG, § 53 a Rn. 3; *Szagunn/Haug/Ergenzinger*, KWG, § 53 a Rn. 1.

137 Vgl. *Büschgen*, Bankbetriebslehre (1998), S. 618.

138 Vgl. *Frieling*, Kreditwesen 2003, S. 354 f.

139 Vgl. *Büschgen*, Bankbetriebslehre (1998), S. 627 f.; *Treichl*, in: FS Krasensky (1973), S. 367 (368 ff.).

140 Vgl. *Morgan/Harrington/Zis*, Banking Systems (1974), S. 152 f.

141 Vgl. *Büschgen*, Bankbetriebslehre (1998), S. 628.

ee) Einschaltung selbstständiger, dauerhaft im Inland präsenter Vermittler

Im sog. Versicherungsurteil[142] ordnete der EuGH eine weitere Vertriebsform als Niederlassung eines Unternehmens ein. Danach hat sich ein Unternehmen auch dann in einem Mitgliedstaat niedergelassen, wenn seine Präsenz *„durch ein Büro wahrgenommen wird, das von dem eigenen Personal des Unternehmens oder von einer Person geführt wird, die zwar unabhängig, aber beauftragt ist, auf Dauer für dieses Unternehmen wie eine Agentur zu handeln"*[143]. Im Gegensatz zu Repräsentanzen ist diese Person unmittelbar in die Abwicklung von Geschäften eingebunden. Das Versicherungsurteil ist nach einer Mitteilung der Kommission auf Kredit- und Finanzdienstleistungsinstitute anwendbar[144].

Wesentliches Merkmal für diese Form der Niederlassung ist eine ausschließliche Anbindung der betreffenden Person an das Unternehmen, sodass sie nicht zugleich für konkurrierende Unternehmen tätig wird[145]. Dabei ist nicht erforderlich, dass die Person als freier Mitarbeiter des Unternehmens zu qualifizieren ist. Eine Niederlassung kann vielmehr auch dadurch begründet werden, dass das Unternehmen durch unternehmensfremde Vermittler vertreten wird[146].

Eine Person handelt jedenfalls dann *„für dieses Unternehmen"*, wenn sie zur Abgabe und Entgegennahme von Willenserklärungen für das Unternehmen bevollmächtigt ist[147]. Daneben kann ein Unternehmen aber auch infolge der Tätigkeit einer vollmachtlosen Person als niedergelassen gelten, wenn diese – wie ein Handelsmakler gem. § 93 HGB – zum Zustandekommen von Verträgen beiträgt[148]. Nach Ansicht der Kommission ist erforderlich, dass die Person Willenserklärun-

142 Vgl. EuGH v. 04.12.1986 Rs. C-205/84 (Versicherungsurteil) Slg. 1986, S. 3755. Das Versicherungsurteil des EuGH befasst sich mit der Frage, ob ausländische Versicherer Dienstleistungen auf dem Gebiet der Direktversicherung nur nach Zulassung durch deutsche Verwaltungseinrichtungen gem. §§ 105 f. VAG erbringen dürfen.

143 Vgl. EuGH v. 04.12.1986 Rs. C-205/84 (Versicherungsurteil) Slg. 1986, S. 3755 (Rn. 21).

144 Vgl. Kommission, Mitteilung „Zweite Bankenrichtlinie", v. 10.07.1997 97/C 209 S. 4 (10 ff.).

145 Vgl. *Tiedje/Troberg*, in: von der Groeben/Schwarze, EU/EG, Art. 43 Rn. 45; *Pasternacki*, Niederlassungsfreiheit (2000), S. 37.

146 Vgl. Kommission, Mitteilung „Zweite Bankenrichtlinie", v. 10.07.1997 97/C 209 S. 4 (11); *Tiedje/Troberg*, in: von der Groeben/Schwarze, EU/EG, Art. 43 Rn. 45; *Pasternacki*, Niederlassungsfreiheit (2000), S. 36 f. Zu einer engeren Sichtweise vgl. *Reich*, ZHR 153 (1989), S. 571 (578 f.).

147 Vgl. *Pfenningstorf*, VersR 1987, S. 331 (335).

148 Vgl. *Angerer*, VersR 1987, S. 325 (327); *Pasternacki*, Niederlassungsfreiheit (2000), S. 36.

gen abgeben kann, die nicht mehr durch das Unternehmen widerruflich sind[149]. Diese enge Auslegung findet in den Ausführungen des EuGH aber keine Stütze.

b) Aktivitäten ohne physische Präsenz

aa) 1. Modus: Der Dienstleistungserbringer überschreitet die Grenze

Bank- und Finanzdienstleistungen können in einem anderen Staat ohne Errichtung einer festen Niederlassung dadurch erbracht werden, dass der Erbringer die Grenze zu dem Land überschreitet, in dem der Empfänger ansässig ist, sich dort vorübergehend aufhält und die vereinbarte Leistung erbringt[150]. Diese Vertriebsart wird im GATS als Geschäftsbesuch und im Rahmen des AEUV als Ausübung der aktiven Dienstleistungsfreiheit bezeichnet[151]. Da sie im AEUV als einzige Dienstleistungsform ausdrücklich genannt wird, wird sie als Grundtypus der Dienstleistungsfreiheit verstanden[152]. Diese Erbringungsart ist beispielsweise einschlägig, wenn ein Mitarbeiter einer französischen Bank nach Deutschland reist, hier Interessenten für den Erwerb einer Unternehmensanleihe ermittelt und das Geschäft anschließend in Deutschland ausführt.

bb) 2. Modus: Die Dienstleistung überschreitet die Grenze

Als weitere Erbringungsform kommt die Grenzüberschreitung der Dienstleistung als solcher in Betracht. Es erfolgt kein Kontakt der Parteien vor Ort, da sowohl der Empfänger als auch der Erbringer in ihren Heimatstaaten verbleiben. Nur das Produkt überschreitet die Staatsgrenze, sodass diese Dienstleistungsart dem grenzüberschreitenden Warenverkehr nahesteht[153]. Nach der Terminologie des GATS liegt eine grenzüberschreitende Erbringung bzw. nach der des AEUV eine Korrespondenzdienstleistung[154] vor. Diese Erbringungsform ist insbesondere bei grenzüberschreitend übermittelten Beratungsleistungen einschlägig[155], so etwa bei fernmündlichen Anlageberatungen von deutschen Kunden durch ein niederländisches Institut.

---

149 Vgl. Kommission, Mitteilung „Zweite Bankenrichtlinie", v. 10.07.1997 97/C 209 S. 4 (11 f.).

150 Vgl. *Kluth*, in: Calliess/Ruffert, EUV/EGV, Art. 49, 50 Rn. 24.

151 Die Erbringungsart ist in Art. I Abs. 2 lit. d GATS und in Art. 57 Abs. 3 AEUV geregelt.

152 Hierzu *Tiedje/Troberg*, in: von der Groeben/Schwarze, EU/EG, Art. 49 Rn. 115 ff.

153 Vgl. *Müller-Graff*, in: FS Lukes (1989), S. 471 (479 f.).

154 Vgl. *Geiger*, EUV/EGV, Art. 50 Rn. 8; *Kluth*, in: Calliess/Ruffert, EUV/EGV, Art. 49, 50 Rn. 29; *Müller-Graff*, in: Streinz, EUV/EGV, Art. 49 Rn. 40 ff.

155 Vgl. *Müller-Graff*, in: Streinz, EUV/EGV, Art. 49 Rn. 40.

Es kommen verschiedene Medien zur Übertragung der Dienstleistung in Betracht. Traditionell wird auf das Telefon oder die Post bzw. sonstige institutionelle Kurierdienste zurückgegriffen[156]. Daneben können selbstständige oder unselbstständige Vermittler eingesetzt werden[157], die das Unternehmen von seinem Herkunftsstaat aus vorübergehend in den Aufnahmestaat sendet, um die versprochene Leistung zu transferieren. Bei der Einschaltung von Vermittlern kann die Abgrenzung zur Fallgruppe der Grenzüberschreitung des Leistenden (1. Modus) Schwierigkeiten bereiten. Differenzierungskriterium ist, ob allein das Produkt oder der Erbringer die Grenze überquert[158]. Entscheidend ist, ob Vermittler zum Transport der „fertigen" Leistung eingesetzt werden oder ob Personen die Leistung erst in dem fremden Land erbringen. Nur im ersten Fall ist die Fallgruppe der Grenzüberschreitung der Dienstleistung (2. Modus) einschlägig.

Die Leistungsübertragung mithilfe natürlicher Personen wird zunehmend durch den E-Mail-Verkehr, das Fax oder das Internet-Banking ersetzt. Das Internet wird insbesondere für das Kreditgeschäft[159], das Einlagengeschäft sowie den Wertpapierhandel[160] genutzt[161]. Das Internet-Banking kann nicht als Zweigstelle oder Repräsentanz eingeordnet werden[162], da es keine feste Niederlassung darstellt. Es könnte allerdings statt unter die Fallgruppe der Grenzüberschreitung der Dienstleistung (2. Modus) unter die Grenzüberschreitung des Empfängers (3. Modus) zu fassen sein[163].

Hierfür spricht, dass sich der Kunde dadurch, dass er die Homepage des ausländischen Instituts aufruft und online Bankgeschäfte veranlasst, virtuell in das Gebiet des Erbringers begibt. Technisch macht es keinen Unterschied, von welchem Ort die Internetseite genutzt wird. Dieser Überlegung lässt sich aber entgegenhalten, dass den Erbringungsarten eine physische Betrachtungsweise zugrunde liegt. Körperlich gesehen überschreitet beim Internet-Banking weder der Erbringer noch der Empfänger, sondern nur das Produkt selbst die Grenze. Beim Internet-Banking bleibt damit die Fallgruppe der Grenzüberschreitung der Dienstleistung (2. Modus) einschlägig.

---

156 Vgl. *Hanten*, in: Baudenbacher (2005), S. 153 (156 f.).

157 Vgl. *Vahldiek*, in: Boos/Fischer/Schulte-Mattler, KWG, § 53 Rn. 221; *ders.*, BKR 2003, S. 971 (973).

158 Vgl. *Müller-Graff*, in: Streinz, EUV/EGV, Art. 49 Rn. 40.

159 Siehe hierzu *Felke*, Kreditvertrieb im Internet (2003), S. 8 f.

160 Vgl. *Florian*, Rechtsfragen des Wertpapierhandels (2001), S. 14 f.

161 Vgl. *Hanten*, in: Baudenbacher (2005), S. 153 (156 f.).

162 Ebenso *Es-Said*, Grenzüberschreitende Bankgeschäfte (2009), S. 178 ff.; *Pfüller/Westerwelle*, in: Hoeren/Sieber (2008), Kap. 13.7 Rn. 178 ff.; *Spindler*, VersR 2002, S. 1049 (1053).

163 So *Ohler*, WM 2002, S. 162 (166). A. A. *Es-Said*, Grenzüberschreitende Bankgeschäfte (2009), S. 178; *Pfüller/Westerwelle*, in: Hoeren/Sieber (2008), Kap. 13.7 Rn. 180; *Vahldiek*, BKR 2003, S. 971 (973).

cc) 3. Modus: Der Dienstleistungsempfänger überschreitet die Grenze

Ein weiterer Erbringungsmodus besteht darin, dass sich der Leistungsempfänger in den Staat begibt, in dem der Leistungserbringer ansässig ist[164]. Die Grenzüberschreitung des Empfängers muss zeitlich begrenzt sein. Der Empfänger darf nicht für unbestimmte Dauer in dem anderen Staat verbleiben[165]. Auf europäischer Ebene wird dieser Modus als passiver Dienstleistungsverkehr, auf internationaler Ebene als Nutzung im Ausland bezeichnet. Beispielsweise liegt diese Erbringungsart vor, wenn ein Deutscher nach Luxemburg reist, um dort ein Wertpapierdepot zu eröffnen und Wertpapiere zu erwerben.

dd) Weitere Erbringungsmodi

Eine Mischform dieser drei klassischen Dienstleistungserbringungsarten liegt vor, wenn Erbringer und Empfänger in den jeweiligen Herkunftsstaaten verbleiben und der Erbringer die Leistung in seinem Herkunftsstaat erbringt, sie aber dennoch dem Empfänger zugutekommt[166] (4. Modus). Dies ist etwa der Fall, wenn eine französische Bank Börsengeschäfte an der französischen Börse für einen Kunden ausführt, der seinen Wohnsitz in Deutschland hat[167].

Dieser Modus ist auch einschlägig, wenn die Dienstleistung nach Anweisung eines im Herkunftsstaat verbleibenden Auftraggebers einen Dritten begünstigt, der im Staat des Leistungserbringers ansässig ist[168]. Zwar ist die Beziehung zwischen Erbringer und Drittem nicht grenzüberschreitend, allerdings weist das der Leistung zugrunde liegende Verhältnis zwischen Erbringer und Auftraggeber einen grenzüberschreitenden Charakter auf[169]. Dieser Fall liegt etwa vor, wenn ein Deutscher eine Wohnung in Spanien zum gelegentlichen Urlaubsaufenthalt mietet und bei der dortigen Bank ein Mietkautionskonto zugunsten des spanischen Vermieters einrichtet. Bei dem Versprechen an den Vermieter bzw. bei der Auszahlung der Kaution handelt es sich zwar um innerstaatliche Vorgänge. Die Einrichtung

---

164 Vgl. EuGH v. 31.01.1984 Rs. C-286/82 (Luisi und Carbone/Ministero del Tesoro) Slg. 1984, S. 377 (Rn. 10 ff.).

165 Vgl. EuGH v. 17.06.1997 Rs. C-70/95 (Sodemare) Slg. 1997, S. I 3395 (Rn. 7); *McDonald*, Dienstleistung (2001), S. 27 Fn. 35; *Müller-Graff*, in: Streinz EUV/EGV, Art. 49 Rn. 27; *Pasternacki*, Niederlassungsfreiheit (2000), S. 68 f. Das Kriterium ergibt sich aus der Unterscheidung zwischen Niederlassungs- und Dienstleistungsfreiheit.

166 Vgl. *McDonald*, Dienstleistung (2001), S. 31 f.

167 Vgl. EuGH v. 24.10.1978 Rs. C-15/78 (Koestler) Slg. 1978, S. 1971 (Rn. 3).

168 Vgl. *Pasternacki*, Niederlassungsfreiheit (2000), S. 72 f.

169 So *Pasternacki*, Niederlassungsfreiheit (2000), S. 73; *Völker*, Dienstleistungsfreiheit (1990), S. 56 Fn. 14. A. A. *Knaul*, Auswirkungen des europäischen Binnenmarkts (1995), S. 50; *Schöne*, Dienstleistungsfreiheit (1989), S. 77 f.

des Mietkautionskontos in Erfüllung der vertraglichen Beziehung zwischen dem deutschen Auftraggeber und der spanischen Bank stellt hingegen eine grenzüberschreitende Leistungserbringung dar.

Eine weitere Sonderkonstellation liegt bei einer Kombination von Grenzüberschreitung durch den Leistenden und Grenzüberschreitung durch den Empfänger vor, wenn sich beide Parteien in einem dritten Land treffen[170] (5. Modus).

Von der Dienstleistungsfreiheit erfasst wird nach der Rechtsprechung des EuGH[171] und der Literatur[172] schließlich der Fall, dass Empfänger und Erbringer in demselben Staat ansässig sind und die Leistung in einem anderen Staat erbracht wird. Empfänger und Erbringer können sich gemeinsam in den anderen Staat begeben[173] oder der Leistende kann zur Leistungserbringung alleine in das Ausland reisen[174].

Gegen die Erfassung dieses Modus spricht zwar der Wortlaut des Art. 56 Abs. 1 AEUV. Dieser fordert, dass der Leistende in einem anderen Mitgliedstaat als der Empfänger ansässig ist. Allerdings würde eine Ausklammerung dieser Erbringungsart dazu führen, dass die Eröffnung des Schutzbereichs der Dienstleistungsfreiheit von der oftmals bloßen Zufälligkeit abhinge, wo Leistungsempfänger bzw. -erbringer ansässig sind[175]. Zudem widerspricht eine enge Bindung an den Wortlaut den in Art. 26 AEUV enthaltenen Zielen der Schaffung eines gemeinsamen Marktes sowie der Verwirklichung des Binnenmarktes[176]. Daher handelt es sich bei diesem Fall um eine weitere Form der grenzüberschreitenden Dienstleistungserbringung (6. Modus).

Demnach ist insgesamt zwischen sechs Formen grenzüberschreitender Dienstleistungserbringung zu unterscheiden (1.-6. Modus). Die nachstehende Abbildung soll dies verdeutlichen[177]:

---

170 Teilweise wird dieser Modus unter die Grenzüberschreitung der Dienstleistung gefasst, siehe *Hanten*, in: Baudenbacher (2005), S. 153 (156).

171 Vgl. EuGH v. 26.02.1991 C-198/89 (Kommission/Griechenland) Slg. 1991, S. I 727 (Rn. 10).

172 So auch *Kluth*, in: Calliess/Ruffert, EUV/EGV, Art. 49, 50, Rn. 31; *Pasternacki*, Niederlassungsfreiheit (2000), S. 70 f.; *Schöne*, Dienstleistungsfreiheit (1989), S. 76 f.; a. A. *Knaul*, Auswirkungen des europäischen Binnenmarkts (1995), S. 50; *Kugelmann*, Rundfunk (1991), S. 114 f.

173 Z. B. ein Fremdenführer, der eine Gruppe in einen anderen Mitgliedstaat begleitet, vgl. EuGH v. 26.02.1991 C-198/89 (Kommission/Griechenland) Slg. 1991, S. I 727 (Rn. 10); EuGH v. 14.07.1994 Rs. C-379/92 (Peralta) Slg. 1994, S. I 3453 (Rn. 2).

174 Z. B. ein Rechtsanwalt, der einen Mandanten im Ausland vertritt, vgl. EuGH v. 01.07.1993 Rs. C-20/92 (Hubbard/Hamburger) Slg. 1993, S. I 3777 (Rn. 12); *Pasternacki*, Niederlassungsfreiheit (2000), S. 70 f.

175 Vgl. *Schöne*, Dienstleistungsfreiheit (1989), S. 75.

176 Vgl. *McDonald*, Dienstleistung (2001), S. 29; *Schöne*, Dienstleistungsfreiheit (1989), S. 75.

177 Vgl. auch Übersichten *Hanten*, in: Baudenbacher (2005), S. 153 (156); *Vahldiek*, in: Boos/Fischer/Schulte-Mattler, KWG, § 53 Rn. 209.

Überblick über die Formen grenzüberschreitender Dienstleistungserbringung	
Traditionelles Auslandsgeschäft	Kunde / Dienstleistung / Institut / Inland / Ausland
1. Modus: Grenzüberschreitung des Dienstleistungserbringers	Kunde / Institut / Inland / Ausland
2. Modus: Grenzüberschreitung der Dienstleistung	Kunde / Dienstleistung / Institut / Inland / Ausland
3. Modus: Grenzüberschreitung des Dienstleistungsempfängers	Kunde / Institut / Inland / Ausland
4. Modus: Dienstleistung beim Erbringer ohne Grenzüberschreitung des Erbringers/Empfängers	Kunde / Dienstleistung / Institut / Inland / Ausland
5. Modus: Dienstleistungserbringer und -empfänger überschreiten Grenze in dritten Staat	Dienstleistung im Drittstaat / Kunde / Institut / Inland / Ausland
6. Modus: Ansässigkeit von Dienstleistungserbringer und -empfänger in demselben Staat	Institut / Kunde / Inland / Ausland

ee) Einordnung von Vorfeldhandlungen zu grenzüberschreitenden Dienstleistungen

Zum Verständnis der verschiedenen Erscheinungsformen der grenzüberschreitenden Dienstleistungserbringung ist es bedeutsam, zwischen den Vorfeldhandlungen und der Dienstleistung selbst zu unterscheiden. Vorfeldhandlungen sind z. B. die Anbahnung des Vertrags, Angebote, eine invitatio ad offerendum, Werbung oder sonstige einleitende Aktivitäten[178]. Vorfeldhandlungen werden von der jeweiligen Erbringungsart des Art. 56 f. AEUV erfasst[179], die auch für die eingeleitete Dienstleistung selbst gilt[180]. Die einleitenden Maßnahmen stellen nicht die zu erbringende Dienstleistung als solche oder eine eigenständige Dienstleistung, sondern einen Annex zu der angestrebten Leistung dar[181]. Einschränkend ist bei der Werbung erforderlich, dass die anpreisenden Informationen vom Dienstleistungserbringer selbst und nicht von anderen Personen ausgehen[182]. Diese europarechtliche Einordnung von Vorfeldhandlungen zu der jeweiligen Erbringungsart ist für die Systematisierung grenzüberschreitender Bank- und Finanzdienstleistungen zu übernehmen.

2. Eintritt in den inländischen Markt aus Drittstaaten

Da sich die Formen des Markteintritts von Instituten aus anderen Staaten des EWR in die Bundesrepublik faktisch nicht von denen drittstaatlicher Institute unterscheiden[183], sind die genannten Erscheinungsformen auf den Zugang drittstaatlicher Institute in die Bundesrepublik zu übertragen. In Betracht kommen zum einen der Einsatz von festen Niederlassungen in Form von Tochterunternehmen, Anteilserwerben, Zweigstellen, Repräsentanzen etc. und zum anderen die grenzüberschreitende Erbringung von Bank- und Finanzdienstleistungen ohne physische Präsenz im Inland.

II. Austritt aus dem inländischen Markt

Kredit- und Finanzdienstleistungsinstitute mit Sitz in der Bundesrepublik erbringen spiegelbildlich Bank- und Finanzdienstleistungen im Ausland[184]. Gem.

---

178 Vgl. *Kluth*, in: Calliess/Ruffert, EUV/EGV, Art. 49, 50 Rn. 25; *Müller-Graff*, in: Streinz, EUV/EGV, Art. 49 Rn. 33.

179 D. h. aktiver, passiver Dienstleistungsverkehr, Korrespondenzdienstleistung oder Sonderformen.

180 Vgl. *Kluth*, in: Calliess/Ruffert, EUV/EGV, Art. 49, 50 Rn. 25; *Knobl*, WBl. 1995, S. 309; *Müller-Graff*, in: Streinz, EUV/EGV, Art. 49 Rn. 33. Siehe zudem EuGH v. 10.05.1995 Rs. C-384/93 (Alpine Investment) Slg. 1995, S. I 1141 (Rn. 22, 28).

181 Vgl. *Knobl*, WBl. 1995, S. 309.

182 Vgl. EuGH v. 04.10.1991 Rs. C-159/90 (Grogan) Slg. 1991, S. I 4685 (Rn. 22 ff.).

183 Siehe 2. Teil 1. Kapitel B. III.

184 Sog. Outbound-Fall, vgl. *Hanten*, in: Baudenbacher (2005), S. 153 (182).

§§ 24 f. KWG ist zwischen einem Eintritt in andere Staaten des EWR und in Drittstaaten zu unterscheiden. Die Institute werden entweder über Niederlassungen, etwa Tochterunternehmen, sonstige Beteiligungsunternehmen, Zweigstellen oder Repräsentanzen, oder im Wege des grenzüberschreitenden Dienstleistungsverkehrs im Ausland tätig[185].

2. Kapitel: Kreditwesenrechtliche Erfassung des Eintritts in den inländischen Markt

In diesem Kapitel wird erörtert, in welchen Fällen ausländische Institute der Zulassung der BaFin bedürfen. Dabei wird an die vorstehende Systematisierung des grenzüberschreitenden Engagements ausländischer Institute angeknüpft. Insofern wird zwischen einem Zugang von Instituten aus anderen Staaten des EWR (Abschnitt A.) und einem Zugang aus Drittstaaten (Abschnitt B.) unterschieden. Die weitere Unterteilung richtet sich danach, ob der Markteintritt der Institute mittels Niederlassungen, d. h. Tochterunternehmen, Anteilserwerbs, Zweigstellen, Repräsentanzen, Kooperationen oder des Einsatzes selbstständiger Vermittler (Unterabschnitt I.), oder ohne feste Präsenz (Unterabschnitt II.) erfolgt. Innerhalb der zweiten Fallgruppe wird danach unterschieden, ob das ausländische Institut, die Bank- oder Finanzdienstleistung als solche oder der inländische Kunde die Grenze überschreitet.

Dabei wird sich zeigen, dass das KWG spezielle Vorschriften für die Erlaubnispflicht für Niederlassungen ausländischer Institute in der Bundesrepublik enthält. Dagegen ist eine Erlaubnispflicht für ausländische Institute, die im Wege des grenzüberschreitenden Dienstleistungsverkehrs im Inland tätig werden, nicht ausdrücklich im KWG geregelt. Insofern ist im Rahmen der Erörterung der Erlaubnispflicht für Niederlassungen abzugrenzen, welche Geschäftstätigkeiten ausländischer Institute im Inland im Einzelnen unter die Vorschriften des KWG über Niederlassungen fallen. In diesem Zusammenhang stellt sich die Frage, ob auch die übrigen Geschäftstätigkeiten ausländischer Institute im Inland, nämlich die-

185 Auf europäischer Ebene ist umstritten, ob die Dienstleistungsfreiheit gem. Art. 56 f. AEUV Anwendung findet, wenn bei Ansässigkeit von Erbringer und Empfänger in demselben Staat die Dienstleistung in einem Staat außerhalb der EU erbracht wird. Art. 56 Abs. 1 AEUV fordert einen Dienstleistungsverkehr „innerhalb der Gemeinschaft“. In der vorliegenden Konstellation liegt weder eine innergemeinschaftliche Grenzüberschreitung der Parteien noch der Leistung vor. Der Auslandsbezug besteht nur zu einem Drittstaat. Daher ist eine Anwendbarkeit der Art. 56 f. AEUV zu verneinen (vgl. *Müller-Graff*, in: Streinz, EUV/EGV, Art. 49 Rn. 31). Ein Beispiel ist der in Deutschland ansässige Banker, der mit einem deutschen Kunden in die Schweiz reist, um dort ein Konto zu eröffnen.

jenigen ohne den Einsatz von Niederlassungen, zu einer kreditwesenrechtlichen Erlaubnispflicht für die Institute führen, ohne dass das KWG hierzu ausdrückliche Vorschriften enthält. Auf dieser Grundlage werden abschließend Vorschläge für eine künftige Erfassung grenzüberschreitend erbrachter Bank- und Finanzdienstleistungen unterbreitet (Abschnitt C.).

A. Eintritt in den inländischen Markt aus anderen Staaten des EWR

I. Formen physischer Präsenz

1. Tochterunternehmen

Tochterunternehmen sind rechtlich selbstständig und verfügen über weitgehende geschäftspolitische Freiräume. Sie können den Kunden individuelle Produktpaletten anbieten und dadurch fremde Märkte zielgerichtet erschließen. Mit der rechtlichen Autonomie geht eine hohe Präsenzintensität von Tochterunternehmen einher. Sie können sich – stärker als Zweigstellen – als Gegengewicht zu inländischen Instituten positionieren[186].

Der rechtlichen Unabhängigkeit stehen wirtschaftliche Verflechtungen zwischen Mutter- und Tochterunternehmen gegenüber, sodass eine Bankengruppe als Haftungsverbund aufgefasst wird[187]. Mutterunternehmen haften aus rein faktischen Gründen für ihre Tochterunternehmen, z. B. zur Wahrung des Ansehens des Mutterunternehmens[188]. Daneben sind in Konzernverhältnissen rechtlich bindende Haftungsübernahmeverpflichtungen, sog. harte Patronatserklärungen, vorzufinden[189]. Zwar sind Mutter- und Tochterunternehmen wegen ihrer rechtlichen Selbstständigkeit jeweils eigenständige Objekte der Bankenaufsicht[190]. Mit Blick auf den Haftungsverbund sind die Konzernstrukturen aber zusätzlich zu berück-

---

186 Vgl. *Baumanns*, Internationalisierungsentscheidung (1984), S. 106 ff.

187 Vgl. RegBgr. 3. KWG-Novelle BT-Drucks. 10/1441, S. 23; *Schmid-Burgk*, Bankenaufsicht (1989), S. 14 ff.; *Wagner*, Internationale Tätigkeit der Banken (1982), S. 21; *Weber*, Auslandsbanken (1996), S. 41. Kritisch *Jörgens*, Koordinierte Aufsicht (2002), S. 132 ff.; *Senger*, Bankenaufsicht (2004), S. 226, 344 ff.

188 Vgl. *Büschgen*, Bankbetriebslehre (1998), S. 620 f.; *ders.*, in: Büschgen/Richolt (1989), S. 1 (14).

189 Vgl. *Bähre*, in: Krümmel (1985), S. 63 (69); *Büschgen*; Bankbetriebslehre (1998), S. 620 f.; *ders.*, in: Büschgen/Richolt (1989), S. 1 (14); *Fleischer*, ZHR 163 (1999), S. 461 (468); *Wagner*, Internationale Tätigkeit der Banken (1982), S. 21.

190 Der Konzern ist keine juristische Person und kann deshalb nicht Anknüpfungspunkt der Bankenaufsicht sein, vgl. *Senger*, Bankenaufsicht (2004), S. 35, 225.

sichtigen[191]. Eine Konzernaufsicht ist auch erforderlich, um eine Mehrfachbelegung von Eigenmitteln zu verhindern[192].

Das KWG stellt verschiedene Vorschriften bereit, um diesen aufsichtsrechtlichen Anforderungen zu begegnen. Zentrale Norm ist § 10 a KWG. Die Vorschrift sieht die Konsolidierung der Eigenmittel von Institutsgruppen vor[193]. Daneben werden die qualifizierten Beteiligungen von Institutsgruppen gem. § 12 Abs. 2 KWG begrenzt, die Großkredite gem. § 13 b Abs. 3, 4 KWG zusammengefasst sowie gem. § 25 Abs. 2 KWG ein zusammengefasster Monatsausweis gefordert.

Während diese Regelungen die laufende Beaufsichtigung von Mutter-Tochter-Verhältnissen betreffen, bezieht sich die nachfolgende Untersuchung auf die Bedingungen, unter denen Tochterunternehmen von ausländischen Mutterunternehmen ein erstmaliger Marktzugang gewährt wird. Erörterungsgegenstand ist zunächst die kreditwesenrechtliche Definition des Tochterunternehmens (Abschnitt a)). Danach werden die Voraussetzungen für eine Lizenzierung des Tochterunternehmens dargelegt (Abschnitt b) bis d)). Abschließend werden die Ergebnisse zusammengefasst (Abschnitt e)).

a) Bestimmung des Begriffs des Tochterunternehmens

Der Begriff „Tochterunternehmen" ist in § 1 Abs. 7 Satz 1 KWG legal definiert. Die Vorschrift beruht auf Art. 1 Nr. 13 2. BRKR[194]. Diese Regelung verweist auf Art. 1 und 2 der Siebenten Richtlinie[195]; diese wurden im Rahmen des § 290 HGB umgesetzt. Durch die 5. KWG-Novelle[196] wurde in Umsetzung von Art. 1 Konsolidierungsrichtlinie[197] die Alternative des beherrschenden Einflusses gem. § 1 Abs. 7 Satz 1 2. Alt. KWG eingefügt.

Bei einem Tochterunternehmen gem. § 1 Abs. 7 Satz 1 KWG muss es sich zunächst um ein Unternehmen handeln. Der Begriff „Unternehmen" ist im KWG nicht definiert. Er wird in verschiedenen Rechtsgebieten verwendet[198], ohne dass

191 Vgl. RegBgr. 3. KWG-Novelle BT-Drucks. 10/1441, S. 23; *Jörgens*, Koordinierte Aufsicht (2002), S. 132 ff. m. w. N.; *Senger*, Bankenaufsicht (2004), S. 226 m. w. N.

192 Vgl. RegBgr. 3. KWG-Novelle BT-Drucks. 10/1441, S. 23; *Senger*, Bankenaufsicht (2004), S. 226 m. w. N.

193 Vgl. *Jörgens*, Koordinierte Aufsicht (2002), S. 128 f., 185 ff.; *Senger*, Bankenaufsicht (2004), S. 227 ff.

194 Vgl. Richtlinie 89/646/EWG v. 15.12.1989, heute Art. 4 Abs. 13 Bankenrichtlinie (Richtlinie 2006/48/EG v. 14.06.2006).

195 Vgl. Richtlinie 83/349/EWG v. 13.06.1983.

196 Vgl. BGBl. I 1994, S. 2735 ff.

197 Vgl. Richtlinie 92/30/EWG v. 06.04.1992.

198 Z. B. §§ 2, 3, 290 ff. HGB, §§ 3, 15 ff. AktG, § 6 GenG, § 47 BetrVG.

ihm ein allgemein anerkanntes Verständnis zugrunde gelegt werden kann[199]. Auch innerhalb des KWG wird der Unternehmensbegriff nicht einheitlich ausgelegt, sondern der konkrete Wortsinn orientiert sich am jeweiligen Kontext[200]. Auf den Unternehmensbegriff des § 1 Abs. 7 Satz 1 KWG beziehen sich die Bestimmungen des KWG, die eine Konsolidierung von verbundenen Unternehmen regeln. Die Einhaltung der Konsolidierungsvorschriften kann nur sichergestellt werden, wenn der Unternehmensbegriff des § 1 Abs. 7 Satz 1 KWG weit ausgelegt wird[201]. Ebenso wie im Rahmen der Auslegung der aktienrechtlichen Bestimmungen über Unternehmensverbindungen sind daher unter Unternehmen i. S. d. § 1 Abs. 7 Satz 1 KWG sämtliche rechtlich selbstständigen Organisationen zu verstehen[202].

Merkmal eines Tochterunternehmens i. S. d. KWG ist gem. § 1 Abs. 7 Satz 1 1. Alt. KWG, dass das Unternehmen als Tochterunternehmen i. S. d. § 290 HGB gilt. Nach dem durch das BilMoG geänderten § 290 HGB liegt ein Tochterunternehmen vor, wenn ein Unternehmen (Mutterunternehmen) auf dieses einen beherrschenden Einfluss ausüben kann[203].

Während für das Tochterunternehmen die Rechtsform- und Sitzunabhängigkeit ausdrücklich in § 1 Abs. 7 Satz 1 letzter Hs. KWG normiert ist, setzt § 290 Abs. 1 HGB voraus, dass das Mutterunternehmen seinen Sitz im Inland und die Rechtsform einer Kapitalgesellschaft hat[204]. Die Verweisung des § 1 Abs. 7 Satz 1 1. Alt. KWG auf § 290 HGB ist jedoch nicht als umfassende, sondern als partielle Rechtsgrundverweisung zu verstehen. Im Rahmen des § 1 Abs. 7 Satz 1 1. Alt. KWG ist der Begriff „Mutterunternehmen“ rechtsform- und sitzneutral[205].

Die Sitzneutralität des Mutterunternehmens lässt sich insbesondere mit den Regelungen des KWG über grenzüberschreitende Mutter-Tochter-Beziehungen begründen: Bei Sitzabhängigkeit des Mutterunternehmens wäre ein Institut nur als Tochterunternehmen i. S. d. § 1 Abs. 7 Satz 1 KWG zu qualifizieren, wenn das Mutterunternehmen seinen Sitz im Inland hätte. Das hätte etwa für die Pflicht der BaFin, bei der Erlaubniserteilung für ein Tochterunternehmen eines ausländischen Mutterunternehmens gem. § 33 b KWG die Zulassungsstelle des Heimatstaats anzuhören, zur Folge, dass aufgrund der in § 1 Abs. 6 KWG für den Begriff des Mutterunternehmens ausdrücklich vorgeschriebenen Sitzunabhängigkeit zwar ein

---

199 Vgl. *Beck/Samm/Kokemoor*, KWG, § 1 Rn. 25; *Schäfer*, in: Boos/Fischer/Schulte-Mattler, KWG, § 1 Rn. 13.

200 Vgl. *Beck/Samm/Kokemoor*, KWG, § 1 Rn. 25; *Reischauer/Kleinhans*, KWG, § 1 Rn. 8.

201 Vgl. *Senger*, Bankenaufsicht (2004), S. 230.

202 Vgl. *Senger*, Bankenaufsicht (2004), S. 231; *Weber*, Auslandsbanken (1996), S. 28 f.

203 Vgl. *Kozikowski/Ritter*, in: Beck'scher Bilanz-Kommentar, § 290 Rn. 4 ff.

204 Siehe aber Einschränkungen für Kredit- und Finanzdienstleistungsinstitute gem. §§ 340 i Abs. 1, 340 Abs. 4 HGB.

205 Vgl. *Senger*, Bankenaufsicht (2004), S. 250 ff.

ausländisches Mutterunternehmen i. S. d. § 33 b KWG vorläge, eine Subsumtion unter den Begriff des Tochterunternehmens in § 33 b KWG aber nicht möglich wäre. Damit wäre § 33 b KWG nicht anwendbar. § 33 b KWG soll aber vor wirtschaftlichen Gefahren aus grenzüberschreitenden Unternehmensverflechtungen schützen. Die aus dem Mutter-Tochter-Verhältnis resultierenden Risiken würden bei grenzüberschreitenden Mutter-Tochter-Beziehungen nicht aufsichtsrechtlich berücksichtigt.

Gem. § 1 Abs. 7 Satz 1 2. Alt. KWG liegt ein Tochterunternehmen auch dann vor, wenn auf das Unternehmen ein beherrschender Einfluss ausgeübt werden kann. Diese Alternative ist an § 17 AktG angelehnt. Sie hat nur klarstellende Bedeutung[206]. Auf die tatsächliche Ausübung des beherrschenden Einflusses kommt es nicht an.

b) Erlaubnispflicht für Tochterunternehmen

Die Erlaubnispflicht für inländische Tochterunternehmen richtet sich nach § 32 Abs. 1 Satz 1 KWG. Hiernach bedarf einer schriftlichen Erlaubnis, „*wer im Inland gewerbsmäßig oder in einem Umfang, der einen in kaufmännischer Weise eingerichteten Geschäftsbetrieb erfordert, Bankgeschäfte betreiben oder Finanzdienstleistungen erbringen will*".

Die Norm enthält ein präventives Verbot mit Erlaubnisvorbehalt[207]. Sie greift nach dem Gesetzeswortlaut („*betreiben oder ... erbringen will*") bereits dann, wenn das Erbringen von Bank- oder Finanzdienstleistungen nur beabsichtigt ist. Bei Verstoß gegen die Pflicht zur vorherigen Erlaubniseinholung kann die BaFin gem. § 37 Abs. 1 KWG die sofortige Einstellung des Geschäftsbetriebs sowie die unverzügliche Abwicklung der Geschäfte verlangen und gem. § 17 FinDAG durchsetzen. Zudem ist das Tätigwerden ohne die erforderliche Erlaubnis nach § 54 Abs. 1 Nr. 2 KWG strafbewehrt.

In dem folgenden Abschnitt der Arbeit werden die Tatbestandsmerkmale des § 32 Abs. 1 Satz 1 KWG einzeln untersucht. Zu Beginn wird erörtert, was unter einem Betreiben von Bankgeschäften und Erbringen von Finanzdienstleistungen zu verstehen ist (Abschnitt aa)). Da die erlaubnispflichtigen Tätigkeiten in § 32 Abs. 1 Satz 1 i. V. m. § 1 Abs. 1 Satz 2, Abs. 1 a Satz 2 KWG abschließend[208]

---

206 Vgl. *Reischauer/Kleinhans*, KWG, § 1 Rn. 318, 321.

207 So VG Frankfurt a.M. v. 05.07.2007 1 E 4355/06 BKR 2007, S. 341 (345); *Bliesener*, Verhaltenspflichten beim Wertpapierhandel (1998), S. 32; *Hahn*, in: Klein (1993), S. 243 (310); *Samm*, in: Beck/Samm/Kokemoor, KWG, § 32 Rn. 12b, § 33 Rn. 5. Nach a. A. repressives Verbot mit Erlaubnisvorbehalt, vgl. VG Frankfurt a.M. v. 07.05.2004 9 G 6496/03 (V) ZIP 2004, S. 1259 (1260); *Granzow*, Handel mit Energiederivaten (2006), S. 55.

208 Vgl. RegBgr. KWG BT-Drucks. 3/1114 S. 27.

aufgezählt werden, ist es notwendig, im Einzelfall zu prüfen, ob die Tätigkeit des Tochterunternehmens einen dieser Tatbestände erfüllt. Anschließend wird auf das Erfordernis der Gewerbsmäßigkeit bzw. des eingerichteten Geschäftsbetriebs (Abschnitt bb)), auf die Voraussetzung „im Inland" (Abschnitt cc)) und auf die Ausnahmen von der Erlaubnispflicht (Abschnitte dd), ee)) eingegangen.

aa) Erfordernis des Betreibens von Bankgeschäften oder des Erbringens von Finanzdienstleistungen

(1) Unterscheidung des Betreibens und Erbringens von einem Tätigwerden im fremden Namen

Ein „Betreiben" i. S. d. § 32 Abs. 1 Satz 1, § 1 Abs. 1 Satz 1 KWG setzt voraus, dass Bankgeschäfte in gleicher Weise geschäftsmäßig wiederholt und dadurch zu einem dauernden oder wiederholten Bestandteil der Beschäftigung gemacht werden[209]. Dabei ist es ausreichend, dass die Geschäfte nur gelegentlich betrieben werden, solange es sich nicht um ein einzelnes Bankgeschäft handelt[210].

Nach Ansicht der Literatur ist das Betreiben i. S. d. KWG vom bloßen Vollzug von Bankgeschäften für andere abzugrenzen[211]. Ein Handeln im eigenen Namen ist hiernach zwingendes Erfordernis für ein „Betreiben" von Bankgeschäften. Ein Tätigwerden im fremden Namen, d. h. die bloße Durchführung eines Bankgeschäfts für andere, insbesondere im Wege der offenen Stellvertretung oder als Bote, löst nicht die Erlaubnispflicht des § 32 Abs. 1 Satz 1 KWG aus[212]. Um ein „Betreiben" handelt es sich nach dieser Auffassung auch dann, wenn das Handeln zwar im fremden Namen erfolgt, dies aber äußerlich nicht erkennbar ist. Insofern liegt eine verdeckte Stellvertretung vor, bei der der Handelnde gem. § 164 Abs. 1, 2 BGB aus dem Geschäft als Betreiber selbst verpflichtet wird[213].

---

209 Vgl. OVG Berlin v. 14.11.1973 I B 68/72 Beckmann/Bauer, § 1 Abs. 1 Satz 2 Nr. 1 (Nr. 6); OVG Berlin v. 17.04.1974 I B 70/72 Beckmann/Bauer, § 1 Abs. 1 Satz 2 Nr. 1 (Nr. 8); *Beck/Samm/Kokemoor*, KWG, § 1 Rn. 32; *Schäfer*, in: Boos/Fischer/Schulte-Mattler, KWG, § 1 Rn. 24. Enger *Szagunn/Haug/Ergenzinger*, KWG, § 1 Rn. 4.

210 Vgl. *Schäfer*, in: Boos/Fischer/Schulte-Mattler, KWG, § 1 Rn. 24.

211 Vgl. *Reischauer/Kleinhans*, KWG, § 1 Rn. 19; *Schäfer*, in: Boos/Fischer/Schulte-Mattler, KWG, § 1 Rn. 23.

212 Vgl. *Beck/Samm/Kokemoor*, KWG, § 1 Rn. 31, 33; *Reischauer/Kleinhans*, KWG, § 1 Rn. 19 f.; *Schäfer*, in: Boos/Fischer/Schulte-Mattler, KWG, § 1 Rn. 23; *Szagunn/Haug/Ergenzinger*, KWG, § 1 Rn. 4, 36. Nach Schneider sind das Betreiben und Erbringen inhaltsgleich und erfordern beide grundsätzlich ein Handeln im eigenen Namen, vgl. *Schneider*, WM 2008, S. 285 (286 f.).

213 Vgl. *Beck/Samm/Kokemoor*, KWG, § 1 Rn. 33; *Reischauer/Kleinhans*, KWG, § 1 Rn. 20.

Die BaFin hat im Zusammenhang mit der kreditwesenrechtlichen Behandlung von Kreditvermittlern ausgeführt, dass diese nur dann ein Kreditgeschäft i. S. d. § 32 Abs. 1 Satz 1 KWG betreiben, wenn sie im eigenen Namen oder zumindest erkennbar nicht im fremden Namen tätig werden[214]. Für Auslagerungen stellt die BaFin klar, dass die ausgelagerten Unternehmen nicht erlaubnispflichtig sind, da diese Bankgeschäfte nur als Stellvertreter für andere Unternehmen betreiben[215]. Demnach setzt auch die BaFin für den Begriff „Betreiben" ein Handeln im eigenen Namen voraus.

Dieser Auffassung folgt auch das BVerwG. Ein Betreiben i. S. d. § 32 Abs. 1 Satz 1 KWG liege nur vor, wenn ein Institut im eigenen Namen tätig werde[216].

Argumente für diese Auslegung liefert ein Vergleich zwischen den Tatbestandsalternativen des Betreibens von Bankgeschäften gem. § 1 Abs. 1 KWG und des Erbringens von Finanzdienstleistungen gem. § 1 Abs. 1 a KWG. Der allgemeine Sprachgebrauch verlangt für ein „Betreiben" eines Geschäfts mehr als bloße Ausführungshandlungen für Dritte. Als Betreiber wird nur derjenige bezeichnet, der ein Geschäft selbstständig abwickelt. Von einem „Erbringen" von Leistungen kann demgegenüber bereits bei loser Einbindung in den Vertriebsweg gesprochen werden. Das allgemeine Wortverständnis spricht damit dafür, dass für das „Betreiben" ein Handeln im eigenen Namen erforderlich ist, während an den Begriff des „Erbringens" geringere Anforderungen zu stellen sind.

Dieser Unterscheidung entspricht es, dass der Gesetzgeber im Rahmen der 6. KWG-Novelle[217] das Finanzkommissionsgeschäft gem. § 1 Abs. 1 Satz 2 Nr. 4 KWG neu gefasst und hierbei ausdrücklich auf ein Tätigwerden *„im eigenen Namen für fremde Rechnung"* abgestellt hat. Der Tatbestand ist bewusst als Bankgeschäft und nicht als Finanzdienstleistung eingeordnet worden[218]. Demgegenüber wurde die Anschaffung und Veräußerung von Finanzinstrumenten *„im fremden Namen für fremde Rechnung"* gem. § 1 Abs. 1 a Satz 2 Nr. 2 KWG, die sog. Abschlussvermittlung, als Finanzdienstleistung formuliert.

Die Auffassung, nach der unter einem „Betreiben" von Bankgeschäften nur ein Handeln im eigenen Namen zu verstehen ist, überzeugt daher. Das Tatbestandsmerkmal des „Erbringens" von Finanzdienstleistungen erfasst hingegen auch Tätigkeiten, die im fremden Namen ausgeübt werden.

214 Vgl. BAKred, Verlautbarung „Kreditvermittler" v. 24.08.1979 I5-211-3/76, geändert am 06.12.2001 I3-272 A-2/98, KWG-Texte 4.171, Rn. III 1, 3.

215 Vgl. BAKred, Rundschreiben „Auslagerung" 11/2001 v. 06.12.2001 Gz I3-272A-2/98, KWG-Texte 4.339 Rn. 15 Fn. 2.

216 Vgl. BVerwG v. 22.04.2009 8 C 2.09 WM 2009, S. 1553 (1555).

217 Vgl. BGBl. I 1997, S. 2518 ff.

218 Siehe RegBgr. 6. KWG-Novelle BT-Drucks. 13/7142 S. 63.

(2) Einordnung des Betreibens und Erbringens als Ausführungshandlungen

Ein Institut tritt mit einem Kunden auf zwei Ebenen in Verbindung: Es schließt mit ihm zum einen den Vertrag über die zu erbringende Leistung. Zum anderen führt es die vereinbarte Leistung tatsächlich aus. Dementsprechend kommen als Anknüpfungspunkte des KWG auf der einen Seite der Vertragsschluss zwischen Institut und Kunden, auf der anderen Seite die Durchführung der Bank- oder Finanzdienstleistung in Betracht. Bedeutsam wird diese Unterscheidung, wenn der Ort, an dem der Vertrag geschlossen wird, sich in einem anderen Land befindet als der Ort der Ausführungshandlung. Bei solchen Sachverhalten ist der Bezugspunkt des KWG zu bestimmen. Insofern stellt sich die Frage, worin das Erbringen der Bank- und Finanzdienstleistungen i. S. d. § 32 Abs. 1 Satz 1 KWG konkret besteht. Nach Auffassung des BVerwG bezieht sich das Betreiben von Bankgeschäften sowohl auf den Abschluss als auch auf die Abwicklung der in § 1 Abs. 1 Satz 2 KWG genannten Bankgeschäfte[219].

Ob dem zu folgen ist, richtet sich nach dem Gesetzeswortlaut und dem Gegenstand der in § 1 Abs. 1, Abs. 1 a KWG aufgeführten Bank- und Finanzdienstleistungen[220]. Bankgeschäfte bestehen hiernach insbesondere in der Annahme von Geldern, der Gewährung von Krediten, dem Ankauf von Wechseln und Schecks, der Anschaffung, Veräußerung oder Übernahme von Finanzinstrumenten, der Verwahrung und Verwaltung von Wertpapieren, der Durchführung des Zahlungsverkehrs, der Übernahme von Finanzinstrumenten oder der Ausgabe und Verwaltung von E-Geld. Finanzdienstleistungen umfassen die Vermittlung, Anschaffung oder Veräußerung von Finanzinstrumenten, die Vermögensverwaltung, die Besorgung von Zahlungsaufträgen, den Handel oder die Ausgabe bzw. Verwaltung von Kreditkarten. Bei diesen Tatbeständen handelt es sich um Tätigkeiten.

Nach dem Gesetzeswortlaut und dem Gegenstand der Bank- und Finanzdienstleistungen knüpft das KWG damit an tatsächliche Ausführungshandlungen an; dagegen unterliegen Vertragsschlüsse nicht dem KWG[221]. Allein das Revolvinggeschäft, das die Verpflichtung zum Rückerwerb von Darlehensforderungen umfasst, das Garantiegeschäft, die Tätigkeit als zentraler Kontrahent sowie das Factoring und das Finanzierungsleasing bestehen nach dem Gesetzeswortlaut in einem Vertragsschluss als solchem. Bei diesen Geschäften scheidet eine Bezugnahme auf Ausführungshandlungen aber auch aus, da diese Bank- und Finanzdienstleistungen sich in Verpflichtungserklärungen erschöpfen.

---

219 Vgl. BVerwG v. 22.04.2009 8 C 2.09 WM 2009, S. 1553 (1555).

220 Vgl. zum BWG (Österreich) *Zahradnik/Kremslehner*, in: Lucius/Zakotelsky (2002), S. 172 (184).

221 Vgl. zum BWG (Österreich) *Zahradnik/Kremslehner*, in: Lucius/Zakotelsky (2002), S. 172 (184 f.).

Dieses Ergebnis wird durch den weiteren Gesetzeswortlaut bestätigt. Hiernach untersteht das „*Betreiben*“ und „*Erbringen*“ von Bank- und Finanzdienstleistungen dem KWG. Anknüpfungspunkt des KWG ist nicht etwa das „Eingehen einer entsprechenden Verpflichtung“.

Zudem ist das KWG systematisch Teil des besonderen Verwaltungsrechts. Damit hängt das Vorliegen der in § 1 Abs. 1, Abs. 1 a KWG aufgeführten Bank- und Finanzdienstleistungen nicht von einem zivilrechtlichen Vertragsschluss zwischen Institut und Kunden ab. Vielmehr ist maßgebend, ob eine verwaltungsrechtlich relevante Tätigkeit vorliegt[222].

Die Ziele des KWG bestehen darin, die Funktionsfähigkeit der Kreditwirtschaft zu sichern und Gläubiger vor Vermögensschäden zu schützen. Diese Ziele müssen betroffen sein, damit die kreditwesenrechtlichen Vorschriften anwendbar sind. Das KWG bedarf nämlich als Begrenzung der Gewerbefreiheit besonderer Rechtfertigung[223]. Der Vertragsschluss zwischen Institut und Kunden begründet nur die Verpflichtung der Parteien, die vereinbarten Bank- oder Finanzdienstleistungen zu erbringen. Dagegen verändert die Ausführung der vereinbarten Leistungen die tatsächliche Vermögenslage des Instituts und des Kunden. Die Gefahr eines Vermögensschadens entsteht damit im Wesentlichen erst bei Durchführung der Bank- und Finanzdienstleistungen. Deshalb steht es auch mit den Zielen des KWG in Einklang, für ein Erbringen von Bank- oder Finanzdienstleistungen nicht an den Vertragsschluss zwischen Institut und Kunden, sondern an die tatsächliche Ausführung der Leistungen anzuknüpfen.

(3) Erläuterung der einzelnen Bankgeschäfte

Die Bankgeschäfte, die zu einer kreditwesenrechtlichen Erlaubnispflicht führen, sind in § 1 Abs. 1 Satz 2 Nr. 1-12 KWG abschließend[224] aufgezählt. Beim grenzüberschreitenden Vertrieb von Bankleistungen ist denkbar, dass einzelne Teilakte eines Bankgeschäfts vom Inland aus und andere Teilakte des Bankgeschäfts vom Ausland aus erbracht werden. Ein derartiges arbeitsteiliges Vorgehen führt nicht ohne weiteres dazu, dass die kreditwesenrechtliche Erlaubnispflicht entfällt. Ein Erlaubnisbedürfnis kann nämlich auch dadurch ausgelöst werden, dass Bank- oder Finanzdienstleistungen nur teilweise in der Bundesrepublik ausgeführt werden[225]. Insofern ist maßgebend, aus welchen Teilakten die Bankgeschäfte im Einzelnen

---

222 Vgl. zum BWG (Österreich) *Zahradnik/Kremslehner*, in: Lucius/Zakotelsky (2002), S. 172 (185).

223 Siehe 1. Teil 2. Kapitel.

224 Vgl. RegBgr. KWG BT-Drucks. 3/1114 S. 27.

225 Siehe unten 2. Teil 2. Kapitel A. I. 3. b) bb).

bestehen. Hierauf ist in dem nachfolgenden Abschnitt der Arbeit besonderes Augenmerk zu richten.

(a) Einlagengeschäft

Einlagengeschäft ist gem. § 1 Abs. 1 Satz 2 Nr. 1 1. Alt. KWG die Annahme fremder Gelder als Einlagen. Sie setzt voraus, dass Gelder als Darlehen oder in ähnlicher Weise von einer Vielzahl von Geldgebern aufgrund typisierter Verträge laufend entgegengenommen werden[226]. Ob Mittel als Darlehen oder in darlehensähnlicher Form überlassen werden, d. h., ob sie zurückerstattet werden sollen, ist unter Berücksichtigung der bankwirtschaftlichen Verkehrsauffassung zu entscheiden[227].

Die Annahme von Bargeldern führt erst zu einer Erlaubnispflicht, wenn die Mittel tatsächlich übergeben werden[228]. Im Bereich des elektronischen Zahlungsverkehrs ist der Eingang der Gelder auf dem für die Einlage zur Verfügung gestellten Konto entscheidend. In beiden Fällen hängt die Erlaubnispflicht für die einsammelnde Stelle nicht davon ab, ob diese selbst zur Rückzahlung der Gelder verpflichtet ist, da bereits die Entgegennahme der Gelder erlaubnispflichtig ist.

Abzugrenzen vom erlaubnispflichtigen Einlagengeschäft ist die erlaubnisfreie Einlagenvermittlung. Dies ist die bloße Annahme und Weiterleitung von Geldern an Dritte im Namen der Geldgeber, insbesondere als Bote der Geldgeber[229]. Auch wenn der Bote gegenüber den Geldgebern für die Gelder haftet, betreibt er kein erlaubnispflichtiges Einlagengeschäft, sondern eine erlaubnisfreie Einlagenvermittlung[230]. Allerdings betreibt der Bote u. U. gleichzeitig ein Garantiegeschäft gem. § 1 Abs. 1 Satz 2 Nr. 8 KWG[231] oder eine Drittstaateneinlagenvermittlung gem. § 1 Abs. 1 a Satz 2 Nr. 5 KWG.

Gem. § 1 Abs. 1 Satz 2 Nr. 1 2. Alt. KWG umfasst das Einlagengeschäft schließlich die Annahme anderer rückzahlbarer Gelder des Publikums, sofern der

---

226 Vgl. *Beck/Samm/Kokemoor*, KWG, § 1 Rn. 54.

227 Vgl. BVerwG v. 27.03.1984 I C 125.80 WM 1984, S. 1364 (1367); BGH v. 09.03.1995 III ZR 55/94 WM 1995, S. 874 (875); *Beck/Samm/Kokemoor*, KWG, § 1 Rn. 54, 64; *Canaris*, BB 1978, S. 227 f.; *Reischauer/Kleinhans*, KWG, § 1 Rn. 37 ff.; *Schäfer*, in: Boos/Fischer/Schulte-Mattler, KWG, § 1 Rn. 36.

228 Vgl. *Reischauer/Kleinhans*, KWG, § 1 Rn. 47; *Schäfer*, in: Boos/Fischer/Schulte-Mattler, KWG, § 1 Rn. 35.

229 Vgl. *Beck/Samm/Kokemoor*, KWG, § 1 Rn. 88, 96; *Reischauer/Kleinhans*, KWG, § 1 Rn. 199; *Szagunn/Haug/Ergenzinger*, KWG, § 1 Rn. 25. Vgl. aber die Drittstaateneinlagenvermittlung gem. § 1 Abs. 1 a Satz 2 Nr. 5 KWG.

230 Vgl. *Beck/Samm/Kokemoor*, KWG, § 1 Rn. 88; *Szagunn/Haug/Ergenzinger*, KWG, § 1 Rn. 25.

231 Vgl. LG Bremen v. 30.04.1964 11 O 17/64 NJW 1964, S. 2356 (2357).

Rückzahlungsanspruch nicht in Inhaber- oder Orderschuldverschreibungen verbrieft wird und unabhängig von einer Zinszahlung ist[232]. Diese Alternative stellt einen Auffangtatbestand dar[233].

(b) Pfandbriefgeschäft

Erfasst ist ferner gem. § 1 Abs. 1 Satz 2 Nr. 1 a KWG das Pfandbriefgeschäft. Hierunter sind die in § 1 Abs. 1 Satz 2 KWG des Pfandbriefgesetzes aufgeführten Geschäfte zu verstehen.

(c) Kreditgeschäft

Unter Kreditgeschäft ist gem. § 1 Abs. 1 Satz 2 Nr. 2 KWG die Gewährung von Gelddarlehen und Akzeptkrediten zu verstehen. Gelddarlehen sind Verträge i. S. d. § 488 BGB, nach denen der Darlehensgeber zur Hingabe von Geldern verpflichtet ist[234]. Bei dem Akzeptkredit zieht ein Bankkunde als Aussteller auf seine Bank einen Wechsel und zahlt den Wechselbetrag vor dessen Verfall an die Bank[235]. Unter Gewährung ist nur die erstmalige Übergabe des Geldes zu verstehen, nicht die Übernahme bestehender Darlehen[236].

Die bloße Vermittlung von Kreditverträgen im Namen eines Dritten stellt kein Bankgeschäft i. S. d. § 1 Abs. 1 Satz 2 Nr. 2 KWG dar, da hierbei der Kredit nicht, auch nicht teilweise, selbst gewährt, sondern im fremden Namen abgeschlossen wird[237]. Bei der bloßen Vornahme von Auszahlungen, Entgegennahme von Tilgungsleistungen etc. liegt vielmehr eine nur anzeigepflichtige Auslagerung gem.

---

232 Die Alternative der unbedingt rückzahlbaren Gelder des Publikums wurde durch die 6. KWG-Novelle (vgl. BGBl. I 1997, S. 2518 ff.) eingeführt.

233 Vgl. *Beck/Samm/Kokemoor*, KWG, § 1 Rn. 71; *Reischauer/Kleinhans*, KWG, § 1 Rn. 50; *Schäfer*, in: Boos/Fischer/Schulte-Mattler, KWG, § 1 Rn. 41.

234 Vgl. *Beck/Samm/Kokemoor*, KWG, § 1 Rn. 100; *Reischauer/Kleinhans*, KWG, § 1 Rn. 60; *Schäfer*, in: Boos/Fischer/Schulte-Mattler, KWG, § 1 Rn. 44.

235 Vgl. *Beck/Samm/Kokemoor*, KWG, § 1 Rn. 104; *Reischauer/Kleinhans*, KWG, § 1 Rn. 65.

236 Vgl. *Beck/Samm/Kokemoor*, KWG, § 1 Rn. 100; *Reischauer/Kleinhans*, KWG, § 1 Rn. 61 f.; *Schäfer*, in: Boos/Fischer/Schulte-Mattler, KWG, § 1 Rn. 46; *Szagunn/Haug/Ergenzinger*, KWG, § 1 Rn. 31.

237 Vgl. Bundesminister der Justiz, „Registergerichte, v. 06.02.1963 Nr. 7200-2-34 130/62, KWG-Texte 4.22.; BGH v. 02.06.1969 VII ZR 50/69 WM 1969, S. 1106 ff.; *Bähre/Schneider*, KWG, § 1 Rn. 8; *Beck/Samm/Kokemoor*, KWG, § 1 Rn. 132 f.; *Reischauer/Kleinhans*, KWG, § 1 Rn. 68; *Schäfer*, in: Boos/Fischer/Schulte-Mattler, KWG, § 1 Rn. 51.

§ 25 a Abs. 2 KWG vor[238]. Wird ein Kreditvermittler dagegen im eigenen Namen oder erkennbar nicht im fremden Namen tätig, betreibt dieser selbst das Kreditgeschäft mit der Folge der Lizenzpflicht[239]. Zudem stellt eine Haftungsübernahme für die Rückzahlung des Darlehens ein Garantiegeschäft gem. § 1 Abs. 1 Satz 2 Nr. 8 KWG dar[240], sodass sich hieraus eine Erlaubnispflicht ergeben kann.

(d) Diskontgeschäft

Diskontgeschäft ist gem. § 1 Abs. 1 Satz 2 Nr. 3 KWG der Ankauf von Wechseln i. S. d. WG und Schecks i. S. d. ScheckG. Wirtschaftlich betrachtet handelt es sich hierbei um eine Kreditgewährung[241], rechtlich um einen Kaufvertrag i. S. d. § 433 BGB[242].

(e) Finanzkommissionsgeschäft

Finanzkommissionsgeschäft ist gem. § 1 Abs. 1 Satz 2 Nr. 4 KWG die Anschaffung und Veräußerung von Finanzinstrumenten gem. § 1 Abs. 11 KWG im eigenen Namen für fremde Rechnung. Unter Anschaffung ist der auf Vertrag beruhende Eigentumserwerb zu verstehen[243]. Veräußerung ist die Übertragung von Eigentum auf vertraglicher Grundlage[244].

Der Finanzkommissionär wird als verdeckter Stellvertreter und damit aus Sicht der Kunden im eigenen Namen tätig. Dadurch unterscheidet er sich von einem Abschlussvermittler gem. § 1 Abs. 1 a Satz 2 Nr. 2 KWG; dieser handelt in offener Stellvertretung[245]. Eine inländische Stelle wird jedenfalls dann im eigenen Namen tätig, wenn sie selbst gegenüber Kunden rechtsverbindliche Abrechnungen erstellt. In diesem Fall handelt sie aus Sicht eines objektiven Empfängers im

---

238 Vgl. BAKred, Verlautbarung „Kreditvermittler" v. 24.08.1979 I5-211-3/76, geändert am 06.12.2001 I3-272 A-2/98, KWG-Texte 4.171, Rn. III; *Bähre/Schneider*, KWG, § 1 Rn. 8; *Reischauer/Kleinhans*, KWG, § 1 Rn. 71.

239 Vgl. *Beck/Samm/Kokemoor*, KWG, § 1 Rn. 133; *Reischauer/Kleinhans*, KWG, § 1 Rn. 71; *Schäfer*, in: Boos/Fischer/Schulte-Mattler, KWG, § 1 Rn. 51.

240 Vgl. BAKred, Verlautbarung „Kreditvermittler" v. 24.08.1979 I5-211-3/76, geändert am 06.12.2001 I3-272 A-2/98, KWG-Texte 4.171, Rn. III; *Reischauer/Kleinhans*, KWG, § 1 Rn. 74.

241 Vgl. *Caemmerer*, NJW 1955, S. 41 (43); *Reischauer/Kleinhans*, KWG, § 1 Rn. 79; *Schäfer*, in: Boos/Fischer/Schulte-Mattler, KWG, § 1 Rn. 55.

242 Vgl. *Beck/Samm/Kokemoor*, KWG, § 1 Rn. 145; *Reischauer/Kleinhans*, KWG, § 1 Rn. 78.

243 Vgl. RG v. 30.06.1892 I 335/91 u. a. Z 31, S. 17 (18 f.).

244 Vgl. *Beck/Samm/Kokemoor*, KWG, § 1 Rn. 152, 154.

245 Vgl. *Beck/Samm/Kokemoor*, KWG, § 1 Rn. 156; *Reischauer/Kleinhans*, KWG, § 1 Rn. 83, 89; *Schäfer*, in: Boos/Fischer/Schulte-Mattler, KWG, § 1 Rn. 57 f.

eigenen Namen. Sie betreibt dann ein erlaubnispflichtiges Finanzkommissionsgeschäft. Sofern sich die inländische Stelle auf die Weiterleitung von Abrechnungen beschränkt, die ein ausländisches Unternehmen für Kunden erstellt hat, handelt sie nach dem objektiven Empfängerhorizont lediglich im fremden Namen. Sie betreibt in diesem Fall kein Finanzkommissionsgeschäft[246].

(f) Depotgeschäft

Unter Depotgeschäft ist gem. § 1 Abs. 1 Satz 2 Nr. 5 KWG die Verwahrung und Verwaltung von Wertpapieren für andere zu verstehen. Der Begriff des Wertpapiers wird in § 1 Abs. 11 Satz 2 KWG entsprechend der Regelung des § 2 Abs. 1 WpHG definiert. Erfasst ist das offene Depot, d. h. die offene Übergabe von Wertpapieren in Form der Sonderverwahrung gem. § 2 DepotG, der Drittverwahrung gem. § 3 DepotG und der Sammelverwahrung gem. § 5 DepotG. Für die Erlaubnispflicht genügt sowohl die Verwahrung als auch die Verwaltung der Wertpapiere, ferner die Ausübung einer einzelnen Tätigkeit, die Bestandteil der Verwahrung bzw. Verwaltung ist, wie etwa die bloße Einziehung von Zins- und Gewinnanteilsscheinen, die Einlösung von Wertpapieren und die Ausübung oder Verwertung von Bezugsrechten[247]. Nicht erfasst ist hingegen das verschlossene Depot, d. h. die Annahme von Verwahrstücken ohne Kenntnis des Inhalts durch die Bank[248].

(g) Revolvinggeschäft

Gem. § 1 Abs. 1 Satz 2 Nr. 7 KWG handelt es sich bei der Eingehung der Verpflichtung, zuvor veräußerte Darlehensforderungen vor Fälligkeit zurückzuerwerben, um ein Bankgeschäft. Der Gesetzgeber zielte auf die Erfassung einer speziellen Form des Revolvinggeschäfts, des sog. 7-M-Geschäfts, ab, bei dem ein Unternehmen eine langfristige Darlehensforderung an einen Dritten veräußert und sie nach kurzer Zeit zurückkauft, um sie an eine andere Person weiterzuverkaufen[249].

---

246 Vgl. *Reischauer/Kleinhans*, KWG, § 1 Rn. 88.

247 Vgl. *Beck/Samm/Kokemoor*, KWG, § 1 Rn. 174.

248 Vgl. *Beck/Samm/Kokemoor*, KWG, § 1 Rn. 166; *Reischauer/Kleinhans*, KWG, § 1 Rn. 97; *Schäfer*, in: Boos/Fischer/Schulte-Mattler, KWG, § 1 Rn. 67.

249 Vgl. *Beck/Samm/Kokemoor*, KWG, § 1 Rn. 192, 195 f.; *Kümpel*, Bank- und Kapitalmarktrecht (2004), Rn. 5.79; *Reischauer/Kleinhans*, KWG, § 1 Rn. 117 ff.; *Schäfer*, in: Boos/Fischer/Schulte-Mattler, KWG, § 1 Rn. 73.

(h) Garantiegeschäft

Ein Garantiegeschäft umfasst gem. § 1 Abs. 1 Satz 2 Nr. 8 KWG die Übernahme von Bürgschaften, Garantien und sonstigen Gewährleistungen für andere, d. h. Schuldmitübernahmen, harten Patronatserklärungen bzw. Indossamentsverpflichtungen[250]. Das Garantiegeschäft wird im Verhältnis zum Auftraggeber als Avalkreditvertrag geschlossen und stellt eine Eventualverbindlichkeit dar[251].

(i) Girogeschäft

Ein Girogeschäft umfasst gem. § 1 Abs. 1 Satz 2 Nr. 9 KWG die Durchführung des bargeldlosen Zahlungsverkehrs und des Abrechnungsverkehrs. Der Zahlungsverkehr wird durch Buchungen zwischen Konten vorgenommen und findet vor allem in Form der Überweisung, des Lastschriftverfahrens und des Scheckeinzugs statt[252]. Der Abrechnungsverkehr bezieht sich auf das sog. Clearing[253], z. B. auf die Giroabrechnungen der Sparkassen und Genossenschaftsbanken[254].

(j) Emissionsgeschäft

Bei dem durch die 6. KWG-Novelle[255] eingeführten Emissionsgeschäft[256] handelt es sich gem. § 1 Abs. 1 Satz 2 Nr. 10 KWG um die Übernahme von Finanzinstrumenten für eigenes Risiko zum Zweck der Platzierung oder um die Übernahme gleichwertiger Garantien für fremdes Risiko. Die erste Alternative betrifft das sog. Übernahmekonsortium, bei dem mehrere Konsorten oder ein Kreditinstitut eine Neuemission von Finanzinstrumenten zu einem festen Kurs in den eigenen Bestand übernehmen, um sie anschließend abzusetzen und dem Emittenten den

---

250 Vgl. *Beck/Samm/Kokemoor*, KWG, § 1 Rn. 203; *Reischauer/Kleinhans*, KWG, § 1 Rn. 127, 133, 135; *Schäfer*, in: Boos/Fischer/Schulte-Mattler, KWG, § 1 Rn. 77 ff.

251 Vgl. *Reischauer/Kleinhans*, KWG, § 1 Rn. 120; *Schäfer*, in: Boos/Fischer/Schulte-Mattler, KWG, § 1 Rn. 77.

252 Vgl. *Beck/Samm/Kokemoor*, KWG, § 1 Rn. 219; *Reischauer/Kleinhans*, KWG, § 1 Rn. 141 ff.; *Schäfer*, in: Boos/Fischer/Schulte-Mattler, KWG, § 1 Rn. 96 ff.

253 Vgl. *Beck/Samm/Kokemoor*, KWG, § 1 Rn. 224; *Schäfer*, in: Boos/Fischer/Schulte-Mattler, KWG, § 1 Rn. 101.

254 Vgl. *Beck/Samm/Kokemoor*, KWG, § 1 Rn. 225 f.; *Reischauer/Kleinhans*, KWG, § 1 Rn. 148; *Schäfer*, in: Boos/Fischer/Schulte-Mattler, KWG, § 1 Rn. 101.

255 Vgl. BGBl. I 1997, S. 2518 ff.

256 Sog. Underwriting, siehe *Schäfer*, in: Boos/Fischer/Schulte-Mattler, KWG, § 1 Rn. 103.

Gegenwert gutzuschreiben[257]. Bei der zweiten Alternative tragen Konsorten oder ein Kreditinstitut das Absatzrisiko eines anderen durch Übernahme einer Garantie[258].

(k) E-Geld-Geschäft

Bei der Ausgabe und Verwaltung von elektronischem Geld i. S. d. § 1 Abs. 14 KWG handelt es sich gem. § 1 Abs. 1 Satz 2 Nr. 11 KWG um ein als E-Geld-Geschäft bezeichnetes Bankgeschäft. Es fasst das frühere Geldkartengeschäft und Netzgeldgeschäft nach den Vorgaben der E-Geld-Richtlinie[259] zusammen. Bei einem Geldkartengeschäft werden vorausbezahlte, aufladbare Karten ausgegeben[260]. Bei einem Netzgeldgeschäft werden Zahlungen mit auf einer PC-Festplatte gespeicherten Geldern durchgeführt[261].

(l) Zentraler Kontrahent

Ein Bankgeschäft ist ferner gem. § 1 Abs. 1 Satz 2 Nr. 12 die Tätigkeit als zentraler Kontrahent. Ein zentraler Kontrahent ist gem. § 1 Abs. 31 KWG ein Unternehmen, das bei Kaufverträgen innerhalb eines oder mehrerer Finanzmärkte zwischen den Käufer und den Verkäufer geschaltet wird, um als Vertragspartner für jeden der beiden zu dienen, und dessen Forderungen aus Kontrahentenausfallrisiken gegenüber allen Teilnehmern an seinen Systemen auf Tagesbasis hinreichend besichert sind.

(4) Erläuterung der einzelnen Finanzdienstleistungen

Entsprechend den Bankgeschäften sind auch die Finanzdienstleistungen in § 1 Abs. 1 a Satz 2 KWG abschließend aufgeführt. Während die Erbringungsarten gem. § 1 Abs. 1 a Satz 2 Nr. 1-4 KWG auf europarechtlichen Vorgaben beruhen, wurden die Drittstaateneinlagenvermittlung, das Finanztransfergeschäft, das Sortengeschäft und das Kreditkartengeschäft gem. § 1 Abs. 1 a Satz 2 Nr. 5-8 KWG

257 Vgl. *Beck/Samm/Kokemoor*, KWG, § 1 Rn. 233; *du Buisson*, WM 2003, S. 1401 ff.; *Reischauer/Kleinhans*, KWG, § 1 Rn. 151; *Schäfer*, in: Boos/Fischer/Schulte-Mattler, KWG, § 1 Rn. 103.

258 Vgl. *Reischauer/Kleinhans*, KWG, § 1 Rn. 158; *Schäfer*, in: Boos/Fischer/Schulte-Mattler, KWG, § 1 Rn. 104.

259 Vgl. Richtlinie 2000/46/EG v. 18.09.2000.

260 Vgl. *Schäfer*, in: Boos/Fischer/Schulte-Mattler, KWG, § 1 Rn. 110.

261 Vgl. RegBgr. 6. KWG-Novelle BT-Drucks. 13/7142 S. 64 f.

zur Bekämpfung des grauen Kapitalmarkts und der Geldwäsche eingeführt[262]. Jüngst wurden das Factoring, das Finanzierungsleasing und die Anlageverwaltung gem. § 1 Abs. 1 a Satz 2 Nr. 9-11 KWG der Aufsicht der BaFin unterstellt[263].

(a) Anlagevermittlung

Die Anlagevermittlung ist gem. § 1 Abs. 1 a Satz 2 Nr. 1 KWG die Vermittlung von Geschäften über die Anschaffung und die Veräußerung von Finanzinstrumenten i. S. d. § 1 Abs. 11 KWG. Die Vermittlung kann sowohl für den Anbieter der Finanzinstrumente als auch für den Anleger erfolgen[264] und umfasst die Entgegennahme bzw. Übertragung von Aufträgen[265]. Eine Anlagevermittlung liegt nicht vor bei einer bloßen Übermittlungstätigkeit als Bote des Anlegers[266].

(b) Anlageberatung

Durch das Umsetzungsgesetz zur MiFID[267] wurde die bis dato erlaubnisfreie Anlageberatung auf Grundlage europarechtlicher Vorgaben als erlaubnispflichtige Finanzdienstleistung gem. § 1 Abs. 1 a Satz 2 Nr. 1 a KWG qualifiziert. Voraussetzung für eine Lizenzpflicht ist, dass eine persönliche Empfehlung abgegeben wird, die sich auf bestimmte, individuell ausgewählte Finanzinstrumente bezieht[268].

(c) Betrieb eines multilateralen Handelssystems

Der Betrieb eines multilateralen Handelssystems ist seit Umsetzung der MiFID[269] in das deutsche Recht gem. § 1 Abs. 1 a Satz 2 Nr. 1 b KWG eine Finanzdienstleistung. Die hierfür erteilte Erlaubnis beschränkt sich auf den Betrieb des Systems, sodass für andere Bankgeschäfte und Finanzdienstleistungen weitere Erlaubniserteilungen notwendig sind[270].

---

262 Vgl. *Beck/Samm/Kokemoor*, KWG, § 1 Rn. 256 f.; *Schäfer*, in: Boos/Fischer/Schulte-Mattler, KWG, § 1 Rn. 120 f.
263 Vgl. BGBl. I 2008, S. 2794 (2838); BGBl. I 2009, S. 607 (616).
264 Vgl. *Schäfer*, in: Boos/Fischer/Schulte-Mattler, KWG, § 1 Rn. 122.
265 Vgl. *Beck/Samm/Kokemoor*, KWG, § 1 Rn. 258; *Jung/Schleicher*, Finanzdienstleister (2001), S. 45; *Reischauer/Kleinhans*, KWG, § 1 Rn. 180.
266 Siehe dazu *Schäfer*, in: Boos/Fischer/Schulte-Mattler, KWG, § 1 Rn. 122 f.
267 Vgl. Richtlinie 2004/39/EG v. 21.04.2004 und BGBl. I 2007, S. 1330 (1368).
268 Vgl. RegBgr. FRUG BT-Drucks. 16/4028 S. 89 f.
269 Vgl. Richtlinie 2004/39/EG v. 21.04.2004 und BGBl. I 2007, S. 1330 (1368).
270 Vgl. RegBgr. FRUG BT-Drucks. 16/4028 S. 90.

(d) Platzierungsgeschäft

Die Platzierung von Finanzinstrumenten ohne feste Übernahmeverpflichtung ist seit Umsetzung der MiFID[271] gem. § 1 Abs. 1 a Satz 2 Nr. 1c KWG ebenfalls als Finanzdienstleistung einzuordnen. Bis dato wurde sie als Abschlussvermittlung qualifiziert[272].

(e) Abschlussvermittlung

Unter einer Abschlussvermittlung gem. § 1 Abs. 1 a Satz 2 Nr. 2 KWG wird die Anschaffung und Veräußerung von Finanzinstrumenten gem. § 1 Abs. 11 KWG im fremden Namen für fremde Rechnung verstanden. Sie erfolgt im Wege der offenen Stellvertretung[273]. Die Tätigkeit eines Abschlussvermittlers entspricht derjenigen eines Maklers gem. § 34 c GewO[274].

(f) Finanzportfolioverwaltung

Bei der Finanzportfolioverwaltung gem. § 1 Abs. 1 a Satz 2 Nr. 3 KWG handelt es sich um die Verwaltung einzelner in Finanzinstrumenten gem. § 1 Abs. 11 KWG angelegter Vermögen für andere mit Entscheidungsspielraum. Bei gleichzeitiger Verwahrung der Wertpapiere ist ein Depotgeschäft gem. § 1 Abs. 1 Satz 2 Nr. 5 KWG gegeben[275]. Wenn die Anlage im Ermessen des Kunden steht bzw. vor einer Durchführung die Zustimmung des Kunden erforderlich ist, liegt eine Anlageberatung gem. § 1 Abs. 1 a Satz 2 Nr. 1 a KWG vor[276].

(g) Eigenhandel

Als weitere Finanzdienstleistung ist gem. § 1 Abs. 1 a Satz 2 Nr. 4 KWG die Anschaffung und Veräußerung von Finanzinstrumenten gem. § 1 Abs. 11 KWG für eigene Rechnung als Dienstleistung für andere aufgeführt. Der Eigenhändler wird zwar im eigenen Namen und für eigene Rechnung tätig, erbringt aber letztlich eine

271 Vgl. Richtlinie 2004/39/EG v. 21.04.2004 und BGBl. I 2007, S. 1330 (1368).
272 Vgl. RegBgr. FRUG BT-Drucks. 16/4028 S. 90.
273 Vgl. *Beck/Samm/Kokemoor*, KWG, § 1 Rn. 266; *Schäfer*, in: Boos/Fischer/Schulte-Mattler, KWG, § 1 Rn. 124; *Reischauer/Kleinhans*, KWG, § 1 Rn. 182.
274 Vgl. *Schäfer*, in: Boos/Fischer/Schulte-Mattler, KWG, § 1 Rn. 124.
275 Vgl. *Beck/Samm/Kokemoor*, KWG, § 1 Rn. 269; *Reischauer/Kleinhans*, KWG, § 1 Rn. 186; *Schäfer*, in: Boos/Fischer/Schulte-Mattler, KWG, § 1 Rn. 126.
276 Vgl. *Reischauer/Kleinhans*, KWG, § 1 Rn. 187; *Schäfer*, in: Boos/Fischer/Schulte-Mattler, KWG, § 1 Rn. 125.

Dienstleistung für den Kunden. Er steht dem Kunden nicht als Kommissionär, sondern in einem Käufer-Verkäufer-Verhältnis gegenüber[277]. Sofern ein Handel im eigenen Namen für eigene Rechnung vorgenommen wird, ohne dass diesem Handel ein Auftragsverhältnis zugrunde liegt, handelt es sich um eine lizenzfreie Tätigkeit als Finanzunternehmen gem. § 1 Abs. 3 Satz 1 Nr. 5 KWG[278].

(h) Drittstaateneinlagenvermittlung

Die Drittstaateneinlagenvermittlung ist gem. § 1 Abs. 1 a Satz 2 Nr. 5 KWG die Vermittlung von Einlagengeschäften mit Unternehmen mit Sitz außerhalb des EWR. Erfasst sind das Einsammeln der Gelder und die Weiterleitung an Empfänger mit Sitz außerhalb des EWR[279]. Die Regelung bezieht die Vermittlung an Unternehmen mit Sitz im EWR nicht mit ein, da die innerhalb des EWR harmonisierten Bestimmungen einen ausreichenden Schutz für Einleger bieten[280]. Diese Ausnahme für die Vermittlung innerhalb des EWR ist auch erforderlich, da der Europäische Pass gem. § 53 b KWG nicht auf die Einlagenvermittlung anwendbar ist.

(i) Finanztransfergeschäft

Das Finanztransfergeschäft ist gem. § 1 Abs. 1 a Satz 2 Nr. 6 KWG die Besorgung von Zahlungsaufträgen für andere. Vor Einführung dieser Geschäftsart wurde das Finanztransfergeschäft von Repräsentanzen ausländischer Banken im Inland ausgeübt und diente teilweise als Grundlage für Geldwäschetätigkeiten. Diesem sollte die Normierung als Finanzdienstleistung entgegenwirken[281].

Unter einer Besorgung ist ein Transfer von Geldern für andere zu verstehen[282]. Die BaFin differenziert im Wesentlichen zwischen vier Fällen des Finanztransfers, nämlich (1) der Entgegennahme von Bargeld mit dem physischen Transport und der Übergabe an einen Empfänger in bar, wovon die rein körperliche Übertragung

---

277 Vgl. *Beck/Samm/Kokemoor*, KWG, § 1 Rn. 270, 272; *Reischauer/Kleinhans*, KWG, § 1 Rn. 193; *Schäfer*, in: Boos/Fischer/Schulte-Mattler, KWG, § 1 Rn. 132.

278 Vgl. *Reischauer/Kleinhans*, KWG, § 1 Rn. 196; *Schäfer*, in: Boos/Fischer/Schulte-Mattler, KWG, § 1 Rn. 133.

279 Vgl. *Beck/Samm/Kokemoor*, KWG, § 1 Rn. 273; *Reischauer/Kleinhans*, KWG, § 1 Rn. 198; *Schäfer*, in: Boos/Fischer/Schulte-Mattler, KWG, § 1 Rn. 135 f.

280 Vgl. RegBgr. 6. KWG-Novelle BT-Drucks. 13/7142 S. 66. Siehe auch *Beck/Samm/Kokemoor*, KWG, § 1 Rn. 274.

281 Vgl. RegBgr. 6. KWG-Novelle BT-Drucks. 13/7142 S. 66; *Beck/Samm/Kokemoor*, KWG, § 1 Rn. 276; *Reischauer/Kleinhans*, KWG, § 1 Rn. 201 ff.; *Schäfer*, in: Boos/Fischer/Schulte-Mattler, KWG, § 1 Rn. 137.

282 Vgl. *Beck/Samm/Kokemoor*, KWG, § 1 Rn. 277; *Reischauer/Kleinhans*, KWG, § 1 Rn. 201.

von Bargeld in Form einer Botentätigkeit abzugrenzen ist[283], (2) der Entgegennahme von Bargeld zum Zweck der Auszahlung an den jeweiligen Empfänger in bar unter Nutzung eigener Transfernetze, (3) der Entgegennahme von Bar- bzw. Buchgeld oder Schecks und Auszahlung des Gegenwertes in bar an den jeweiligen Empfänger sowie (4) der Entgegennahme von Bar- bzw. Buchgeld oder Schecks zum Transfer über Konten des Dienstleisters zur Gutschrift auf ein Konto des Empfängers[284].

Nach Auffassung der BaFin sind Teilakte des Finanztransfergeschäfts bereits die bloße Funktion als Sende- bzw. Empfängerstelle für Anträge und Bewilligungen, die schlichte Weiterleitung von Zahlungen an weitere Einrichtungen oder das Bereithalten von Überweisungsträgern[285].

(j) Sortengeschäft

Als Sortengeschäft gem. § 1 Abs. 1 a Satz 2 Nr. 7 KWG wird der Handel mit Sorten bezeichnet. Erfasst werden der Austausch von Banknoten und Münzen, die gesetzliche Zahlungsmittel darstellen, sowie der Verkauf und Ankauf von Reiseschecks[286].

(k) Kreditkartengeschäft

Um eine Finanzdienstleistung handelt es sich schließlich bei dem Kreditkartengeschäft gem. § 1 Abs. 1 a Satz 2 Nr. 8 KWG, d. h. bei der Ausgabe und Verwaltung von Kreditkarten und Reiseschecks, es sei denn, der Kartenemittent ist auch der Erbringer der dem Zahlungsvorgang zugrunde liegenden Leistung. Das Kreditkartengeschäft wird bereits mit der zwischen einem Emittenten und Kunden stattfindenden Ausgabe und Verwaltung einer Kreditkarte oder eines Reiseschecks erfüllt. Hiervon sind die nachfolgenden Geschäfte beim Gebrauch der Karte bzw. des Reiseschecks abzugrenzen[287].

---

283 Vgl. *Schäfer*, in: Boos/Fischer/Schulte-Mattler, KWG, § 1 Rn. 139.

284 Vgl. BAKred, „Finanztransfergeschäft" v. 04/1999, Reischauer/Kleinhans, KWG, KzA 115 Anhang 3 zu § 1. Geändert wurde das Schreiben durch BAKred, „Finanztransfergeschäft" v. 04.05.2000 Z5-C663, KWG-Texte, 11.68.

285 Vgl. *Fülbier*, in: Boos/Fischer/Schulte-Mattler, KWG (Aufl. 2000), § 1 Rn. 135 mit Verweis auf das Schreiben des BAKred v. 06.03.1998 Z 5 C 650/660. Zustimmend *Findeisen*, WM 2000, S. 2125 (2131).

286 Vgl. RegBgr. 6. KWG-Novelle BT-Drucks. 13/7142 S. 67.

287 Vgl. *Reischauer/Kleinhans*, KWG, § 1 Rn. 211 c.

(l) Factoring und Finanzierungsleasing

Durch das Jahressteuergesetz 2009[288] wurden in § 1 Abs. 1 a Satz 2 Nr. 9 und 10 KWG zwei weitere Finanzdienstleistungstatbestände normiert. Hierbei handelt es sich um das Factoring, d. h. den laufenden Ankauf von Forderungen auf der Grundlage von Rahmenverträgen mit oder ohne Rückgriff, und das Finanzierungsleasing, d. h. den Abschluss von Finanzierungsleasingverträgen als Leasinggeber und die Verwaltung von Objektgesellschaften i. S. d. § 2 Abs. 6 Satz 1 Nr. 17 KWG. Für solche Objektgesellschaften, die nur für ein einzelnes Leasingobjekt tätig werden, gilt das KWG gem. § 2 Abs. 6 Satz 1 Nr. 17 KWG nicht. Allerdings sind gem. § 2 Abs. 7 Satz 2 KWG zahlreiche aufsichtsrechtliche Vorschriften nicht auf Factoring- und Leasingunternehmen anwendbar, sodass diese nur im beschränkten Umfang von der BaFin beaufsichtigt werden.

(m) Anlageverwaltung

Als Reaktion auf eine Entscheidung des BVerwG, nach der kollektive Anlagemodelle keine Finanzkommissionsgeschäfte darstellen[289], wurde in § 1 Abs. 1 a Satz 2 Nr. 11 KWG die Anlageverwaltung als weiterer erlaubnispflichtiger Finanzdienstleistungstatbestand eingefügt[290]. Bei einer Anlageverwaltung handelt es sich um die Anschaffung und Veräußerung von Finanzinstrumenten für eine Gemeinschaft von Anlegern mit Entscheidungsspielraum bei der Auswahl der Finanzinstrumente, wenn dies ein Schwerpunkt des Produkts ist und zu dem Zweck erfolgt, dass die Anleger an der Wertentwicklung teilhaben.

(n) Eigengeschäft

Durch das Umsetzungsgesetz zur MiFID[291] wurde ein neuer Satz 3 in § 1 Abs. 1 a KWG eingefügt. Hiernach fällt auch das Eigengeschäft unter den Finanzdienstleistungstatbestand, d. h. die Anschaffung oder Veräußerung von Finanzinstrumenten für eigene Rechnung, die nicht vom Eigenhandel gem. § 1 Abs. 1 a Satz 2 Nr. 4 KWG[292] erfasst ist.

---

288 Vgl. BGBl. I 2008, S. 2794 (2838).

289 Vgl. BVerwG v. 27.02.2008 6 C 11.07 E 130, S. 262 ff.

290 Vgl. BGBl. I 2009, S. 607 (616); RegBgr. BT-Drucks. 16/11130 S. 43.

291 Vgl. Richtlinie 2004/39/EG v. 21.04.2004 und BGBl. I 2007, S. 1330 (1368).

292 Im Bundesgesetzblatt wird irrtümlich auf Satz 1 Nr. 4 verwiesen, vgl. BGBl. I 2007, S. 1330 (1368).

bb) Erfordernis der Gewerbsmäßigkeit bzw. eines kaufmännischen Geschäftsbetriebs

Seit der 6. KWG-Novelle[293] löst bereits gewerbsmäßiges Handeln das Lizenzerfordernis gem. § 32 Abs. 1 Satz 1 KWG aus. Die Gewerbsmäßigkeit stellt ein subjektives Merkmal[294] dar und liegt vor, wenn Geschäfte auf eine gewisse Dauer angelegt sind und mit der Absicht der Gewinnerzielung verfolgt werden[295]. Das gewerbsmäßige Tätigwerden muss sichtbar sein[296]. Auf den Umfang der Geschäfte kommt es nicht an, allerdings genügen nur gelegentliche Tätigkeiten nicht[297].

Die Erlaubnispflicht wird auch dadurch ausgelöst, dass Geschäfte in einem Umfang betrieben werden, der einen kaufmännisch eingerichteten Geschäftsbetrieb objektiv[298] erfordert. Unter kaufmännischer Einrichtung werden alle Elemente verstanden, die zur Ordnung eines Betriebs verlangt werden, z. B. die Buchführung, das Kontrollpersonal, die Sonderung der Betriebszweige etc.[299].

cc) Inlandserfordernis

Gem. § 32 Abs. 1 Satz 1 KWG müssen Bank- oder Finanzdienstleistungen „*im Inland*" erbracht werden. Dieses Tatbestandsmerkmal ist für Tochterunternehmen mit Sitz in der Bundesrepublik erfüllt[300].

Richtigerweise sind inländische Institute auch dann nicht von der kreditwesenrechtlichen Erlaubnispflicht auszunehmen, wenn sie sich ausschließlich auf Kunden ausrichten, die außerhalb der Bundesrepublik ansässig sind[301]. Die Stabilität des deutschen Finanzapparates hängt nämlich nicht nur von den Aktivitäten ab, die inländische Institute auf dem Gebiet der Bundesrepublik entfalten, sondern

293 Vgl. BGBl. I 1997, S. 2518 ff.

294 Vgl. *Reischauer/Kleinhans*, KWG, § 1 Rn. 21.

295 Vgl. *Samm*, in: Beck/Samm/Kokemoor, KWG, § 32 Rn. 24; *Reischauer/Kleinhans*, KWG, § 1 Rn. 22; *Schäfer*, in: Boos/Fischer/Schulte-Mattler, KWG, § 1 Rn. 18.

296 Vgl. *Beck/Samm/Kokemoor*, KWG, § 1 Rn. 32.

297 Vgl. *Samm*, in: Beck/Samm/Kokemoor, KWG, § 32 Rn. 24.

298 Vgl. *Reischauer/Kleinhans*, KWG, § 1 Rn. 27; *Schäfer*, in: Boos/Fischer/Schulte-Mattler, KWG, § 1 Rn. 20.

299 Vgl. BVerwG v. 25.06.1980 1 C 13/74 Beckmann/Bauer § 1 Abs. 1 Satz 1 (Nr. 33).

300 Vgl. *Böttcher*, Aktienplatzierungen (2004), S. 135; *Fischer*, in: Schimansky/Bunte/Lwowski (2007), § 127 Rn. 48; *Samm*, in: Beck/Samm/Kokemoor, KWG, § 32 Rn. 26; *Szagunn/Haug/Ergenzinger*, KWG, § 53 Rn. 2a.

301 Für eine ausnahmslose Anwendung des KWG sprechen sich aus *Böttcher*, Aktienplatzierungen (2004), S. 135; *Florian*, Rechtsfragen des Wertpapierhandels (2001), S. 27; *Freiwald*, in: Schwintowski (2006), Rn. 1248 (1254); *Mankowski*, in: Leible (2003), S. 51 (72); *Ohler*, WM 2002, S. 162 (163); *Szagunn/Haug/Ergenzinger*, KWG, § 53 Rn. 2a.

auch von denen außerhalb der Bundesrepublik. Eine Beaufsichtigung inländischer Institute ist daher nur effektiv, wenn die BaFin sämtliche in- und ausländischen Geschäftstätigkeiten der Institute erfasst[302].

Zudem kann die BaFin auf inländische Institute unmittelbar zugreifen. Wenn sich gerade die Aufsichtsbehörde am Institutssitz einer Kontrolle enthielte, weil sich der Kundenkreis aus gebietsfremden Personen zusammensetzt, wäre dies mit dem Grundsatz einer effektiven Beaufsichtigung nicht vereinbar.

Dafür, dass Institute mit Sitz im Inland ausnahmslos der kreditwesenrechtlichen Erlaubnispflicht zu unterwerfen sind, spricht auch die Begründung zum KWG. Hiernach soll die Funktionsfähigkeit des Finanzwesens gewährleistet werden, indem das Vertrauen der Bevölkerung in die Banken geschützt wird. Dadurch soll die Bereitwilligkeit der Öffentlichkeit sichergestellt werden, dem Finanzwesen Mittel zur Verfügung zu stellen[303]. Das Vertrauen der Bevölkerung in inländische Institute hängt dabei nicht davon ab, ob deren Kunden in- oder ausländisch sind.

Schließlich widerspräche es dem Herkunftslandprinzip, wenn sich die BaFin der Beaufsichtigung von Instituten mit Sitz im Inland enthielte. Nach diesem Prinzip sind die Zuständigkeiten der europäischen Aufsichtsbehörden so aufgeteilt, dass die Behörde am Sitz eines Instituts dieses beaufsichtigt.

dd) Gesetzliche Ausnahmen von der Erlaubnispflicht

Gem. § 2 Abs. 1 KWG gelten bestimmte Einrichtungen nicht als Kreditinstitute. Hierzu zählen etwa die Deutsche Bundesbank, die Kreditanstalt für Wiederaufbau oder Unternehmen, die Bankgeschäfte ausschließlich mit ihren Mutterunternehmen oder Tochter- oder Schwesterunternehmen betreiben[304]. Eine entsprechende Ausnahmevorschrift enthält § 2 Abs. 6 Satz 1 KWG für Finanzdienstleistungsinstitute[305]. Hiernach gelten etwa Unternehmen nicht als Finanzdienstleistungsinstitute, die als einzige Finanzdienstleistung den Handel mit Sorten als Nebengeschäft betreiben, d. h. insbesondere Hotels, Kaufhäuser und Reisebüros[306].

Nach der Gesetzesformulierung führen die Ausnahmetatbestände gem. § 2 Abs. 1, 6 KWG nur dazu, dass die Institutseigenschaft dieser Unternehmen entfällt. Die Erlaubnispflicht gem. § 32 Abs. 1 Satz 1 KWG knüpft nach dem Ge-

302 Vgl. *Szagunn/Haug/Ergenzinger*, KWG, § 53 Rn. 2a.
303 Vgl. RegBgr. KWG BT-Drucks. 3/1114 S. 19.
304 Siehe zur sog. Konzernausnahme *Schneider*, WM 2008, S. 285 (289 f.).
305 Zu Einschränkungen zu den Ausnahmetatbeständen siehe § 2 Abs. 3, Abs. 6 Satz 2 KWG.
306 Vgl. *Schäfer*, in: Boos/Fischer/Schulte-Mattler, KWG, § 2 Rn. 68.

setzeswortlaut[307] allerdings nicht an die Institutseigenschaft eines Unternehmens an, sondern setzt ein Erbringen von Bank- oder Finanzdienstleistungen voraus; deshalb sind nach einer Ansicht in der Literatur Erlaubnispflicht und Institutseigenschaft getrennt voneinander zu beurteilen[308]. Hieraus könnte zu folgern sein, dass die in § 2 Abs. 1, 6 KWG genannten Unternehmen weiterhin der Zulassung der BaFin bedürfen.

Nach der Gesetzesbegründung gelten diese Unternehmen jedoch nicht nur nicht als Institute, sondern unterliegen wegen ihrer Tätigkeitsinhalte bzw. ihrer besonderen Funktionen insgesamt nicht der Aufsicht der BaFin, denn es besteht kein öffentliches Interesse an einer Erlaubnispflicht für diese Unternehmen[309]. Damit steht in § 2 Abs. 1, 6 KWG ein Verlust der Institutseigenschaft einer Befreiung von der Erlaubnispflicht gleich. Die in § 2 Abs. 1, 6 KWG genannten Unternehmen sind vom Anwendungsbereich des KWG insgesamt ausgenommen.

ee) Keine Erlaubnisbefreiung durch den Europäischen Pass

Der Europäische Pass ermöglicht es Instituten, Bank- oder Finanzdienstleistungen in anderen Mitgliedstaaten zu erbringen, ohne zusätzlichen Zulassungsbeschränkungen nach dem Recht der Aufnahmestaaten zu unterliegen. Sein Anwendungsbereich ist gem. § 53 b KWG auf Zweigniederlassungen und den grenzüberschreitenden Dienstleistungsverkehr beschränkt. Tochterunternehmen gelangen demgegenüber nicht in den Genuss des Europäischen Passes. Sie bedürfen vielmehr der Erlaubnis der Aufsichtsbehörde des Mitgliedstaats, in dem sie ihren Sitz haben.

Diese Unterscheidung zwischen selbstständigen und unselbstständigen Niederlassungen erscheint auf den ersten Blick befremdlich, denn Tochterunternehmen und Zweigniederlassungen erfahren im Rahmen der Niederlassungsfreiheit gem. Art. 49 AEUV den gleichen Schutz[310]. Ob ein Marktzugang in Form eines Tochterunternehmens oder einer Zweigniederlassung erfolgt, hängt zudem regelmäßig vom gesellschafts- und steuerrechtlichen Regime der Aufnahmestaaten ab.

---

307 „Wer … betreiben oder … erbringen will."

308 Vgl. *Bähre/Schneider*, KWG, § 1 Rn. 2; *Hütz*, Bankenaufsicht (1990), S. 84; *Reischauer/Kleinhans*, KWG, § 32 Rn. 5; *Schäfer*, in: Boos/Fischer/Schulte-Mattler, KWG, § 1 Rn. 8; *Szagunn/Haug/Ergenzinger*, KWG, § 32 Rn. 2; *Weber*, Auslandsbanken (1996), S. 32. Ob dieser Auffassung zu folgen ist, bedarf genauerer Erörterung, siehe unten 2. Teil 2. Kapitel A. II. 1. d) cc) (1) (b).

309 Vgl. RegBgr. 6. KWG-Novelle BT-Drucks. 13/7142 S. 70; *Beck/Samm/Kokemoor*, KWG, § 2 Rn. 113; *Fischer*, in: Boos/Fischer/Schulte-Mattler, KWG, § 32 Rn. 11; *Kollmann*, WM 1998, S. 1569 (1572); *Zenke/Puderbach/Freiwald*, in: Zenke/Schäfer (2009), § 10 (§ 10 Rn. 78 ff.).

310 Vgl. *Jörgens*, Koordinierte Aufsicht (2002), S. 37.

Diese Rahmenbedingungen können keine Auswirkungen auf die aufsichtsrechtliche Behandlung von Tochterunternehmen haben[311].

Gegen eine Ausweitung des Europäischen Passes auf Tochterunternehmen spricht aber Folgendes[312]: Der Zweigniederlassung kommt keine eigene Rechtspersönlichkeit zu. Sie wird als Teil des ausländischen Unternehmens von der Erlaubnis begünstigt, die die Aufsichtsbehörde des anderen Mitgliedstaats dem Gesamtunternehmen erteilt hat. Eine Lizenz, die von dem Aufnahmestaat anerkannt werden kann, liegt damit für rechtlich unselbstständige Niederlassungen vor. Demgegenüber haben Tochterunternehmen wegen ihrer rechtlichen Selbstständigkeit nicht an der Lizenz teil, die dem ausländischen Mutterunternehmen gewährt wurde. Im Gegensatz zu Zweigniederlassungen fehlt für Tochterunternehmen somit eine Erlaubnis, die die Aufsichtsbehörde des Aufnahmestaats anerkennen könnte[313].

Eine Ausweitung des Europäischen Passes auf Tochterunternehmen lässt sich – anders als für Zweigniederlassungen – auch nicht aus der Niederlassungsfreiheit gem. Art. 49, 54 AEUV folgern. Die Niederlassungsfreiheit darf nur beschränkt werden, wenn dies zur Erreichung des verfolgten Zwecks erforderlich ist. Eine Erlaubnispflicht für ein ausländisches Institut ist nicht erforderlich, wenn dieses bereits in seinem Herkunftsstaat zugelassen ist[314]. Die einem ausländischen Institut erteilte Erlaubnis gilt auch für seine rechtlich unselbstständigen Zweigniederlassungen. Zweigniederlassungen unterlägen daher einer Doppelbeaufsichtigung, wenn sie einer zusätzlichen Erlaubnis im Aufnahmestaat bedürften. Erst der den Zweigniederlassungen gewährte Europäische Pass verschafft damit der Niederlassungsfreiheit Geltung. Demgegenüber werden Tochterunternehmen von der Zulassung des ausländischen Mutterunternehmens nicht erfasst. Deshalb unterliegen sie keiner Doppelbeaufsichtigung, und die Niederlassungsfreiheit gem. Art. 49, 54 AEUV wird durch ein Erlaubniserfordernis nicht verletzt.

---

311 Vgl. *Marwede*, in: FS Peltzer (2001), S. 301 (324).

312 Daneben lässt sich gegen eine Ausweitung des Europäischen Passes auf Tochterunternehmen anführen, dass die Staaten, in denen die Tochterunternehmen ansässig sind, an Souveränität verlieren würden (siehe zur Einführung eines Lead Supervisors 1. Teil 3. Kapitel C. I. 3.). Zu weiteren Argumenten siehe *Schlag*, Grenzüberschreitende Verwaltungsbefugnisse (1998), S. 246 f.

313 Vgl. *Jörgens*, Koordinierte Aufsicht (2002), S. 38.

314 Vgl. *Kort*, JZ 1996, S. 132 (139).

c) Erlaubnisfähigkeit von Tochterunternehmen

aa) Allgemeine Erfordernisse

Von der Erlaubnispflicht für Tochterunternehmen ist ihre Erlaubnisfähigkeit zu unterscheiden. Bereits bei Antragstellung müssen Tochterunternehmen gem. § 32 Abs. 1 Satz 2 KWG die strukturellen, personellen und organisatorischen Mindestanforderungen nachweisen, die für eine Erlaubniserteilung erforderlich sind: In struktureller Hinsicht müssen die zum Geschäftsbetrieb erforderlichen Mittel dargelegt und Angaben zu bedeutenden Beteiligungen i. S. d. § 1 Abs. 9 KWG gemacht werden. Außerdem ist auf enge Verbindungen zu anderen Personen hinzuweisen[315]. In personeller Hinsicht sind die Geschäftsleiter zu benennen und die Angaben zu machen, die für die Beurteilung der Zuverlässigkeit der Antragsteller sowie der Geschäftsleiter gem. § 1 Abs. 2 Satz 1 KWG und der fachlichen Eignung der Inhaber sowie der Geschäftsleiter erforderlich sind[316]. In organisatorischer Hinsicht ist ein Geschäftsplan vorzulegen[317].

Ob die Erlaubnis zu versagen ist, bestimmt sich nach § 33 KWG. § 33 Abs. 1 KWG enthält zwingende Ablehnungsgründe, sodass die Erteilung der Erlaubnis insoweit nicht im Ermessen der BaFin steht. Dagegen ist § 33 Abs. 3 KWG als Kannregelung ausgestaltet. Für die BaFin bleibt insofern ein Spielraum für eine pflichtgemäße Ermessensausübung.

Gem. § 33 Abs. 4 KWG darf aus anderen als den in § 33 Abs. 1 und 3 KWG genannten Gründen die Erlaubnis nicht verweigert werden. Wenn keine Versagungsgründe gem. § 33 Abs. 1 und 3 KWG vorliegen, muss die BaFin die Erlaubnis erteilen. Der Antragsteller hat in diesem Fall einen Rechtsanspruch auf Zulassung[318].

Für grenzüberschreitende Mutter-Tochter-Beziehungen ist der Versagungsgrund des § 33 Abs. 3 Satz 1 KWG von Bedeutung. Hiernach kann die Erlaubniserteilung abgelehnt werden, wenn Tatsachen nahe legen, dass eine wirksame Beaufsichtigung des Instituts beeinträchtigt wird. Dies ist gem. § 33 Abs. 3 Satz 2 Nr. 1 KWG insbesondere der Fall, wenn eine Institutskontrolle durch unübersichtliche Beteiligungsgeflechte bei einem Unternehmensverbund i. S. d. § 15 AktG[319] oder bei engen Verbindungen i. S. d. § 1 Abs. 10 KWG behindert wird. Die BaFin kann

315 Vgl. § 32 Abs. 1 Satz 2 Nr. 1, 6, 7 KWG.

316 Vgl. § 32 Abs. 1 Satz 2 Nr. 2, 3, 4 KWG.

317 Vgl. § 32 Abs. 1 Satz 2 Nr. 5 KWG. Vgl. insgesamt *Weber*, Auslandsbanken (1996), S. 37 ff.

318 Vgl. BVerwG v. 10.07.1958 I C 195/56 NJW 1959, S. 590; *Reischauer/Kleinhans*, KWG, § 32 Rn. 2; *Samm*, in: Beck/Samm/Kokemoor, KWG, § 33 Rn. 15.

319 Vgl. RegBgr. 4. KWG-Novelle BT-Drucks. 12/3377 S. 40.

ein Institut nämlich nur effektiv beaufsichtigen, wenn seine Konzernbeziehungen transparent sind[320]. Gem. § 33 Abs. 3 Satz 2 Nr. 3 KWG kann die Erlaubnis auch versagt werden, wenn das Institut Tochterunternehmen eines Instituts mit Sitz in einem Drittstaat ist, das im Staat seines Sitzes oder seiner Hauptverwaltung nicht wirksam beaufsichtigt wird oder dessen Aufsichtsbehörde nicht zur Kooperation mit der BaFin bereit ist. Diese Regelung betrifft Fälle, in denen die Konzernstrukturen zwar durchsichtig sind, eine wirksame Aufsicht aber am aufsichtsrechtlichen Umfeld am Sitz des Mutterunternehmens scheitert[321].

bb) Erfordernis der inländischen Hauptverwaltung

Gem. § 33 Abs. 1 Satz 1 Nr. 6 KWG ist eine Erlaubnis auch dann zu versagen, wenn sich die Hauptverwaltung des Instituts nicht im Inland befindet. Als Hauptverwaltung wird der Ort bezeichnet, von dem aus das Institut gesteuert und verwaltet wird. Wenn sich die Leitung und die Verwaltung eines Instituts nicht an einem Ort befinden, kommt es auf den Schwerpunkt der Geschäftstätigkeit und damit regelmäßig auf den Sitz der Geschäftsleitung an[322].

Die BaFin muss eine Erlaubnis demnach versagen, wenn ein Institut zwar seinen Satzungssitz im Inland, aber seine Hauptverwaltung im Ausland hat. In der Literatur[323] wird die Ansicht vertreten, dass in diesem Fall das Institut eine Erlaubnis von der Aufsichtsbehörde des Staates einholen kann, in dem seine Hauptverwaltung liegt. Nach dieser Ansicht handelt es sich nämlich bei § 33 Abs. 1 Satz 1 Nr. 6 KWG um eine bloße Kompetenzregelung. Der Regelungsgehalt der Bestimmung bestehe darin, die Zuständigkeit für die Erlaubniserteilung der Aufsichtsbehörde des Staates zuzuweisen, in dem ein Institut seine Hauptverwaltung habe. Deswegen schränke die Vorschrift auch nicht die Möglichkeit von Instituten mit Hauptverwaltung außerhalb der Bundesrepublik ein, Niederlassungen im Inland zu gründen. Bedenken gegen eine Vereinbarkeit der Bestimmung mit der Niederlassungsfreiheit gem. Art. 49, 54 AEUV bestehen demzufolge nach dieser Auffassung nicht.

Ob eine derartige Auslegung der Vorschrift als bloße Zuständigkeitsregelung stimmig ist, wird im Folgenden erörtert. Ausgangspunkt ist eine Untersuchung

---

320 Vgl. *Reischauer/Kleinhans*, KWG, § 33 Rn. 13a.

321 Vgl. RegBgr. 6. KWG-Novelle BT-Drucks. 13/7142 S. 90.

322 Vgl. *Fischer*, in: Boos/Fischer/Schulte-Mattler, KWG, § 33 Rn. 24; *ders.*, in: Schimansky/Bunte/Lwowski (2007), § 128 Rn. 20; *Reischauer/Kleinhans*, KWG, § 33 Rn. 10; *Samm*, in: Beck/Samm/Kokemoor, KWG, § 33 Rn. 132.

323 So *Böttcher*, Aktienplatzierungen (2004), S. 149, Fn. 656; *Fischer*, in: Boos/Fischer/Schulte-Mattler, KWG, § 33 Rn. 24; *Reischauer/Kleinhans*, KWG, § 33 Rn. 10; *Samm*, in: Beck/Samm/Kokemoor, KWG, § 33 Rn. 130 f.

des Verhältnisses von § 32 Abs. 1 Satz 1 KWG und § 33 Abs. 1 Satz 1 Nr. 6 KWG (Abschnitt (1)). Im Anschluss wird der Regelungsgehalt des § 33 Abs. 1 Satz 1 Nr. 6 KWG erörtert (Abschnitt (2)).

(1) Satzungs- oder verwaltungssitzbezogener Anknüpfungspunkt des KWG

Während sich § 33 Abs. 1 Satz 1 Nr. 6 KWG ausdrücklich auf den inländischen Verwaltungssitz eines Instituts bezieht, lässt sich dem Wortlaut des § 32 Abs. 1 Satz 1 KWG nicht entnehmen, ob die Regelung an Institute mit inländischem Satzungs- oder Verwaltungssitz anknüpft[324]. Inhaltlich zählt § 33 KWG die Gründe auf, aus denen die BaFin eine beantragte Erlaubnis verweigern kann. § 32 Abs. 1 Satz 1 KWG legt fest, unter welchen Voraussetzungen eine Erlaubnis überhaupt erforderlich ist. Beide Vorschriften ergänzen sich daher. Die Erlaubnisfähigkeit von Instituten ist in § 33 KWG, die Erlaubnisbedürftigkeit in § 32 Abs. 1 Satz 1 KWG geregelt[325].

Wenn die Erlaubnisbedürftigkeit nicht an einen inländischen Satzungssitz, sondern an einen inländischen Verwaltungssitz anknüpfen würde, würde eine Voraussetzung, nach der es einer Zulassung bedarf, mit einer Voraussetzung übereinstimmen, die an die Erteilung der Zulassung gestellt wird. Das in § 33 Abs. 1 Satz 1 Nr. 6 KWG an die Erlaubniserteilung gestellte Erfordernis wäre überflüssig. Stimmig ist das Verhältnis zwischen den beiden Regelungen daher nur, wenn für die Erlaubnisfähigkeit gem. § 33 Abs. 1 Satz 1 Nr. 6 KWG auf eine inländische Hauptverwaltung abgestellt wird, während die Erlaubnispflicht gem. § 32 Abs. 1 Satz 1 KWG vom Ort des Satzungssitzes abhängt.

Hierfür spricht auch die Entstehungsgeschichte des § 33 Abs. 1 Satz 1 Nr. 6 KWG: Der Gesetzgeber wollte durch die Einführung der Vorschrift sicherstellen, dass ein *„Institut ... künftig seine Hauptverwaltung im Inland haben“*[326] muss. Dies sollte die richtlinienrechtliche Vorgabe umsetzen, dass die Hauptverwaltung eines Instituts in demselben Mitgliedstaat liegen muss, in dem sich der Satzungssitz befindet[327]. Wenn der Gesetzgeber der Auffassung war, mit § 33 Abs. 1 Satz 1 Nr. 6 KWG diese richtlinienrechtliche Vorgabe umzusetzen, muss er davon aus-

---

324 Eine Anknüpfung des KWG an den Verwaltungssitz nehmen an *Hanten*, in: Beck/Samm/Kokemoor, KWG, § 53 Rn. 24, § 53 b Rn. 7, 39; *Ohler*, WM 2002, S. 162 (164); *Schelinski*, Online-Dienste (2005), S. 31; *Unruh*, Bankenaufsicht (2002), S. 140. Im Übrigen ist umstritten, ob die Vorschrift zusätzlich handlungsbezogen auszulegen ist, siehe unten 2. Teil 2. Kapitel A. II. 1.

325 Vgl. *Voge*, WM 2007, S. 381 (383).

326 RegBgr. 6. KWG-Novelle BT-Drucks. 13/7142 S. 89.

327 Vgl. Art. 11 Abs. 2 Bankenrichtlinie (Richtlinie 2006/48/EG v. 14.06.2006) sowie Art. 5 Abs. 4 MiFID (Richtlinie 2004/39/EG v. 21.04.1994).

gegangen sein, dass sich der Satzungssitz der zuzulassenden Institute im Inland befindet. Der Kreis der Institute, die einer Erlaubnis bedürfen, bestimmt sich nach dem Erlaubnistatbestand gem. § 32 Abs. 1 Satz 1 KWG. Diese Vorschrift knüpft damit an einen inländischen Satzungssitz von Instituten an. Für die Frage, ob ein Institut erlaubnispflichtig ist, kommt es demzufolge darauf an, ob ein Institut seinen Satzungssitz im Inland hat; für die Frage der Erlaubnisfähigkeit ist maßgebend, ob es über einen inländischen Verwaltungssitz verfügt.

Dieses Ergebnis entspricht schließlich auch der richtlinienrechtlichen Vorgabe, dass für die Zulassung eines Instituts die Behörde des Satzungssitzes zuständig ist[328]. Danach beaufsichtigt die BaFin die Institute, die ihren Satzungssitz in der Bundesrepublik haben. Dementsprechend wird die Erlaubnispflicht für ein Institut gemäß § 32 Abs. 1 Satz 1 KWG dadurch ausgelöst, dass sich der Satzungssitz des Instituts im Inland befindet. Die Erlaubnisfähigkeit knüpft gem. § 33 Abs. 1 Satz 1 Nr. 6 KWG daran an, dass die Hauptverwaltung des Instituts im Inland liegt.

(2) Regelungsgehalt des Erfordernisses der inländischen Hauptverwaltung

Nach § 33 Abs. 1 Satz 1 Nr. 6 KWG ist eine Erlaubnis zu versagen, wenn sich die Hauptverwaltung eines Instituts außerhalb der Bundesrepublik befindet. Zugleich bedarf nach den vorstehenden Ausführungen ein Institut gem. § 32 Abs. 1 Satz 1 KWG einer Zulassung, wenn sein Satzungssitz im Inland liegt. In diesem Fall sind die Institutsaktivitäten erlaubnispflichtig, nicht aber erlaubnisfähig. Das Institut unterliegt dann einem Tätigkeitsverbot[329]. § 33 Abs. 1 Satz 1 Nr. 6 KWG hat damit nicht die Funktion einer bloßen Zuständigkeitsregelung. Die Vorschrift stellt eine zwingende Versagungsbestimmung dar.

Nur dieses Ergebnis trägt dem Willen des Gesetzgebers Rechnung: Nach der Gesetzesbegründung soll § 33 Abs. 1 Satz 1 Nr. 6 KWG bewirken, dass ein Institut künftig seine Hauptverwaltung im Inland haben muss[330]. Dieser Zweck wird nur erreicht, wenn eine auswärtige Hauptverwaltung eines Instituts nicht nur einen Zuständigkeitswechsel der mitgliedstaatlichen Aufsichtsbehörden begründet, sondern zu einem Tätigkeitsverbot für das Institut führt.

---

328 Vgl. 10. Begründungserwägung zur Bankenrichtlinie (Richtlinie 2006/48/EG v. 14.06.2006) sowie Art. 5 Abs. 1 Satz 2 i. V. m. Art. 4 Abs. 1 Nr. 20 und die 22. Begründungserwägung zur MiFID (Richtlinie 2004/39/EG v. 21.04.2004).

329 Siehe unten 3. Teil zu der rechtlichen Behandlung von grenzüberschreitenden Verwaltungssitzverlegungen.

330 Vgl. RegBgr. 6. KWG-Novelle BT-Drucks. 13/7142 S. 89.

cc) Vorherige Anhörung der Heimatlandbehörde

Für die Zulassung von Tochterunternehmen ist weiterhin § 33 b KWG von Bedeutung. Die Regelung verpflichtet die BaFin dazu, die für das Mutter- bzw. Schwesterunternehmen zuständige Behörde anzuhören. Voraussetzung für die Anhörungspflicht ist zunächst, dass das Tochterunternehmen Bankgeschäfte gem. § 1 Abs. 1 Satz 2 Nr. 1, 2, 4, 10 oder 11 KWG betreibt oder Finanzdienstleistungen gem. § 1 Abs. 1 a Satz 2 Nr. 1-4 KWG erbringt. Darüber hinaus muss es sich gem. § 33 b Satz 1 Nr. 1 KWG um ein Tochterunternehmen eines Einlagenkreditinstituts, E-Geld-Instituts, Wertpapierhandelsunternehmens oder Erstversicherungsunternehmens handeln, und dessen Mutterunternehmen muss in einem anderen Staat des EWR zugelassen sein[331].

Die Anhörung erstreckt sich gem. § 33 b Satz 2 KWG auf Angaben, die für die Beurteilung der Zuverlässigkeit und fachlichen Eignung der Geschäftsleiter gem. § 1 Abs. 2 Satz 1 KWG und der Inhaber einer bedeutenden Beteiligung an Unternehmen derselben Gruppe erforderlich sind.

§ 33 b KWG beruht auf Art. 7 2. BRKR[332] sowie auf Art. 6 WDRL[333] und wurde durch die 4. KWG-Novelle[334] eingeführt. Der Zweck der Vorschrift besteht darin, durch eine grenzüberschreitende Zusammenarbeit der Aufsichtsbehörden eine Verbesserung der Aufsichtsqualität zu erreichen. Die die Erlaubnis erteilende Behörde soll das Wissen der auswärtigen Aufsichtsbehörde über das Mutter- bzw. Schwesterunternehmen bzw. das kontrollierte Unternehmen nutzen können[335]. Bei negativen Anhaltspunkten kann die BaFin die Erlaubnis gem. § 33 KWG versagen[336].

Bereits im Zuge der 6. KWG-Novelle[337] wurde ein Redaktionsversehen beseitigt. Das Gesetz hatte zunächst auf den Erlaubnisantrag eines Unternehmens „*mit Sitz in einem anderen Mitgliedstaat des Europäischen Wirtschaftsraums*“ sowie

331 Gleiches gilt gem. § 33 b Satz 1 Nr. 2 KWG für das Betreiben bzw. Erbringen durch Unternehmen, die von Personen kontrolliert werden, die ein Einlagenkreditinstitut, E-Geld-Institut, Wertpapierhandelsunternehmen oder Erstversicherungsunternehmen mit Sitz in einem anderen Staat des EWR kontrollieren.

332 Vgl. Richtlinie 89/646/EWG v. 15.12.1989, heute Art. 15 Bankenrichtlinie (Richtlinie 2006/48/EG v. 14.06.2006).

333 Vgl. Richtlinie 93/22/EWG v. 10.05.1993, heute Art. 60 MiFID (Richtlinie 2004/39/EG v. 21.04.2004).

334 Vgl. BGBl. I 1992, S. 2211 ff.

335 Vgl. *Fischer*, in: Boos/Fischer/Schulte-Mattler, KWG, § 33 b Rn. 2; *Samm*, in: Beck/Samm/Kokemoor, KWG, § 33 b Rn. 10 ff.

336 Vgl. zu den in Betracht kommenden Versagungstatbeständen *Reischauer/Kleinhans*, KWG, § 33 b Rn. 4.

337 Vgl. BGBl. I 1997, S. 2518 ff.

auf die Errichtung von Tochterunternehmen „*nach § 53 b Abs. 1 Satz 1 und Abs. 7 KWG*“[338] abgestellt. Gegenstand der ursprünglichen Gesetzesfassung war damit eine Konsultationspflicht der BaFin bei der Zulassung von Tochterunternehmen mit Sitz in einem anderen Staat des EWR, die über Zweigstellen bzw. im Wege des grenzüberschreitenden Dienstleistungsverkehrs gem. § 53 b Abs. 1 Satz 1, Abs. 7 KWG im Inland tätig wurden. Dies widersprach den richtlinienrechtlichen Vorgaben. Ein Tochterunternehmen mit Sitz in einem anderen Staat des EWR wird von der dortigen Aufsichtsbehörde kontrolliert, sodass die Anhörungspflicht der BaFin leer lief. Um weiteren Missverständnissen vorzubeugen, wurde in der Gesetzesbegründung zur Neuregelung ausdrücklich klargestellt, dass der Zulassungsantrag von Unternehmen ausgeht, die ihren Sitz im Inland und nicht in anderen Staaten des EWR haben[339].

Problematisch bleibt allerdings die Formulierung in § 33 b Satz 1 letzter Hs. KWG, nach der „*die zuständigen Stellen des Herkunftsstaats*“ anzuhören sind. Nach dem Zweck des § 33 b KWG soll die zuständige Stelle im Sitzstaat des Mutterunternehmens[340] von der BaFin befragt werden[341]. Nach dem Wortlaut des § 33 b Satz 1 KWG bezieht sich der Terminus „Herkunftsstaat“ dagegen auf die Stellen im Herkunftsstaat des Tochterunternehmens[342]. Gem. § 1 Abs. 4 KWG ist der Herkunftsstaat der Staat, in dem die Hauptniederlassung eines Instituts zugelassen ist. Aufnahmestaat ist gem. § 1 Abs. 5 KWG der Staat, in dem ein Institut außerhalb des Herkunftsstaats eine Zweigniederlassung unterhält oder in dem es im Rahmen des grenzüberschreitenden Dienstleistungsverkehrs tätig wird. Das Begriffspaar „Herkunftsstaat / Aufnahmestaat“ ist damit nach der gesetzlichen Definition auf Fälle der grenzüberschreitenden Einschaltung von Zweigstellen oder des grenzüberschreitenden Engagements ohne inländische physische Präsenz beschränkt. Auf Mutter-Tochter-Beziehungen findet es hiernach keine Anwendung. Für ein Tochterunternehmen ist der Herkunftsstaat sein eigener Sitzstaat. Die gem. § 33 b Satz 1 KWG zu konsultierende Herkunftslandbehörde von inländischen Tochterunternehmen ist nach der derzeitigen Gesetzesfassung damit nicht die ausländische Behörde, sondern die BaFin.

Diese Fehlformulierung lässt sich als Rückstand des früheren Redaktionsversehens identifizieren. Vor der 6. KWG-Novelle[343] knüpfte der Begriff „Herkunfts-

338 BGBl. I 1992, S. 2221.
339 Vgl. RegBgr. 6. KWG-Novelle BT-Drucks. 13/7142 S. 90.
340 Bzw. des Schwesterunternehmens bzw. des kontrollierten Unternehmens mit Sitz im EWR.
341 Vgl. *Fischer*, in: Boos/Fischer/Schulte-Mattler, KWG, § 33 b Rn. 1.
342 Bzw. des inländischen Schwesterunternehmens bzw. kontrollierten Unternehmens.
343 Vgl. BGBl. I 1997, S. 2518 ff.

staat“ ebenfalls an das Tochterunternehmen an[344]. Da sich diese Fassung – wie oben erläutert – irrigerweise auf ein Tochterunternehmen mit Sitz im Ausland bezog, das Aktivitäten im Inland entfaltet, passte der Terminus „Herkunftsstaat“. In der Neuregelung des § 33 b Satz 1 KWG ist der Begriff „Herkunftsstaat“ dagegen nicht mehr stimmig.

Art. 15 Bankenrichtlinie[345] und Art. 60 MiFID[346], auf denen § 33 b KWG basiert, verwenden, anders als das KWG, nicht den Terminus der *„zuständigen Stellen des Herkunftsstaats“*. Stattdessen wird der neutrale Ausdruck der *„zuständigen Behörden des anderen (betroffenen) Mitgliedstaats“* gewählt. Diese richtlinienrechtliche Formulierung ist im Gegensatz zur derzeitigen Fassung des § 33 b Satz 1 KWG konsistent und sollte übernommen werden.

d) Erlaubnisumfang und -träger von Tochterunternehmen

Nach Erlaubniserteilung durch die BaFin darf das Tochterunternehmen Bankgeschäfte gem. § 1 Abs. 1 Satz 2 KWG betreiben und Finanzdienstleistungen gem. § 1 Abs. 1 a Satz 2 KWG erbringen. Ebenso sind bankenbezogene Vermittlungstätigkeiten für ausländische, konzernangehörige Unternehmen zulässig[347]; diese unterliegen aber ihrerseits evtl. einer Zulassungspflicht. Sofern das inländische Tochterunternehmen Zweigstellen im Inland besitzt, sind diese von der Erlaubnis erfasst, da das Institut als Gesamtunternehmen begriffen wird[348]. Die Zahl inländischer Zweigstellen ist lediglich jährlich gem. § 24 Abs. 1 a Nr. 4 KWG anzuzeigen.

Während gem. § 3 KWG 1934[349] die *„Unternehmungen“* eine Zulassung benötigten, bedarf gem. § 32 Abs. 1 Satz 1 KWG einer Erlaubnis, *„wer“* die Dienstleistungen beschaffen will. Durch die Neufassung wird klargestellt, dass Adressaten der Erlaubnis die das Unternehmen bildenden oder tragenden Personen sind. Es muss sich hierbei um voll rechtsfähige natürliche oder juristische Personen handeln[350]. Ein Tochterunternehmen ist als juristische Person selbst Träger der Erlaubnis.

---

344 Vgl. RegBgr. 4. KWG-Novelle BT-Drucks. 12/3377 S. 41; RegBgr. 6. KWG-Novelle BT-Drucks. 13/7142 S. 90.

345 Vgl. Richtlinie 2006/48/EG v. 14.06.2006.

346 Vgl. Richtlinie 2004/39/EG v. 21.04.2004.

347 Einschränkend *Vahldiek*, in: Boos/Fischer/Schulte-Mattler, KWG, § 53 Rn. 3, 210 ff.

348 Vgl. RegBgr. KWG BT-Drucks. 3/1114 S. 45; *Weber*, Auslandsbanken (1996), S. 30.

349 Vgl. RGBl. I 1934, S. 1203 (1204).

350 Vgl. *Reischauer/Kleinhans*, KWG, § 32 Rn. 10; *Samm*, in: Beck/Samm/Kokemoor, KWG, § 32 Rn. 82.

e) Ergebnis zur kreditwesenrechtlichen Erfassung von Tochterunternehmen

Ein Tochterunternehmen bedarf gem. § 32 Abs. 1 Satz 1 KWG der Erlaubnis der BaFin, wenn es im Inland gewerbsmäßig oder in einem Umfang, der einen kaufmännisch eingerichteten Geschäftsbetrieb erfordert, Bankgeschäfte betreiben oder Finanzdienstleistungen erbringen will.

Ein „Betreiben" von Bankgeschäften erfasst nur Tätigkeiten, die im eigenen Namen ausgeübt werden, während unter einem „Erbringen" von Finanzdienstleistungen auch ein Handeln im fremden Namen zu verstehen ist. Bankgeschäfte und Finanzdienstleistungen sind in § 1 Abs. 1 Satz 2, Abs. 1 a Satz 2 KWG aufgeführt. Anknüpfungspunkt des KWG ist insoweit nicht der Vertragsschluss zwischen Institut und Kunden über eine Leistung; eine Erlaubnispflicht löst vielmehr erst das Ausführen der vereinbarten Tätigkeit als solches aus.

Tochterunternehmen mit Satzungssitz im Inland erfüllen stets das Tatbestandsmerkmal „im Inland". Auch Institute, die ausschließlich gebietsfremde Kunden haben, sind nicht von der kreditwesenrechtlichen Erlaubnispflicht auszunehmen.

Eine Erlaubnisbefreiung durch den Europäischen Pass kommt für Tochterunternehmen nicht in Betracht, da nur Zweigniederlassungen und der grenzüberschreitende Dienstleistungsverkehr passfähig sind. Gesetzliche Ausnahmen von der Zulassungspflicht sind aber in § 2 Abs. 1 und 6 KWG enthalten.

Die Erlaubnisfähigkeit von Tochterunternehmen ist in § 33 KWG geregelt. Danach ist insbesondere entscheidend, dass sich die Hauptverwaltung des Instituts in der Bundesrepublik befinden muss, § 33 Abs. 1 Satz 1 Nr. 6 KWG. Die Vorschrift stellt keine bloße Zuständigkeitsregelung für die BaFin dar. Vielmehr handelt es sich hierbei um eine zwingende Versagungsbestimmung. Institute mit Satzungssitz im Inland sind gem. § 32 Abs. 1 Satz 1 KWG erlaubnispflichtig; sie sind aber nicht erlaubnisfähig, wenn sich ihre Hauptverwaltung außerhalb der Bundesrepublik befindet. Diese Institute unterliegen dann einem Tätigkeitsverbot.

Die BaFin muss unter den Voraussetzungen des § 33 b KWG die Aufsichtsbehörde des Staates anhören, in dem das Mutterunternehmen seinen Sitz hat. Nachdem bereits ein Redaktionsversehen in der Vorschrift korrigiert werden musste, ist eine weitere Anpassung des Gesetzestexts notwendig. Dieser stellt de lege lata auf die Anhörung der *„zuständigen Stellen des Herkunftsstaats"* ab. Stattdessen bietet sich die Formulierung die *„zuständigen Behörden des anderen (betroffenen) Mitgliedstaats"* an.

2. *Anteilserwerb*

a) Anteilseignerkontrolle bei bedeutenden Beteiligungen gem. § 2 c KWG

Eine weitere Form des Marktzugangs von ausländischen Unternehmen ist der Erwerb von Anteilen an inländischen Kredit- oder Finanzdienstleistungsinstituten. Die Beteiligungen an inländischen Instituten werden gem. § 33 Abs. 1 Satz 1 Nr. 3, Abs. 3 KWG bereits bei der Lizenzierung der Institute durch die BaFin geprüft. Bei späteren Veränderungen in der Inhaberstruktur müssen die Institute zwar keine neue Zulassung beantragen[351], da nach dem Wortlaut des § 32 Abs. 1 Satz 1 KWG[352] eine Lizenzierung nur bei einem Erlaubnisträgerwechsel erforderlich ist und ein Anteilserwerb den Erlaubnisträger nicht verändert[353]. Personen, die eine bedeutende Beteiligung gem. § 1 Abs. 9 Satz 1 KWG an einem Institut erwerben bzw. einen bestehenden Einfluss erweitern wollen, müssen aber gem. § 2 c KWG ihre Absicht der BaFin und der Bundesbank anzeigen. Die BaFin kann unter bestimmten Voraussetzungen den Erwerbsvorgang untersagen oder Verfügungsbeschränkungen anordnen[354]. Ziel der Vorschrift ist es, dass die BaFin über die Inhaber von Instituten informiert ist und ggf. Gefahren für die Funktionsfähigkeit der Institute abwehren kann[355].

Wie sich aus § 8 Abs. 3 Satz 2 KWG[356] ergibt, ist die Anteilseignerkontrolle auf Erwerber anwendbar, bei denen es sich um in einem anderen Staat des EWR zugelassene Einlagenkreditinstitute, E-Geld-Institute, Wertpapierhandelsunternehmen oder Erstversicherungsunternehmen handelt. Ob die Anteilseignerkontrolle auch für Erwerber gilt, die nicht zu diesen speziellen Institutsarten gehören, bestimmt das Gesetz nicht ausdrücklich[357]. Allerdings regelt § 8 Abs. 3 Satz 2 KWG lediglich die Zusammenarbeit der zuständigen Aufsichtsbehörden bei der Anteilseig-

---

351 Vgl. *Horn*, Bank- und Finanzdienstleistungsrecht (1994), S. 9; *Weber*, Auslandsbanken (1996), S. 55.

352 „Wer", vgl. § 32 Abs. 1 Satz 1 KWG.

353 Vgl. *Reischauer/Kleinhans*, KWG, § 32 Rn. 10 b, 12; *Samm*, in: Beck/Samm/Kokemoor, KWG, § 32 Rn. 25, 55; *Szagunn/Haug/Ergenzinger*, KWG, § 32 Rn. 3; *Weber*, Auslandsbanken (1996), S. 54.

354 Siehe zur Anteilseignerkontrolle *Zerwas/Hanten*, in: Roennberg/Tolckmitt (2005), S. 36 (47 ff.).

355 Vgl. *Erm*, in: Beck/Samm/Kokemoor, KWG, § 2 c Rn. 6; *Reischauer/Kleinhans*, KWG, § 2 c Rn. 1.

356 Die Vorschrift wurde durch das Gesetz zur Umsetzung der Beteiligungsrichtlinie (BGBl. I 2009, S. 470 ff.) neu gefasst; die Zusammenarbeit der Aufsichtsbehörden war zuvor in § 2 c Abs. 3 KWG normiert.

357 Eine generelle Anwendbarkeit auf ausländische Erwerber nimmt an *Weber*, Auslandsbanken (1996), S. 43, 56.

nerkontrolle. Die Vorschrift unterwirft die genannten Institutsarten nicht erst der Anteilseignerkontrolle, sondern setzt diese voraus. Deshalb gilt § 2 c KWG nicht nur für Erwerber aus anderen Staaten des EWR, die zu den speziell in § 8 Abs. 3 Satz 2 KWG genannten Institutsarten gehören, sondern auch für sonstige Erwerber aus anderen Staaten des EWR.

Dieses Ergebnis wird durch § 2 c Abs. 1 a Satz 9 Nr. 1, Abs. 1 b Satz 1 Nr. 3, Abs. 4 KWG bestätigt. Diese Bestimmungen enthalten besondere Vorgaben für einen Anteilserwerb durch drittstaatliche Unternehmen. Sie unterstellen dabei den Anteilserwerb durch drittstaatliche Unternehmen nicht der Anteilseignerkontrolle gem. § 2 c KWG, sondern setzen eine Anwendbarkeit des § 2 c KWG voraus.

Nur diese Interpretation trägt schließlich dem Zweck der Vorschrift Rechnung. Die BaFin muss vollständig über die Anteilseigner inländischer Institute informiert sein, um Gefahren für die Stabilität der Institute abwehren zu können. Dabei ist nicht maßgebend, welcher Institutsart die Anteilseigner zuzuordnen sind.

Inländische Institute, an denen Anteile erworben werden, sind ihrerseits anzeigepflichtig. Für inländische Institute, an denen bedeutende Beteiligungen erworben werden, folgt dies aus § 24 Abs. 1 Nr. 10, Abs. 1 a Nr. 3 1. Hs. KWG. Gem. § 24 Abs. 1 a Nr. 3 2. Hs. KWG müssen Institute zudem die Inhaber bedeutender Beteiligungen an den ihnen gem. § 10 a KWG nachgeordneten ausländischen Unternehmen anzeigen[358].

b) Anwendbarkeit der Anzeigepflichten des § 24 KWG

Institute müssen das Entstehen, die Änderung oder die Beendigung enger Verbindungen gem. § 1 Abs. 10 KWG oder qualifizierter Beteiligungen gem. § 1 Abs. 15 KWG an anderen Unternehmen[359] gem. § 24 Abs. 1 Nr. 12, 13, Abs. 1 a Nr. 1, 2 KWG anzeigen[360]. Verpflichtet ist nach dem Wortlaut der § 24 Abs. 1, 1 a KWG das Institut. Von der Vorschrift sind jedenfalls inländische Institute erfasst. Für die Frage des Markteintritts ist aber bedeutsam, ob auch ausländische Institute anzeigepflichtig sind, wenn sie enge Verbindungen zu einem inländischen Institut eingehen oder qualifizierte Beteiligungen an inländischen Instituten erwerben[361].

---

358 Siehe hierzu *Reischauer/Kleinhans*, KWG, § 24 Rn. 38, 46.

359 Die Begriffe der bedeutenden und der qualifizierten Beteiligung sind nahezu inhaltsgleich. Grund für die Unterscheidung sind die unterschiedlichen Zweckrichtungen, siehe *Reischauer/Kleinhans*, KWG, § 1 Rn. 376.

360 Die frühere Anzeigepflicht für unmittelbare Beteiligungen wurde aufgrund von Abgrenzungsschwierigkeiten durch BGBl. I 2006, S. 2606 ff. aufgehoben, vgl. RegBgr. BT-Drucks. 16/1335 S. 61.

361 Dies nimmt an *Weber*, Auslandsbanken (1996), S. 43, 56. A. A. *Braun*, in: Boos/Fischer/Schulte-Mattler, KWG, § 24 Rn. 26 f.

Der Sinn der Anzeigepflicht für enge Verbindungen ist es, die BaFin über Tatsachen in Kenntnis zu setzen, die gem. § 33 Abs. 3 Satz 2 Nr. 1 i. V. m. § 35 Abs. 2 Nr. 3 KWG zur Aufhebung von Zulassungen führen können[362]. Kreditwesenrechtlich erlaubnispflichtig sind aber nur die inländischen Institute und nicht die ausländischen Institute, mit denen enge Verbindungen eingegangen werden. Dementsprechend müssen nur die inländischen Institute ihre engen Verbindungen anzeigen.

Demgegenüber liegt der Sinn der Anzeigepflicht für qualifizierte Beteiligungen darin, die BaFin und die Bundesbank darüber zu informieren, dass Institute Anteile an anderen Unternehmen erwerben. Die BaFin prüft auf dieser Grundlage, ob die Institute die Begrenzungen für die Anteilseignerschaft an Unternehmen außerhalb des Finanzsektors gem. § 12 Abs. 1 und 2 KWG einhalten[363]. Anzeigepflichtig sind dabei die erwerbenden Institute. Die BaFin beaufsichtigt allerdings nur die Beteiligungsstruktur von inländischen Instituten. Deshalb müssen nur inländische Institute die von ihnen erworbenen qualifizierten Beteiligungen gem. § 24 KWG anzeigen. Dabei ist nicht maßgebend, ob das Unternehmen, an dem die Beteiligung gehalten wird, in- oder ausländisch ist.

Damit unterliegen nur inländische Institute der Anzeigepflicht für enge Verbindungen und qualifizierte Beteiligungen gem. § 24 Abs. 1 Nr. 12, 13, Abs. 1 a Nr. 1, 2 KWG. Dies gilt auch für die übrigen Anzeigepflichten des § 24 KWG. So enthält etwa § 24 Abs. 1 Nr. 6 KWG nur eine Anzeigepflicht für inländische Institute, die im Wege des Dienstleistungsverkehrs in anderen Staaten tätig werden. Eine Anzeigepflicht für ausländische Institute, die in der Bundesrepublik Bank- oder Finanzdienstleistungen erbringen, existiert demgegenüber nicht.

c) Ergebnis zur kreditwesenrechtlichen Erfassung des Anteilserwerbs

Wer eine bedeutende Beteiligung gem. § 1 Abs. 9 Satz 1 KWG an einem inländischen Institut erwerben bzw. einen bestehenden Einfluss erweitern will, unterliegt der Anteilseignerkontrolle gem. § 2 c KWG. Die Vorschrift findet auf sämtliche Erwerber aus anderen Staaten des EWR Anwendung. Das inländische Institut, an dem die bedeutende Beteiligung erworben wird, ist seinerseits gem. § 24 Abs. 1 Nr. 10, Abs. 1 a Nr. 3 KWG anzeigepflichtig.

Ausländische Institute, die enge Verbindungen i. S. d. § 1 Abs. 10 KWG zu inländischen Instituten eingehen oder qualifizierte Beteiligungen i. S. d. § 1 Abs. 15 KWG erwerben, sind gegenüber der BaFin und der Bundesbank nicht anzeigepflichtig, denn die Anzeigepflichten gem. § 24 KWG gelten nur für inländische Institute.

---

362 Vgl. *Reischauer/Kleinhans*, KWG, § 24 Rn. 40.
363 Vgl. *Reischauer/Kleinhans*, KWG, § 24 Rn. 41.

3. Zweigstellen

Die aufsichtsrechtliche Behandlung inländischer Zweigstellen ausländischer Unternehmen ist im KWG umfassend geregelt. Seit Erlass des KWG haben sich neue Vertriebsstrukturen entwickelt, die von einem Betrieb von Automaten über computergesteuerte Kreditentscheidungen bis zum Vertrieb über selbstständige Vermittler in der Bundesrepublik reichen. Die gewandelten Erscheinungsformen erfordern es, den Anwendungsbereich des herkömmlichen Zweigstellenbegriffs zu überdenken und von anderen Marktzugangsarten, insbesondere dem grenzüberschreitenden Dienstleistungsverkehr, abzugrenzen[364] (Abschnitt a)). Zunächst ist hierzu der Regelungsgehalt des § 53 KWG darzustellen; die Vorschrift ist die zentrale kreditwesenrechtliche Bestimmung für inländische Zweigstellen ausländischer Unternehmen. Anschließend ist die begriffliche Unterscheidung des KWG zwischen Zweigstellen und Zweigniederlassungen zu erörtern, und die neueren Formen des grenzüberschreitenden Vertriebs von Bank- und Finanzdienstleistungen sind in das Regelungsgefüge des KWG einzuordnen. Auf dieser Grundlage ist – mangels Legaldefinition im KWG und hinreichend konkreter richtlinienrechtlicher Vorgaben[365] – zu diskutieren, inwieweit sich der Zweigstellenbegriff an den Kriterien orientiert, die für Zweigniederlassungen i. S. d. HGB entwickelt wurden.

Im Anschluss an die Begriffsbestimmung werden die Erlaubnispflichtigkeit (Abschnitt b)) und die Erlaubnisfähigkeit (Abschnitt c)) von Zweigstellen ausländischer Unternehmen sowie der Erlaubnisumfang (Abschnitt d)) erörtert. Schließlich werden die Ergebnisse zusammengefasst (Abschnitt e)).

a) Bestimmung des Begriffs der Zweigstelle

aa) Darstellung des Regelungsgehalts des § 53 KWG

Gem. § 53 Abs. 1 Satz 1 KWG gilt eine inländische Zweigstelle eines ausländischen Unternehmens als Kredit- bzw. Finanzdienstleistungsinstitut, wenn sie

---

364 Vgl. *Schneider*, in: The Institute of Comparative Law in Japan (1998), S. 261 (262, 270).

365 Gem. Art. 4 Abs. 1 Nr. 26 MiFiD (Richtlinie 2004/39/EG v. 21.04.2004) ist eine Betriebsstelle dann Zweigniederlassung, wenn sie nicht die Hauptverwaltung ist, einen rechtlich unselbstständigen Teil einer Wertpapierfirma bildet und Wertpapierdienstleistungen, ggf. auch Nebendienstleistungen, erbringt und/ oder Anlagetätigkeiten ausübt, für die der Wertpapierfirma Zulassungen erteilt wurden. Gem. Art. 4 Abs. 3 Bankenrichtlinie (Richtlinie 2006/48/EG v. 14.06.2006) ist eine Zweigstelle eine Betriebsstelle, die einen rechtlich unselbstständigen Teil eines Kreditinstituts bildet und unmittelbar sämtliche Geschäfte oder einen Teil der Geschäfte betreibt, die mit der Tätigkeit eines Kreditinstituts verbunden sind.

Bankgeschäfte betreibt oder Finanzdienstleistungen erbringt. Das ausländische Unternehmen selbst muss im Gegensatz zur Zweigstelle nicht zwingend bankenspezifische Tätigkeiten ausüben. Es genügt, dass z. B. ein Reisebüro mit Sitz im Ausland über eine inländische Zweigstelle Reisen in den ausländischen Staat im Wege einer Teilzahlung finanziert[366].

Das Gesetz fingiert, dass es sich bei Zweigstellen, die Bank- oder Finanzdienstleistungen erbringen, um Kredit- bzw. Finanzdienstleistungsinstitute handelt[367]. Wegen dieser Fiktion sind die institutsbezogenen Regelungen des KWG auf die Zweigstelle anzuwenden. Die Fiktion gilt dabei nur für Zwecke des KWG und nicht für andere Regelungsbereiche[368]. Unterhält das ausländische Unternehmen mehrere Zweigstellen im Inland, gelten sie gem. § 53 Abs. 1 Satz 2 KWG als ein einheitliches Institut und werden wie eine inländische Hauptniederlassung mit inländischen Zweigstellen behandelt[369]. Die frühere Regelung in § 53 Abs. 2 Nr. 5 Satz 1 KWG a. F., wonach jede zusätzliche Zweigstelle einer Erlaubnis bedurfte, wurde aufgehoben[370]. Heute genügt bei der Errichtung neuer Zweigstellen eine Anzeige an die BaFin und die Bundesbank gem. § 53 Abs. 2 Nr. 7 KWG. Eine Zulassung ist nur für die als „Kopfstelle" bezeichnete erste Zweigstelle erforderlich[371].

§ 53 Abs. 2 KWG enthält ergänzende Vorschriften für Zweigstellen. Gem. § 53 Abs. 2 Nr. 1 KWG hat das Unternehmen nach dem sog. Vier-Augen-Prinzip mindestens zwei Geschäftsleiter mit Wohnsitz im Inland zu bestellen, die für den Bereich der Zweigstelle zur Geschäftsführung und Vertretung des ausländischen Unternehmens befugt sind, wenn die Zweigstelle Bank- und Finanzdienstleistungen erbringt und sich hierbei Eigentum oder Besitz an Geldern oder Wertpapieren von Kunden verschafft. Die Geschäftsleiter sind beim Handelsregister anzumelden. Da für den Geschäftsbereich der Zweigstelle unbeschränkte Vertretungs- und Geschäftsführungsbefugnisse erforderlich sind, muss es sich um eine erweiterte Prokura gem. § 49 Abs. 2 HGB oder um eine Generalhandlungsvollmacht gem. § 54 Abs. 2 HGB handeln[372]. Die Bestellung der Geschäftsleiter soll verhindern,

366 Vgl. *Szagunn/Haug/Ergenzinger*, KWG, § 53 Rn. 4.

367 Vgl. *Hanten*, in: Beck/Samm/Kokemoor, KWG, § 53 Rn. 12; *Reischauer/Kleinhans*, KWG, § 53 Rn. 3; *Schork*, KWG, § 53 Rn. 1 f.; *Vahldiek*, in: Boos/Fischer/Schulte-Mattler, KWG, § 53 Rn. 39.

368 Vgl. *Hanten*, in: Beck/Samm/Kokemoor, KWG, § 53 Rn. 12; *Vahldiek*, in: Boos/Fischer/Schulte-Mattler, KWG, § 53 Rn. 40.

369 Vgl. *Vahldiek*, in: Boos/Fischer/Schulte-Mattler, KWG, § 53 Rn. 44.

370 Vgl. BGBl. I 2002, S. 2010 (2057).

371 Vgl. *Panowitz/Jung*, KWG, § 53 Rn. 2; *Vahldiek*, in: Boos/Fischer/Schulte-Mattler, KWG, § 53 Rn. 44.

372 Vgl. *Bähre/Schneider*, KWG, § 53 Rn. 3; *Szagunn/Haug/Ergenzinger*, KWG, § 53 Rn. 10; *Vahldiek*, in: Boos/Fischer/Schulte-Mattler, KWG, § 53 Rn. 60.

dass Zweigstellen wegen ihrer rechtlichen Unselbstständigkeit ohne eigene Geschäftsführer oder Vertreter betrieben werden[373].

Gem. § 53 Abs. 2 Nr. 2 und 3 KWG wird die Zweigstelle bilanztechnisch als ein selbstständiges Institut behandelt[374], indem sie zur gesonderten Buchführung und Erstellung einer Vermögensübersicht, die als Jahresabschluss gilt, verpflichtet wird.

Da Zweigstellen wegen ihrer rechtlichen Unselbstständigkeit nicht über ein haftendes Eigenkapital verfügen, ist in § 53 Abs. 2 Nr. 4 KWG der Eigenkapitalausweis speziell geregelt[375]. Als haftendes Eigenkapital gelten die Beträge, die im Monatsausweis der Zweigstelle als das vom Unternehmen zur Verfügung gestellte Betriebskapital und als Betriebsüberschüsse ausgewiesen sind.

Gem. § 53 Abs. 2 Nr. 5 Satz 1 KWG kann bei Zweigstellen ausländischer Unternehmen die Erlaubnis versagt werden, wenn die Gegenseitigkeit nicht durch zwischenstaatliche Vereinbarungen gewährleistet wird[376]. Die Zulassung der Zweigstelle ist gem. § 53 Abs. 2 Nr. 5 Satz 2 KWG zu widerrufen, wenn dem ausländischen Unternehmen die Aufsicht entzogen wurde[377]. Ferner können gem. § 53 Abs. 2 Nr. 6 i. V. m. § 36 Abs. 1 KWG – anstelle einer Aufhebung der Erlaubnis – die Geschäftsleiter abberufen werden. Über die Verweisung in § 53 Abs. 2 a KWG werden Zweigstellen wie 100%ige Töchter des ausländischen Unternehmens behandelt. In § 53 Abs. 3-6 KWG finden sich weitere Regelungen über den Gerichtsstand und die Handelsregistereintragungen.

bb) Unterscheidung des KWG zwischen Zweigstellen und Zweigniederlassungen

Zweigstellen sind – neben § 53 KWG – in § 24 Abs. 1 Nr. 6, Abs. 1 a Nr. 4 KWG geregelt. Diese Vorschriften enthalten Anzeigepflichten für inländische Zweigstellen. Durch das Umsetzungsgesetz[378] zur 2. BRKR[379] wurden in § 24 a und § 53 b KWG zusätzlich Bestimmungen für Zweigstellen eingefügt, die zu Instituten mit Sitz in anderen Staaten des EWR gehören. Die Bezeichnung „Zweigstelle“ entsprach insofern dem Wortlaut von Art. 6, 18 und 19 2. BRKR. Durch die 6. KWG-Novelle[380] wurde in §§ 24 a, 53 b und 53 c KWG dieser Begriff aber von dem

373 Vgl. *Vahldiek*, in: Boos/Fischer/Schulte-Mattler, KWG, § 53 Rn. 60.
374 Vgl. *Vahldiek*, in: Boos/Fischer/Schulte-Mattler, KWG, § 53 Rn. 68 ff., 80 ff.
375 Vgl. *Hanten*, in: Beck/Samm/Kokemoor, KWG, § 53 Rn. 40; *Vahldiek*, in: Boos/Fischer/Schulte-Mattler, KWG, § 53 Rn. 87.
376 Sog. Reziprozitätsprinzip, siehe 1. Teil 3. Kapitel C. II. 2.
377 Dieser Widerrufsgrund fußt auf Art. 8 Abs. 2 der 1. BRKR (Richtlinie 77/780/EWG v. 12.12.1977).
378 Vgl. BGBl. I 1992, S. 2211 ff.
379 Vgl. Richtlinie 89/646/EWG v. 15.12.1989.
380 Vgl. BGBl. I 1997, S. 2518 ff.

Terminus „Zweigniederlassung“ ersetzt. Dieser wurde in der der Neuregelung zugrunde liegenden WDRL[381] sowie Kapitaladäquanzrichtlinie[382] verwendet. In den englischen und französischen Fassungen der Richtlinien sind keine sprachlichen Differenzierungen enthalten, die der deutschen Trennung zwischen Zweigstellen und Zweigniederlassungen entsprechen. Es werden einheitlich die Bezeichnungen „branches“ oder „succursales“ benutzt. Die unterschiedlichen Begriffe in den deutschsprachigen Ausfertigungen der Richtlinien beruhen lediglich auf uneinheitlichen Übersetzungen[383].

Fraglich ist, ob im Rahmen des KWG ebenfalls nur terminologische Unterschiede zwischen den Begriffen „Zweigstelle“ und „Zweigniederlassung“ zu verzeichnen sind. Teilweise wird die Bezeichnung „Zweigstelle“ als Oberbegriff für Zahlstellen, Annahmestellen und Zweigniederlassungen verstanden[384], wobei unter Zweigniederlassungen Zweigstellen mit Ein- und Auszahlungsverkehr sowie selbstständiger Kontoführung gefasst werden[385]. Seit der Einführung des Terminus „Zweigniederlassung“ in §§ 24 a, 53 b, 53 c KWG widerspricht eine Unterscheidung nach dem Tätigkeitsinhalt der Einrichtung jedoch der Gesetzessystematik.

Stattdessen könnte allerdings die Differenzierung des § 14 Abs. 1 GewO gelten. Hier wird zwischen selbstständigen Zweigniederlassungen und unselbstständigen Zweigstellen getrennt. Beide Begriffe finden in der GewO nur alternativ Anwendung. § 53 Abs. 1 Satz 1 KWG enthält jedoch einen Grundsatz, nämlich eine Institutsfiktion für inländische Zweigstellen ausländischer Unternehmen, während § 53 b Abs. 1 Satz 3, § 53 c KWG, die den Begriff der Zweigniederlassung verwenden, Ausnahmen von dieser Fiktion für bestimmte Unternehmen vorsehen. Die kreditwesenrechtlichen Vorschriften stehen demnach in einem Regel-Ausnahme-Verhältnis[386]. Diese Beziehung zwischen den Vorschriften wird nur gewahrt, wenn sich die Begriffe „Zweigstelle“ und „Zweigniederlassung“ teilweise überschneiden. Bei einem alternativen Anwendungsbereich wäre eine Befreiung der Zweigniederlassungen i. S. d. § 53 b Abs. 1 Satz 3, § 53 c KWG von der Rechtsfolge des § 53 Abs. 1 Satz 1 KWG überflüssig. Die Unterscheidung des § 14 Abs. 1 GewO

381 Vgl. Art. 1 Nr. 8, Art. 5, Art. 14 Abs. 2 sowie Art. 17 Richtlinie 93/22/EWG v. 10.05.1993.

382 Vgl. Art. 9 Abs. 4 Satz 1 Richtlinie 93/6/EWG v. 15.03.1993.

383 Vgl. *Kuntz*, ZBB 2005, S. 412 (415).

384 So Reichskommissar, „Zweigstellen“ v. 20.05.1939 24 635/39 III, Beck/Samm/Kokemoor, KWG, A 24/5; *Diehl*, Zweigniederlassungen ausländischer Banken (1978), S. 14; *Häuselmann*, WM 1994, S. 1693 (1694); *Reischauer/Kleinhans*, KWG, § 53 Rn. 3.

385 Vgl. *Diehl*, Zweigniederlassungen ausländischer Banken (1978), S. 14; *Häuselmann*, WM 1994, S. 1693 (1694).

386 Vgl. *Häuselmann*, WM 1994, S. 1693.

zwischen selbstständigen und nichtselbstständigen Einheiten steht somit nicht mit der Systematik der §§ 53 ff. KWG in Einklang.

Aus demselben Grund besteht der Unterschied zwischen beiden Begriffen nicht darin, dass die einer Zweigniederlassung übergeordnete Hauptniederlassung in einem Staat des EWR angesiedelt ist, dagegen die einer Zweigstelle übergeordnete Hauptstelle – mit Ausnahme von nichtpassfähigen EWR-Instituten – in einem Drittstaat[387]. Diese Auslegung widerspricht ebenfalls dem Regel-Ausnahme-Verhältnis der §§ 53 ff. KWG.

Nach anderen Literaturstimmen setzt eine Zweigstelle den Betrieb des Eigengeschäfts voraus, während für eine Zweigniederlassung auch das Ausüben reiner Vermittlungstätigkeiten ausreicht[388]. Die Trennung zwischen Eigen- und Vermittlungstätigkeiten ist aber bereits der Unterscheidung zwischen dem Betreiben von Bankgeschäften und dem Erbringen von Finanzdienstleistungen inhärent[389]. Da sowohl Zweigstellen als auch Zweigniederlassungen Bankgeschäfte betreiben und zugleich Finanzdienstleistungen erbringen können, ist das Differenzierungskriterium der Eigen- bzw. Vermittlungstätigkeiten nicht stimmig.

Für das Verhältnis von Zweigstellen und Zweigniederlassungen bleiben letztlich die Möglichkeiten bestehen, dass entweder beide Begriffe inhaltsgleich sind[390] oder sich „Zweigstelle“ als Oberbegriff unterteilt in Zweigniederlassungen, die passfähigen EWR-Unternehmen zuzuordnen sind, und in sonstige Zweigstellen. Nach der Gesetzesbegründung zur Neufassung der §§ 24 a, 53 b und 53 c KWG soll durch die Einführung der Bezeichnung „Zweigniederlassung“ der unterschiedliche Definitionsbereich der beiden Begriffe verdeutlicht werden[391]. Hiernach sind beide Begriffe nicht gleichzusetzen. Daher ist die zweite Auslegungsalternative vorzuziehen. „Zweigstelle“ ist der Oberbegriff, während „Zweigniederlassung“ eine spezielle Bezeichnung für Zweigstellen von passfähigen EWR-Unternehmen ist, die diese in anderen Mitgliedstaaten gründen.

---

387 So aber *Hanten*, in: Beck/Samm/Kokemoor, KWG, § 53 Rn. 19; *ders.*, in: Baudenbacher (2005), S. 153 (169, 172); *Samm*, in: Beck/Samm/Kokemoor, KWG, § 32 Rn. 44.

388 Vgl. *Kuntz*, ZBB 2005, S. 412 (415); *Marwede*, in: Boos/Fischer/Schulte-Mattler, KWG (Aufl. 2004), § 53 b Rn. 12; zweifelnd *Hanten*, in: Beck/Samm/Kokemoor, KWG, § 53 Rn. 16, 19; *Vahldiek*, in: Boos/Fischer/Schulte-Mattler, KWG, § 53 Rn. 28.

389 Siehe 2. Teil 2. Kapitel A. I. 1. b) aa) (1).

390 So *Es-Said*, Grenzüberschreitende Bankgeschäfte (2009), S. 61 f.; *Ohler*, WM 2002, S. 162 (164).

391 Vgl. RegBgr. 6. KWG-Novelle BT-Drucks. 13/7142 S. 87.

cc) Einordnung besonderer Vertriebsformen als Zweigstellentätigkeiten

(1) Einsatz rechtlich selbstständiger Vermittler im Inland

Zweigstellen sind – im Gegensatz zu Tochterunternehmen – grundsätzlich rechtlich unselbstständig[392]. Umstritten ist, ob rechtlich eigenständige Einheiten oder Einzelpersonen ausnahmsweise vom Zweigstellenbegriff erfasst werden, sofern sie im Namen eines ausländischen Unternehmens Bank- oder Finanzdienstleistungen erbringen[393]. Dies kann z. B. der Fall sein, wenn inländische rechtlich selbstständige Einrichtungen für ausländische Broker-Firmen Wertpapierkommissionsaufträge im Wege der offenen Stellvertretung annehmen oder als Empfangsbote übermitteln[394] bzw. wenn rechtlich selbstständige Handelsvertreter gem. § 84 HGB im Inland agieren, denen gegenüber ausländische Unternehmen weisungsberechtigt sind[395].

Auf den ersten Blick kann es für die kreditwesenrechtliche Erfassung von Zweigstellen keinen Unterschied machen, ob eine Einheit rechtlich selbstständig oder unselbstständig ist[396]. Indessen besteht der Zweck des § 53 Abs. 2 KWG darin, die Anwendbarkeit der auf rechtlich selbständige Unternehmen zugeschnittenen Vorschriften des KWG für unselbstständige Zweigstellen zu begründen[397]. § 53 Abs. 2 KWG knüpft etwa daran an, dass eine unselbstständige Einheit über keine gesonderte Buchführung verfügt[398], keine eigenen Geschäftsleiter oder Ver-

392 Vgl. *Hanten*, in: Beck/Samm/Kokemoor, KWG, § 53 Rn. 13; *Diehl*, Zweigniederlassungen ausländischer Banken (1978), S. 12; *Reischauer/Kleinhans*, KWG, § 53 Rn. 1; *Szagunn/Haug/Ergenzinger*, KWG, § 53 Rn. 7; *Troberg*, Europäische Aufsicht (1979), S. 11; *Vahldiek*, in: Boos/Fischer/Schulte-Mattler, KWG, § 53 Rn. 36.

393 Bejahend RegBgr. 6. KWG-Novelle BT-Drucks. 13/7142 S. 66; VG Berlin v. 12.03.1975 IV A 12/74 Beckmann/Bauer § 53 Abs. 1 (Nr. 1); *Assmann*, in: Assmann/Schneider, WpHG, § 2 Rn. 156; *Bähre/Schneider*, KWG, § 53 Rn. 2; *Fischer*, in: Schimansky/Bunte/Lwowski (2007), § 127 Rn. 48; *Häuselmann*, WM 1994, S. 1693 (1694); *Reischauer/Kleinhans*, KWG, § 53 Rn. 5 (bis EGL 03/2007); *Rinne*, Zweigniederlassungen (1998), S. 29; *Schneider*, in: The Institute of Comparative Law in Japan (1998), S. 261 (272); *Szagunn/Haug/Ergenzinger*, KWG, § 24 Rn. 17; *Vahldiek*, in: Boos/Fischer/Schulte-Mattler, KWG, § 53 Rn. 36 ff. Anders für den europäischen Zweigstellenbegriff Kommission, Mitteilung „Zweite Bankenrichtlinie", v. 10.07.1997 97/C 209 S. 4 (12).

394 Vgl. *Reischauer/Kleinhans*, KWG, § 53 Rn. 5 (bis EGL 03/2007).

395 Vgl. *Bähre/Schneider*, KWG, § 53 Rn. 2.

396 So *Reischauer/Kleinhans*, KWG, § 53 Rn. 5 (bis EGL 03/2007).

397 So *Bähre/Schneider*, KWG, § 53 Rn. 1; *Diehl*, Zweigniederlassungen ausländischer Banken (1978), S. 15; *Fischer*, in: Schimansky/Bunte/Lwowski (2007), § 127 Rn. 49; *Schmid-Burgk*, Bankenaufsicht (1989), S. 96. Siehe hierzu RegBgr. KWG BT-Drucks. 3/1114 S. 45.

398 Siehe *Vahldiek*, in: Boos/Fischer/Schulte-Mattler, KWG, § 53 Rn. 68.

treter hat und kein haftendes Eigenkapital vorweisen kann. Nach dem Zweck des § 53 Abs. 2 KWG sind Zweigstellen damit rechtlich unselbstständige Einheiten, die für eine Anwendbarkeit der allgemeinen Bestimmungen des KWG einer fiktiven rechtlichen Verselbstständigung bedürfen.

Dieses Ergebnis entspricht auch der richtlinienrechtlichen Definition von Zweigniederlassungen: Hiernach sind Zweigniederlassungen nur unselbstständige Betriebsstellen eines Unternehmens[399].

Für eine Qualifizierung rechtlich selbstständiger Vermittler als Zweigstellen könnte aber sprechen, dass sich ausländische Unternehmen nicht dadurch einer kreditwesenrechtlichen Beaufsichtigung entziehen sollen, dass sie ihre inländischen Einheiten rechtlich verselbstständigen[400]. Ob rechtlich selbstständige Betriebsstellen von der BaFin beaufsichtigt werden, hängt indessen nicht davon ab, ob diese unter den kreditwesenrechtlichen Zweigstellenbegriff zu fassen sind. Sie können unmittelbar § 32 Abs. 1 Satz 1 KWG unterfallen, ohne dass es einer zweckwidrigen Ausdehnung des Zweigstellenbegriffs bedürfte. Ob die ausländischen Unternehmen, die die Einheiten im Inland einsetzen, ihrerseits einer Beaufsichtigung der BaFin unterliegen, ist ebenfalls eine Frage der Auslegung des § 32 Abs. 1 Satz 1 KWG[401]. Eine Ausweitung des Begriffs „Zweigstelle“ auf rechtlich selbständige Einheiten entgegen der Systematik des Gesetzes ist demnach nicht erforderlich, um die Anwendbarkeit des KWG sicherzustellen.

Der kreditwesenrechtliche Zweigstellen- und Zweigniederlassungsbegriff erfasst im Ergebnis ausschließlich rechtlich unselbstständige Einheiten. Eine ausnahmsweise Anwendung auf rechtlich selbstständige Vermittler oder sonstige rechtlich selbstständige Einheiten, die von ausländischen Unternehmen im Inland eingesetzt werden, scheidet aus.

(2) Automatisierter Vertrieb

Teilweise werden Automaten und sonstige technische Einrichtungen unter den Zweigstellenbegriff des KWG subsumiert[402], jedenfalls wenn sie funktionell natürliche Personen ersetzen[403] oder wenn sie den einzigen Mittelpunkt der geschäft-

---

399 Vgl. Art. 4 Abs. 3 Bankenrichtlinie (Richtlinie 2006/48/EG v. 14.06.2006) sowie Art. 4 Abs. 1 Nr. 26 MiFID (Richtlinie 2004/39/EG v. 21.04.1994).

400 So *Szagunn/Haug/Ergenzinger*, KWG, § 24 Rn. 17.

401 Siehe zur Anwendbarkeit des § 32 Abs. 1 Satz 1 KWG auf Vermittler und die zugehörigen ausländischen Unternehmen 2. Teil 2. Kapitel A. I. 6.

402 Vgl. BAKred, „24-Stunden-Bankservice“, v. 28.07.1975 I 3-271-1/75, KWG-Texte 4.122 (betrifft § 24 Abs. 1 Nr. 7 KWG); *Szagunn/Haug/Ergenzinger*, KWG, § 24 Rn. 17.

403 Vgl. *Bähre/Schneider*, KWG, § 24 Rn. 7.

lichen Tätigkeit eines Kreditinstituts in einem Mitgliedstaat darstellen[404]. Über diese *„elektronischen Schalter"*[405] können z. B. auf internationalen Flughäfen oder in Hotels Auszahlungen veranlasst, Wertpapierkäufe vorgenommen, Verträge ausgedruckt oder Kreditanträge eingescannt werden[406]. Mit Fortschreiten der technischen Entwicklung wird die Einsetzbarkeit von Automaten für bankwirtschaftliche Zwecke weiter ausgeweitet und den Tätigkeitsfeldern von natürlichen Personen angenähert werden. Deshalb zieht auch die Europäische Kommission eine aufsichtsrechtliche Gleichbehandlung von Automaten und personell besetzten Niederlassungen in Erwägung[407].

Nach dem allgemeinen Sprachgebrauch fällt es allerdings schwer, rein technische Einrichtungen unter den kreditwesenrechtlichen Zweigstellenbegriff zu fassen. Der Standort von Computern und Bankautomaten kann nach Belieben verändert werden, während bei einer Zweigstelle von einer gewissen Beständigkeit der Einheit ausgegangen wird. Daneben legt der Begriff der Zweigstelle nahe, dass bestimmte Arbeitsschritte der Zweigstelle im Inland lokalisiert werden können. Dies ist bei rein technischen Einrichtungen nicht der Fall[408].

Die Bestimmungen des § 53 KWG, die eine rechtliche Selbstständigkeit von Zweigstellen für die Zwecke des KWG fingieren und hierfür die Erfordernisse des KWG modifizieren, lassen sich zudem nicht auf rein technische Anlagen übertragen. Ein Einsatz zweier Geschäftsleiter und Vertreter, eine eigenständige Buchführung und Vermögensübersicht oder eine Eigenmittelunterlegung der Betriebsstelle können bei Automaten oder Computern, auch wenn sie im Inland aufgestellt werden, nicht gefordert werden[409]. § 53 KWG setzt daher voraus, dass eine Zweigstelle über gewisse personelle und sachliche Ressourcen verfügt, die eine Gleichstellung mit Kredit- und Finanzdienstleistungsinstituten erlauben. Diese Bedingung ist bei Automaten und ähnlichen Einrichtungen nicht erfüllt.

Computeranlagen, Automaten und sonstige technische Einheiten fallen demzufolge nicht unter den kreditwesenrechtlichen Zweigstellenbegriff. Der Einsatz

---

404 Vgl. *Schneider*, in: The Institute of Comparative Law in Japan (1998), S. 261 (272). Schneider verneint aber das Vorliegen einer Zweigstelle, wenn sich im Aufnahmeland nur Personen zur Wartung des Automaten befinden, die ansonsten nicht für das Institut arbeiten.

405 *Spindler*, VersR 2002, S. 1049 (1052 f.).

406 Vgl. *Schneider*, in: The Institute of Comparative Law in Japan (1998), S. 261 (262).

407 Vgl. Kommission, Mitteilung „Zweite Bankenrichtlinie", v. 10.07.1997 97/C 209 S. 4 (12).

408 Vgl. für andere kollisionsrechtliche Bereiche *Spindler*, VersR 2002, S. 1049 (1052 f.); *Mankowski*, RabelsZ 63 (1999), S. 203 (227 f.); *Ruthig*, in: Gounalakis (2003), S. 538 (540).

409 Vgl. *Florian*, Rechtsfragen des Wertpapierhandels (2001), S. 28. A. A. *Schelinski*, Online-Dienste (2005), S. 48 f.

dieser Anlagen im Inland ist vielmehr dem grenzüberschreitenden Dienstleistungsverkehr eines ausländischen Unternehmens zuzurechnen[410] und möglicherweise auf dieser Grundlage aufsichtsrechtlich relevant[411].

In Anbetracht dieses Ergebnisses stellt sich die Frage, ob sich auch eine Automatisierung von Geschäftsabläufen auf die Einordnung einer inländischen Einheit als Zweigstelle i. S. d. KWG auswirkt. Beispielsweise kann eine Kreditvergabe derart standardisiert werden, dass eine Entscheidung über eine Kreditgewährung durch ein computergesteuertes Scoring-System erfolgt. Solche Kreditvergabestellen werden wegen des automatisierten Ablaufs der Geschäftsprozesse von der BaFin als Kreditfabriken bezeichnet[412].

Im Gegensatz zu Automaten und Computeranlagen sind bei dieser Form von Kreditgewährung betretbare Einrichtungen gegeben, in denen natürliche Personen im Inland lokalisierbare Arbeitsschritte ausführen. Nach dem allgemeinen Sprachverständnis liegt somit eine Zweigstelle i. S. d. KWG vor. Eine fiktive rechtliche Verselbstständigung der Einheit ist trotz der Selbststeuerung der Handlungsabläufe sinnvoll, da der Einsatz von Geschäftsleitern, eigene Buchführungstätigkeiten und Eigenmittelunterlegungen gem. § 53 Abs. 2 KWG – anders als bei Automaten – möglich sind. Im Gegensatz zu den traditionellen Zweigstellen entscheiden Kreditfabriken nur nicht im Einzelfall selbstständig darüber, ob Kredite vergeben werden. Hierbei handelt es sich um eine Folge der technischen Entwicklung, die eine Optimierung der Arbeitsabläufe ermöglicht und auch die Arbeitsschritte in inländischen Instituten verändert. Deshalb wäre es nicht überzeugend, inländische Niederlassungen nur wegen der Automatisierung ihrer Arbeitsabläufe nicht als Zweigstellen zu qualifizieren.

(3) Beschränkung auf Hilfs- bzw. Vermittlungstätigkeiten

Ob inländische Niederlassungen unter den Zweigstellenbegriff fallen, die nur Hilfs- und Vermittlungstätigkeiten für ausländische Institute ausüben, wird in der

---

410 So ebenfalls im Ergebnis Kommission, Mitteilung „Zweite Bankenrichtlinie", v. 10.07.1997 97/C 209 S. 4 (12); *Florian*, Rechtsfragen des Wertpapierhandels (2001), S. 29; *Ohler*, WM 2002, S. 162 (164); *Samm*, in: Beck/Samm/Kokemoor, KWG, § 32 Rn. 45; *Vahldiek*, in: Boos/Fischer/Schulte-Mattler, KWG, § 53 Rn. 16.

411 Siehe unten 2. Teil 2. Kapitel A. II.

412 Vgl. BaFin, „Kreditfabriken", v. 12.12.2003 BA 13 – 272A – 4/2003, abrufbar unter www.bafin.de (abgerufen 07/07). Siehe hierzu *Hanten*, in: Baudenbacher (2005), S. 153 (170).

Literatur nicht einheitlich beurteilt[413]. So werden teilweise Niederlassungen vom Zweigstellenbegriff ausgenommen, die sich auf die bloße Entgegennahme und Weiterleitung von Anträgen für ausländische Institute beschränken[414]. Bei solchen Niederlassungen soll es sich vielmehr um Repräsentanzen handeln[415], die im Gegensatz zu Zweigstellen nach § 53 a KWG erlaubnisfrei sind, oder es wird vertreten, dass die ausländischen Institute insoweit im Wege des grenzüberschreitenden Dienstleistungsverkehrs tätig werden[416]. Nach letzterer Ansicht wären dann – so die Auffassung der BaFin zum grenzüberschreitenden Dienstleistungsverkehr – die ausländischen Institute erlaubnispflichtig[417].

Richtigerweise können inländische Niederlassungen, die nur Hilfs- und Vermittlungstätigkeiten für ausländische Institute erbringen, nicht generell dem Zweigstellenbegriff zugeordnet oder hiervon ausgenommen werden. Vielmehr muss im Einzelfall geprüft werden, ob die Niederlassung zweigstellenspezifische Tätigkeiten i. S. d. § 53 KWG ausübt. Nur wenn die Aktivitäten der Niederlassung Bank- oder Finanzdienstleistungen darstellen, liegt eine Zweigstelle vor[418]. So übt etwa ein Provider, der einem ausländischen Institut lediglich einen elektronischen Zugang zu deutschen Kunden verschafft, kein Bankgeschäft aus und ist demnach nicht als Zweigstelle zu qualifizieren[419]. Insoweit ist auch zu beachten, dass die inländische Einheit nur dann Bankgeschäfte betreibt, wenn sie im eigenen Namen, d. h. im Namen des Gesamtunternehmens, handelt[420].

Falls die inländische Niederlassung nicht selbst Bank- oder Finanzdienstleistungen erbringt, stellt sie keine erlaubnispflichtige Zweigstelle dar, sondern eine erlaubnisfreie Repräsentanz. Auf das ausländische Institut sind hingegen die Regeln über den grenzüberschreitenden Dienstleistungsverkehr anzuwenden. Nach der Auffassung der BaFin zum grenzüberschreitenden Dienstleistungsverkehr wären dann in bestimmten Fällen Tätigkeitsverbote für die ausländischen Institute auszusprechen[421].

---

413 Ablehnend *Florian*, Rechtsfragen des Wertpapierhandels (2001), S. 29; *Szagunn/Haug/Ergenzinger*, KWG, § 53 Rn. 6. Bejahend *Bähre/Schneider*, KWG, § 24 Rn. 7; *Voge*, WM 2007, S. 381 (383).

414 Vgl. *Szagunn/Haug/Ergenzinger*, KWG, § 53 Rn. 6. A. A. *Häuselmann*, WM 1994, S. 1693 (1694); *Mankowski*, in: Leible (2003), S. 51 (74).

415 Vgl. *Marwede*, in: Boos/Fischer/Schulte-Mattler, KWG (Aufl. 2004), § 53 Rn. 14, 104.

416 Vgl. *Hanten*, in: Beck/Samm/Kokemoor, KWG, § 53 Rn. 16.

417 Siehe zur kreditwesenrechtlichen Erfassung des grenzüberschreitenden Dienstleistungsverkehrs im Einzelnen 2. Teil 2. Kapitel A. II.

418 Vgl. *Hanten*, in: Beck/Samm/Kokemoor, KWG, § 53 Rn. 16.

419 So *Spindler*, WM 2001, S. 1689 (1700).

420 Siehe zu den einzelnen Voraussetzungen für das Betreiben von Bankgeschäften und Erbringen von Finanzdienstleistungen 2. Teil 2. Kapitel A. I. 1. b) aa).

421 Siehe zur kreditwesenrechtlichen Erfassung des grenzüberschreitenden Dienstleistungsverkehrs 2. Teil 2. Kapitel A. II.

dd) Vergleich zwischen dem kreditwesenrechtlichen Zweigstellenbegriff und dem Parallelbegriff des HGB

Zur weiteren Bestimmung des kreditwesenrechtlichen Zweigstellenbegriffs ist auf die Definition zurückzugreifen, die für Zweigniederlassungen i. S. d. HGB entwickelt wurde[422]. Dabei ist im Einzelnen zu erörtern, welche Merkmale des handelsrechtlichen Zweigniederlassungsbegriffs auch bei einer Zweigstelle i. S. d. KWG erfüllt sein müssen. In den Vergleich zwischen Handelsrecht und KWG fließen die Erkenntnisse ein, die vorstehend für die besonderen Vertriebsformen gewonnen wurden.

§§ 13 ff. HGB enthalten Bestimmungen über die registerrechtliche Behandlung von Zweigniederlassungen. Die Rechtsverhältnisse einer Einheit, von der aus in größerem Umfang Geschäftstätigkeiten ausgehen, sollen offengelegt werden[423]. Eine handelsrechtliche Zweigniederlassung besitzt einen eigenen Erfüllungsort und Gerichtsstand[424]. Daneben ist beispielsweise die Vertretungsmacht eines Prokuristen gem. § 50 Abs. 3, § 126 Abs. 3 HGB auf Zweigniederlassungen beschränkbar. Wegen dieser Rechtsfolgen ist für die Zweigniederlassung nach handelsrechtlichem Verständnis eine nicht unwesentliche organisatorische Substanz erforderlich. In der handelsrechtlichen Literatur wird der Terminus daher eng ausgelegt.

(1) Teil des Unternehmens

Für den handelsrechtlichen Zweigstellenbegriff wird zunächst vorausgesetzt, dass es sich bei der Einheit um einen Teil des Unternehmens handelt[425]. Dieses Merkmal ist ebenfalls ein Kriterium für eine Zweigstelle i. S. d. KWG[426]. Es sorgt dafür, dass Einrichtungen, die nicht dem Unternehmen, sondern Kunden zurechenbar sind, nicht unter den Zweigstellenbegriff fallen[427]. Zudem schließt es selbststän-

---

422 Zur Anlehnung des Zweigstellenbegriffs an den handelsrechtlichen Parallelbegriff vgl. *Diehl*, Zweigniederlassungen ausländischer Banken (1978), S. 14; *Es-Said*, Grenzüberschreitende Bankgeschäfte (2009), S. 62; *Weber*, Auslandsbanken (1996), S. 29 Fn. 50. Einschränkend *Hanten*, in: Beck/Samm/Kokemoor, KWG, § 53 Rn. 13 ff.; *Vahldiek*, in: Boos/Fischer/Schulte-Mattler, KWG, § 53 Rn. 14.

423 Vgl. *Pentz*, in: Ebenroth/Boujong/Joost/Strohn, HGB, § 13 Rn. 1 ff.

424 Vgl. *Sonnenschein/Weitemeyer*, in: Heymann, HGB, § 13 Rn. 12.

425 Vgl. *Häuselmann*, WM 1994, S. 1693 (1696); *Lutter*, Auslandsgesellschaften (2005), S. 3; *Pentz*, in: Ebenroth/Boujong/Joost/Strohn, HGB, § 13 Rn. 22.

426 Vgl. *Diehl*, Zweigniederlassungen ausländischer Banken (1978), S. 14; *Weber*, Auslandsbanken (1996), S. 29 Fn. 50.

427 Vgl. *Ohler*, WM 2002, S. 162 (164).

dige Vermittler aus dem Zweigstellenbegriff aus[428], da diese keine Teile eines Unternehmens, sondern eigene Einheiten darstellen.

(2) Räumliche, organisatorische und personelle Selbstständigkeit

Handelsrechtlich wird ferner eine räumliche Trennung der Zweigniederlassung von der Hauptniederlassung verlangt[429]. Auch für die Zwecke des KWG muss eine Zweigstelle von anderen Einheiten des Unternehmens abgegrenzt werden. Daher handelt es sich auch hierbei um ein Merkmal einer Zweigstelle i. S. d. KWG[430]. So genügt es etwa nicht, dass sich Einrichtungen an den Außenfassaden eines Gebäudes des Instituts befinden[431]. Bei inländischen Zweigstellen ausländischer Unternehmen ist eine räumliche Trennung unproblematisch gegeben[432].

Daneben sind Merkmale einer Zweigniederlassung i. S. d. HGB eine organisatorische Selbstständigkeit der Betriebsstelle, d. h. ein gesondertes Geschäftsvermögen und eine gesonderte, nicht notwendigerweise bei der Zweigniederlassung angesiedelte Buchführung, sowie eine personelle Selbstständigkeit der Betriebsstelle, d. h. eine eigene Leitung[433]. Die Einheit müsste als eigenständiges Unternehmen fortgeführt werden können[434] und einer Hauptniederlassung ähneln[435]. Die Verselbstständigung der Betriebsstelle ist auch ein Kriterium des kreditwesenrechtlichen Zweigstellenbegriffs. Insofern bestimmt § 53 Abs. 2 KWG den Um-

---

428 Selbstständige Vermittler sind kreditwesenrechtlich nicht unter den Zweigstellenbegriff zu fassen, siehe 2. Teil 2. Kapitel A. I. 3. a) cc) (3).

429 Vgl. *Diehl*, Zweigniederlassungen ausländischer Banken (1978), S. 20; *Häuselmann*, WM 1994, S. 1693 (1696); *Hopt*, in: Baumbach/Hopt, HGB, § 13 Rn. 3; *Pentz*, in: Ebenroth/Boujong/Joost/Strohn, HGB, § 13 Rn. 22; *Roth*, in: Koller/Roth/Morck, HGB, § 13 Rn. 6.

430 Vgl. *Diehl*, Zweigniederlassungen ausländischer Banken (1978), S. 14; *Hanten*, in: Beck/Samm/Kokemoor, KWG, § 53 Rn. 13; *Vahldiek*, in: Boos/Fischer/Schulte-Mattler, KWG, § 53 Rn. 13; *Weber*, Auslandsbanken (1996), S. 29 Fn. 50.

431 Vgl. BAKred, „24-Stunden-Bankservice", v. 28.07.1975 I 3-271-1/75, KWG-Texte 4.122.

432 Vgl. *Vahldiek*, in: Boos/Fischer/Schulte-Mattler, KWG, § 53 Rn. 13.

433 Vgl. *Ensthaler*, HGB, § 13 Rn. 10 f.; *Häuselmann*, WM 1994, S. 1693 (1696); *Pentz*, in: Ebenroth/Boujong/Joost/Strohn, HGB, § 13 Rn. 22, 25; *Roth*, in: Koller/Roth/Morck, HGB, § 13 Rn. 6. Dieses Merkmal übernehmen in das KWG Kommission, Mitteilung „Zweite Bankenrichtlinie", v. 10.07.1997 97/C 209 S. 4 (12); *Hanten*, in: Beck/Samm/Kokemoor, KWG, § 53 Rn. 13; *Ohler*, WM 2002, S. 162 (164); vgl. auch *Diehl*, Zweigniederlassungen ausländischer Banken (1978), S. 14; *Weber*, Auslandsbanken (1996), S. 29 Fn. 50.

434 Vgl. *Lutter*, Auslandsgesellschaften (2005), S. 3; *Sonnenschein/Weitemeyer*, in: Heymann, HGB, § 13 Rn. 11.

435 Vgl. *Diehl*, Zweigniederlassungen ausländischer Banken (1978), S. 20; *Hopt*, in: Baumbach/Hopt, HGB, § 13 Rn. 3.

fang, in dem eine Zweigstelle über eine eigene organisatorische und personelle Substanz verfügen muss. Insbesondere muss die Zweigstelle hiernach mindestens zwei Geschäftsleiter einsetzen. Sie ist zur gesonderten Buchführung und Erstellung einer Vermögensübersicht verpflichtet. Zugleich ist ein Eigenkapital auszuweisen[436]. Diesen Anforderungen genügen im Inland aufgestellte Automaten oder Computeranlagen nicht; deshalb stellen sie keine Zweigstellen dar[437].

(3) Sachlich gleiche Geschäfte

Merkmal des handelsrechtlichen Zweigniederlassungsbegriffs ist ferner, dass die Zweigniederlassung sachlich die gleichen Geschäfte wie die Hauptniederlassung betreibt. Allerdings müssen nicht alle Geschäfte der Hauptniederlassung auch von der Zweigniederlassung ausgeführt werden[438].

Gem. § 53 Abs. 1 Satz 1 KWG muss nur die inländische Zweigstelle Bank- oder Finanzdienstleistungen erbringen. Bei dem ausländischen Unternehmen handelt es sich nicht zwingend um ein Kredit- oder Finanzdienstleistungsinstitut[439]. Der kreditwesenrechtliche Zweigstellenbegriff stimmt insoweit nicht mit dem des HGB überein.

(4) Einrichtung von Dauer

Eine Zweigniederlassung i. S. d. HGB muss dauerhaft errichtet sein. Eine z. B. nur während einer Messe bestehende Einrichtung stellt keine Zweigniederlassung dar[440]. Das KWG grenzt zwischen Zweigstellen und dem grenzüberschreitenden Dienstleistungsverkehr ab[441]. Unterscheidungskriterium ist die Dauerhaftigkeit. Für eine Zweigstelle i. S. d. KWG ist deshalb ebenfalls erforderlich, dass sie dauerhaft errichtet wurde[442].

---

436 Siehe zu den Anforderungen des § 53 Abs. 2 KWG 2. Teil 2. Kapitel A. I. 3. a) aa).

437 Siehe 2. Teil 2. Kapitel A. I. 3. a) cc) (2).

438 Vgl. KG v. 11.04.1913 OLGE 27, S. 297; *Diehl*, Zweigniederlassungen ausländischer Banken (1978), S. 14; *Hopt*, in: Baumbach/Hopt, HGB, § 13 Rn. 3.

439 Vgl. *Assmann*, in: Assmann/Schneider, WpHG, § 2 Rn. 155; *Bähre/Schneider*, KWG, § 53 Rn. 2.

440 Vgl. *Diehl*, Zweigniederlassungen ausländischer Banken (1978), S. 20; *Ensthaler*, HGB, § 13 Rn. 9; *Häuselmann*, WM 1994, S. 1693 (1696); *Hopt*, in: Baumbach/Hopt, HGB, § 13 Rn. 3; *Roth*, in: Koller/Roth/Morck, HGB, § 13 Rn. 6.

441 Siehe § 24 Abs. 1 Nr. 6, § 53 b Abs. 1, 3 KWG.

442 Vgl. *Hanten*, in: Beck/Samm/Kokemoor, KWG, § 53 Rn. 13; *Vahldiek*, in: Boos/Fischer/Schulte-Mattler, KWG, § 53 Rn. 13 ff.; vgl. auch *Diehl*, Zweigniederlassungen ausländischer Banken (1978), S. 14; *Weber*, Auslandsbanken (1996), S. 29 Fn. 50.

Unter das Merkmal der Dauerhaftigkeit fallen zeitlich begrenzte, aber regelmäßig stattfindende Tätigkeiten wie das Abhalten von Sprechtagen[443]. Eine gewisse örtliche Bindung wird für ausreichend gehalten, sodass fahrbare Einrichtungen vom Zweigstellenbegriff erfasst sind, wenn sie regelmäßig an denselben Ort zurückkehren[444].

Was im Übrigen als dauerhafte Einrichtung einzuordnen ist, ist jedoch unklar. Die Dauerhaftigkeit wird auf europäischer Ebene als Unterscheidungskriterium zwischen der Niederlassungsfreiheit gem. Art. 49 AEUV und der Dienstleistungsfreiheit gem. Art. 56 f. AEUV herangezogen und bezieht sich auf die Intensität des Grenzübertritts. Die Dienstleistungsfreiheit umfasst gelegentliche[445] und vorübergehende Grenzüberschreitungen, während bei stabiler und kontinuierlicher Teilhabe am Wirtschaftsleben eines anderen Staates eine Form der Niederlassung anzunehmen ist[446]. Für die Abgrenzung sind die Dauer der Leistung, Häufung, regelmäßige Wiederkehr und Kontinuität des Eintritts in den anderen Mitgliedstaat maßgebend[447]. Eine ständige und feste Einrichtung im Aufnahmestaat stellt nicht zwingend eine Niederlassung dar[448], denn auch ein Dienstleistungserbringer kann z. B. Büros, Praxen oder Kanzleien im Aufnahmestaat unterhalten[449]. Die Bedeutung der Unterscheidung zwischen Niederlassungen und Dienstleistungen besteht darin, dass wegen der hohen Präsenzintensität von Trägern der Niederlassungsfreiheit eine Bindung an die in dem Aufnahmestaat geltenden Vorschriften eher gerechtfertigt ist als bei Dienstleistungserbringern[450].

An diese Unterscheidung zwischen Niederlassungen und dem Dienstleistungsverkehr knüpft auch das KWG an. § 53 KWG enthält erhöhte Anforderungen an Zweigstellen, die sich mit dem besonderen Interesse der Bundesrepublik an dauerhaft im Inland präsenten Einrichtungen rechtfertigen lassen[451]. Während trotz des Europäischen Passes der BaFin bei der Beaufsichtigung von Zweigniederlassun-

443 Vgl. *Reischauer/Kleinhans*, KWG, § 24 Rn. 49.

444 Vgl. *Bähre/Schneider*, KWG, § 24 Rn. 7; *Reischauer/Kleinhans*, KWG, § 24 Rn. 49; einschränkend *Vahldiek*, in: Boos/Fischer/Schulte-Mattler, KWG, § 53 Rn. 18.

445 Vgl. EuGH v. 13.02.2003 Rs. C-131/01 (Kommission/Italien) Slg. 2003, S. I 1659 (Rn. 23 ff.).

446 Vgl. EuGH v. 30.11.1995 Rs. C-55/94 (Gebhard) Slg. 1995, S. I 4165 (Rn. 25).

447 Vgl. EuGH v. 30.11.1995 Rs. C-55/94 (Gebhard) Slg. 1995, S. I 4165 (Rn. 27); EuGH v. 13.02.2003 Rs. C-131/01 (Kommission/Italien) Slg. 2003, S. I 1659 (Rn. 22); EuGH v. 11.12.2003 Rs. C-215/01 (Schnitzer) Slg. 2003, S. I 14847 (Rn. 28).

448 Vgl. *Bröhmer*, in: Calliess/Ruffert, EUV/EGV, Art. 43 Rn. 13 f.

449 Vgl. EuGH v. 30.11.1995 Rs. C-55/94 (Gebhard) Slg. 1995, S. I 4165 (Rn. 27); EuGH v. 11.12.2003 Rs. C-215/01 (Schnitzer) Slg. 2003, S. I 14847 (Rn. 28).

450 Vgl. Kommission, Mitteilung „Zweite Bankenrichtlinie“, v. 10.07.1997 97/C 209 S. 4 (9); *Müller-Graff*, in: Streinz, EUV/EGV, Art. 49 Rn. 27.

451 So *Weber*, Auslandsbanken (1996), S. 35.

gen gem. § 53 b Abs. 3 Satz 1 KWG zahlreiche Kompetenzen verbleiben, ist ihre Zuständigkeit für den grenzüberschreitenden Dienstleistungsverkehr gem. § 53 b Abs. 3 Satz 3 KWG begrenzt.

Da die Unterscheidung zwischen Zweigstellen und Dienstleistungen im KWG auf vergleichbaren Erwägungen beruht, können die auf europäischer Ebene entwickelten Abgrenzungsregeln auf den kreditwesenrechtlichen Zweigstellenbegriff übertragen werden. Für eine Zweigstelle i. S. d. KWG ist demnach eine im Inland dauerhaft, d. h. stabil und kontinuierlich, genutzte Betriebsstelle erforderlich.

(5) Befugnis zum selbstständigen Handeln

Merkmal des handelsrechtlichen Zweigniederlassungsbegriffs ist zudem, dass in bestimmten, nicht ganz unwesentlichen Bereichen die Befugnis zu selbstständigem Handeln besteht[452]. Das Ausführen bloßer Hilfs- oder Ausführungsgeschäfte[453] und die Funktion als Empfangs- oder Aushändigungsstelle[454] genügen nicht, während eine gewisse Weisungsgebundenheit im Innenverhältnis unschädlich ist[455].

Demgegenüber wurde festgestellt, dass es sich bei einer inländischen Betriebsstelle, die sich auf automatisierte Kreditvergaben oder Hilfs- und Vermittlungstätigkeiten für ein ausländisches Institut beschränkt, kreditwesenrechtlich um eine Zweigstelle handeln kann[456]. Insoweit stimmt der kreditwesenrechtliche Zweigstellenbegriff demnach nicht mit dem des HGB überein.

(6) Fehlende rechtliche Selbstständigkeit

Zweigniederlassungen i. S. d. HGB besitzen keine eigene Rechtspersönlichkeit[457]. Für das KWG wurde ebenfalls festgestellt, dass rechtlich selbstständige Einheiten

---

452 Vgl. *Diehl*, Zweigniederlassungen ausländischer Banken (1978), S. 14; *Häuselmann*, WM 1994, S. 1693 (1696); *Hopt*, in: Baumbach/Hopt, HGB, § 13 Rn. 3; *Pentz*, in: Ebenroth/Boujong/Joost/Strohn, HGB, § 13 Rn. 25; *Roth*, in: Koller/Roth/Morck, HGB, § 13 Rn. 6.

453 Vgl. KG v. 11.04.1913 OLGE 27, S. 297; *Hopt*, in: Baumbach/Hopt, HGB, § 13 Rn. 3 f.; *Roth*, in: Koller/Roth/Morck, HGB, § 13 Rn. 6; *Sonnenschein/Weitemeyer*, in: Heymann, HGB, § 13 Rn. 7.

454 Vgl. RG v. 19.05.1899 II 110/99 Z 44, S. 361 (362).

455 Vgl. *Roth*, in: Koller/Roth/Morck, HGB, § 13 Rn. 6.

456 Siehe 2. Teil 2. Kapitel A. I. 3. a) cc) (3).

457 Vgl. BGH v. 24.11.1951 II ZR 26/51 Z 4, S. 62 (65); *Ensthaler*, HGB, § 13 Rn. 12; *Hopt*, in: Baumbach/Hopt, HGB, § 13 Rn. 4; *Pentz*, in: Ebenroth/Boujong/Joost/Strohn, HGB, § 13 Rn. 22; *Rinne*, Zweigniederlassungen (1998), S. 29; *Roth*, in: Koller/Roth/Morck, HGB, § 13 Rn. 10.

nicht, auch nicht ausnahmsweise, vom Zweigstellenbegriff erfasst sind[458]. Daher ist die rechtliche Unselbstständigkeit ein Merkmal sowohl des kreditwesenrechtlichen als auch des handelsrechtlichen Zweigstellenbegriffs.

ee) Ergebnis zur Bestimmung des kreditwesenrechtlichen Zweigstellenbegriffs

Der Begriff „Zweigstelle" hat im KWG einen weiteren Anwendungsbereich als im HGB[459]. Anders als der handelsrechtliche Zweigstellenbegriff setzt der kreditwesenrechtliche Zweigstellenbegriff nicht voraus, dass die Zweigstelle sachlich gleichartige Geschäfte wie die Hauptstelle betreibt und die Zweigstelle die Befugnis zum selbstständigen Handeln hat.

Als Zweigstelle i. S. d. KWG ist somit ein rechtlich unselbstständiger Teil eines Unternehmens anzusehen, der räumlich, organisatorisch und personell selbstständig und dauerhaft errichtet ist. Die Bezeichnung „Zweigniederlassung" ist ein spezieller Ausdruck für Zweigstellen von passfähigen Unternehmen aus anderen Staaten des EWR.

b) Erlaubnispflicht für Zweigstellen

aa) Rechtsgrundlage für eine Erlaubnispflicht

Im KWG ist nicht ausdrücklich geregelt, nach welcher Vorschrift inländische Zweigstellen ausländischer Unternehmen einer Zulassung bedürfen. Die Bestimmung der konkreten Rechtsgrundlage ist allerdings nicht nur für die Erörterung der Erlaubnispflichten für Zweigstellen bedeutsam, sondern sie liefert auch einen Anhaltspunkt für die Frage der Erlaubnispflicht für grenzüberschreitende Dienstleistungen.

Rechtsgrundlage für die Zulassungspflicht für Zweigstellen könnte zunächst § 53 Abs. 1 Satz 1 KWG sein. Indessen beschränkt sich diese Vorschrift auf eine Fiktion der Zweigstellen als Kredit- bzw. Finanzdienstleistungsinstitute, ohne ausdrücklich Erlaubnispflichten zu regeln. Ein ausdrückliches Erlaubniserfordernis ist nur in § 32 Abs. 1 Satz 1 KWG enthalten. Für eine Erlaubnispflicht für inländische Zweigstellen ausländischer Unternehmen kommen demnach zwei Rechtsgrundlagen in Betracht: Einerseits könnten sich die Zulassungspflichten, wie bei Tochterunternehmen, unmittelbar aus § 32 Abs. 1 Satz 1 KWG ergeben. Anderer-

458 Siehe 2. Teil 2. Kapitel A. I. 3. a) cc) (1).

459 Im Ergebnis ebenso *Häuselmann*, WM 1994, S. 1693 (1694). Siehe auch *Hanten*, in: Beck/Samm/Kokemoor, KWG, § 53 Rn. 14, 20.

seits könnten sie auf einer Zusammenschau von § 53 Abs. 1 Satz 1 i. V. m. § 32 Abs. 1 Satz 1 KWG beruhen[460].

§ 32 Abs. 1 Satz 1 KWG knüpft seinem Wortlaut nach die Erlaubnispflicht nur daran an, dass jemand beabsichtigt, Bank- oder Finanzdienstleistungen zu erbringen. Die Vorschrift stützt die Erlaubnispflicht nicht darauf, dass es sich hierbei um ein Kredit- oder Finanzdienstleistungsinstitut handelt[461]. Wegen dieses Gesetzeswortlauts wird vielfach vertreten, dass Erlaubnispflicht und Institutseigenschaft eines Unternehmens unabhängig voneinander zu beurteilen seien[462]. Im Vergleich zu dieser institutsunabhängigen Formulierung in § 32 Abs. 1 Satz 1 KWG besteht die Rechtsfolge des § 53 Abs. 1 Satz 1 KWG gerade darin zu fingieren, dass es sich bei Zweigstellen um Institute i. S. d. KWG handelt. Während die Erlaubnispflicht gem. § 32 Abs. 1 Satz 1 KWG damit nach dem Gesetzeswortlaut von der Einordnung eines Unternehmens als Institut *un*abhängig ist, folgt aus § 53 Abs. 1 Satz 1 KWG die Einordnung von Zweigstellen als Institute. Nach dem Gesetzeswortlaut verweist § 53 Abs. 1 Satz 1 KWG daher nicht auf § 32 Abs. 1 Satz 1 KWG. Die Zulassungspflicht für Zweigstellen ergibt sich demzufolge nicht aus einer Zusammenschau von § 32 Abs. 1 Satz 1 und § 53 Abs. 1 Satz 1 KWG. Vielmehr folgt eine Zulassungspflicht für Zweigstellen nach dem Gesetzeswortlaut unmittelbar aus § 32 Abs. 1 Satz 1 KWG.

Dafür, dass die Erlaubnispflicht für Zweigstellen unmittelbar auf § 32 Abs. 1 Satz 1 KWG beruht, spricht auch, dass § 53 Abs. 1 Satz 1 KWG Zweigstellen nur als Institute fingiert, wenn diese tatsächlich Bank- oder Finanzdienstleistungen erbringen. Nach § 32 Abs. 1 Satz 1 KWG soll aber bereits die Absicht, Bank- oder Finanzdienstleistungen zu erbringen, eine Erlaubnispflicht auslösen[463]. Wenn erst über die Institutsfiktion des § 53 Abs. 1 Satz 1 KWG der Erlaubnistatbestand des § 32 Abs. 1 Satz 1 KWG erfüllt würde, könnte dem Wortlaut nach das Lizenzerfordernis für Zweigstellen nur bei einem tatsächlichen Tätigwerden bejaht werden. Eine Pflicht zur präventiven Erlaubniseinholung bestünde dann für Zweigstellen – im Gegensatz etwa zu Tochterunternehmen – nicht.

Indessen entspricht dieses Wortlautergebnis nicht dem Willen des historischen Gesetzgebers. Hiernach sollte die Fiktion von Zweigstellen als Kredit- bzw. Fi-

460 Der zweiten Moglichkeit folgen *Schmid-Burgk*, Bankenaufsicht (1989), S. 96; *Steck/Campbell*, ZBB 2006, S. 354 (357); *Szagunn/Haug/Ergenzinger*, KWG, § 53 Rn. 1, 2b, 29; *Vahldiek*, in: Boos/Fischer/Schulte-Mattler, KWG, § 53 Rn. 49; *Weber*, Auslandsbanken (1996), S. 34.

461 „Wer … betreiben oder … erbringen will."

462 So *Bähre/Schneider*, KWG, § 1 Rn. 2; *Hütz*, Bankenaufsicht (1990), S. 84; *Reischauer/Kleinhans*, KWG, § 32 Rn. 5; *Szagunn/Haug/Ergenzinger*, KWG, § 32 Rn. 2; *Weber*, Auslandsbanken (1996), S. 32.

463 Deshalb lautet § 32 Abs. 1 Satz 1 KWG: „Wer ... betreiben oder ... erbringen will."

nanzdienstleistungsinstitute dazu führen, dass Zweigstellen ausländischer Unternehmen und inländische Institute gleichgestellt werden. Die Institutsfiktion sollte die Erlaubnispflicht gem. § 31 RegE, heute § 32 KWG, auslösen[464]. Der Gesetzgeber ging damit davon aus, dass ohne die Einführung des § 53 KWG keine Erlaubnispflicht für Zweigstellen bestehe. Die Erlaubnispflicht gem. § 32 Abs. 1 Satz 1 KWG galt nach Auffassung des Gesetzgebers nicht für inländische Zweigstellen ausländischer Unternehmen. Erst durch die Institutsfiktion gem. § 53 Abs. 1 Satz 1 KWG sollte eine Zulassungspflicht für Zweigstellen ausgelöst werden. Der Gesetzgeber ordnete demnach die Institutsfiktion gem. § 53 Abs. 1 Satz 1 KWG als Verweisung auf den Erlaubnistatbestand gem. § 32 Abs. 1 Satz 1 KWG ein. Nach dem gesetzgeberischen Willen beruhte die Zulassungspflicht für Zweigstellen nicht unmittelbar auf § 32 Abs. 1 Satz 1 KWG, sondern folgte erst aus einer Zusammenschau von § 53 Abs. 1 Satz 1 und § 32 Abs. 1 Satz 1 KWG.

Dem ausdrücklich geäußerten Willen des Gesetzgebers ist gegenüber der Wortlautauslegung vorrangig Rechnung zu tragen. Über den Wortlaut des Gesetzes hinaus bedürfen Zweigstellen auch bereits dann einer Erlaubnis, wenn sie das Erbringen von Bank- oder Finanzdienstleistungen nur beabsichtigen. Zweigstellen sind damit nicht erst ab Geschäftsbeginn, sondern bereits ab hinreichend konkreter Planung der Geschäftsaufnahme erlaubnispflichtig. Die Institutsfiktion des § 53 Abs. 1 Satz 1 KWG bezweckt nämlich, dass die Vorschriften des KWG insgesamt anwendbar sind. § 32 Abs. 1 Satz 1 KWG ist als solcher heranzuziehen, d. h. einschließlich der Pflicht zur präventiven Erlaubniseinholung. Zweigstellen sind aber gem. § 32 Abs. 1 Satz 1 KWG nur dann erlaubnispflichtig, wenn sie gewerbsmäßig oder in einem Umfang tätig werden, der einen in kaufmännischer Weise eingerichteten Geschäftsbetrieb erfordert[465].

Für den Erlaubnistatbestand gem. § 32 Abs. 1 Satz 1 KWG folgt daraus, dass nach Auffassung des historischen Gesetzgebers die Vorschrift nur anwendbar ist, wenn eine Zweigstelle als Kredit- oder Finanzdienstleistungsinstitut fingiert wird. Die Erlaubnispflicht gem. § 32 Abs. 1 Satz 1 KWG setzt demnach voraus, dass ein Institut oder eine diesem gleichgestellte Einrichtung vorliegt. Entgegen seinem institutsunabhängigen Wortlaut ist § 32 Abs. 1 Satz 1 KWG damit im Ergebnis institutsabhängig auszulegen.

464 Vgl. RegBgr. KWG BT-Drucks. 3/1114 S. 45.

465 Da § 53 KWG nicht unmittelbar eine Erlaubnispflicht hervorruft, sondern das Lizenzerfordernis erst i. V. m. § 32 Abs. 1 Satz 1 KWG ausgelöst wird, ergibt sich das Erfordernis der Gewerbsmäßigkeit bzw. des kaufmännischen Geschäftsbebetriebs aus § 32 Abs. 1 Satz 1 KWG und damit unmittelbar aus dem Gesetzestext. Es bedarf diesbezüglich keiner Interpretation des Zweigstellenbegriffs. A. A. *Hanten*, in: Beck/Samm/Kokemoor, KWG, § 53 Rn. 25.

bb) Erlaubnispflicht bei Beschränkung der Zweigstellentätigkeiten auf Teilakte – Teilaktstheorie

Nach der sog. Teilaktstheorie sind inländische Zweigstellen auch dann erlaubnispflichtig, wenn sie Bank- oder Finanzdienstleistungen nicht vollständig selbst erbringen, sondern einzelne Arbeitsschritte auf ihre ausländischen Trägerunternehmen verlagern. Der Gesetzgeber hat sich der Teilaktstheorie in der Regierungsbegründung zur 6. KWG-Novelle[466] ausdrücklich angeschlossen: Er stellte klar, dass eine Einheit auch dann eine Zweigstelle darstellt, wenn sie sich *„auf Teilakte beschränkt"*[467]. In dem Diskussionsentwurf zur Gesetzesnovelle war zudem vorgesehen, die Erlaubnispflicht für Teilakte ausdrücklich in § 53 KWG zu regeln. Diese Neuregelung wurde aber mit dem Hinweis unterlassen, dass die aufsichtsrechtliche Erfassung von Teilakten keinen Zweifeln unterliege[468]. Das BVerwG[469] und der überwiegende Teil der Literatur[470] folgen der Teilaktstheorie.

Der Gesetzgeber hat die Teilaktstheorie auch nicht dadurch aufgegeben, dass er in § 25 a Abs. 2 KWG Vorschriften für Auslagerungsunternehmen eingeführt hat[471]. Diese Vorschrift gilt nur für im Inland zugelassene Institute. Aus ihr können daher keine Rückschlüsse auf die Erlaubnispflicht für Zweigstellen gezogen werden, die im Inland nur Teilakte erbringen[472]. § 25 a Abs. 2 KWG beschränkt sich zudem auf die organisatorischen Anforderungen, die an Auslagerungen gestellt werden, ohne eine Aussage zu ihrer Lizenzbedürftigkeit zu treffen[473]. In einem Schreiben der BaFin zu Auslagerungen ist ebenfalls kein Hinweis darauf enthalten, dass seit Einführung des § 25 a Abs. 2 KWG nicht mehr an der Teilaktstheorie festzuhalten wäre. Die BaFin hat in der endgültigen Fassung des Schreibens vielmehr auf Ausführungen zum Zulassungserfordernis für Auslagerungen fast gänzlich verzichtet. Die BaFin stellt nur fest, dass ein Auslagerungsunternehmen, das als Stellvertre-

---

466 Vgl. BGBl. I 1997, S. 2518 ff.

467 RegBgr. 6. KWG-Novelle BT-Drucks. 13/7142 S. 66.

468 Vgl. *Marwede*, in: Boos/Fischer/Schulte-Mattler, KWG (Aufl. 2000), § 53 Rn. 39 mit Verweis auf einen Diskussionsentwurf zur 6. KWG-Novelle vom 17.06.1996.

469 Vgl. BVerwG v. 22.04.2009 8 C 2.09 WM 2009, S. 1553 (1555).

470 Vgl. *Bähre/Schneider*, KWG, § 53 Rn. 2; *Schäfer*, in: Boos/Fischer/Schulte-Mattler, KWG, § 1 Rn. 141; *Szagunn/Haug/Ergenzinger*, KWG, § 53 Rn. 6 f.; *Voge*, WM 2007, S. 381 (383); *Zerwas/Hanten*, WM 1998, S. 1110 (1112 f.).

471 Vgl. BVerwG v. 22.04.2009 8 C 2.09 WM 2009, S. 1553 (1557); a. A. *Hanten*, WM 2003, S. 1412 (1415); *ders.*, in: Baudenbacher (2005), S. 153 (163 f.); *Samm*, in: Beck/Samm/Kokemoor, KWG, § 32 Rn. 50; *Vahldiek*, in: Boos/Fischer/Schulte-Mattler, KWG, § 53 Rn. 25 f.

472 Vgl. *Es-Said*, Grenzüberschreitende Bankgeschäfte (2009), S. 152; *Freiwald*, in: Schwintowski (2006), Rn. 1248 (1254 Fn. 30); *Voge*, WM 2007, S. 381 (383 Fn. 15).

473 Vgl. BVerwG v. 22.04.2009 8 C 2.09 WM 2009, S. 1553 (1557).

ter Bankgeschäfte vermittelt, nicht erlaubnispflichtig ist[474]. Durch diese Aussage lehnt die BaFin die Erlaubnispflicht für Zweigstellen, die nur Teilakte erbringen, nicht generell ab. Sie bestätigt lediglich, dass ein tatbestandsmäßiges Betreiben von Bankgeschäften ein Handeln im eigenen Namen, d. h. bei Zweigstellen im Namen des Gesamtunternehmens, voraussetzt[475]. Weil für ein erlaubnispflichtiges Erbringen von Finanzdienstleistungen ein Handeln in fremdem Namen genügt, sind nach den Ausführungen der BaFin auch Auslagerungsunternehmen lizenzbedürftig, die als Stellvertreter Finanzdienstleistungen erbringen[476].

In der Literatur wird insbesondere diskutiert, welche Qualität ein Teilakt einer Zweigstelle haben muss, um eine Erlaubnispflicht auszulösen. Teilweise wird vertreten, dass die inländischen Einheiten nur irgendeinen Teilakt einer Bank- oder Finanzdienstleistung ausführen müssen[477]. Andere Auffassungen fordern rechtlich nicht wirkungslose[478] oder wesentliche Teilakte[479]. Demgegenüber müssen nach anderer Ansicht die von den Zweigstellen ausgeführten Arbeitsschritte als solche Bank- oder Finanzdienstleistungen darstellen, ohne dass die Aktivitäten der ausländischen Unternehmen hinzugerechnet werden dürfen[480].

Hinweise für eine Auslegung des § 53 KWG lassen sich dem Regierungsentwurf zur Einführung des KWG entnehmen: Als Formulierung für § 58 Abs. 1 RegE, dem Entwurf zu § 53 Abs. 1 KWG, war vorgesehen, dass „*Zweigstellen ausländischer Kreditinstitute ... als Kreditinstitute*“[481] gelten. Diese Normfassung hätte nicht auf die Tätigkeitsinhalte der Zweigstellen Bezug genommen, sondern allein auf die Institutseigenschaft der ausländischen Unternehmen abgestellt. Diese Formulierung wurde aber nicht übernommen. Der jetzige Wortlaut des § 53 Abs. 1 Satz 1 KWG stellt vielmehr ausdrücklich darauf ab, dass Zweigstellen

---

474 Vgl. BAKred, Rundschreiben „Auslagerung“ 11/2001 v. 06.12.2001 Gz I3-272A-2/98, KWG-Texte 4.339 Rn. 15 Fn. 2. Zur Frage der Erlaubnispflicht in den früheren Fassungen des Schreibens siehe *Herring/Steck*, Kreditwesen 2000, S. 1441 (1443 ff.).

475 Siehe 2. Teil 2. Kapitel A. I. 1. b) aa) (1).

476 Vgl. BAKred, Rundschreiben „Auslagerung“ 11/2001 v. 06.12.2001 Gz I3-272A-2/98, KWG-Texte 4.339 Rn. 15 Fn. 2.

477 Vgl. *Bähre/Schneider*, KWG, § 53 Rn. 2; *Szagunn/Haug/Ergenzinger*, KWG, § 53 Rn. 6 f.; danach genügt es etwa, dass eine Zweigstelle Darlehensraten entgegennimmt, um sie an das ausländische Unternehmen weiterzuleiten.

478 Vgl. BAKred, Schreiben „Repräsentanten“ v. 24.06.1996 Z5-173-20/95, Reischauer/Kleinhans, KWG, § 53 Rn. 3c Fn. 2; *Schäfer*, in: Boos/Fischer/Schulte-Mattler, KWG, § 1 Rn. 141.

479 Vgl. BVerwG v. 22.04.2009 8 C 2.09 WM 2009, S. 1553 (1555); VG Berlin v. 05.05.1980 14 A 83/79 Beckmann/Bauer, § 53 Abs. 1 (Nr. 11); OVG Berlin v. 06.06.1979 I S 321/78 Beckmann/Bauer, § 53 Abs. 1 (Nr. 7). Ähnlich *Voge*, WM 2007, S. 381 (383); *Zerwas/Hanten*, WM 1998, S. 1110 (1112 f.).

480 Vgl. *Hanten*, in: Beck/Samm/Kokemoor, KWG, § 53 Rn. 25.

481 RegE KWG BT-Drucks. 3/1114 S. 15.

selbst Bank- oder Finanzdienstleistungen erbringen. Etwaige Tätigkeiten der ausländischen Trägerunternehmen sind insoweit unerheblich. In der weiteren Gesetzesbegründung wird ebenfalls deutlich, dass Aufsichtsobjekte ausschließlich die inländischen Zweigstellen sind[482]. Die Aktivitäten der ausländischen Trägerunternehmen fließen hiernach nicht in die aufsichtsrechtliche Erfassung der Zweigstelle ein.

Damit ist grundsätzlich der Ansicht zu folgen, nach der die Geschäftstätigkeiten inländischer Zweigstellen getrennt von denen des ausländischen Trägerunternehmens zu betrachten sind[483]. Demnach müssen die Aktivitäten der Zweigstellen als solche Bank- oder Finanzdienstleistungen i. S. d. § 1 Abs. 1, Abs. 1 a KWG darstellen. Insbesondere genügt es nicht, dass die Zweigstellen nur irgendeinen Teilakt einer Bank- oder Finanzdienstleistung ausüben. Allerdings entfällt die Erlaubnispflicht für die Zweigstellen nicht bereits dann, wenn die ausländischen Trägerunternehmen in irgendeiner Weise in die Geschäftstätigkeiten der Zweigstellen eingebunden sind. Eine Zweigstelle erbringt auch dann noch selbstständig Bank- oder Finanzdienstleistungen, wenn sie von dem ausländischen Unternehmen unterstützt wird. Es müssen nur diejenigen Geschäftstätigkeiten bei der Zweigstelle verbleiben, die für sich genommen eine Bank- oder Finanzdienstleistung darstellen. Es bietet sich an, insoweit auf den Begriff „charakteristische Leistung" zurückzugreifen. Der Begriff wird von der Europäischen Kommission verwendet, um Bank- oder Finanzdienstleistungen einem der Mitgliedstaaten räumlich zuordnen zu können[484]. Danach wird ein Geschäft in dem Mitgliedstaat betrieben, in dem die im Gegenseitigkeitsverhältnis stehende Leistung erbracht wird.

Gegen das Merkmal der charakteristischen Leistung könnte eingewendet werden, dass bei Geltung dieses Maßstabs inländische Zweigstellen erlaubnisfrei sind, wenn die ausländischen Trägerunternehmen die maßgeblichen Teilakte von Bank- und Finanzdienstleistungen in das Ausland verlagern. Indessen entfällt in diesem Fall auch das aufsichtsrechtliche Bedürfnis für eine Erlaubnispflicht für die Zweigstellen. Vielmehr kommt eine kreditwesenrechtliche Erfassung der ausländischen Trägerunternehmen in Betracht. Ob diese erlaubnispflichtig sind, ist nicht Regelungsgegenstand der § 53 Abs. 1 Satz 1 i. V. m. § 32 Abs. 1 Satz 1 KWG. Vielmehr würden die ausländischen Trägerunternehmen dann im Wege des

---

482 Vgl. RegBgr. KWG BT-Drucks. 3/1114 S. 45.

483 So *Hanten*, in: Beck/Samm/Kokemoor, KWG, § 53 Rn. 25.

484 Den Begriff der charakteristischen Leistung verwendet die Kommission im Zusammenhang mit Notifizierungspflichten, die innerhalb der Gemeinschaft bestehen, wenn Tätigkeiten im Hoheitsgebiet eines anderen Mitgliedstaats gem. Art. 20 Abs. 1 2. BRKR (Richtlinie 89/646/EWG v. 15.12.1989, heute Art. 28 Richtlinie 2006/48/EG v. 14.06.2006) ausgeübt werden, vgl. Kommission, Mitteilung „Zweite Bankenrichtlinie", v. 10.07.1997 97/C 209 S. 4 (7).

grenzüberschreitenden Dienstleistungsverkehrs tätig. Es kommt damit darauf an, ob eine erlaubnispflichtige Form des grenzüberschreitenden Dienstleistungsverkehrs vorliegt[485].

Im Ergebnis ist eine inländische Zweigstelle nur dann gem. § 53 Abs. 1 Satz 1 i. V. m. § 32 Abs. 1 Satz 1 KWG erlaubnispflichtig, wenn sie selbst Bank- oder Finanzdienstleistungen erbringt. Tätigkeiten des ausländischen Trägerunternehmens dürfen nicht hinzugerechnet werden. Eine Zweigstelle bleibt aber trotz Einbindung in die Geschäftstätigkeiten des ausländischen Unternehmens zulassungspflichtig, solange sie die charakteristische Bank- oder Finanzdienstleistung erbringt. Dabei ist zu berücksichtigen, dass Bankgeschäfte nur bei einem Handeln der Zweigstellen im eigenen Namen, d. h. im Namen des Gesamtunternehmens, betrieben werden. Da nur Tätigkeiten, nicht aber Vereinbarungen, Bank- und Finanzdienstleistungen darstellen[486], genügt es zudem nicht, wenn Zweigstellen nur beim Zustandekommen des Vertrags zwischen Institut und Kunden mitwirken. Vielmehr müssen Zweigstellen Bank- oder Finanzdienstleistungen als solche erbringen.

cc) Erlaubnisbefreiung durch den Europäischen Pass

(1) Anwendungsbereich

Kredit- und Finanzdienstleistungsinstitute aus anderen Staaten des EWR können unter den Voraussetzungen des § 53 b KWG vom Europäischen Pass Gebrauch machen. Sie können dann in der Bundesrepublik Zweigniederlassungen errichten, ohne eine Erlaubnis der BaFin einholen zu müssen[487].

Der Europäische Pass wurde durch die 4. KWG-Novelle[488] zur Umsetzung von Art. 18 der 2. BRKR[489] eingefügt und durch die 6. KWG-Novelle[490] auf Wertpapierhandelsunternehmen sowie durch das 4. FMFG[491] auf E-Geld-Institute erweitert. Er gilt nunmehr für Einlagenkreditinstitute, Wertpapierhandelsunternehmen oder E-Geld-Institute[492] mit Sitz in einem anderen Staat des EWR, die Bank- oder Finanzdienstleistungen durch eine Zweigniederlassung oder im Wege des grenzüberschreitenden Dienstleistungsverkehrs erbringen. Sofern eine dieser

---

485 Dies ist Gegenstand einer separaten Erörterung, siehe unten 2. Teil 2. Kapitel A. II.
486 Siehe 2. Teil 2. Kapitel A. I. 1. b) aa) (2).
487 Zu den einzelnen im Vergleich zu § 53 KWG nicht anwendbaren Vorschriften siehe *Eicke*, Die Bank 1993, S. 702 (703).
488 Vgl. BGBl. I 1992, S. 2211 ff.
489 Vgl. Richtlinie 89/646/EWG v. 15.12.1989.
490 Vgl. BGBl. I 1997, S. 2518 ff.
491 Vgl. BGBl. I 2002, S. 2010 ff.
492 Siehe zu den Begriffen Einlagenkreditinstitut, Wertpapierhandelsunternehmen und E-Geld-Institut 1. Teil 3. Kapitel C. I. 1.

drei Institutsarten vorliegt, beschränkt sich der Europäische Pass nicht auf das Einlagen-, Wertpapier- und E-Geld-Geschäft des Instituts, sondern erstreckt sich auf sämtliche Bankgeschäfte und Finanzdienstleistungen[493].

Voraussetzung für den Europäischen Pass ist, dass die Unternehmen gem. § 53 b Abs. 1 Satz 1 KWG von ihren Herkunftsstaaten zugelassen sind, die Geschäfte von der Erlaubnis gedeckt sind sowie eine Beaufsichtigung entsprechend den europäischen Vorgaben erfolgt. Dies soll sicherstellen, dass die Privilegierung nicht unzureichend beaufsichtigten Unternehmen erteilt wird und die Wettbewerbsgleichheit mit inländischen Instituten gesichert ist[494].

Zweigniederlassungen von passfähigen Instituten sind nicht nur von der Erlaubnispflicht befreit, sondern nach § 53 b Abs. 1 Satz 3 KWG auch von den Anforderungen des § 53 KWG, sodass sie etwa keine jährliche Vermögensübersicht aufzustellen haben bzw. kein separates Dotationskapital vorhanden sein muss. Die zuständigen Stellen der Herkunftsstaaten können gem. § 53 b Abs. 6 KWG nach vorheriger Unterrichtung der BaFin die Informationen, die für die aufsichtsrechtliche Überwachung der Zweigniederlassungen erforderlich sind, bei den Zweigniederlassungen prüfen[495].

Sofern ein Institut zwar seinen Sitz im EWR hat, aber kein Einlagenkreditinstitut, Wertpapierhandelsunternehmen oder E-Geld-Institut ist, was insbesondere auf Spezialbanken wie Kreditkartenunternehmen und Bargeldtransmitter zutrifft[496], greift die Privilegierung durch den Europäischen Pass grundsätzlich nicht ein. Gem. § 53 b Abs. 7 KWG gilt der Europäische Pass ausnahmsweise für diese Institute, wenn sie Tochterinstitute von Einlagenkreditinstituten sind[497]. Wenn die Voraussetzungen für den Europäischen Pass nicht vorliegen, ist der Einsatz von Zweigstellen im Inland gem. § 53 Abs. 1 Satz 1 i. V. m. § 32 Abs. 1 Satz 1 KWG erlaubnispflichtig. Ein freier Marktzugang ist nicht gegeben[498]. Die Begrenzung des Europäischen Passes auf die drei Institutsarten entspricht dem Umfang der europaweiten Harmonisierung der Bankenaufsicht. Eine Erweiterung des Europäischen Passes würde voraussetzen, dass die europäischen Regelwerke weiter

---

493 Vgl. *Hellenthal*, Bankenaufsichtsrecht (1992), S. 53.

494 Vgl. RegBgr. 4. KWG-Novelle BT-Drucks. 12/3377 S. 42 f.; *Hanten*, in: Beck/Samm/Kokemoor, KWG, § 53 b Rn. 26; *Reischauer/Kleinhans*, KWG, § 53 b Rn. 4.

495 Vgl. zur Vereinbarkeit der hoheitlichen Tätigkeit im Ausland mit höherrangigen Rechtssätzen *Groß*, JZ 1994, S. 596 ff.; *Royla*, Grenzüberschreitende Finanzmarktaufsicht (2000), S. 99 f.

496 Vgl. *Hanten*, in: Baudenbacher (2005), S. 153 (165); *Samm*, in: Beck/Samm/Kokemoor, KWG, § 32 Rn. 51.

497 Vgl. zu den einzelnen Voraussetzungen des § 53 b Abs. 7 *Hanten*, in: Beck/Samm/Kokemoor, KWG, § 53 b Rn. 74 f.; *Reischauer/Kleinhans*, KWG, § 53 b Rn. 21.

498 Vgl. *Troberg*, in: Blaurock (1981), S. 33 (37).

angeglichen würden. Angesichts der Vielfältigkeit der Finanzgeschäfte wird eine lückenlose Harmonisierung kaum zustande kommen.

(2) Residualaufsicht der BaFin für Zweigniederlassungen

Unternehmen, die vom Europäischen Pass Gebrauch machen, sind in dem jeweiligen Aufnahmestaat zwar nicht erlaubnis-, aber anzeigepflichtig[499]. Sie müssen dazu der Aufsichtsbehörde ihres Herkunftsstaats mitteilen, dass sie Zweigstellen in einem bestimmten Mitgliedstaat errichten möchten. Diese Aufsichtsbehörde informiert die Behörde des Aufnahmestaats, d. h. bei Eintritt in die Bundesrepublik die BaFin. Die BaFin muss gem. § 53 b Abs. 2 Satz 1 KWG innerhalb von zwei Monaten nach Eingang der Anzeige durch den Herkunftsstaat die Unternehmen über die Meldepflichten gegenüber der BaFin und der Deutschen Bundesbank informieren und die in § 53 b Abs. 3 Satz 1 KWG aufgeführten Regeln angeben, die aus Gründen des Allgemeininteresses oder wegen fehlender Harmonisierung bestimmter Bereiche weiter gelten[500]. Die Zweigniederlassungen können gem. § 53 b Abs. 3 Satz 2 KWG nach Eingang der Mitteilung, spätestens nach Ablauf der Zweimonatsfrist, ihre Tätigkeiten aufnehmen.

Mit den in § 53 b Abs. 3 Satz 1 KWG aufgeführten Vorschriften[501] werden die Befugnisse der BaFin als Aufsichtsbehörde des Aufnahmestaats abschließend festgelegt. Bei Einlagenkreditinstituten bleiben insbesondere die Liquiditätsvorschriften anwendbar, da es insoweit keine europaweite Regelung gibt[502]. Wenn die Unternehmen einer Verpflichtung aus § 53 b Abs. 3 KWG trotz Aufforderung nicht

---

499 Die richtlinienrechtlichen Grundlagen für das Notifizierungsverfahren sind Art. 20 Bankenrichtlinie (Richtlinie 2006/48/EG v. 14.06.2006) bzw. Art. 31, 32 MiFID (Richtlinie 2004/39/EG v. 21.04.2004).

500 Die Europäische Kommission hat den Begriff „Allgemeininteresse" in ihrer Mitteilung konkretisiert, vgl. Kommission, Mitteilung „Zweite Bankenrichtlinie", v. 10.07.1997 97/C 209 S. 4 (14 ff.). Vgl. ferner RegBgr. 4. KWG-Novelle BT-Drucks. 12/3377 S. 43 f.; *Hanten*, in: Beck/Samm/Kokemoor, KWG, § 53 b Rn. 61 ff.; *Kuntze*, Kreditwesen 1993, S. 18 (20); *Reischauer/Kleinhans*, KWG, § 53 b Rn. 10; *Vahldiek*, in: Boos/Fischer/Schulte-Mattler, KWG, § 53 b Rn. 89.

501 Die anwendbaren Vorschriften sind § 3 und § 6 Abs. 2, § 10 Abs. 1 Satz 3-8, § 11 KWG, sofern es sich um ein Einlagenkreditinstitut handelt, §§ 14, 22 und 23 KWG, § 23 a KWG, sofern es sich um ein Einlagenkreditinstitut oder Finanzdienstleistungsinstitut handelt, § 24 Abs. 1 Nr. 5 und 7, §§ 24 b, 24 c, 25, 25 a Abs. 1 Satz 6 Nr. 2, § 25 c Abs. 2, sofern es sich um Anforderungen an die interne Organisation zur Verhinderung von Geldwäsche und Terrorismusfinanzierung handelt, §§ 25d-25f, 25 h, 37, 39-42, 43 Abs. 2 und 3, § 44 Abs. 1 und 6, § 44 a Abs. 1 und 2, §§ 44 c, 46 bis 49 KWG sowie § 17 des FinDAG.

502 Vgl. *C&L Deutsche Revision*, 6. KWG-Novelle (1998), S. 251; *Reischauer/Kleinhans*, KWG, § 53 b Rn. 11.

nachkommen, unterrichtet die BaFin gem. § 53 b Abs. 4 Satz 2 KWG die Aufsichtsbehörden der Herkunftsstaaten. Sofern diese nur ungenügende Maßnahmen treffen, wird die BaFin gem. § 53 b Abs. 4 Satz 3 KWG selbst tätig. Damit verbleibt die endgültige Verantwortung insbesondere für die Liquiditätsüberwachung bei der BaFin[503]. Einzelheiten der Zusammenarbeit der Aufsichtsbehörden sind in bilateralen Vereinbarungen festgelegt[504].

c) Erlaubnisfähigkeit von Zweigstellen

Wenn die Voraussetzungen für die Erteilung eines Europäischen Passes nicht vorliegen, stellt sich die Frage, ob die BaFin die Zweigstellen zulassen muss. In diesem Abschnitt wird deshalb erörtert, inwieweit inländische Zweigstellen von Unternehmen mit Sitz in anderen Staaten des EWR erlaubnisfähig sind.

aa) Anwendbare Normen

Da Zweigstellen gem. § 53 Abs. 1 Satz 1 KWG als Kredit- oder Finanzdienstleistungsinstitute gelten, sind sämtliche institutsbezogenen Regelungen anwendbar[505]. Die Erlaubnisfähigkeit von Zweigstellen richtet sich deshalb nach § 33 KWG[506]. § 53 Abs. 2 KWG trägt dabei den Besonderheiten Rechnung, die sich aus der rechtlichen Unselbstständigkeit der Zweigstellen ergeben, und verschärft die Bedingungen für eine Erlaubniserteilung. Gem. § 53 Abs. 2 Nr. 5 KWG versagt die BaFin die Zulassung, wenn die Gegenseitigkeit nicht gewährleistet ist[507] oder das ausländische Unternehmen seine Erlaubnis verliert. Da Zweigstellen gem. § 53 Abs. 2 a KWG als 100%ige Töchter der ausländischen Unternehmen behandelt werden, finden auch die speziell auf Mutter-Tochter-Verhältnisse abstellenden Versagungsgründe Anwendung. Gem. § 33 Abs. 1, 3 KWG ist die Zulassung demnach etwa davon abhängig, ob die Zweigstellenleiter die erforderliche Fachkunde besitzen und Weisungen der BaFin befolgen oder ob die ausländische Aufsichtsbehörde mit der BaFin kooperiert[508].

503 Vgl. RegBgr. 4. KWG-Novelle BT-Drucks. 12/3377 S. 44.
504 Vgl. *Reischauer/Kleinhans*, KWG, § 53 b Rn. 22.
505 Vgl. RegBgr. KWG BT-Drucks. 3/1114 S. 45.
506 Vgl. *Hanten*, in: Beck/Samm/Kokemoor, KWG, § 53 Rn. 44; *Reischauer/Kleinhans*, KWG, § 53 Rn. 5d.
507 Sog. Reziprozitätsprinzip, siehe 1. Teil 3. Kapitel C. II. 2.
508 Vgl. RegBgr. 6. KWG-Novelle BT-Drucks. 13/7142 S. 95; *Nirk*, KWG (2008), S. 39.

bb) Erfordernis der inländischen Hauptverwaltung

Mangels Ausnahmeregelung ist bei der Zulassung von Zweigstellen auch der Versagungsgrund gem. § 33 Abs. 1 Satz 1 Nr. 6 KWG zu berücksichtigen[509]. Es stellt sich die Frage, wie diese Vorschrift für Zweigstellen auszulegen ist.

Die Regelung sieht vor, dass ein Institut seine Hauptverwaltung im Inland haben muss. Da Zweigstellen gem. § 53 Abs. 1 Satz 1 KWG als Institute gelten, liegt die Annahme nahe, dass für die Lizenzierung die Hauptverwaltung der Zweigstellen zu ermitteln ist. Diese müsste sich dann im Inland befinden. Sofern ein ausländisches Unternehmen nur eine Zweigstelle im Inland unterhält, kann auf den Sitz der Geschäftsleiter der Zweigstelle abgestellt werden. Wenn mehrere inländische Zweigstellen vorhanden sind, gelten diese gem. § 53 Abs. 1 Satz 2 KWG als ein Institut. Es ist dann die Hauptstelle der inländischen Zweigstellen zu bestimmen, d. h. die für die Bundesrepublik zuständige Kopffiliale[510].

Bei dieser wortlautgetreuen Interpretation befinden sich allerdings die Hauptverwaltungen der Zweigstellen stets im Inland, sodass der Versagungsgrund gem. § 33 Abs. 1 Satz 1 Nr. 6 KWG leer laufen würde. Der Regelungsgegenstand der Vorschrift kann auch nicht darin bestehen, die Bestellung von Geschäftsleitern für die inländischen Zweigstellen zur Erlaubnisvoraussetzung zu erheben, denn die Pflicht zur Einsetzung von Geschäftsleitern ergibt sich bereits aus § 53 Abs. 2 Nr. 1 KWG.

Entscheidend für die Auslegung des § 33 Abs. 1 Satz 1 Nr. 6 KWG ist vielmehr der Zweck der Norm. Der Tatbestand dient der Umsetzung der richtlinienrechtlich vorgeschriebenen Einheit von Satzungs- und Verwaltungssitz von Instituten in einem Mitgliedstaat[511]. Der Anwendungsbereich dieser richtlinienrechtlichen Vorgaben beschränkt sich zwar auf Institute, die von der europaweiten Harmonisierung des Bankenaufsichtsrechts erfasst sind. Dies sind die passfähigen Institute, deren Zweigniederlassungen keiner Lizenzierung durch die BaFin als Aufsichtsbehörde des Aufnahmestaats bedürfen. § 33 Abs. 1 Satz 1 Nr. 6 KWG gilt aber nicht nur für passfähige Institute, sondern auch für nichtpassfähige Institute[512].

Nach dem Zweck des § 33 Abs. 1 Satz 1 Nr. 6 KWG ist damit – auch Zweigstellen – die Erlaubnis zu versagen, wenn sich die Hauptverwaltung des Instituts nicht in dem Land des Satzungssitzes befindet. Die Zweigstellen müssen demnach

509 A. A. *Böttcher*, Aktienplatzierungen (2004), S. 141, 149.

510 Vgl. *Erm*, in: Beck/Samm/Kokemoor, KWG, § 24 Rn. 83; *Szagunn/Haug/Ergenzinger*, KWG, § 24 Rn. 16.

511 Vgl. 22. Begründungserwägung zur MiFiD (Richtlinie 2004/39/EG v. 21.04.2004) und 10. Begründungserwägung zur Bankenrichtlinie (Richtlinie 2006/48/EG v. 14.06.2006).

512 Vgl. RegBgr. 6. KWG-Novelle BT-Drucks. 13/7142 S. 89.

zu Unternehmen gehören, deren Hauptverwaltung und Satzungssitz sich in demselben Land befinden.

Diese Auslegung wird durch die Gesetzesänderung für Repräsentanzen im Rahmen der 6. KWG-Novelle[513] bestätigt: Nach der Neufassung darf ein ausländisches Institut gem. § 53 a Satz 1 2. Hs. KWG eine Repräsentanz in der Bundesrepublik nur errichten, wenn seine Hauptverwaltung in demselben Land ist wie sein Sitz. Für Zweigstellen wurde auf eine derartige ausdrückliche Regelung verzichtet. Diese Vorgabe ist vielmehr bereits in § 53 Abs. 1 Satz 1 i. V. m. § 33 Abs. 1 Satz 1 Nr. 6 KWG enthalten.

Im Ergebnis ist § 33 Abs. 1 Satz 1 Nr. 6 KWG im Rahmen der Zulassung von inländischen Zweigstellen ausländischer Unternehmen zweigstellenspezifisch auszulegen. Die Zweigstelle darf nicht die Hauptverwaltung des ausländischen Unternehmens darstellen. Die Hauptverwaltung muss sich vielmehr im Herkunftsstaat der Zweigstelle befinden.

d) Erlaubnisumfang und -träger von Zweigstellen

Die Zweigstellen dürfen je nach Umfang ihrer Zulassungen Bank- und Finanzdienstleistungen erbringen sowie sämtliche erlaubnisfreien Tätigkeiten ausüben. Die Lizenzpflicht wird zwar durch die inländischen Zweigstellen begründet, Adressaten der Zulassungserteilung sind aber die Gesamtunternehmen als Rechtsträger[514].

e) Ergebnis zur kreditwesenrechtlichen Erfassung von Zweigstellen

Unter einer Zweigstelle i. S. d. KWG ist ein rechtlich unselbstständiger Teil eines Unternehmens zu verstehen, der räumlich, organisatorisch und personell selbstständig und dauerhaft errichtet ist. „Zweigniederlassung" ist ein spezieller Begriff für Zweigstellen von passfähigen Unternehmen aus anderen Staaten des EWR.

Die Erlaubnispflicht für Zweigstellen folgt aus § 53 Abs. 1 Satz 1 i. V. m. § 32 Abs. 1 Satz 1 KWG. Zweigstellen sind nur dann erlaubnispflichtig, sofern sie selbst eine charakteristische Bank- oder Finanzdienstleistung i. S. d. § 1 Abs. 1, 1 a KWG erbringen. Die Erlaubnispflicht entfällt, wenn die ausländischen Unternehmen gem. § 53 b KWG vom Europäischen Pass Gebrauch machen können.

Die Erlaubnisfähigkeit inländischer Zweigstellen ist in § 53 Abs. 1 Satz 1 i. V. m. § 33 KWG geregelt. § 33 Abs. 1 Satz 1 Nr. 6 KWG, nach dem sich die Hauptverwaltung eines Instituts im Inland befinden muss, ist zweigstellenspezi-

513 Vgl. BGBl. I 1997, S. 2518 ff.

514 Vgl. *Szagunn/Haug/Ergenzinger*, KWG, § 53 Rn. 5.

fisch auszulegen. Eine Zweigstelle darf nicht die Hauptverwaltung des ausländischen Unternehmens darstellen.

4. Repräsentanzen

a) Beschränkung auf ein Anzeige- und Bestätigungsverfahren

Repräsentanzen von ausländischen Instituten in der Bundesrepublik lösen keine kreditwesenrechtlichen Erlaubnispflichten aus. Sie erbringen im Gegensatz zu Zweigstellen keine Bank- oder Finanzdienstleistungen[515]. Deshalb überschneiden sich die Begriffe „Repräsentanz" und „Zweigstelle" nicht[516].

Repräsentanzen sind in § 53 a KWG geregelt. Hiernach können ausländische Institute Repräsentanzen im Inland errichten und fortführen, wenn sie in ihren Herkunftsstaaten Bank- oder Finanzdienstleistungen erbringen dürfen und dort ihre Hauptverwaltung haben. Als ausländische Institute i. d. S. gelten nur die Unternehmen, die nach den Legaldefinitionen in § 1 Abs. 1, 1 a KWG Kredit- oder Finanzdienstleistungsinstitute sind. Für ausländische Unternehmen, die nicht i. S. d. KWG, sondern nur nach dem Recht ihres Herkunftsstaats bankwirtschaftliche Tätigkeiten ausüben, gilt § 53 a KWG nicht[517]. Die Absicht, eine Repräsentanz zu errichten, und der Vollzug dieser Absicht sind der BaFin und der Deutschen Bundesbank unverzüglich anzuzeigen[518]. Erst nach Bestätigung durch die BaFin darf der Betrieb der Repräsentanz aufgenommen werden. Zweck dieses Anzeige- und Bestätigungsverfahrens ist es, dass die BaFin rechtzeitig prüfen kann, ob es sich bei der Niederlassung tatsächlich um eine Repräsentanz und nicht um eine Zweigstelle handelt[519].

---

515 Vgl. *Bähre/Schneider*, KWG, § 53 a Rn. 1; *Diehl*, Zweigniederlassungen ausländischer Banken (1978), S. 77; *Granzow*, Handel mit Energiederivaten (2006), S. 56, Fn. 281; *Hanten*, in: Beck/Samm/Kokemoor, KWG, § 53 a Rn. 5; *Nirk*, KWG (2008), S. 40; *Reischauer/Kleinhans*, KWG, § 53 a Rn. 3; *Szagunn/Haug/Ergenzinger*, KWG, § 53 a Rn. 1, 3.

516 Vgl. *Bähre/Schneider*, KWG, § 24 Rn. 7; *Reischauer/Kleinhans*, KWG, § 53 Rn. 3.

517 Ebenso *Hanten*, in: Beck/Samm/Kokemoor, KWG, § 53 a Rn. 18.

518 Zu Details siehe § 24 AnzV (abgedruckt bei Beck/Samm/Kokemoor, KWG, A 13/1).

519 Nach der Regierungsbegründung gründete die Einführung des § 53 a durch die 2. KWG-Novelle (BGBl. I 1976, S. 725 (731)) darauf, dass in der Praxis eine Unterscheidung zwischen einer Repräsentanz und einer Zweigstelle fließend ist und daher zur Kontrolle Repräsentanzen einer Registrierungspflicht unterliegen sollen. Repräsentanzen sollen auf die Beschränkung der zulässigen Aktivitäten hingewiesen werden; vgl. RegBgr. 2. KWG-Novelle BT-Drucks. 7/3657 S. 16.

b) Umfang der erlaubnisfreien Tätigkeiten einer Repräsentanz

Wenn Niederlassungen ausländischer Institute im Inland Bank- oder Finanzdienstleistungen erbringen, stellen sie keine erlaubnisfreien Repräsentanzen[520], sondern erlaubnispflichtige Zweigstellen dar. Umstritten ist, wie Repräsentanzen von Zweigstellen abzugrenzen sind.

Nach der Gesetzesbegründung handelt es sich bei Niederlassungen nicht um Repräsentanzen, wenn sie *„so weitgehend"* in die Durchführung von Bankgeschäften eingebunden sind, dass ein Betreiben von Bankgeschäften im Inland anzunehmen ist[521]. In der Begründung zur 6. KWG-Novelle[522] führte der Gesetzgeber weiter aus, dass sich eine Repräsentanz auf *„die Sammlung von Informationen ... sowie auf Kontaktpflege, Werbung, Anbahnung und Vermittlung von Geschäften beschränken"*[523] muss. Nach Auffassung des Gesetzgebers handelt es sich damit nicht nur bei allgemeinen Tätigkeiten wie Informationsaufbereitungen etc. um erlaubnisfreie Tätigkeiten einer Repräsentanz. Vielmehr können Repräsentanzen hiernach auch in den Vertrieb konkreter Bank- oder Finanzdienstleistungen eingebunden werden, solange sie diese nicht selbst erbringen[524].

Demgegenüber müssen sich Repräsentanzen nach Auffassung der BaFin auf abstrakte Tätigkeiten beschränken. Die konkrete Anbahnung, Vermittlung oder Abwicklung einzelner Bankgeschäfte ist danach unzulässig[525].

Die Rechtsprechung vertrat bislang eine vermittelnde Ansicht. Hiernach waren die Kontaktpflege, Werbemaßnahmen und die Weiterleitung von Kundenanträgen als Bote an ausländische Institute statthaft, während ein Auftreten als Stellvertreter

---

520 Siehe zur Erlaubnispflicht bei Teilaktsausführungen 2. Teil 2. Kapitel A. I. 3. b) bb). Durch die Ausweitung der erlaubnispflichtigen Tatbestände in § 32 Abs. 1 Satz 1 i. V. m. § 1 Abs. 1, 1a KWG werden ursprüngliche Repräsentanzentätigkeiten vermehrt als erlaubnispflichtige Aktivitäten einzuordnen sein. Beispielsweise betreibt ein Finanzkommissionär, der für einen US-Broker tätig wird, seit der 6. KWG-Novelle (BGBl. I 1997, S. 2518 ff.) ein Bankgeschäft. Dies wäre heute bei dem Sachverhalt, der der Entscheidung des OLG Frankfurt a.M. v. 24.03.1994 16 U 69/93 WM 1994, S. 1025 f. zugrunde liegt, zu berücksichtigen, vgl. *Nirk*, KWG (2008), S. 40.

521 Vgl. RegBgr. 2. KWG-Novelle BT-Drucks. 7/3657 S. 16.

522 Vgl. BGBl. I 1997, S. 2518 ff.

523 RegBgr. 6. KWG-Novelle BT-Drucks. 13/7142 S. 66.

524 Vgl. im Hinblick auf die Vorgaben des GATS *Vahldiek*, BKR 2003, S. 971 (975); *ders.*, in: Boos/Fischer/Schulte-Mattler, KWG, § 53 a Rn. 14 ff., 25; eine weite Auslegung vertreten auch *Es-Said*, Grenzüberschreitende Bankgeschäfte (2009), S. 139; *Schork*, KWG, § 53 Rn. 4.

525 Vgl. BaFin, „Schreiben zu § 53 a KWG", v. 12.04.2002 II 7 (118751) 100, KWG-Texte 4.341. Zustimmend *Fischer*, in: Schimansky/Bunte/Lwowski (2007), § 125 Rn. 17. Eine gelegentliche Vornahme von Vorbereitungsmaßnahmen für konkrete Geschäfte wird als zulässig erachtet.

bzw. Empfangsvertreter unzulässig war[526]. Die neuere Rechtsprechung des BVerwG legt eine engere Auslegung des Begriffs „Repräsentanz“ nahe. Hiernach betreibt nämlich bereits ein Bankgeschäft, wer an einem konkreten Vertragsschluss zwischen Institut und Kunden beteiligt ist[527].

Zunächst könnten sich die erlaubnisfreien Tätigkeiten einer Repräsentanz danach bestimmen, ob das zugehörige ausländische Institut erlaubnisfrei ist. Wenn das ausländische Institut erlaubnispflichtig wäre, könnte auch der Einsatz von Repräsentanzen unzulässig sein. Diese Überlegung scheint auch die BaFin anzustellen und dadurch zu der oben aufgeführten engen Auslegung des Begriffs „Repräsentanz“ zu gelangen. Die BaFin schreitet nämlich gegen Repräsentanzen ein, wenn diese ausländischen Instituten Geschäfte vermitteln, die eine Erlaubnispflicht für diese Institute auslösen[528].

Für diese Ansicht ließe sich anführen, dass nicht einerseits der Begriff „Repräsentanz“ weit ausgelegt und eine Repräsentanz im Inland bestätigt werden soll, während andererseits das ausländische Institut erlaubnispflichtig ist.

Entscheidend gegen diese Auffassung spricht aber Folgendes: Die Erlaubnispflicht für ausländische Institute hängt davon ab, ob sie vom Europäischen Pass Gebrauch machen können[529]. Sofern es darauf ankäme, ob die Institute erlaubnispflichtig sind, würde sich der Umfang der erlaubnisfreien Tätigkeiten einer Repräsentanz letztlich nach der Passfähigkeit der ausländischen Institute bemessen. Eine Besonderheit des § 53 a KWG besteht jedoch gerade darin, dass nicht zwischen pass- und nichtpassfähigen Instituten unterschieden wird. Dieser Einheitlichkeit des Begriffs „Repräsentanz“ würde nicht Rechnung getragen, wenn sich der Umfang der Tätigkeiten einer Repräsentanz an der Erlaubnisbedürftigkeit des ausländischen Instituts orientieren würde. Die zulässigen Tätigkeiten einer Repräsentanz sind deshalb unabhängig davon zu bestimmen, ob die ausländischen Institute erlaubnispflichtig sind. Damit greift auch die scheinbar von der BaFin angestellte Überlegung nicht durch, gestützt auf eine möglichst enge Auslegung des Begriffs „Repräsentanz“ umfassende Erlaubnispflichten für die ausländischen Institute zu begründen.

Stattdessen ist an die ursprüngliche gesetzgeberische Zielsetzung des § 53 a KWG anzuknüpfen. Hiernach soll verhindert werden, dass eine Niederlassung

---

526 Vgl. BGH v. 23.09.1999 III ZR 214/98 WM 1999, S. 2249; BGH v. 13.07.1987 II ZR 188/86 DB 1987, S. 2247 f.; OLG Frankfurt a.M. v. 15.08.2001 23 U 97/99 WM 2002, S. 1219 (1222). In diese Richtung auch *Szagunn/Haug/Ergenzinger*, KWG, § 53 a Rn. 1; *Häuselmann*, WM 1994, S. 1693 (1694 f.).

527 Vgl. BVerwG v. 22.04.2009 8 C 2.09 WM 2009, S. 1553 (1555 ff.).

528 Vgl. BaFin, „Schreiben zu § 53 a KWG“, v. 12.04.2002 II 7 (118751) 100, KWG-Texte 4.341; für „folgerichtig“ hält diese Überlegung *Es-Said*, Grenzüberschreitende Bankgeschäfte (2009), S. 128.

529 Siehe unten 2. Teil 2. Kapitel A. II. 2.

fälschlicherweise als Repräsentanz anstatt als Zweigstelle eingeordnet wird[530]. „Repräsentanz" ist deshalb als Sammelbegriff für alle inländischen Betriebsstellen zu verstehen, die keine Zweigstellen darstellen. Um Zweigstellen handelt es sich nur bei Betriebsstellen, die selbst Bank- oder Finanzdienstleistungen erbringen. Es genügt nicht, dass die Betriebsstellen nur irgendeinen Teilakt einer Bank- oder Finanzdienstleistung erbringen[531].

Repräsentanzen dürfen damit sämtliche Tätigkeiten ausüben, die keine Bank- oder Finanzdienstleistungen darstellen. Sie dürfen einerseits allgemeine Tätigkeiten wie Informationssammlungen, Kontaktpflege und Werbemaßnahmen ausüben, andererseits sämtliche Hilfsarbeiten für die auswärtigen Institute ausführen, solange sie nicht selbst Bank- oder Finanzdienstleistungen erbringen. Deshalb ist der weiten Begriffsbestimmung zu folgen, die in den Gesetzesmaterialien zum Ausdruck kommt.

c) Ergebnis zur kreditwesenrechtlichen Erfassung von Repräsentanzen

Repräsentanzen ausländischer Institute im Inland sind nicht erlaubnispflichtig. Sie unterliegen gem. § 53 a KWG nur einem Anzeige- und Bestätigungsverfahren. Der Begriff der Repräsentanz ist weit auszulegen. Repräsentanzen sind alle Betriebsstellen eines ausländischen Instituts im Inland, bei denen es sich nicht um Zweigstellen handelt. Repräsentanzen dürfen zur Informationssammlung, Kontaktpflege oder für Werbemaßnahmen tätig werden sowie Hilfstätigkeiten für die ausländischen Institute ausüben, solange sie nicht selbst Bank- oder Finanzdienstleistungen erbringen.

5. Kooperationen ohne Kapitalverflechtung

Bei in- und ausländischen Instituten, die miteinander kooperieren, handelt es sich um rechtlich selbstständige Unternehmen. Sie werden daher aufsichtsrechtlich getrennt erfasst. Dabei knüpft das KWG an Kooperationen, die ohne Anteilserwerb erfolgen, keine besonderen Anforderungen. Vielmehr gelten die allgemeinen Bestimmungen. Erlaubnispflicht und -fähigkeit der ausländischen Institute richten sich nach §§ 32 ff. KWG. Nur wenn die Institute im Inland gewerbsmäßig Bank- oder Finanzdienstleistungen erbringen, sind sie erlaubnispflichtig. Um von der BaFin zugelassen zu werden, müssen sich insbesondere ihre Hauptverwaltungen im Inland befinden.

530 Vgl. RegBgr. 2. KWG-Novelle BT-Drucks. 7/3657 S. 16.
531 Siehe 2. Teil 2. Kapitel A. I. 3. b) bb).

6. Einsatz selbstständiger, dauerhaft im Inland präsenter Vermittler

Nach Auffassung des EuGH im sog. Versicherungsurteil stellen selbstständige Vermittler eine weitere Ausprägung der Niederlassungsfreiheit dar, wenn diese ausschließlich für ein Unternehmen in einem anderen Mitgliedstaat tätig werden[532]. Da die Vermittler und die ausländischen Unternehmen rechtlich selbstständig sind, werden sie aufsichtsrechtlich getrennt erfasst[533]. Zunächst ist daher im Folgenden die aufsichtsrechtliche Behandlung der inländischen Vermittler zu erörtern, im Anschluss daran die der ausländischen Unternehmen.

a) Kreditwesenrechtliche Behandlung des selbstständigen Vermittlers

Selbstständige Vermittler sind erlaubnispflichtig, wenn sie den Tatbestand des § 32 Abs. 1 Satz 1 KWG erfüllen. Das Merkmal „im Inland" ist bei Sitz der Vermittler in der Bundesrepublik gegeben. Die Vermittler müssen Bank- oder Finanzdienstleistungen i. S. d. § 32 Abs. 1 Satz 1 KWG selbst erbringen[534]. Da das Betreiben von Bankgeschäften ein Handeln im eigenen Namen erfordert, sind Vermittler nicht erlaubnispflichtig, wenn sie Bankgeschäfte nur im fremden Namen ausführen[535].

Die Erlaubnispflicht für die Vermittler entfällt nicht aufgrund des Europäischen Passes gem. § 53 b KWG. Der Europäische Pass gilt nur für die grenzüberschreitende Dienstleistungserbringung und für den Einsatz von Zweigniederlassungen. Die Vermittler werden vom Inland aus tätig und erbringen deshalb keine grenzüberschreitenden Dienstleistungen. Sie stellen auch keine Zweigniederlassungen dar, da sie rechtlich selbstständig sind und damit ein zwingendes Merkmal des Zweigniederlassungsbegriffs[536] nicht erfüllen.

Gem. § 2 Abs. 10 KWG sind allerdings sog. vertraglich gebundene Vermittler von der Erlaubnispflicht befreit, wenn das zugehörige ausländische Unternehmen

---

532 Siehe 2. Teil 1. Kapitel C. I. 1. a) ee).

533 Eine „doppelte" Prüfung des Vermittlers und auftraggebenden Unternehmens ist wegen der rechtlichen Selbstständigkeit der Parteien nicht problematisch. A. A. *Hanten*, in: Baudenbacher (2005), S. 153 (170).

534 Bei rechtlich selbstständigen Vermittlern kommt im Vergleich zu Zweigstellen eine Zurechnung der Tätigkeiten der ausländischen Unternehmen erst recht nicht in Betracht. Eine Erlaubnispflicht liegt nur dann vor, wenn eine Person selbst zumindest den charakteristischen Teil einer Bank- oder Finanzdienstleistung erbringt, siehe 2. Teil 2. Kapitel A. I. 3. b) bb). Bei den Tätigkeiten muss es sich zudem um bankwirtschaftliche Handlungen handeln, sodass z. B. das bloße Angebot von Internetzugängen nicht erlaubnispflichtig ist, vgl. hierzu *Ohler*, WM 2002, S. 162 (167).

535 Das Erbringen von Finanzdienstleistungen erfasst hingegen auch ein Handeln im fremden Namen, siehe 2. Teil 2. Kapitel A. I. 1. b) aa) (1).

536 Siehe 2. Teil 2. Kapitel A. I. 3. a) cc) (1).

seine Haftung der BaFin anzeigt. Bei vertraglich gebundenen Vermittlern handelt es sich um Unternehmen[537], die keine Bankgeschäfte betreiben und als Finanzdienstleistungen nur die Anlage- und Abschlussvermittlung, das Platzierungsgeschäft oder die Anlageberatung ausschließlich für Rechnung und unter Haftung eines Einlagenkreditinstituts oder Wertpapierhandelsunternehmens erbringen, das seinen Sitz im Inland hat oder gem. § 53 b Abs. 1 Satz 1, Abs. 7 KWG im Inland tätig ist. Ziel der Bestimmung ist es, die freien Mitarbeiter zu entlasten, die ausschließlich für ein Unternehmen tätig werden[538]. Diese profitieren dann von der diesem Unternehmen in seinem Herkunftsstaat erteilten Erlaubnis[539].

Die Ausnahmeregelung gem. § 2 Abs. 10 KWG bestätigt zugleich, dass nur diese eng begrenzte Art von Vermittlern vom Zulassungserfordernis befreit ist. Für die übrigen Vermittler scheidet eine Ausnahme von der Erlaubnispflicht aus. Für sie ist daher die Frage der Erlaubnisfähigkeit ihrer Tätigkeiten relevant. Ihre Hauptverwaltung wird regelmäßig im Inland liegen, sodass eine Erlaubnis jedenfalls nicht wegen des Fehlens eines inländischen Sitzes zu versagen ist.

b) Kreditwesenrechtliche Behandlung des ausländischen Unternehmens

Eine Erlaubnispflicht für die ausländischen Unternehmen, die Vermittler im Inland einsetzen, kann aus § 32 Abs. 1 Satz 1 KWG folgen. Dies setzt voraus, dass die ausländischen Unternehmen gewerbsmäßig Bank- oder Finanzdienstleistungen im Inland erbringen. Nach Auffassung der BaFin ist dieses Erfordernis bereits dann erfüllt, wenn die Unternehmen sich von inländischen Instituten oder freien Mitarbeitern Kunden vermitteln lassen. Dies soll insbesondere dann gelten, wenn die inländischen Vermittler ausschließlich für die ausländischen Unternehmen tätig werden[540]. Ob diese Ansicht überzeugt, hängt von der Auslegung des Tatbestandsmerkmals „im Inland" gem. § 32 Abs. 1 Satz 1 KWG ab. Diese Frage wird im nachfolgenden Abschnitt erörtert[541].

Möglicherweise können die ausländischen Unternehmen aber vom Europäischen Pass Gebrauch machen. § 53 b KWG gilt nach seinem Wortlaut zwar nur für ausländische Unternehmen, die über Zweigniederlassungen oder im Wege des grenzüberschreitenden Dienstleistungsverkehrs im Inland tätig werden. Aus § 24 a Abs. 1 Satz 2 Nr. 2, Abs. 3 Satz 2 KWG folgt aber, dass der Einsatz von Vermitt-

537 Erfasst sind natürliche und juristische Personen, vgl. *Duve/Keller*, BB 2006, S. 2477 (2482).
538 Vgl. *Beck/Samm/Kokemoor*, KWG, § 2 Rn. 135.
539 Vgl. *CESR*, Passport under MiFID (10/2007), S. 8 Rn. 32.
540 Vgl. BaFin, Hinweise „Erlaubnispflicht nach § 32 Abs. 1 KWG", 04/2005, KWG-Texte 4.350, S. 4.
541 Siehe unten 2. Teil 2. Kapitel A. II.

lern entweder eine Errichtung von Zweigniederlassungen oder ein Tätigwerden im Wege des grenzüberschreitenden Dienstleistungsverkehrs darstellt[542]. Ausländische Unternehmen, die selbstständige Vermittler im Inland einsetzen, können daher gem. § 53 b KWG von einer Erlaubnispflicht befreit werden.

c) Ergebnis zur kreditwesenrechtlichen Erfassung des Einsatzes selbstständiger Vermittler

Selbstständige Vermittler, die von ausländischen Unternehmen im Inland eingesetzt werden, sind erlaubnispflichtig, wenn sie den Tatbestand des § 32 Abs. 1 Satz 1 KWG erfüllen. Dies ist nicht der Fall, wenn sie Bankgeschäfte nur im Namen des ausländischen Unternehmens betreiben. Die Erlaubnispflicht entfällt gem. § 2 Abs. 10 KWG für sog. vertraglich gebundene Vermittler. Die ausländischen Unternehmen, die die Vermittler einsetzen, sind nach den Regeln zum grenzüberschreitenden Dienstleistungsverkehr erlaubnispflichtig. Ihre Erlaubnispflicht kann mithilfe des Europäischen Passes gem. § 53 b KWG entfallen.

II. Aktivitäten ohne physische Präsenz

Manche ausländischen Institute werden unmittelbar von ihren Herkunftsstaaten aus in der Bundesrepublik tätig. Es kann sich hierbei um Institute handeln, die über keine Niederlassungen im Inland verfügen. Institute können aber auch unmittelbar von ihren Herkunftsstaaten aus in der Bundesrepublik tätig werden und parallel dazu Zweigstellen, Repräsentanzen oder selbständige Vermittler im Inland einsetzen. Diese Formen der Geschäftstätigkeit ausländischer Institute werden unter dem Begriff „grenzüberschreitende Dienstleistungserbringung“[543] zusammengefasst.

In diesem Teil der Arbeit wird zunächst die Erlaubnispflicht für die ausländischen Institute erörtert, die im Wege der grenzüberschreitenden Dienstleistungserbringung in der Bundesrepublik tätig werden (Abschnitt 1.). Dazu wird zuerst in die Auslegung des Erlaubnistatbestands gem. § 32 Abs. 1 Satz 1 KWG eingeführt.

---

542 Auch Art. 31 Abs. 2 b) und Art. 32 Abs. 2 b) MiFID (Richtlinie 2004/39/EG v. 21.04.1994) ordnen vertraglich gebundene Vermittler als Zweigstellen oder als grenzüberschreitenden Dienstleistungsverkehr ein.

543 Der Begriff stimmt nicht mit dem Dienstleistungsbegriff des Art. 56 AEUV überein. Auch der Einsatz von exklusiv für ein Unternehmen tätigen Vermittlern kann eine grenzüberschreitende Dienstleistungserbringung i. d. S. sein. Nach der Rechtsprechung des EuGH findet hierauf aber die Niederlassungsfreiheit Anwendung (sog. Versicherungsurteil, vgl. EuGH v. 04.12.1986 Rs. C-205/84 (Versicherung) Slg. 1986, S. 3755 (Rn. 21)).

Dann werden die unterschiedlichen Auffassungen in Verwaltung, Gerichtsbarkeit und Literatur zur Auslegung dieses Tatbestands dargestellt. Im Anschluss wird hierzu Stellung genommen. Danach wird die Erlaubnisfähigkeit der ausländischen Institute diskutiert (Abschnitt 2.).

1. Erlaubnispflicht für grenzüberschreitende Dienstleistungen

a) Einführung in die Auslegung des Erlaubnistatbestands gem. § 32 Abs. 1 Satz 1 KWG

Wenn Institute im Wege des grenzüberschreitenden Dienstleistungsverkehrs in fremden Staaten tätig werden, können sie die Rechtsordnung sowohl des Herkunfts- und auch des Aufnahmestaats berühren[544]. Sofern sie von beiden Rechtsordnungen aufsichtsrechtlich erfasst werden, sind sie einer erhöhten Kostenbelastung ausgesetzt und unterliegen dadurch Wettbewerbsverzerrungen. Es besteht auch die Gefahr, dass die verschiedenen Vorschriften widersprüchlich sind und dadurch Regulierungskonflikte entstehen. Es kann aber auch dazu kommen, dass keine der betroffenen Aufsichtsbehörden ihre Zuständigkeit bejaht, sodass eine Regulierungslücke auftritt[545].

Derartige Kollisionslagen werden durch Kollisionsrecht gelöst. Kollisionsrecht entscheidet über das auf einen konkreten Sachverhalt anwendbare Recht[546]. Eine Vorschrift stellt nicht bereits dann Kollisionsrecht dar, wenn ihr räumlicher Anwendungsbereich staatliche Grenzen überschreitet. Vielmehr kommt es darauf an, ob eine Vorschrift bewusst einen Normkonflikt regeln will[547].

Das Tatbestandsmerkmal „im Inland" gem. § 32 Abs. 1 Satz 1 KWG stellt eine derartige Kollisionsregel dar[548]. Ihre Bedeutung liegt darin, die Zulassungspflicht für Institute auf inländische Sachverhalte zu beschränken. Dem allgemeinen Verwaltungsrecht fehlt dagegen eine Kollisionsordnung[549], aus der sich weitere Kollisionsregeln für das KWG ableiten ließen. Im Wirtschaftsverwaltungsrecht wird überwiegend mangels spezieller Regelung die Kollisionsnorm des § 130 Abs. 2

---

544 Vgl. *Möschel*, ZBB 1989, S. 168 (171).

545 Siehe hierzu *Hellenthal*, Bankenaufsichtsrecht (1992), S. 30; *Möschel*, ZBB 1989, S. 168 (171 f.); *Ohler*, WM 2002, S. 162 (163).

546 Vgl. *Basedow*, NJW 1996, S. 1921; *Kegel/Schurig*, Internationales Privatrecht (2004), S. 25; *Schurig*, Kollisionsnormen (1981), S. 58; *Schuster*, Börsenrecht (1996), S. 4 ff.

547 Vgl. *Ohler*, Kollisionsordnung (2005), S. 81 ff., 85.

548 So VG Frankfurt a.M. v. 05.07.2007 1 E 4355/06 BKR 2007, S. 341 (346); *Borges*, WM 2001, S. 1542; *Rögner*, WM 2006, S. 745 (748).

549 Vgl. *Hanten*, in: Baudenbacher (2005), S. 153 (159); *Matscher*, in: FS Beitzke (1979), S. 641.

GWB herangezogen[550]. Diese Vorschrift stellt für den Bereich des Wettbewerbsrechts das sog. Wirkungsprinzip auf, nach dem ein wettbewerbsrelevantes Verhalten von Personen im Ausland unter deutsches Recht fällt, wenn es sich auf das Inland auswirkt[551].

Umstritten ist, wie die Kollisionsregel „im Inland" für ausländische Institute auszulegen ist, die grenzüberschreitende Dienstleistungen in der Bundesrepublik erbringen. Die in Exekutive, Judikative und Literatur vertretenen Interpretationen divergieren erheblich.

Nach der sog. institutsbezogenen Auslegung[552] ist der Erlaubnistatbestand ausschließlich auf Institute mit Sitz im Inland anwendbar[553]. Unter einem Sitz im Inland ist ein inländischer Satzungssitz zu verstehen[554].

Nach der vertriebsbezogenen Auslegung ist ein inländischer Institutssitz demgegenüber keine zwingende Voraussetzung für eine Erlaubnispflicht. Vielmehr reicht es hiernach aus, wenn ausländische Institute gebietsansässige Kunden zielgerichtet ansprechen[555]. Wenn inländische Kunden selbstständig Leistungen im Ausland nachfragen (sog. passive Dienstleistungsfreiheit[556]), sind die Institute jedoch auch nach der vertriebsbezogenen Auslegung erlaubnisfrei.

---

550 Vgl. *Nietsch*, Internationales Insiderrecht (2004), S. 165 f.; *Ohler*, Kollisionsordnung (2005), S. 336 f.; bei § 130 Abs. 2 GWB handelt es sich um eine Kollisionsnorm, vgl. *Ohler*, Kollisionsordnung (2005), S. 85.

551 Hierzu umfassend *Meessen*, Internationales Kartellrecht (1975), S. 108 ff.; *Rehbinder*, in: Immenga/Mestmäcker, GWB, § 130 Abs. 2 Rn. 15 ff.

552 Vgl. zu den Begriffen „institutsbezogene" und „vertriebsbezogene" Auslegung *Vahldiek*, in: Boos/Fischer/Schulte-Mattler, KWG, § 53 Rn. 166.

553 Der institutsbezogenen Auslegung folgen: *Es-Said*, Grenzüberschreitende Bankgeschäfte (2009), S. 182 ff.; *Hanten*, EWiR 2004, S. 717 (718); *ders.*, WM 2003, S. 1412 (1414); *ders.*, in: Baudenbacher (2005), S. 153 (172 ff.); *ders.*, Börsen-Zeitung v. 18.06.2003, S. 18; *Marwede*, WuB I L 1 § 32 KWG 1.05, S. 685 (687); *Panowitz/Jung*, KWG, § 32 Rn. 1; *Rögner*, WM 2006, S. 745 ff.; *Schmid-Burgk*, Bankenaufsicht (1989), S. 96; *Schöne*, WM 1989, S. 873 (877); *Schork*, KWG, § 32 Rn. 2; *Siller*, Discount-Broking (1999), S. 22; *Weber*, Auslandsbanken (1996), S. 34; in diese Richtung auch *Nirk*, KWG (2008), S. 40 f.

554 Siehe 2. Teil 2. Kapitel A. I. 1. c) bb) (1).

555 Der vertriebsbezogenen Auslegung folgen: *Freiwald*, in: Schwintowski (2006), Rn. 1248 (1253 ff.); *dies.*, WM 2008, S. 1637 ff.; *Granzow*, Handel mit Energiederivaten (2006), S. 62; *Ohler*, WM 2002, S. 162 (168 f.); *ders.*, EuZW 2006, S. 689 (693); *Zenke/Puderbach/Freiwald*, in: Zenke/Schäfer (2009), § 10 (§ 10 Rn. 8 ff.); *Reischauer/Kleinhans*, KWG, § 32 Rn. 6; *Schwintowski*, AJP/PJA 2005, S. 457 (458 ff.); *Vahldiek*, in: Boos/Fischer/Schulte-Mattler, KWG, § 53 Rn. 174; *Voge*, WM 2007, S. 381 ff.; für eine Erlaubnispflicht ausländischer Institute auch *Samm*, in: Beck/Samm/Kokemoor, KWG, § 32 Rn. 54 e.

556 Gegen die vertriebsbezogene Auslegung spricht nicht, dass hiernach Geschäfte zwischen inländischen Instituten und inländischen Kunden erlaubnisfrei sind, wenn die

Die Vertreter einer vermittelnden Ansicht bejahen eine Erlaubnispflicht dann, wenn die ausländischen Institute Bank- oder Finanzdienstleistungen auf dem Gebiet der Bundesrepublik erbringen[557] oder zumindest inländische Helfer einschalten[558].

b) Entwicklung der aufsichtsbehördlichen Auslegung des Erlaubnistatbestands

Das BAKred legte die kreditwesenrechtliche Erlaubnispflicht eng aus. Es entschied auf Anfragen, dass ausländische Kreditinstitute nicht erlaubnispflichtig seien. Damit folgte das BAKred der institutsbezogenen Auslegung[559].

In einem Schreiben vom 12.04.2002[560] äußerte die BaFin erstmals, dass ein ausländisches Institut gem. § 32 Abs. 1 Satz 1 KWG erlaubnispflichtig sei, wenn es Bank- oder Finanzdienstleistungen an eine inländische Personen erbringe; eine inländische physische Präsenz sei keine Voraussetzung für eine Erlaubnispflicht. Die BaFin beschränkte diese Ausführungen nicht auf drittstaatliche Institute, sodass sie auch für Institute aus anderen Staaten des EWR gelten. Während bestimmte Institute aus dem EWR durch den Europäischen Pass gem. § 53 b KWG privilegiert werden, führt diese Aufsichtspraxis für die übrigen ausländischen Institute dazu, dass sie nur dann eine Erlaubnis der BaFin erhalten können, wenn sie gem. § 33 Abs. 1 Satz 1 Nr. 6 KWG ihre Hauptverwaltungen oder gem. § 53 KWG Zweigstellen im Inland unterhalten. Damit zwingt die BaFin diese Institute, eine Präsenz im Inland oder – bei Anwendbarkeit des Europäischen Passes – in einem anderen Staat des EWR zu haben.

Diese Auffassung hat die BaFin in einem Merkblatt bestätigt und präzisiert. Hiernach ist ein Institut auch dann gem. § 32 Abs. 1 Satz 1 KWG erlaubnispflichtig, wenn es seinen Sitz oder gewöhnlichen Aufenthalt im Ausland hat,

---

Initiative vom Kunden ausgeht (vgl. BaFin, Hinweise „Erlaubnispflicht nach § 32 Abs. 1 KWG“, 04/2005, KWG-Texte 4.350, S. 1 f.). Die vertriebsbezogene Auslegung ist auf grenzüberschreitende Sachverhalte beschränkt, a. A. *Rögner*, WM 2006, S. 745 (747 Fn. 14).

557 Vgl. *Böttcher*, Aktienplatzierungen (2004), S. 142 ff.; *Florian*, Rechtsfragen des Wertpapierhandels (2001), S. 28 f.; *Götting*, CR 2001, S. 528 (531 f.); *Kiel*, Kapitalanlegerschutzrecht (1994), S. 226; *Mankowski*, WuB I L 1. § 32 KWG 1.04, S. 929 (931 f.); *ders.*, in: Leible (2003), S. 51 (73 ff.); *Schelinski*, Online-Dienste (2005), S. 39; *Schuster*, Börsenrecht (1996), S. 81; *Spindler*, WM 2001, S. 1689 (1700); *Weber*, MMR 1999, S. 385 (389).

558 Vgl. *Assmann*, in: FS Schütze (1999), S. 15 (31 f.).

559 Vgl. *Hanten*, WM 2003, S. 1412; *Marwede*, WuB I L 1. § 32 KWG 1.05, S. 685 (686); *Steck/Campbell*, ZBB 2006, S. 354 (358).

560 Vgl. BaFin, „Schreiben zu § 53 a KWG“, v. 12.04.2002 II 7 (118751) 100, KWG-Texte 4.341.

aber zielgerichtet inländische Unternehmen oder inländische natürliche Personen anspricht. Eine zielgerichtete Ansprache von Inländern ist nach Auffassung der BaFin bei Inanspruchnahme der sog. passiven Dienstleistungsfreiheit nicht gegeben. Die passive Dienstleistungsfreiheit ist anwendbar, wenn Gebietsansässige aus eigenem Antrieb Dienstleistungen im Ausland nachfragen. Die BaFin führt in dem Merkblatt auch typische Fallkonstellationen des grenzüberschreitenden Erbringens von Bank- oder Finanzdienstleistungen auf, die nach ihrer Ansicht eine Erlaubnispflicht auslösen[561].

Die BaFin folgt demnach der vertriebsbezogenen Auslegung. Daneben wendet sie aber auch die institutsbezogene Auslegung an[562]. Dies belegt die Formulierung im Merkblatt der BaFin *„von ... im Inland gehe ich dabei nicht nur dann aus, wenn der Erbringer ... seinen Sitz oder gewöhnlichen Aufenthalt im Inland hat, sondern auch dann, wenn der Erbringer seinen Sitz oder gewöhnlichen Aufenthalt im Ausland hat und sich im Inland zielgerichtet an den Markt wendet"*[563].

c) Entwicklung der richterlichen Auslegung des Erlaubnistatbestands

Die Auslegung des Inlandsbegriffs des § 32 Abs. 1 Satz 1 KWG hat die Rechtsprechung bislang im Wesentlichen in vier Verfahren beschäftigt.

aa) Entscheidungen des VG Berlin und des OLG Frankfurt am Main

Das VG Berlin[564] und das OLG Frankfurt am Main[565] lehnten es in den 1970er bzw. 1980er Jahren ab, das KWG auf ausländische Institute anzuwenden, die ohne Errichtung von Zweigstellen Bankgeschäfte in der Bundesrepublik betrieben. Sie setzten für eine kreditwesenrechtliche Erlaubnispflicht vielmehr einen Sitz im Inland voraus und folgten damit der institutsbezogenen Auslegung[566].

---

561 Vgl. BaFin, Hinweise „Erlaubnispflicht nach § 32 Abs. 1 KWG", 04/2005, KWG-Texte 4.350, S. 3 f.

562 Vgl. *Voge*, WM 2007, S. 381 (382). Zweifelnd *Rögner*, WM 2006, S. 745 (747 Fn. 14).

563 BaFin, Hinweise „Erlaubnispflicht nach § 32 Abs. 1 KWG", 04/2005, KWG-Texte 4.350, S. 1.

564 VG Berlin v. 12.03.1975 IV A 12/74 Beckmann/Bauer, § 1 Abs. 1 Satz 2 Nr. 1 (Nr. 11).

565 Vgl. OLG Frankfurt a.M. v. 15.01.1986 16 W 2/86 WM 1987, S. 899 f.

566 Vgl. *Vahldiek*, in: Boos/Fischer/Schulte-Mattler, KWG, § 53 Rn. 163.

bb) Entscheidungen betreffend ein Unternehmen mit Sitz auf den British Virgin Islands

Ein neueres Verfahren betraf ein Unternehmen mit Sitz auf den British Virgin Islands. Dieses wandte sich an Anleger mit Sitz oder gewöhnlichem Aufenthalt in Deutschland, um diesen über eine von ihm betriebene Fondsgesellschaft Genussrechte anzubieten. Nach Auffassung der BaFin stellt diese Tätigkeit ein Finanzkommissionsgeschäft i. S. d. § 1 Abs. 1 Satz 2 Nr. 4 KWG dar[567]. Wegen des Fehlens einer Erlaubnis untersagte die BaFin den Betrieb des Geschäfts sowie entsprechende Werbemaßnahmen durch Verfügung vom 25.08.2003.

Hiergegen wandte sich das Unternehmen mit einem Antrag auf Gewährung vorläufigen Rechtsschutzes. Das VG Frankfurt am Main[568] kam auf Grundlage richtlinienkonformer Auslegung des § 32 Abs. 1 Satz 1 KWG zu dem Schluss, dass für das Tatbestandsmerkmal „im Inland" nicht der Sitz des Instituts maßgebend ist, sondern der Ort, an dem die Dienstleistung erbracht wird. Dabei gelte nicht die Perspektive des Leistenden, sondern die des Empfängers[569]. Das VG lehnte damit eine institutsbezogene Auslegung ab. Dementsprechend nahm es in dem dem Verfahren zugrunde liegenden Sachverhalt ein erlaubnispflichtiges Betreiben von Bankgeschäften in Form eines Finanzkommissionsgeschäfts an und bestätigte die Untersagung der Geschäftstätigkeit durch die BaFin.

Der Antragsteller legte gegen die Entscheidung des VG Frankfurt am Main Beschwerde beim VGH Hessen ein. Nach Auffassung des VGH Hessen[570] bestehen gegen die Ansicht des VG erhebliche rechtliche Bedenken. Hiernach sprechen schwerwiegende Gründe für eine enge, institutsbezogene Auslegung des § 32 Abs. 1 Satz 1 KWG. Ein weiter Inlandsbegriff i. S. d. vertriebsbezogenen Auslegung erfordere möglicherweise eine Neufassung der Vorschrift. Allerdings ließ der VGH Hessen das Ergebnis offen und folgte weder der institutsbezogenen noch der vertriebsbezogenen Auslegung. Die Entscheidung des VGH gründete auf Schwierigkeiten bei der Tatsachenfeststellung[571]. Eine abschließende Klärung, ob das Unternehmen eine Präsenz in der Bundesrepublik unterhalte, sei im Eilverfah-

---

567 Die Tatbestandsmäßigkeit des Finanzkommissionsgeschäfts war strittig. Das VG Frankfurt am Main legte in der Hauptsache den Tatbestand des Finanzkommissionsgeschäfts eng aus und lehnte eine wirtschaftliche Betrachtungsweise des Handelns im eigenen Namen für fremde Rechnung ab. Zur Auslegung des Inlandsbegriffs wurde nicht weiter Stellung genommen, vgl. VG Frankfurt a.M. v. 08.11.2007 1 E 1855/05, 1 E 1762/05, abrufbar unter www.vg-frankfurt.justiz.hessen.de (abgerufen 02/08). Zur kollektiven Vermögensanlage siehe im Übrigen *Fock*, ZBB 2004, S. 365 (367).

568 Vgl. VG Frankfurt a.M. v. 07.05.2004 9 G 6496/03 (V) ZIP 2004, S. 1259 ff.

569 Vgl. VG Frankfurt a.M. v. 07.05.2004 9 G 6496/03 (V) ZIP 2004, S. 1259 (1261 f.).

570 Vgl. VGH Hessen v. 21.01.2005 6 TG 1568/04 WM 2005, S. 1123 ff.

571 Vgl. *Hanten*, BKR 2005, S. 160 (164).

ren nicht möglich. Der VGH hob durch Beschluss die Entscheidung des VG auf und gab dem Antrag auf vorläufigen Rechtsschutz statt.

cc) Entscheidungen betreffend ein Unternehmen mit Sitz in der Schweiz

Weitere Entscheidungen zur kreditwesenrechtlichen Erlaubnispflicht betrafen ein in der Schweiz ansässiges Institut. Dieses vergab Konsumentenkredite in Höhe von 2.500 bis 3.500 EUR ausschließlich an im Ausland ansässige Kunden. Der Vertrieb erfolgte zu 90 % in Deutschland. Die Kredite wurden zum einen über eine von der Schweiz aus verwaltete Internetseite vergeben. Von dieser konnten angehende Kunden ein Kreditformular ausdrucken, das unterschrieben per Post an das Institut zurückzusenden war. Zum anderen wurden in Deutschland Kredite über Vermittler angeboten, die keine Vertretungsmacht hatten. Das Institut besaß keine Erlaubnis der Eidgenössischen Bankenkommission zum Betreiben von Bankgeschäften, da eine solche nach Schweizer Regeln nicht für Unternehmen erforderlich war, die ihre Kredite ausschließlich außerhalb der Schweiz gewährten. Die BaFin untersagte mit Bescheid vom 22.08.2003 die Vergabe von Krediten an inländische Kunden mit der Begründung, dass das Institut nicht die erforderliche Erlaubnis der BaFin besitze.

Hiergegen erhob das Institut Klage vor dem VG Frankfurt am Main[572]. Dieses befand in Fortführung seiner bisherigen Rechtsprechung, dass das Unternehmen gem. § 32 Abs. 1 Satz 1 KWG erlaubnispflichtig sei und deshalb die Klage abgewiesen werden müsse. Nach Auffassung des VG Frankfurt am Main war jedoch die Vereinbarkeit dieser Rechtsfolge mit der Kapitalverkehrsfreiheit gem. Art. 63 Abs. 1 AEUV fraglich. Auf diese Grundfreiheit können sich – im Gegensatz zur Dienstleistungsfreiheit gem. Art. 56 f. AEUV – auch in Drittstaaten Ansässige berufen. Das VG setzte deshalb das Verfahren aus und legte dem EuGH durch Beschluss fünf Fragen zur Vorabentscheidung vor.

Die erste Frage lautete, ob die gewerbsmäßig betriebene Vergabe von Krediten durch ein Unternehmen mit Sitz außerhalb der EU zumindest auch der Kapitalverkehrsfreiheit unterfalle oder ob allein die Dienstleistungsfreiheit einschlägig sei. Diese Frage rechtfertigte sich dadurch, dass nach Auffassung des VG innerhalb der Rechtsprechung des EuGH jedenfalls für Bankgeschäfte keine klare Abgrenzungslinie zwischen der Kapitalverkehrs- und der Dienstleistungsfreiheit zu erkennen war. Zweitens stellte das VG die Frage, ob sich ein Kredit gewährendes Unternehmen mit Sitz außerhalb der EU, welches sich bezüglich der Kreditvergabe an Einwohner der EU wendet, auf die Kapitalverkehrsfreiheit berufen könne

---

572 Vgl. VG Frankfurt a.M. v. 11.10.2004 9 E 933/04 (V) WM 2005, S. 503 ff.; siehe hierzu *Hanten*, EWiR 2005, S. 127.

oder ob dies rechtsmissbräuchlich sei. Drittens erbat die Kammer eine Antwort darauf, ob eine Erlaubnispflicht für grenzüberschreitende Kreditgewährungen aus Staaten außerhalb des EWR in die Kapitalverkehrsfreiheit eingreife. Viertens wurde gefragt, ob bei Bejahung der dritten Frage ein Eingriff gerechtfertigt sei. Fünftens wollte die Kammer vom EuGH erfahren, ob eine Ausgestaltung in dem Sinn zulässig sei, dass die Erteilung einer Erlaubnis zwingend voraussetze, dass das Unternehmen seine Hauptverwaltung oder zumindest eine Zweigstelle in dem betreffenden Mitgliedstaat unterhalte[573].

Der EuGH[574] konnte seine Antwort auf die erste Frage beschränken: Nach Ansicht des EuGH haben die Dienstleistungsfreiheit gem. Art. 56 f. AEUV und die Kapitalverkehrsfreiheit gem. Art. 63 Abs. 1 AEUV unterschiedliche Anwendungsbereiche. Die Dienstleistungsfreiheit ist danach nicht subsidiär gegenüber der Kapitalverkehrsfreiheit. Eine Norm kann grundsätzlich beide Freiheiten gleichzeitig berühren. Allerdings kann eine Freiheit im Einzelfall zurücktreten, wenn sie völlig zweitrangig ist.

Bezogen auf den konkreten Fall stellt die gewerbsmäßige Kreditvergabe nach Auffassung des EuGH zum einen eine Dienstleistung i. S. d. Art. 56 f. AEUV dar. Zum anderen sei die Kreditvergabe in der Rubrik VIII des Anhangs I der Richtlinie 88/361[575] aufgeführt, sodass sie auch eine Ausübung der Kapitalverkehrsfreiheit darstelle. Ein Erlaubnisvorbehalt behindere die Dienstleistungsfreiheit. Dies gilt nach Auffassung des EuGH erst recht, wenn die Erteilung der Erlaubnis von einer festen Niederlassung im Inland abhängt. Mit der Behinderung der Dienstleistungsfreiheit gehe eine Behinderung der grenzüberschreitenden Kapitalströme einher, sodass grundsätzlich auch die Kapitalverkehrsfreiheit berührt sei. Allerdings handele es sich hierbei nur um eine *„zwangsläufige Folge“* der Beschränkung der Dienstleistungsfreiheit. Deshalb trete die Kapitalverkehrsfreiheit zurück. Die erste Frage sei deshalb in dem Sinne zu beantworten, dass vorwiegend die Ausübung der Dienstleistungsfreiheit betroffen sei. Auf diese Grundfreiheit kann sich ein Unternehmen mit Sitz in einem Drittstaat nicht berufen[576]. Dementsprechend wies das VG Frankfurt am Main die Klage des Instituts ab[577].

Fraglich ist, ob der EuGH damit die Aufsichtspraxis der BaFin bestätigt hat, nach der ausländische Institute gem. § 32 Abs. 1 Satz 1 KWG erlaubnispflichtig sind. Im Schrifttum wird gefolgert, der EuGH habe sich in dieser Rechtssache

---

573 Vgl. VG Frankfurt a.M. v. 11.10.2004 9 E 933/04 (V) WM 2005, S. 503 f.

574 Vgl. EuGH v. 03.10.2006 C-452/04 (Fidium Finanz) Slg. 2006, S. I 9521.

575 Vgl. Richtlinie 88/361 v. 24.06.1988.

576 Vgl. EuGH v. 03.10.2006 C-452/04 (Fidium Finanz) Slg. 2006, S. I 9521 (Rn. 36 ff.).

577 Vgl. VG Frankfurt a.M. v. 05.07.2007 1 E 4355/06 (V) BKR 2007, S. 341 ff.; siehe dazu *Hanten*, EWiR 2007, S. 573 ff.

die vertriebsbezogene Auslegung zu Eigen gemacht[578]. Indessen beschränkte sich der EuGH darauf, die Vereinbarkeit einer Regelung mit den Grundfreiheiten zu prüfen, *„nach der ein Mitgliedstaat für die Tätigkeit der gewerbsmäßigen Kreditvergabe im Inland durch ein in einem Drittstaat ansässiges Unternehmen eine vorherige Erlaubnis vorschreibt"*[579]. Ob nach dieser Regelung die grenzüberschreitende Kreditvergabe tatsächlich erlaubnispflichtig ist, erörtert der EuGH nicht. Dies würde auch außerhalb seiner Zuständigkeiten liegen. Der EuGH hat die vertriebsbezogene Auslegung des § 32 Abs. 1 Satz 1 KWG nicht bestätigt.

Zudem wird im Schrifttum vertreten, der EuGH billige in seinem Urteil die Aufsichtspraxis der BaFin als europarechtskonform[580]. Jedoch beschränkt der EuGH seine Ausführungen auf die erste Vorlagefrage und damit auf die Abgrenzung von Dienstleistungsfreiheit und Kapitalverkehrsfreiheit. Da die Dienstleistungsfreiheit nach Auffassung des EuGH einschlägig ist, erörtert er nicht die Frage, ob die Aufsichtspraxis mit dem Gemeinschaftsrecht vereinbar ist[581].

Der EuGH hat die Verwaltungspraxis der BaFin mithin nicht, auch nicht teilweise, gebilligt. Er hat sich nicht zur Auslegung des kreditwesenrechtlichen Erlaubnistatbestands geäußert. Die Entscheidung des EuGH ist damit nur für das umstrittene Verhältnis zwischen der Dienstleistungsfreiheit gem. Art. 56 f. AEUV und der Kapitalverkehrsfreiheit gem. Art. 63 Abs. 1 AEUV bedeutsam.

Das BVerwG hat mittlerweile die Auffassung des VG Frankfurt am Main im Ergebnis bestätigt. Das BVerwG entschied, dass ein Bankgeschäft auch dann i. S. d. § 32 Abs. 1 Satz 1 KWG im Inland betrieben wird, wenn ein ausländisches Institut wesentliche einen Vertragsschluss begründende Teilakte eines Bankgeschäfts im Inland ausführt. Dies sei bereits dann der Fall, wenn ein ausländisches Institut inländische Kreditvermittler einsetzen oder einen Internetauftritt speziell für inländische Kunden unterhalten würde[582].

Die Entscheidung macht deutlich, dass das BVerwG den Inlandsbegriff gem. § 32 Abs. 1 Satz 1 KWG nicht rein institutsbezogen auslegt. Indessen lässt das BVerwG für eine Erlaubnispflicht – anders als die BaFin – auch nicht ausreichen, dass ein ausländisches Institut inländische Kunden zielgerichtet anspricht. Das BVerwG verlangt vielmehr, dass ein wesentlicher in das Betreiben eines Bankgeschäfts mündender Arbeitsschritt im Inland stattfindet[583]. Es folgt demnach we-

578 So wohl *Samm*, in: Beck/Samm/Kokemoor, KWG, § 32 Rn. 40 a. E.; *Steck*, Börsen-Zeitung v. 11.10.2006, S. 2.

579 EuGH v. 03.10.2006 C-452/04 (Fidium Finanz) Slg. 2006, S. I 9521 (Rn. 50).

580 Vgl. *Voge*, WM 2007, S. 381 (386 f.).

581 Vgl. Fragen 4 und 5 des VG Frankfurt a.M. v. 11.10.2004 9 E 933/04 (V) WM 2005, S. 503 (504).

582 Vgl. BVerwG v. 22.04.2009 8 C 2.09 WM 2009, S. 1553 (1557).

583 Vgl. BVerwG v. 22.04.2009 8 C 2.09 WM 2009, S. 1553 (1557).

der dem rein institutsbezogenen noch dem vertriebsbezogenen[584] Ansatz, sondern vertritt vielmehr eine vermittelnde Auffassung zur Auslegung des Erlaubnistatbestands.

d) Stellungnahme zur Auslegung des Erlaubnistatbestands

aa) Grammatikalische Auslegung

Für die Frage, ob der Erlaubnistatbestand gem. § 32 Abs. 1 Satz 1 KWG instituts- oder vertriebsbezogen auszulegen ist, ist zunächst der Wortlaut der Vorschrift zu erörtern. Isoliert betrachtet kann sich der Terminus „im Inland" gem. § 32 Abs. 1 Satz 1 KWG sowohl auf den Sitz von Instituten als auch auf den Erfolgsort von Bank- und Finanzdienstleistungen beziehen.

Der Inlandsbegriff ist aber in den Kontext eingebettet, dass einer Erlaubnis nur bedarf, „*wer im Inland gewerbsmäßig ... Bankgeschäfte betreiben oder Finanzdienstleistungen erbringen will*". Zwar steht der Ausdruck „im Inland" unmittelbar hinter „wer", sodass sich der Inlandsbegriff mit Blick auf die Satzstellung an dieses Wort anlehnen könnte. Der Terminus „im Inland" bezieht sich aber nach dem Satzinhalt nicht auf den Begriff „wer", d. h. nicht auf die Erlaubnisträger. Ebenso wenig knüpft er, wie von der BaFin vertreten, an einen inländischen Kundenkreis an. Wenn die Lizenzpflicht von der Gebietsansässigkeit der Zielgruppe der Institute abhängig wäre, wäre die Formulierung „*in das Inland*"[585] oder „*gegenüber inländischen Kunden*" gewählt worden. Der Begriff „im Inland" gem. § 32 Abs. 1 Satz 1 KWG stellt vielmehr, rein sprachlich betrachtet, auf das Betreiben bzw. Erbringen der Bank- und Finanzdienstleistungen und damit auf ein Tätigwerden im Inland ab[586]. Erforderlich ist danach, dass Bank- oder Finanzdienstleistungen auf dem Gebiet der Bundesrepublik erbracht werden.

Diese grammatikalische Auslegung des Tatbestandsmerkmals „im Inland" wird durch den parallelen Wortlaut des § 53 b Abs. 1 Satz 1 KWG gestützt. Hiernach kommen Unternehmen aus anderen Staaten des EWR in den Genuss des Europäischen Passes, wenn sie „*über eine Zweigniederlassung oder im Wege des*

---

584 A. A. *Elixmann*, EWiR 2009, S. 553 (554); *Schwennicke*, GWR 2009, S. 249.

585 *Es-Said*, Grenzüberschreitende Bankgeschäfte (2009), S. 143; *Hanten*, WM 2003, S. 1412 (1414); *Samm*, in: Beck/Samm/Kokemoor, KWG, § 32 Rn. 40. Voge schließt diese Formulierung aus sprachlichen Gründen aus, siehe *Voge*, WM 2007, S. 381 (383).

586 Vgl. BVerwG v. 22.04.2009 8 C 2.09 WM 2009, S. 1553 (1558); *Freiwald*, WM 2008, S. 1537 (1541); a. A. *Es-Said*, Grenzüberschreitende Bankgeschäfte (2009), S. 142 f.; *Hanten*, WM 2003, S. 1412 (1414); *Samm*, in: Beck/Samm/Kokemoor, KWG, § 32 Rn. 40, danach stellt „im Inland" eine Sitzangabe dar.

grenzüberschreitenden Dienstleistungsverkehrs im Inland Bankgeschäfte betreiben oder Finanzdienstleistungen erbringen". Die Formulierung „im Inland" ist insofern zum einen für inländische Zweigniederlassungen ausländischer Unternehmen einschlägig. Zum anderen wird der Ausdruck für Geschäfte verwendet, die ausländische Unternehmen in der Bundesrepublik betreiben, ohne auf inländische Niederlassungen zurückzugreifen. Der Terminus „im Inland" bezieht sich im Rahmen des § 53 b KWG auf Sachverhalte, in denen ein Institut grenzüberschreitend auf dem Gebiet der Bundesrepublik tätig wird[587]. Dies legt die Annahme nahe, dass auch der parallel formulierte § 32 Abs. 1 Satz 1 KWG nur für ausländische Institute gilt, die auf dem Gebiet der Bundesrepublik Bank- oder Finanzdienstleistungen erbringen.

Nach dem Wortlaut des § 32 Abs. 1 Satz 1 KWG können somit ausländische Institute in die kreditwesenrechtliche Erlaubnispflicht einbezogen werden. Das setzt aber voraus, dass sie Bank- oder Finanzdienstleistungen tatsächlich auf inländischem Staatsgebiet erbringen. Nach dieser reinen Wortlautauslegung wären allerdings auch inländische Institute nur dann erlaubnispflichtig, wenn sie auf dem Gebiet der Bundesrepublik tätig werden.

bb) Historische Auslegung

(1) Formulierung eines institutsunabhängigen Erlaubnistatbestands in § 32 Abs. 1 KWG

Im Gegensatz zu anderen Bestimmungen des KWG hat der Gesetzgeber in § 32 Abs. 1 KWG nicht an den Institutsbegriff angeknüpft, sondern die tätigkeitsbezogene Formulierung „*Wer ... betreiben ... will, bedarf der schriftlichen Erlaubnis*"[588] gewählt. Mit Blick auf diesen Wortlaut wird angenommen, dass zwischen der Erlaubnispflicht und der Einordnung eines Unternehmens als Institut i. S. d. § 1 Abs. 1, 1 a KWG zu differenzieren ist[589]. Damit stellt sich die Frage, ob der Gesetzgeber den Tatbestand bewusst institutsneutral formuliert hat, um sowohl in- als auch ausländische Institute zu erfassen, die in der Bundesrepublik tätig werden.

Nach der Gesetzesbegründung soll diese Normfassung verdeutlichen, dass die Zulassung „vor" Beginn der Geschäftstätigkeiten eingeholt werden muss[590].

---

587 Vgl. zur Beschränkung der Notifizierungspflicht auf ein Tätigwerden „auf dem Gebiet" des anderen Staats Kommission, Mitteilung „Zweite Bankenrichtlinie", v. 10.07.1997 97/C 209 S. 4 (8).

588 Vgl. bereits BGBl. I 1961, S. 881 (890).

589 So *Reischauer/Kleinhans*, KWG, § 32 Rn. 5; *Szagunn/Haug/Ergenzinger*, KWG, § 32 Rn. 2; *Weber*, Auslandsbanken (1996), S. 32.

590 Vgl. RegBgr. KWG BT-Drucks. 3/1114 S. 39.

Da Unternehmen erst bei einem tatsächlichen Erbringen von Bank- oder Finanzdienstleistungen gem. § 1 Abs. 1, 1 a KWG als Institute bezeichnet werden, war eine Formulierung nicht möglich, die auf den Institutsbegriff Bezug nimmt und gleichzeitig eine frühzeitige Erlaubniseinholung bei der Aufsichtsbehörde sicherstellt. Durch die tätigkeitsbezogene Formulierung des Erlaubnistatbestands wollte der Gesetzgeber damit nicht vom Institutsbegriff Abstand nehmen. Die Erlaubnispflicht und die Einordnung eines Unternehmens als Institut sind nach der Intention des Gesetzgebers nur insoweit getrennt voneinander zu beurteilen, als das Lizenzerfordernis bereits vor Aufnahme der Geschäftstätigkeit eingreift. § 32 Abs. 1 Satz 1 KWG knüpft damit an die künftige Qualifikation der Unternehmen als Institute an.

Der Terminus „im Inland" ist danach nicht tätigkeitsbezogen, sondern institutsbezogen auszulegen. Sämtliche Unternehmen mit Sitz im Inland, bei denen es sich nach Geschäftsaufnahme um Institute handeln wird, sollen nach dem gesetzgeberischen Willen erlaubnispflichtig sein. Die Erlaubnispflicht soll unabhängig davon sein, wo die Institute tatsächlich tätig werden[591]. Diese historische Auslegung spricht daher gegen die Annahme, dass auch ausländische Institute von der kreditwesenrechtlichen Erlaubnispflicht erfasst sind.

(2) Einführung einer separaten Regelung für Zweigstellen ausländischer Unternehmen in § 53 KWG

Der Gesetzgeber hat im Zusammenhang mit den besonderen Regelungen für inländische Zweigstellen ausländischer Unternehmen in § 58 RegE[592], heute § 53 KWG, ausgeführt:

„Für Zweigstellen ausländischer Kreditinstitute, die im Geltungsbereich des Gesetzes unterhalten werden, ist ... eine besondere Regelung erforderlich, weil für diese Institute das Kreditwesengesetz nicht gilt und eine unkontrollierte Tätigkeit solcher Zweigstellen nicht hingenommen werden kann. Die Vorschrift soll das Gesetz auf diese Zweigniederlassungen anwendbar machen. Sie ist keine Diskriminierung der ausländischen Kreditinstitute, sondern trägt lediglich der Tatsache Rechnung, daß diese selbst von der deutschen Bankenaufsicht nicht erfaßt werden"[593].

Der Gesetzgeber ging daher davon aus, dass das KWG nicht auf ausländische Institute anwendbar ist. Allein die inländischen Zweigstellen der ausländischen

591 Dass inländische Institute nicht von der Erlaubnispflicht auszunehmen sind, wenn sie ausschließlich im Ausland tätig werden, ist auch zweckgemäß. Siehe 2. Teil 2. Kapitel A. I. 1. b) cc).

592 Vgl. RegE KWG BT-Drucks. 3/1114 S. 16.

593 RegE RegBgr. KWG BT-Drucks. 3/1114 S. 45.

Unternehmen sollten einer Beaufsichtigung durch die deutsche Aufsichtsbehörde unterworfen werden[594].

Zwar konnte der damalige Gesetzgeber die mit der Entwicklung der Telekommunikationsmedien einhergehende Internationalisierung des Finanzsektors nicht vorhersehen[595]. Bereits zur damaligen Zeit – Anfang der 1960er Jahre – konnten ausländische Institute aber Bank- und Finanzdienstleistungen an inländische Kunden erbringen, z. B. mittels Einreise von Mitarbeitern oder Vermittlern, telefonischer Kontaktaufnahme oder Postversands[596]. Dass die historische Entscheidung, ausländische Institute von den Anforderungen des KWG auszunehmen, heute möglicherweise überholt ist, ist im Rahmen der historischen Gesetzesauslegung unerheblich.

(3) Gesetzgeberisches Unterlassen der Neuregelung nach dem Diskussionsentwurf zum 4. FMFG

In der Begründung zur 6. KWG-Novelle[597] stellte der Gesetzgeber nochmals klar, dass ausländische Institute Repräsentanzen in der Bundesrepublik errichten können, die den Vertrieb von Bank- oder Finanzdienstleistungen an inländische Kunden anbahnen und vermitteln[598]. Da die ausländischen Institute mangels Haupt- und Zweigniederlassung im Inland bereits nach der seinerzeitigen Gesetzesfassung nicht erlaubnisfähig waren[599], musste der Gesetzgeber davon ausgegangen sein, dass sie bei einem Tätigwerden durch Repräsentanzen auch keiner kreditwesenrechtlichen Zulassung bedurften und daher zulässigerweise im Inland tätig wurden. Der damalige Gesetzgeber muss den Erlaubnistatbestand deshalb institutsbezogen ausgelegt haben.

Möglicherweise ist aber ein Wandel in der historischen Bedeutung des § 32 Abs. 1 KWG darin zu sehen, dass der Gesetzgeber es unterließ, die Vorschrift im Rahmen der Verabschiedung des 4. FMFG[600] zu ändern. Noch in einem Diskussionsentwurf des Bundesfinanzministeriums war zur Konkretisierung des Merkmals „im Inland“ folgender Satz 2 vorgesehen; dieser lehnte sich sprachlich an

---

594 Vgl. *Hanten*, WM 2003, S. 1412 (1414); *Rögner*, WM 2006, S. 745 (749); *Samm*, in: Beck/Samm/Kokemoor, KWG, § 32 Rn. 40; *Schmid-Burgk*, Bankenaufsicht (1989), S. 96 f.; *Steck/Campbell*, ZBB 2006, S. 354 (364); *Vahldiek*, in: Boos/Fischer/Schulte-Mattler, KWG, § 53 Rn. 166.

595 Vgl. VG Frankfurt a.M. v. 11.10.2004 9 E 933/04 (V) WM 2005, S. 503 (510).

596 Vgl. *Hanten*, in: Baudenbacher (2005), S. 153 (175).

597 Vgl. BGBl. I 1997, S. 2518 ff.

598 Vgl. RegBgr. 6. KWG-Novelle BT-Drucks. 13/7142 S. 66.

599 Siehe 2. Teil 2. Kapitel A. II. 2. a).

600 Viertes Gesetz zur weiteren Fortentwicklung des Finanzplatzes Deutschland, vgl. zum 4. FMFG BGBl. I 2002, S. 2010 ff.

die Anwendbarkeit der wertpapierhandelsrechtlichen Wohlverhaltenspflichten auf ausländische Unternehmen gem. § 31 Abs. 10 WpHG an:

„Ein Betreiben von Bankgeschäften oder Erbringen von Finanzdienstleistungen im Inland liegt vor, wenn der Erbringer oder Empfänger seinen Sitz oder gewöhnlichen Aufenthalt im Inland hat, es sei denn, die Bank- oder Finanzdienstleistung einschließlich der damit im Zusammenhang stehenden Nebenleistungen wird ausschließlich im Ausland erbracht"[601].

Die beabsichtigte Ergänzung des Erlaubnistatbestands war ein Anliegen des BAKred. Nach diesem Diskussionsentwurf hätte eine Erlaubnispflicht für ausländische Institute bereits dann bestanden, wenn diese nicht ausschließlich außerhalb der Bundesrepublik tätig werden. Es wäre nicht darauf angekommen, dass sich die Institute zielgerichtet an inländische potenzielle Kunden wenden. Deshalb wäre diese Gesetzesänderung sogar über die anschließend im Schreiben der Aufsichtsbehörde[602] favorisierte vertriebsbezogene Auslegung hinausgegangen[603].

Dass das Aufsichtsamt auf eine derartige Ergänzung des Erlaubnistatbestands abzielte, legt nahe, dass die Behörde selbst eine weite Auslegung der Vorschrift in der seinerzeitigen Fassung nicht für zulässig hielt und durch die Novellierung den Anwendungsbereich der Vorschrift auf ausländische Institute ausdehnen wollte[604]. In der Entwurfsbegründung wird aber ausgeführt, dass § 32 Abs. 1 Satz 1 KWG bereits eine Lizenzpflicht für ausländische Institute enthalte. Der beabsichtigten Ergänzung der Vorschrift komme nur klarstellende Bedeutung zu[605].

Für die historische Auslegung ist entscheidend, dass die beabsichtigte Ergänzung des § 32 Abs. 1 Satz 1 KWG im endgültigen Entwurf des Bundesministeriums der Finanzen nicht weiter verfolgt[606] und letztlich nicht als Gesetz verabschiedet wurde. Zwar wird für das Normverständnis der BaFin angeführt, dass

---

601 Bundesministerium der Finanzen, Diskussionsentwurf zum 4. FMFG v. 03.09.2001, S. 114, abrufbar unter www.uni-leipzig.de/bankinstitut/links/entwicklung.php (abgerufen 10/07).

602 Vgl. BaFin, Hinweise „Erlaubnispflicht nach § 32 Abs. 1 KWG", 04/2005, KWG-Texte 4.350, S. 1 ff.

603 Vgl. *Fischer*, in: Boos/Fischer/Schulte-Mattler, KWG, § 32 Rn. 7; *Steck*, Börsen-Zeitung v. 04.10.2001, S. 3. Das Tatbestandsmerkmal, dass nicht alle Leistungen ausschließlich im Ausland erbracht werden dürfen, wäre wie im WpHG (vgl. *Koller*, in: Assmann/Schneider, WpHG, § 31 Rn. 67) eng auszulegen gewesen.

604 In diese Richtung *Rögner*, WM 2006, S. 745 (746); *Steck/Campbell*, ZBB 2006, S. 354 (357); *Zerwas/Hanten*, BuM 2002, S. 40.

605 Vgl. Bundesministerium der Finanzen Diskussionsentwurf zum 4. FMFG v. 03.09.2001, S. 309, abrufbar unter www.uni-leipzig.de/bankinstitut/links/entwicklung.php (abgerufen 10/07).

606 Vgl. Bundesministerium der Finanzen, Entwurf zum 4. FMFG v. 14.11.2001, S. 126, abrufbar unter www.uni-leipzig.de/bankinstitut/links/entwicklung.php (abgerufen 10/07).

der Gesetzgeber eine Änderung des § 32 Abs. 1 Satz 1 KWG nur deswegen nicht für erforderlich gehalten habe, weil nach seiner Auffassung die Norm bereits für ausländische Institute gelte[607]. Dieser Einwand ist aber nicht überzeugend[608]. Angesichts der bis dato ausdrücklich gegenteiligen Ausführungen des Gesetzgebers ist nicht anzunehmen, dass er davon ausgegangen ist, dass die Vorschrift ausländische Institute erfasst. Das gesetzgeberische Unterlassen ist deshalb nicht als Bestätigung der Verwaltungsauffassung zu verstehen. Vielmehr wird im Hinblick auf die nachfolgenden Schreiben der BaFin, in denen diese eine abgeschwächte Version zur Erfassung ausländischer Institute vertrat, deutlich, dass ihre Gesetzesinitiative keinen Anklang gefunden hat.

(4) Ergebnis der historischen Auslegung

Als Ergebnis der historischen Auslegung ist festzuhalten, dass der Gesetzgeber bei Normfassung das Tatbestandsmerkmal „im Inland" institutsbezogen auslegte und – mit Ausnahme inländischer Zweigstellen ausländischer Unternehmen – ausschließlich inländische Institute als erlaubnispflichtig einstufte. Das Zulassungserfordernis gilt hiernach unabhängig von dem Ort des Tätigwerdens nur für inländische Institute. Dieses Normverständnis hat sich durch das Unterlassen der Änderung des § 32 Abs. 1 KWG im Rahmen des 4. FMFG[609] nicht gewandelt.

cc) Systematische Auslegung

(1) Konsistenz mit den Vorschriften des KWG

(a) Regelung auslandsbezogener Sachverhalte im fünften Abschnitt des KWG

Im fünften Abschnitt des KWG, d. h. in den §§ 53 ff. KWG, finden sich umfassende Regelungen über Bank- und Finanzdienstleistungen mit Auslandsbezug. Dieser Gesetzesteil könnte einerseits als abschließende Ausnahme zu der Regel zu verstehen sein, dass das KWG nur inländische Institute erfasst[610]. Der außerhalb dieses Abschnitts angesiedelte Erlaubnistatbestand des § 32 Abs. 1 Satz 1 KWG

607 Vgl. *Voge*, WM 2007, S. 381 (384).

608 Vgl. *Es-Said*, Grenzüberschreitende Bankgeschäfte (2009), S. 146 f.; *Samm*, in: Beck/Samm/Kokemoor, KWG, § 32 Rn. 29. Nach Auffassung des BVerwG spricht das Unterlassen der Neuregelung weder für die vertriebsbezogene noch für die institutsbezogene Auslegung, vgl. BVerwG v. 22.04.2009 8 C 2.09 WM 2009, S. 1553 (1558).

609 Vgl. BGBl. I 2002, S. 2010 ff.

610 Vgl. VGH Hessen v. 21.01.2005 6 TG 1568/04 WM 2005, S. 1123 (1124).

wäre dann auf ausländische Institute unanwendbar[611]. Andererseits könnte es sich bei den Vorschriften des fünften Abschnitts auch um besondere Erleichterungen für die Zulassung von Zweigstellen, Repräsentanzen und bestimmten Formen des grenzüberschreitenden Dienstleistungsverkehrs ausländischer Institute handeln. Den Vorschriften käme dann kein abschließender Charakter zu; sie stellten von diesem Ausgangspunkt her vielmehr eine Ergänzung zu den §§ 32 ff. KWG dar[612]. Der Anwendungsbereich des § 32 Abs. 1 Satz 1 KWG wäre bei diesem Gesetzesverständnis nicht auf inländische Institute beschränkt.

Den Vorzug verdient die zweite Auslegungsmöglichkeit, nach der die §§ 53 ff. KWG keine abschließenden Sonderregeln für ausländische Institute darstellen. Auch in anderen Abschnitten des KWG finden sich nämlich Regelungen, die sich auf ausländische Unternehmen beziehen. So gilt etwa die Anteilseignerkontrolle gem. § 2 c KWG, die im ersten Abschnitt geregelt ist, auch für gebietsfremde Anteilserwerber[613]. Im dritten Abschnitt sieht § 33 a KWG für Institute mit Sitz in Drittstaaten vor, dass die Erteilung der beantragten Erlaubnis bei einem Beschluss der Kommission auszusetzen ist. Die §§ 53 ff. KWG stellen damit keine abschließenden Bestimmungen für ausländische Institute dar. Der Umstand, dass § 32 Abs. 1 Satz 1 KWG außerhalb des fünften Abschnitts des KWG steht, hindert daher unter systematischen Gesichtspunkten nicht seine Anwendung auf gebietsfremde Institute.

(b) Institutsbezogene Verweisungen auf den Erlaubnistatbestand

Allerdings stützen andere Bestimmungen des KWG eine institutsbezogene Auslegung des Tatbestandsmerkmals „im Inland“ gem. § 32 Abs. 1 Satz 1 KWG. So sieht § 53 Abs. 1 Satz 1 KWG vor, dass inländische Zweigstellen als Kredit- oder Finanzdienstleistungsinstitute gelten. Die Institutsfiktion führt dazu, dass inländische Zweigstellen ausländischer Unternehmen von den übrigen Vorschriften des KWG erfasst werden, insbesondere der Erlaubnispflicht des § 31 RegE[614], heute § 32 KWG, unterliegen[615]. Allein die Tatsache, dass Zweigstellen Bank- oder Finanzdienstleistungen im Inland ausüben, genügt demnach nicht, um sie der kredit-

611 So *Es-Said*, Grenzüberschreitende Bankgeschäfte (2009), S. 143; *Götting*, CR 2001, S. 528 (532); *Hanten*, WM 2003, S. 1412 (1414); *Rögner*, WM 2006, S. 745 (749).

612 Vgl. VGH Hessen v. 21.01.2005 6 TG 1568/04 WM 2005, S. 1123 (1124 f.).

613 Siehe zur Anwendbarkeit des § 2 c KWG auf ausländische Anteilserwerber 2. Teil 2. Kapitel A. I. 2. a).

614 Vgl. RegBgr. KWG BT-Drucks. 3/1114 S. 12.

615 Vgl. RegBgr. KWG BT-Drucks. 3/1114 S. 45. Aus diesem Grund ergibt sich die Erlaubnispflicht für Zweigstellen nicht unmittelbar aus § 32 Abs. 1 Satz 1 KWG, sondern erst aus einer Verweisung des § 53 Abs. 1 Satz 1 auf § 32 Abs. 1 Satz 1 KWG. Siehe 2. Teil 2. Kapitel A. I. 3. b) aa).

wesenrechtlichen Erlaubnispflicht zu unterwerfen. Erst durch die Fiktion als Institut findet § 32 Abs. 1 Satz 1 KWG Anwendung auf Zweigstellen. Die Bestimmung setzt deshalb voraus, dass das Zulassungsbedürfnis nur für Einrichtungen besteht, die bei Geschäftsaufnahme Institute sind. Entgegen dem ausdrücklichen Wortlaut weist der Erlaubnistatbestand daher einen institutsbezogenen Charakter auf. Der Terminus „im Inland“ knüpft hiernach an den Sitz der Institute an.

Die Institutsbezogenheit des § 32 Abs. 1 Satz 1 KWG spiegelt sich auch in § 2 KWG wider. Die Vorschrift soll bestimmte Arten von Unternehmen von den Pflichten des KWG befreien, darunter auch von der Verpflichtung, eine Erlaubnis einzuholen[616]. Formulierungstechnisch wurde für diese Unternehmen aber keine Ausnahme von den Erfordernissen des § 32 Abs. 1 Satz 1 KWG angeordnet, sondern es wurde festgelegt, dass sie nicht als Kredit- oder Finanzdienstleistungsinstitute gelten. Diese Fiktion entbindet die Unternehmen von der anderenfalls bestehenden Pflicht, eine kreditwesenrechtliche Erlaubnis zu beantragen. Die Anwendung des § 32 Abs. 1 Satz 1 KWG ist somit von der Einordnung als Institut abhängig. Auch insoweit spricht die Gesetzessystematik dafür, das Tatbestandsmerkmal „im Inland“ institutsbezogen auszulegen.

(c) Erlaubnisfreiheit des Dienstleistungsverkehrs von passfähigen EWR-Instituten

Im Zuge der 4. KWG-Novelle[617] wurde für bestimmte Institute aus anderen Staaten des EWR in § 53 b KWG der Europäische Pass eingeführt. Die Vorschrift sieht vor, dass die Institute „*ohne Erlaubnis durch die Bundesanstalt (BaFin) im Wege des grenzüberschreitenden Dienstleistungsverkehrs im Inland Bankgeschäfte betreiben oder Finanzdienstleistungen erbringen*“ dürfen. Gem. § 53 c Nr. 1 KWG kommen Unternehmen aus Drittstaaten ebenfalls in den Genuss des Passes, wenn der Bundesminister der Finanzen die Vorschrift auf Grundlage eines Abkommens der Europäischen Gemeinschaft mit dem Drittstaat für anwendbar erklärt[618].

Eine Erlaubnisbefreiung von ausländischen Instituten, die im Wege des grenzüberschreitenden Dienstleistungsverkehrs im Inland tätig werden, ist aber nur erforderlich, wenn diese überhaupt erlaubnispflichtig sind[619]. Ein Zulassungserfordernis für die Institute lässt sich nicht auf § 53 Abs. 1 Satz 1 i. V. m. § 32 Abs. 1 Satz 1 KWG stützen, da diese Bestimmungen nur für inländische Zweigstellen

616 Siehe bereits 2. Teil 2. Kapitel A. I. 1. b) dd).
617 Vgl. BGBl. I 1992, S. 2211 ff.
618 § 53 c Nr. 2 KWG erstreckt sich nach seinem Wortlaut hingegen nur auf Zweigstellen, nicht auf den grenzüberschreitenden Dienstleistungsverkehr.
619 Vgl. *Böttcher*, Aktienplatzierungen (2004), S. 140; *Vahldiek*, in: Boos/Fischer/Schulte-Mattler, KWG, § 53 Rn. 165; *Voge*, WM 2006, S. 381 (384 f.).

gelten[620]. Als Grundlage für ein Zulassungserfordernis kommt daher nur unmittelbar § 32 Abs. 1 Satz 1 KWG in Betracht[621].

Aus der Gesetzessystematik folgt allerdings nicht, dass jegliche Formen des grenzüberschreitenden Dienstleistungsverkehrs einer Zulassung der BaFin bedürften. Vielmehr erfasst der Begriff „grenzüberschreitender Dienstleistungsverkehr“ gem. § 53 b KWG nur den aktiven Dienstleistungsverkehr, also den Fall des Eintritts eines ausländischen Leistungserbringers in das Inland[622]. Nur insoweit legt die Gesetzessystematik daher nahe, dass Bank- oder Finanzdienstleistungen ausländischer Institute erlaubnispflichtig sind. Diese enge Auslegung des § 53 b KWG folgt daraus, dass nach der Mitteilung der Kommission[623] Institute lediglich anzeigepflichtig sind, wenn sie *„auf dem Gebiet eines anderen Mitgliedstaats“*[624] aktiv werden. Dies sei bei vorübergehender Einreise der Institute in andere Staaten anzunehmen, während eine Anzeige nicht erforderlich sei bei einem Erbringen von Bank- oder Finanzdienstleistungen auf dem Fernweg oder bei Einreise der Kunden in die Mitgliedstaaten, in denen die Institute ansässig sind[625]. Daher findet auch der Europäische Pass nur auf den aktiven Dienstleistungsverkehr Anwendung. Dass der Begriff „Dienstleistungsverkehr“ im Rahmen des Art. 56 AEUV den Korrespondenzdienstleistungsverkehr einbezieht, steht dem nicht entgegen[626]. Art. 56 AEUV erfasst nämlich auch den passiven Dienstleistungsverkehr, für den § 53 b KWG nicht gilt.

Gegen das Argument, dass aus der Erlaubnisbefreiung gem. §§ 53 b, 53 c KWG jedenfalls eine teilweise Erlaubnispflicht für ausländische Institute folgt, ließe sich einwenden, dass der Gesetzgeber nur wortlautgetreu die richtlinienrechtlichen Vorgaben umsetzen wollte. Die Erlaubnisbefreiung gem. §§ 53 b, 53 c KWG hätte dann nur klarstellenden Charakter. Dieser ist mit Blick auf den weitgreifenden Wortlaut des § 32 Abs. 1 Satz 1 KWG auch angebracht. Diese Bedenken können aber nicht das systematische Argument entkräften, dass die §§ 53 b, 53 c KWG Ausnahmen von einer Zulassungspflicht für den grenzüberschreitenden Dienst-

---

620 A. A. *Götting*, CR 2001, S. 528 (532).

621 Vgl. *Voge*, WM 2006, S. 381 (384 f.).

622 Vgl. *Götting*, CR 2001, S. 528 (532); *Samm*, in: Beck/Samm/Kokemoor, KWG, § 32 Rn. 37; *Steck/Campbell*, ZBB 2006, S. 354 (356); a. A. BVerwG v. 22.04.2009 8 C 2.09 WM 2009, S. 1553 (1558 f.); *Vahldiek*, in: Boos/Fischer/Schulte-Mattler, KWG, § 53 b Rn. 41.

623 Vgl. Kommission, Mitteilung „Zweite Bankenrichtlinie“, v. 10.07.1997 97/C 209 S. 4 (8).

624 Kommission, Mitteilung „Zweite Bankenrichtlinie“, v. 10.07.1997 97/C 209 S. 4 (8).

625 Vgl. Kommission, Mitteilung „Zweite Bankenrichtlinie“, v. 10.07.1997 97/C 209 S. 4 (8).

626 Anders BVerwG v. 22.04.2009 8 C 2.09 WM 2009, S. 1553 (1557).

leistungsverkehr enthalten. Danach müssen ausländische Institute zumindest teilweise gem. § 32 Abs. 1 Satz 1 KWG erlaubnispflichtig sein.

(d) Schlechterstellung von passfähigen EWR-Instituten gegenüber anderen Instituten

Bei institutsbezogener Auslegung des § 32 Abs. 1 Satz 1 KWG haben drittstaatliche Institute und nichtpassfähige EWR-Institute weder ein Erlaubnis- noch ein Anzeigeverfahren einzuhalten, noch bestehen andere aufsichtsrechtliche Kompetenzen der BaFin. Passfähige EWR-Institute werden demgegenüber seit Einführung des Europäischen Passes einem Anzeigeverfahren gem. § 53 b Abs. 2 a KWG sowie den in § 53 b Abs. 3 Satz 3 KWG aufgeführten Aufsichtsbefugnissen der BaFin unterworfen. Während damit drittstaatliche Institute und nichtpassfähige EWR-Institute von kreditwesenrechtlichen Pflichten vollständig befreit sind, sind passfähige EWR-Institute bestimmten aufsichtsrechtlichen Anforderungen ausgesetzt. Bei institutsbezogener Auslegung des § 32 Abs. 1 Satz 1 KWG werden die passfähigen EWR-Institute im Vergleich zu anderen ausländischen Instituten deshalb benachteiligt[627].

Fraglich ist, welche rechtlichen Konsequenzen aus dieser Ungleichbehandlung zu ziehen sind. Gem. Art. 38 Abs. 1 Bankenrichtlinie[628] dürfen nationale Vorschriften, die Zweigstellen von Drittstaatenunternehmen betreffen, nicht günstiger sein als solche, die sich auf Zweigstellen von Unternehmen aus anderen Staaten des EWR beziehen. Diese ausdrücklich nur Zweigstellen erfassende Bestimmung kann allerdings nicht ohne weiteres auf den grenzüberschreitenden Dienstleistungsverkehr übertragen werden[629].

Möglicherweise lässt sich ein Verbot der Schlechterbehandlung allerdings aus Art. 18 AEUV ableiten[630]. Jedenfalls wäre aber eine intensivere Beaufsichtigung von passfähigen EWR-Instituten im Vergleich zu solchen aus Drittstaaten angesichts der regelmäßig niedrigeren Aufsichtsstandards in Drittstaaten nicht folgerichtig[631]. Soweit passfähige EWR-Institute gegenüber anderen ausländischen Instituten benachteiligt werden, ist deshalb ein Ausgleich herzustellen.

---

627 So VG Frankfurt a.M. v. 07.05.2004 9 G 6496/03 (V) ZIP 2004, S. 1259 (1263 f.); *Böttcher*, Aktienplatzierungen (2004), S. 141; *Freiwald*, in: Schwintowski (2006), Rn. 1248 (1261); *dies.*, WM 2008, S. 1537 (1543); *Schelinski*, Online-Dienste (2005), S. 34 f.; *Voge*, WM 2007, S. 381 (385). So auch Vertreter der institutsbezogenen Auslegung, vgl. *Hanten*, WuB I L 1. § 32 KWG 1.10, S. 29 (32); *ders.*, WM 2003, S. 1412 (1415 f.); *Rögner*, WM 2006, S. 745 (749).

628 Vgl. Richtlinie 2006/48/EG v. 14.06.2006.

629 A. A. *Böttcher*, Aktienplatzierungen (2004), S. 142.

630 So *Bleckmann*, Europarecht (1997), Rn. 1732 f.

631 Vgl. *Böttcher*, Aktienplatzierungen (2004), S. 142; *Freiwald*, in: Schwintowski (2006), Rn. 1248 (1261); *Schelinski*, Online-Dienste (2005), S. 35; *Voge*, WM 2007,

Eine Freistellung auch der passfähigen EWR-Institute von sämtlichen Anforderungen des KWG kommt nicht in Betracht, da dies gegen richtlinienrechtliche Vorgaben verstoßen würde. Die Ungleichbehandlung kann nur dadurch gelöst werden, dass die übrigen ausländischen Institute ebenfalls aufsichtsrechtlich erfasst werden. Der Anwendungsbereich des § 32 Abs. 1 Satz 1 KWG ist aber nur insoweit zu erweitern, als die passfähigen EWR-Institute anderenfalls tatsächlich schlechtergestellt würden. Nach der Mitteilung der Europäischen Kommission gilt das Anzeigeverfahren nur für Institute, die im Wege des aktiven Dienstleistungsverkehrs auf dem Gebiet eines anderen Mitgliedstaats tätig werden. Damit sind ausländische Institute nur in diesem Fall gem. § 53 b KWG anzeigepflichtig[632].

Um Ungleichbehandlungen von passfähigen EWR-Instituten und sonstigen ausländischen Instituten zu beheben, genügt es deshalb, dass nur die ausländischen Institute erlaubnispflichtig sind, die Bank- oder Finanzdienstleistungen auf dem Gebiet der Bundesrepublik erbringen. Dadurch wird auch dem systematischen Argument Rechnung getragen, dass sich wegen §§ 53 b, 53 c KWG der Anwendungsbereich des § 32 Abs. 1 Satz 1 KWG zumindest teilweise auf ausländische Institute erstrecken muss[633].

(e) Erfordernis einer inländischen Hauptverwaltung

Ein Argument für eine institutsbezogene Auslegung des § 32 Abs. 1 Satz 1 KWG könnte dem durch die 6. KWG-Novelle[634] eingefügten § 33 Abs. 1 Satz 1 Nr. 6 KWG zu entnehmen sein. Um eine kreditwesenrechtliche Zulassung zu erhalten, müssen Institute hiernach über eine Hauptverwaltung in der Bundesrepublik verfügen. Institute, deren Hauptverwaltung sich im Ausland befindet, sind nicht erlaubnisfähig. Soweit sie zugleich gem. § 32 Abs. 1 Satz 1 KWG erlaubnispflichtig sind, unterliegen sie demnach einem Tätigkeitsverbot[635].

Zwar kann daraus, dass Institute ohne inländische Hauptverwaltung nicht erlaubnisfähig sind, nicht gefolgert werden, dass diese dann auch nicht erlaubnispflichtig sind[636]. Ein Rückschluss, dass nicht erlaubnisfähige Institute nicht

---

S. 381 (385).

632 Vgl. *Granzow*, Handel mit Energiederivaten (2006), S. 58 f. Fn. 297; *Samm*, in: Beck/Samm/Kokemoor, KWG, § 32 Rn. 37; *Steck/Campbell*, ZBB 2006, S. 354 (356); *Vahldiek*, in: Boos/Fischer/Schulte-Mattler, KWG, § 53 Rn. 5, § 53 b Rn. 41 ff. A. A. wohl *Schneider/Troberg*, WM 1990, S. 165 (166).

633 Siehe 2. Teil 2. Kapitel A. II. 1. d) cc) (1) (c).

634 Vgl. BGBl. I 1997, S. 2518 ff.

635 Siehe 2. Teil 2. Kapitel A. I. 1. c) bb).

636 So aber *Rögner*, WM 2006, S. 745 (748). Ablehnend *Voge*, WM 2007, S. 381 (383).

erlaubnispflichtig sind, ist nämlich nicht möglich. Vielmehr müssen Erlaubnisfähigkeit und –pflicht getrennt voneinander beurteilt werden.

Jedoch lässt sich aus § 33 Abs. 1 Satz 1 Nr. 6 KWG ein anderes systematisches Argument für eine institutsbezogene Interpretation des § 32 Abs. 1 Satz 1 KWG ableiten. Das Erfordernis einer inländischen Hauptverwaltung wurde in Umsetzung der richtlinienrechtlichen Vorgabe eingefügt, nach der jeder Mitgliedstaat dafür zu sorgen hat, dass Institute ihre Hauptverwaltungen in demselben Staat wie ihren Satzungssitz haben[637]. Dabei soll für die Zulassung von Instituten die Herkunftslandbehörde zuständig sein, d. h. die Behörde des Satzungssitzes[638]. Im Gegensatz etwa zum österreichischen Gesetzgeber[639] beschränkte sich der deutsche Gesetzgeber auf die Regelung, dass die Institute inländische Hauptverwaltungen aufweisen müssen. Auf das Erfordernis, dass sich der Satzungssitz der Institute ebenfalls im Inland befinden muss, wurde in der deutschen Umsetzungsvorschrift verzichtet.

Der richtlinienrechtlichen Vorgabe, dass Satzungs- und Verwaltungssitz der Institute in demselben Mitgliedstaat liegen müssen, entspricht § 33 Abs. 1 Satz 1 Nr. 6 KWG nur, wenn sich der Satzungssitz der von der Vorschrift erfassten Institute im Inland befindet. Dieses Erfordernis kann sich ausschließlich aus § 32 Abs. 1 Satz 1 KWG ergeben. § 32 Abs. 1 Satz 1 KWG muss daher so auszulegen sein, dass Institute erlaubnispflichtig sind, wenn sie einen inländischen Satzungssitz haben.

(f) Erlaubnispflichtigkeit der Drittstaateneinlagenvermittlung

Im Rahmen der 6. KWG-Novelle[640] wurde der Finanzdienstleistungstatbestand der Drittstaateneinlagenvermittlung gem. § 1 Abs. 1 a Satz 2 Nr. 5 KWG eingefügt. Die Vermittlung von Einlagen an Drittstaatenunternehmen ist nunmehr erlaubnispflichtig, aber gleichzeitig auch erlaubnisfähig. Wenn nun die Drittstaatenunternehmen, die mit den inländischen Einlagenvermittlern zusammenarbeiten, ihrerseits ebenfalls erlaubnispflichtig wären, unterlägen sie mangels inländischer Hauptverwaltung gem. § 33 Abs. 1 Satz 1 Nr. 6 KWG einem Tätigkeitsverbot. Da nicht davon auszugehen ist, dass das KWG die inländischen Einlagenvermittler ei-

637 Vgl. Art. 5 Abs. 4 MiFID (Richtlinie 2004/39/EG v. 21.04.2004) und Art. 11 Abs. 2 Bankenrichtlinie (Richtlinie 2006/48/EG v. 14.06.2006) sowie RegBgr. 6. KWG-Novelle BT-Drucks. 13/7142 S. 89.

638 Vgl. Art. 5 Abs. 1 Satz 2 i. V. m. Art. 4 Abs. 1 Nr. 20 sowie 22. Begründungserwägung zur MiFID (Richtlinie 2004/39/EG v. 21.04.2004). Ferner 10. Begründungserwägung zur Bankenrichtlinie (Richtlinie 2006/48/EG v. 14.06.2006).

639 Vgl. § 5 Abs. 1 Nr. 14 BWG.

640 Vgl. BGBl. I 1997, S. 2518 ff.

nem Erlaubnisverfahren unterwirft, während es ein Tätigwerden der Drittstaatenunternehmen verbietet, könnte zu folgern sein, dass das KWG von der Erlaubnisfreiheit der Drittstaatenunternehmen ausgeht. Dies würde bedeuten, dass der Erlaubnistatbestand gem. § 32 Abs. 1 Satz 1 KWG nicht auf ausländische Institute anwendbar wäre[641].

Bis zur Einführung der Drittstaateneinlagenvermittlung in § 1 Abs. 1 a Satz 2 Nr. 5 KWG waren „Treuhänder" erlaubnisfrei, die formal auf Weisung von inländischen Anlegern Gelder sammelten und an ausländische Briefkastenfirmen weiterleiteten. Sie betrieben als offizielle „Boten" der inländischen Anleger kein Einlagengeschäft und ohne Übernahme einer eigenen Haftung auch kein Garantiegeschäft[642]. Da diese Regelungslücke Scheingestaltungen mit sich brachte, die einer Umgehung der kreditwesenrechtlichen Erlaubnispflicht dienten, sollte die Geschäftsform der Aufsicht unterworfen werden[643].

Der novellierte Finanzdienstleistungstatbestand erfasst aber nur die inländischen Einlagenvermittler, nicht die Drittstaatenunternehmen. Diese sprechen – jedenfalls offiziell – von sich aus keine inländischen Anleger an. Vielmehr ist ihre Vertriebsstruktur so gestaltet, dass die Geschäftsinitiative von den Anlegern ausgeht. In dieser Konstruktion sind die Drittstaatenunternehmen selbst nach der von der BaFin vertretenen vertriebsbezogenen Auslegung des § 32 Abs. 1 Satz 1 KWG lizenzfrei, da sie mangels eigener Initiative die sog. passive Dienstleistungsfreiheit in Anspruch nehmen. Da die Einführung des Finanzdienstleistungstatbestands der Drittstaateneinlagenvermittlung sogar mit der vertriebsbezogenen Auslegung des § 32 Abs. 1 Satz 1 KWG in Einklang steht, kann hieraus kein systematisches Argument für oder gegen eine der Interpretationsvarianten abgeleitet werden.

(2) Einklang mit bank- und kapitalmarktrechtlichen Vorschriften außerhalb des KWG

Gem. § 31 Abs. 10 WpHG sind die Wohlverhaltenspflichten der §§ 31 ff. WpHG[644] auf Unternehmen mit Sitz in Drittstaaten anwendbar, wenn diese Wertpapierdienst-

641 So *Es-Said*, Grenzüberschreitende Bankgeschäfte (2009), S. 146 f.; *Marwede*, in: Boos/Fischer/Schulte-Mattler, KWG (Aufl. 2004), § 53 Rn. 118; a. A. BVerwG v. 22.04.2009 8 C 2.09 WM 2009, S. 1553 (1559).

642 Vgl. OLG Stuttgart v. 22.07.1960 1 Ss 294/60 NJW 1960, S. 2158 (2159); Bundesminister der Justiz, „Registergerichte", v. 06.02.1963 Nr. 7200-2-34 130/62, KWG-Texte 4.22.; *Beck/Samm/Kokemoor*, KWG, § 1 Rn. 88; *Schäfer*, in: Boos/Fischer/Schulte-Mattler, KWG, § 1 Rn. 35, 39.

643 Vgl. RegBgr. 6. KWG-Novelle BT-Drucks. 13/7142 S. 66.

644 In Umsetzung der MiFID (Richtlinie 2004/39/EG v. 21.04.2004) haben die Wohlverhaltensregeln umfassende Änderungen erfahren, vgl. FRUG (BGBl. I 2007, S. 1330 (1338 ff.)). Siehe hierzu *Spindler*, WM 2007, S. 1245 ff.

leistungen oder -nebendienstleistungen für gebietsansässige Anleger erbringen. Die Pflicht zur Beachtung der Wohlverhaltenspflichten besteht nur dann nicht, wenn die Unternehmen ausschließlich im Ausland tätig werden[645]. Damit enthält das WpHG Regelungen für ausländische Unternehmen, die in der Bundesrepublik aktiv werden. Es setzt voraus, dass diese auch in der Bundesrepublik tätig werden können. Daraus folgt, dass § 31 Abs. 10 WpHG nur dann systematisch mit den §§ 32 ff. KWG in Einklang steht, wenn das KWG für ausländische Unternehmen kein generelles Tätigkeitsverbot enthält[646].

Diese Überlegung spricht zwar nicht zwingend dafür, die Erlaubnispflicht gem. § 32 Abs. 1 Satz 1 KWG auf inländische Institute zu beschränken. Es würde ausreichen, wenn die ausländischen Institute jedenfalls erlaubnisfähig wären. Nach geltendem Recht ist eine Lizenzvergabe aber nur möglich, wenn die betroffenen Institute gem. § 33 Abs. 1 Satz 1 Nr. 6, § 53 Abs. 1 Satz 1 KWG Haupt- oder Zweigniederlassungen in der Bundesrepublik unterhalten[647]. Ausländische Institute, die im Wege des grenzüberschreitenden Dienstleistungsverkehrs in der Bundesrepublik tätig werden, sind deshalb nicht erlaubnisfähig. Wegen dieser Rechtslage sind § 31 Abs. 10 WpHG und §§ 32 ff. KWG nur dann miteinander vereinbar, wenn die ausländischen Institute erlaubnisfrei wären.

Nach der von der BaFin vertretenen vertriebsbezogenen Auslegung des § 32 Abs. 1 Satz 1 KWG sind ausländische Institute erlaubnispflichtig, die zielgerichtet inländische Kunden ansprechen. Der Anwendungsbereich des § 31 Abs. 10 WpHG würde bei dieser Interpretation auf Sachverhalte reduziert werden, in denen deutsche Kunden ausländische Unternehmen von sich aus ansprechen und die Leistungen zumindest teilweise in der Bundesrepublik erbracht werden. Eine derart beschränkte Bedeutung des § 31 Abs. 10 WpHG steht weder mit dem Wortlaut noch mit dem Zweck der Vorschrift in Einklang.

Nach der vermittelnden Ansicht sind ausländische Institute erlaubnispflichtig, die auf dem Gebiet der Bundesrepublik Bank- oder Finanzdienstleistungen erbringen. Danach würde § 31 Abs. 10 WpHG Fälle regeln, in denen zwar der charakteristische Teil der Geschäfte im Ausland abgewickelt wird, aber gleichzeitig Leistungen in der Bundesrepublik erbracht werden. Die Bedeutung des § 31 Abs. 10 WpHG ist bei dieser Auslegung größer als bei der vertriebsbezogenen Auslegung, sie ist aber ebenfalls begrenzt.

---

645 Siehe zur Auslegung des Tatbestandsmerkmals *Assmann*, in: FS Schütze (1999), S. 15 (35); *Koller*, in: Assmann/Schneider, WpHG, § 31 Rn. 67.

646 Vgl. *Marwede*, in: Boos/Fischer/Schulte-Mattler, KWG (Aufl. 2004), § 53 Rn. 120; *Samm*, in: Beck/Samm/Kokemoor, KWG, § 32 Rn. 28; a. A. BVerwG v. 22.04.2009 8 C 2.09 WM 2009, S. 1553 (1559).

647 Siehe unten 2. Teil 2. Kapitel A. II. 2. a).

Wenn dagegen der institutsbezogenen Auslegung des Tatbestandsmerkmals „im Inland" in § 32 Abs. 1 Satz 1 KWG gefolgt würde, wäre § 31 Abs. 10 WpHG umfassend anwendbar. Die Vorschriften wären dann miteinander vereinbar. Allerdings erscheint es als inkonsequent, dass der Schutznorm des § 31 Abs. 10 WpHG weitgehende Geltung dadurch verschafft wird, dass der Einfluss des § 32 Abs. 1 Satz 1 KWG, der ebenfalls Gläubigerschutzaspekte verfolgt, geschmälert wird.

Jede Interpretationsvariante hat demnach Schwachstellen. Mit Blick auf § 31 Abs. 10 WpHG überzeugt es am ehesten, ausländische Institute nicht zu verbieten, sondern einem kreditwesenrechtlichen Erlaubnisverfahren zu unterwerfen. Hierfür wäre eine Änderung der §§ 32, 33 Abs. 1 Satz 1 Nr. 6 KWG vonnöten.

Systematische Anhaltspunkte für eine Auslegung des Tatbestandsmerkmals „im Inland" ergeben sich aber schließlich daraus, dass sich neben § 31 Abs. 10 WpHG in anderen bank- und kapitalmarktrechtlichen Vorschriften Regelungen finden, die ausländische Unternehmen ausdrücklich in ihren Anwendungsbereich einbeziehen. Exemplarisch können § 15 a Abs. 1 Satz 3 Nr. 2 WpHG, § 26 Abs. 2 BörsG, § 1 Abs. 2, 5 WpÜG sowie § 1 Satz 1 Nr. 3 InvG genannt werden. Dass es insoweit an einer ausdrücklichen Regelung im KWG fehlt, ist als Argument für eine Beschränkung der kreditwesenrechtlichen Erlaubnispflicht auf inländische Institute zu werten.

(3) Vereinbarkeit mit dem völkerrechtlichen Territorialitätsprinzip

Als weiteres Argument für eine institutsbezogene Auslegung des § 32 Abs. 1 Satz 1 KWG kommt das Territorialitätsprinzip in Betracht[648]. Das Territorialitätsprinzip wird aus dem völkerrechtlichen Recht der Staaten auf eine eigene Gebietshoheit abgeleitet. Es hindert zum einen den Staat an der Ausübung hoheitlicher Gewalt auf dem Gebiet eines anderen Staates, zum anderen beschränkt es die Geltung einer Rechtsordnung auf das eigene Gebiet[649].

Von dem Geltungsbereich einer Rechtsordnung ist ihr sachlicher und persönlicher Anwendungsbereich zu unterscheiden. Die Rechtsordnung eines Staates kann sich unter bestimmten Voraussetzungen auf Sachverhalte bzw. Personen in anderen Staaten beziehen, d. h., einen sog. extraterritorialen Anwendungsbereich entfalten. Allerdings ist weder die Verwaltung noch die Justiz des anderen Staates an das ausländische Recht gebunden[650]. Eine Rechtsdurchsetzung gegenüber den ausländischen Personen kann nur durch eine europäische bzw. internationale Zusammenarbeit der öffentlichen Einrichtungen erreicht werden.

---

648 So *Florian*, Rechtsfragen des Wertpapierhandels (2001), S. 26 f.; *Samm*, in: Beck/Samm/Kokemoor, KWG, § 32 Rn. 42; *Spindler*, WM 2001, S. 1689 (1700).

649 Vgl. *Ohler*, Kollisionsordnung (2005), S. 43 f.

650 Vgl. *Ohler*, Kollisionsordnung (2005), S. 44, 47.

Während sich der Geltungsbereich des KWG nach dem Territorialitätsprinzip auf das Gebiet der Bundesrepublik Deutschland beschränkt[651], steht es dem deutschen Gesetzgeber frei, den Anwendungsbereich des KWG weiter zu fassen und ihm bei hinreichendem Bezug zum Inland einen extraterritorialen Anspruch zu verleihen[652]. Dies ist im Bereich des Gewerbe- und Kapitalmarktrechts anerkannt[653]. Das Territorialitätsprinzip besagt folglich nichts darüber, ob ausländische Institute kreditwesenrechtlich erlaubnispflichtig sind[654]. Es spricht weder für noch gegen die institutsbezogene Auslegung.

(4) Einklang mit europarechtlichen Vorgaben

Gem. Art. 3 Abs. 1 Satz 1 WDRL[655] muss jeder Mitgliedstaat die Institute zulassen, für die er der Herkunftsstaat ist. Der Herkunftsstaat ist nach Art. 1 Nr. 6 lit. b WDRL der Staat, in dem ein Institut seinen satzungsmäßigen Sitz bzw., falls ein solcher nicht vorhanden ist, seine Hauptverwaltung hat. Eine entsprechende Regelung wurde in Art. 4 Abs. 1 Nr. 20 a) ii), iii) und Art. 5 Abs. 1 MiFID[656] übernommen. Aus dieser europarechtlichen Vorgabe könnte – die vertriebsbezogene Auslegung untermauernd – zu folgern sein, dass das Erbringen von Bank- und Finanzdienstleistungen innerhalb des Gebiets des EWR voraussetzt, dass zumindest ein Mitgliedstaat eine Erlaubnis für die Institute erteilt hat, auch wenn sie aus Drittstaaten heraus in der Gemeinschaft tätig werden[657].

Problematisch an dieser Folgerung ist allerdings bereits, dass sich nach dem Wortlaut der richtlinienrechtlichen Bestimmungen ihr Anwendungsbereich auf Institute beschränkt, die innerhalb der Gemeinschaft ansässig sind. Vorgaben für die Lizenzpflicht für Drittstaateninstitute lassen sich deshalb nicht ableiten[658]. Zudem wird übersehen, dass Mitgliedstaaten nur dann für die Beaufsichtigung der Institute zuständig sind, wenn sich die betroffenen Tätigkeiten innerhalb der Ge-

651 Vgl. VG Frankfurt a.M. v. 05.07.2007 1 E 4355/06 BKR 2007, S. 341 (346); *Gloria/Epping*, in: Ipsen (2004), § 23 Rn. 85.
652 Vgl. VG Frankfurt a.M. v. 05.07.2007 1 E 4355/06 BKR 2007, S. 341 (346); *Ohler*, WM 2002, S. 162 (165 f.).
653 Vgl. *Freiwald*, in: Schwintowski (2006), Rn. 1248 (1260); *dies.*, WM 2008, S. 1537 (1543); *Spindler*, WM 2001, S. 1689.
654 Vgl. *Rögner*, WM 2006, S. 745 (748).
655 Vgl. Richtlinie 93/22/EWG v. 10.05.1993.
656 Vgl. Richtlinie 2004/39/EG v. 21.04.2004.
657 So VG Frankfurt a.M. v. 07.05.2004 9 G 6496/03 (V) ZIP 2004, S. 1259 (1260 f.); zustimmend *Granzow*, Handel mit Energiederivaten (2006), S. 61 f.
658 Vgl. VGH Hessen v. 21.01.2005 6 TG 1568/04 WM 2005, S. 1123 (1126); VG Frankfurt a.M. v. 05.07.2007 1 E 4355/06 BKR 2007, S. 341 (345); *Mankowski*, WuB I L 1. § 32 KWG 1.04, S. 929 (932).

meinschaft lokalisieren lassen. Ob dies voraussetzt, dass die Institute ihren Sitz in einem Mitgliedstaat haben, oder ob dies unabhängig davon bereits beim Vertrieb von Bank- oder Finanzdienstleistungen an inländische Kunden zu bejahen ist, ist die in Rede stehende Frage. Für ihre Beantwortung enthalten die richtlinienrechtlichen Bestimmungen keine Anhaltspunkte. Sie setzen vielmehr voraus, dass die Institute einen hinreichenden Bezug zu den Mitgliedstaaten haben.

Die richtlinienrechtlichen Bestimmungen sprechen somit weder für noch gegen eine institutsbezogene Auslegung des § 32 Abs. 1 Satz 1 KWG. Sie befassen sich vielmehr nur mit dem daraus resultierenden Problem, wie die mitgliedstaatlichen Kompetenzen für eine Beaufsichtigung der Institute zu verteilen sind.

(5) Einfluss des rechtsstaatlichen Bestimmtheitsgebots

Nach dem rechtsstaatlichen Bestimmtheitsgebot darf der Gesetzgeber zwar auslegungsbedürftige Begriffe verwenden[659]. Er muss aber so genau wie möglich formulieren[660]. Mit diesem Bestimmtheitsgebot sind sowohl die institutsbezogene als auch die vermittelnde Auslegung des § 32 Abs. 1 Satz 1 KWG vereinbar, da sie mit dem Wortlaut der Vorschrift in Einklang stehen. Fraglich ist aber, ob die vertriebsbezogene Auslegung des Erlaubnistatbestands das rechtsstaatliche Bestimmtheitsgebot verletzt[661].

Die Art und Weise, in der ausländische Institute im Inland tätig werden können, ist vielfältig. Daher ist eine hinreichend konkrete Formulierung des Erlaubnistatbestands schwierig. Eine Aufzählung sämtlicher Erscheinungsformen würde den Umfang des Gesetzestexts sprengen. Die im 4. FMFG[662] vorgeschlagene Ergänzung des § 32 Abs. 1 Satz 1 KWG überzeugt ebenfalls nicht, da sie sogar noch über die von der BaFin favorisierte vertriebsbezogene Auslegung hinausgeht. Allerdings zeigt das Merkblatt der BaFin[663], dass eine etwa am Kriterium der Zielgerichtetheit orientierte Gesetzesformulierung die Rechtssicherheit wesentlich erhöhen würde. Wenn sich die Erlaubnispflicht nach Maßgabe einer vertriebsbezogenen Auslegung des § 32 Abs. 1 Satz 1 KWG auf ausländische Institute erstrecken sollte, könnte der Erlaubnistatbestand deshalb konkreter gefasst werden. Der Gesetzgeber hätte dann nicht so genau wie möglich formuliert. Demnach ist eine

659 Vgl. BVerfG v. 12.11.1958 1 BvR 525/77 E 8, S. 274 (326); BVerfG v. 26.09.1978 1 BvR 525/77 E 49, S. 168 (181).

660 Vgl. BVerfG v. 26.09.1978 1 BvR 525/77 E 49, S. 168 (181).

661 Ablehnend BVerwG v. 22.04.2009 8 C 2.09 WM 2009, S. 1553 (1560); *Ohler*, EuZW 2006, S. 689 (693).

662 Vgl. BGBl. I 1997, S. 2518 ff.

663 Vgl. BaFin, Hinweise „Erlaubnispflicht nach § 32 Abs. 1 KWG“, 04/2005, KWG-Texte 4.350, S. 1 ff.

vertriebsbezogene Auslegung des § 32 Abs. 1 Satz 1 KWG nicht mit dem rechtsstaatlichen Bestimmtheitsgebot vereinbar.

Für Straftatbestände enthält Art. 103 Abs. 2 GG eine Intensivierung des allgemeinen rechtsstaatlichen Bestimmtheitsgebots[664]. Hiernach ist eine so hinreichende Konkretisierung der Strafbarkeit erforderlich, dass *„Tragweite und Anwendungsbereich der Straftatbestände zu erkennen sind und sich durch Auslegung ermitteln lassen"*[665]. Die tatbestandlichen Grenzen müssen dabei im Wesentlichen vom Gesetzgeber festgelegt werden[666]. Das Erbringen von Bank- oder Finanzdienstleistungen ohne die erforderliche Erlaubnis ist gem. § 54 Abs. 1 Nr. 2 KWG strafbewehrt. Strafbar ist gem. §§ 26, 27 StGB auch eine Teilnahme an einer Tat, sodass sich inländische Kunden, die diese Institute unterstützen, strafbar machen können[667].

Bei Verweisung der Strafnorm auf andere Vorschriften sind die erhöhten Anforderungen des Art. 103 Abs. 2 GG auch an diese Vorschriften zu stellen[668], sodass der Maßstab des Art. 103 Abs. 2 GG über die Verweisung in § 54 Abs. 1 Nr. 2 KWG auch für § 32 Abs. 1 Satz 1 KWG gilt[669]. Da die vertriebsbezogene Auslegung des § 32 Abs. 1 Satz 1 KWG bereits nicht mit dem rechtsstaatlichen Bestimmtheitsgebot vereinbar ist, steht sie erst recht mit den erhöhten Anforderungen des Art. 103 Abs. 2 GG nicht in Einklang.

Zwar gilt Art. 103 Abs. 2 GG nur für die Beurteilung der Strafbarkeit selbst und nicht bereits für das Erlaubnisverfahren gem. § 32 Abs. 1 Satz 1 KWG[670]. Allerdings würde eine Differenzierung zwischen dem Straftatbestand und dem Erlaubnisverfahren zu einer uneinheitlichen Auslegung des § 32 Abs. 1 Satz 1 KWG führen. Je nachdem, ob ein Straf- oder ein Verwaltungsverfahren einschlägig wäre, würde das Tatbestandsmerkmal „im Inland" nur inländische Institute oder auch ausländische Institute erfassen. Dies überzeugt nicht. Die vertriebsbezogene Auslegung des § 32 Abs. 1 Satz 1 KWG verstößt damit auch gegen das Bestimmtheitsgebot gem. Art. 103 Abs. 2 GG.

---

664 Vgl. BVerfG v. 26.09.1978 1 BvR 525/77 E 49, S. 168 (181).

665 BVerfG v. 11.11.1986 1 BvR 713/83 u. a. E 73, S. 206 (234).

666 Vgl. *Schulze-Fielitz*, in: Dreier, GG, Art. 103 Abs. 2 Rn. 23.

667 Vgl. *Vahldiek*, BKR 2003, S. 971 (973, Fn. 35).

668 Vgl. BVerfG v. 06.05.1987 2 BvL 11/85 E 75, S. 329 (342); *Degenhart*, in: Sachs, GG, Art. 103 Rn. 63 f.; *Schulze-Fielitz*, in: Dreier, GG, Art. 103 Abs. 2 Rn. 32.

669 Einen Verstoß gegen Art. 103 Abs. 2 GG bejahen *Hanten*, WM 2003, S. 1412 (1414); *ders.*, in: Baudenbacher (2005), S. 153 (157); *Rögner*, WM 2006, S. 745 (749). A. A. VG Frankfurt a.M. v. 05.07.2007 1 E 4355/06 BKR 2007, S. 341 (347); *Es-Said*, Grenzüberschreitende Bankgeschäfte (2009), S. 151; *Voge*, WM 2007, S. 381 (386).

670 Vgl. BVerwG v. 22.04.2009 8 C 2.09 WM 2009, S. 1553 (1560); *Es-Said*, Grenzüberschreitende Bankgeschäfte (2009), S. 151; *Vahldiek*, in: Boos/Fischer/Schulte-Mattler, KWG, § 53 Rn. 167; *Voge*, WM 2007, S. 381 (386).

(6) Ergebnis der systematischen Auslegung

Die systematische Auslegung des § 32 Abs. 1 Satz 1 KWG stützt insgesamt die institutsbezogene Auslegung: Zwar sind auslandsbezogene Sachverhalte nicht abschließend im fünften Abschnitt des KWG geregelt, sodass § 32 Abs. 1 Satz 1 KWG auf ausländische Institute Anwendung finden könnte. Jedoch belegen die institutsbezogenen Verweisungen in §§ 2 und 53 Abs. 1 Satz 1 KWG, dass der Erlaubnistatbestand an den Institutsbegriff anknüpft. Auch § 33 Abs. 1 Satz 1 Nr. 6 KWG legt eine institutsbezogene Auslegung des Erlaubnistatbestands nahe, da die Regelung gewährleisten soll, dass sich Satzungs- und Verwaltungssitz eines Instituts in demselben Staat befinden. Andere bank- und kapitalmarktrechtliche Vorschriften beziehen ausländische Unternehmen ausdrücklich in ihren Anwendungsbereich ein, während es insoweit an einer Regelung im KWG fehlt. Schließlich stützen das rechtsstaatliche Bestimmtheitsgebot und Art. 103 Abs. 2 GG eine institutsbezogene Auslegung des § 32 Abs. 1 Satz 1 KWG.

Allerdings sprechen § 53 b Abs. 1, § 53 c Nr. 1 KWG sowie die Tatsache, dass eine Schlechterstellung passfähiger EWR-Institute gegenüber anderen ausländischen Instituten zumindest zweckwidrig wäre, dafür, ausländische Institute teilweise einer Erlaubnispflicht zu unterwerfen. Dies gilt insoweit, als Mitarbeiter der ausländischen Institute in die Bundesrepublik reisen und auf inländischem Gebiet Bank- oder Finanzdienstleistungen erbringen.

dd) Teleologische Auslegung

Das Erlaubniserfordernis gem. § 32 Abs. 1 Satz 1 KWG zielt nicht darauf ab, grenzüberschreitende Aktivitäten ausländischer Institute im Inland als solche abzuwehren[671]. Ziele des KWG sind vielmehr die Gewährleistung der Stabilität des Finanzsystems sowie der Gläubigerschutz[672]. An diesen Zwecken muss sich eine teleologische Auslegung des § 32 Abs. 1 Satz 1 KWG orientieren.

(1) Funktionsfähigkeit des Finanzsystems

Ein freier Finanzmarkt verbessert die Risiko- und Ertragsstruktur für die deutschen Institute. Ihre Profitabilität steigt[673]. Rezessive Tendenzen auf dem Finanzmarkt

671 So aber VG Frankfurt a.M. v. 07.05.2004 9 G 6496/03 (V) ZIP 2004, S. 1259 (1261).

672 Siehe 1. Teil 2. Kapitel.

673 Vgl. *o. V.*, Börsen-Zeitung v. 25.02.2006, S. 4 mit Verweis auf José Manuel González-Páramo; die Vorteile eines freien Finanzmarktes hebt auch hervor *Es-Said*, Grenzüberschreitende Bankgeschäfte (2009), S. 190.

werden bei grenzüberschreitenden Marktstrukturen leichter ausgeglichen, da in Zeiten, in denen inländische Banken mit Blick auf wirtschaftliche Unsicherheiten ihr Engagement reduzieren, ausländische Institute den deutschen Finanzsektor stärken können. Der Einfluss ausländischer Institute belebt zudem den Wettbewerb. Vielseitigere Produktpaletten der Institute und optimale Preisgestaltungen führen zu mehr Wachstum auf den Finanzmärkten. Eine Öffnung der Landesgrenzen für ausländische Institute beeinflusst daher die inländische Finanzmarktstabilität positiv. Zugleich trägt sie zu volkswirtschaftlichem Wohlstand bei.

Ein Marktzugang für ausländische Institute, für den keine aufsichtsrechtlichen Barrieren bestehen, kann aber zu Wettbewerbsungleichheiten für inländische bzw. europäische Institute führen[674]. Diese beeinträchtigen die Finanzmarktstabilität. Die Wettbewerbsverzerrungen gründen darin, dass die Anforderungen des deutschen und europäischen Bankenaufsichtsrechts hohe Kosten für die Institute verursachen. Diese werden über Preisgestaltungen an die Kunden weitergegeben. Sofern ausländische Institute in weniger stark regulierten Märkten ansässig und insoweit niedrigeren Kostenbelastungen ausgesetzt sind, können sie ihre Produkte zu besseren Konditionen anbieten.

Eine solche Ungleichbehandlung liegt aber nur dann vor, wenn die Aufsichtsstandards in den Herkunftsstaaten der Institute tatsächlich niedriger sind. Bei gleichen oder höheren Aufsichtsstandards werden ausländische Institute bei zusätzlicher Erfassung durch das KWG insgesamt größeren Belastungen ausgesetzt. Wiederum sind Wettbewerbsverzerrungen die Folge. Die generelle Geltung der Anforderungen des KWG für gebietsfremde Institute ist demnach keine zufriedenstellende Lösung. Wenn der Aufsichtsstandard in den Herkunftsstaaten der Institute gleichwertig ist, ist keine zusätzliche Beaufsichtigung durch die BaFin erforderlich, um in- und ausländische Institute gleichzustellen. Dann werden auch die Ziele der Aufsicht ohne eine zusätzliche Kontrolle der Institute durch die BaFin erreicht.

Eine völlige Gleichwertigkeit der Aufsichtsstandards kann insofern nicht gefordert werden. Auch auf europäischer Ebene wurden nicht sämtliche Wettbewerbsverzerrungen zwischen den Mitgliedstaaten eliminiert. So sind etwa Unterschiede in der Regelungsintensität bei Einlagensicherungseinrichtungen, Adressatenkreisen oder möglichen Aufsichtsmaßnahmen[675] bestehen geblieben. Dennoch werden passfähige EWR-Institute, die in der Bundesrepublik tätig werden, von der kreditwesenrechtlichen Erlaubnis befreit.

Auch wenn der Aufsichtsstandard in dem Herkunftsstaat eines Instituts nicht gleichwertig ist, kann allerdings eine Beaufsichtigung des Instituts durch die Ba-

---

674 Vgl. *Weber*, NJW 2004, S. 28 (34).

675 Vgl. *Freiwald*, in: Schwintowski (2006), Rn. 1248 (1259).

Fin entbehrlich sein: Eine aufsichtsrechtliche Erfassung ist dann nicht notwendig, wenn davon auszugehen ist, dass sich die inländischen Kunden der ausländischen Institute gegen Risiken ausreichend absichern. So ist erforderlich, dass die BaFin ausländische Institute beaufsichtigt, die Geschäfte mit inländischen Privatkunden betreiben. Einem Privatkunden kann nämlich eine eigene Absicherung gegen die Risiken nicht zugemutet werden. Dagegen sind inländische Institute oder inländische öffentliche Einrichtungen weniger schutzbedürftig[676]. Von ihnen kann verlangt werden, dass sie sich selbst gegen die Risiken absichern. Damit ist für die Gewährleistung eines stabilen Finanzmarktes nicht erforderlich, dass die BaFin auch grenzüberschreitende Interbankengeschäfte oder Geschäfte mit öffentlichen Einrichtungen aufsichtsrechtlich erfasst.

(2) Gläubigerschutz

Inländische Privatkunden können die Bonität ausländischer Institute regelmäßig nicht überblicken; teilweise kennen sie sogar die Herkunft der Institute nicht[677]. Daher ist eine aufsichtsrechtliche Erfassung der ausländischen Institute unter dem Gesichtspunkt des Gläubigerschutzes durchaus erforderlich. Dass sich der Sitz der Institute außerhalb der Bundesrepublik befindet, mindert weder die Schutzbedürftigkeit der inländischen Kunden[678] noch den Umfang staatlicher Schutzpflichten[679]. Der technische Entwicklungsstand ermöglicht den problemlosen Aufbau eines weltweiten Kundennetzes, sodass der Sitz eines Instituts an Bedeutung verliert[680].

Demgegenüber sind inländische Kredit- oder Finanzdienstleistungsinstitute oder inländische öffentliche Einrichtungen weniger schutzbedürftig, da sie die Bonität der ausländischen Institute besser einschätzen können. Eine Beaufsichtigung gebietsfremder Institute, die ausschließlich Interbankengeschäfte oder Geschäfte mit öffentlichen Einrichtungen betreiben, lässt sich somit nicht wie beim Privatkundengeschäft durch Gläubigerschutzaspekte rechtfertigen[681]. Zwar werden Kredit- und Finanzdienstleistungsinstitute mit Sitz im Inland, die sich auf Interbankengeschäfte und Geschäfte mit öffentlichen Einrichtungen beschränken,

---

676 Vgl. zur Differenzierung *Samm*, in: Beck/Samm/Kokemoor, KWG, § 32 Rn. 54 c, 54 f.

677 Vgl. *Böttcher*, Aktienplatzierungen (2004), S. 147.

678 Vgl. VG Frankfurt a.M. v. 05.07.2007 1 E 4355/06 BKR 2007, S. 341 (346); *Böttcher*, Aktienplatzierungen (2004), S. 139, 146 ff.

679 A. A. Klägervortrag in VG Frankfurt a.M. v. 05.07.2007 1 E 4355/06 BKR 2007, S. 341 (342).

680 Vgl. VG Frankfurt a.M. v. 07.05.2004 9 G 6496/03 (V) ZIP 2004, S. 1259 (1262); *Freiwald*, WM 2008, S. 1537 (1542); *Voge*, WM 2007, S. 381 (385).

681 Vgl. zur Funktion des Publikumsschutzes *Gapp/Gfall*, ecolex 2003, S. 244 (246 f.).

ebenfalls von der BaFin erfasst. Die Einbeziehung dieser Institute in den Kreis der zu beaufsichtigenden Institute folgt aber aus ihrem Sitz in der Bundesrepublik[682].

(3) Ergebnis der teleologischen Auslegung

Die Stabilität des Finanzmarkts und der Gläubigerschutz erfordern eine kreditwesenrechtliche Erfassung ausländischer Institute[683]. Dies gilt aber nicht ausnahmslos. Angesichts der positiven Effekte, die sich aus der Öffnung des inländischen Marktes für den deutschen und europäischen Finanzsektor und für die Volkswirtschaft insgesamt ergeben, ist eine Einbeziehung grenzüberschreitender Geschäfte in das deutsche Bankenaufsichtsrecht im Einzelnen zu rechtfertigen.

Die aufsichtsrechtlichen Zwecke greifen nicht, wenn sich die ausländischen Institute auf Interbankengeschäfte oder Geschäfte mit öffentlichen Einrichtungen beschränken[684]. Die Erlaubnispflicht ist damit – parallel zu den Abstufungen innerhalb der Wohlverhaltensrichtlinien gem. §§ 31 ff. WpHG[685] – an den jeweiligen Kundenkreis der Institute anzuknüpfen. Zudem muss sich eine kreditwesenrechtliche Erlaubnispflicht auf Institute beschränken, die in ihren Herkunftsstaaten nicht bereits ausreichend aufsichtsrechtlich erfasst werden[686].

---

682 Vgl. zur Rechtfertigung der Kontrolle inländischer Präsenzen *Büschgen*, in: Büschgen/Richolt (1989), S. 1 (14).

683 Im Ergebnis ebenso VG Frankfurt a.M. v. 07.05.2004 9 G 6496/03 (V) ZIP 2004, S. 1259 (1262 f.); VG Frankfurt a.M. v. 11.10.2004 9 E 933/04 (V) WM 2005, S. 503 (510); *Es-Said*, Grenzüberschreitende Bankgeschäfte (2009), S. 182 f.; *Freiwald*, in: Schwintowski (2006), Rn. 1248 (1259 f.); *Granzow*, Handel mit Energiederivaten (2006), S. 62; *Hanten*, WM 2003, S. 1412 (1414); *Mankowski*, in: Leible (2003), S. 51 (76 f.); *Samm*, in: Beck/Samm/Kokemoor, KWG, § 32 Rn. 41; *Voge*, WM 2007, S. 381 (385 f.); *Zenke/Puderbach/Freiwald*, in: Zenke/Schäfer (2009), § 10 (§ 10 Rn. 10). A. A. *Weber*, Auslandsbanken (1996), S. 35.

684 Bei Interbankengeschäften, bei Geschäften mit öffentlich-rechtlichen Personen und bei Geschäften mit Kapitalgesellschaften i. S. d. § 267 Abs. 2, 3 HGB sind nach Ansicht der BaFin alle Bankgeschäfte und Finanzdienstleistungen mit Ausnahme des Finanztransfergeschäfts gem. § 2 Abs. 4 KWG von der Erlaubnispflicht freistellungsfähig, vgl. BaFin, Hinweise „Erlaubnispflicht nach § 32 Abs. 1 KWG“, 04/2005, KWG-Texte 4.350, S. 8.

685 Seit Einführung des FRUG (BGBl. I 2007, S. 1330 (1338 ff.) wird zwischen drei Kategorien von Neukunden mit unterschiedlichen Schutzbedürfnissen differenziert. Dies sind Privatkunden gem. § 31 a Abs. 3 WpHG, professionelle Kunden gem. § 31 a Abs. 2 WpHG und geeignete Gegenparteien gem. § 31 b WpHG.

686 In diese Richtung auch *Es-Said*, Grenzüberschreitende Bankgeschäfte (2009), S. 191; vgl. auch *Samm*, in: Beck/Samm/Kokemoor, KWG, § 32 Rn. 54 c, 54 f. Das Erfordernis einer ausreichenden Heimataufsicht führt nach Ansicht der BaFin zur Freistellungsfähigkeit gem. § 2 Abs. 4 KWG, vgl. BaFin, Hinweise „Erlaubnispflicht nach § 32 Abs. 1 KWG“, 04/2005, KWG-Texte 4.350, S. 8.

ee) Abwägung und Gesamtergebnis der Auslegung

Die vier Auslegungsmethoden führen zu abweichenden Ergebnissen. Da keine feste Rangordnung unter den Auslegungsregeln besteht, sind die einzelnen Gesichtspunkte in einer Gesamtschau zu betrachten und abzuwägen[687].

Die von der BaFin vertretene vertriebsbezogene Auslegung des Inlandsbegriffs in § 32 Abs. 1 Satz 1 KWG findet im Gesetzeswortlaut keine Stütze. Nach dem legislativen Willen, jüngst bestätigt durch die Ablehnung der Normerweiterung durch das 4. FMFG[688], beschränkt sich der Anwendungsbereich der Vorschrift auf Institute mit Sitz im Inland. Die institutsbezogene Systematik der §§ 2, 33 Abs. 1 Satz 1 Nr. 6, § 53 Abs. 1 Satz 1 KWG widerspricht ebenfalls der vertriebsbezogenen Auslegung. Zwar sprechen die § 53 b Abs. 1, § 53 c Nr. 1 KWG sowie die Zweckwidrigkeit einer Schlechterstellung von passfähigen EWR-Instituten gegenüber anderen ausländischen Instituten dafür, ausländische Institute zumindest teilweise aufsichtsrechtlich zu erfassen. Dementsprechend sind auslandsbezogene Konstellationen auch nicht abschließend im fünften Abschnitt des KWG geregelt. Der Anwendungsbereich des § 32 Abs. 1 Satz 1 KWG ist aber nur für Sachverhalte zu erweitern, in denen Mitarbeiter ausländischer Institute in die Bundesrepublik reisen und auf inländischem Gebiet Bank- oder Finanzdienstleistungen erbringen.

Andere bank- und kapitalmarktrechtliche Vorschriften zeigen, dass der Gesetzgeber eine Einbeziehung ausländischer Unternehmen ausdrücklich regelt, wo er sie für geboten hält. Schließlich werden das rechtsstaatliche Bestimmtheitsgebot und Art. 103 Abs. 2 GG bei einer vertriebsbezogenen Auslegung des Erlaubnistatbestands missachtet. Weder der Wortlaut noch die Entstehungsgeschichte der Norm oder die Gesetzessystematik sprechen demnach für die vertriebsbezogene Auslegung.

Allein teleologische Aspekte lassen sich für eine weite Auslegung des Merkmals „im Inland" anführen. Dies gilt aber nicht ausnahmslos. Die Zwecke des Erlaubnistatbestands rechtfertigen nicht die Einbeziehung ausländischer Institute bei Interbankengeschäften bzw. Geschäften mit öffentlichen Einrichtungen sowie bei ausreichender Beaufsichtigung durch die Aufsichtsbehörden der Herkunftsstaaten der Institute. In diesen Fällen sind die ausländischen Institute von der kreditwesenrechtlichen Erlaubnispflicht zu befreien, ohne sie auf eine Ermessensentscheidung der BaFin zu verweisen.

Die teleologischen Aspekte, die für eine vertriebsbezogene Interpretation des Erlaubnistatbestands sprechen, sind zwar beachtlich. Dennoch haben sie keinen Vorrang gegenüber den anderen Auslegungsergebnissen. Zwar werden sich bei

687 Vgl. *Koller*, Theorie des Rechts (1997), S. 216.
688 Vgl. BGBl. I 1997, S. 2518 ff.

fortschreitender Entwicklung im Telekommunikationsbereich ausländische Institute verstärkt an inländische Kunden wenden, sodass ihre Einbeziehung in das KWG zu überdenken ist. Die Gesetzesanpassungen sind aber dem Gesetzgeber vorbehalten[689]. Nur eine umfassende gesetzgeberische Neuregelung kann auch die Inkonsistenzen der vertriebsbezogenen Auslegung beheben, die im Hinblick auf den Wortlaut, die Historie und die Systematik bestehen. Eine Gesetzesanpassung ist letztlich erforderlich, damit die kreditwesenrechtliche Erlaubnispflicht für ausländische Institute nicht pauschal ausgeweitet wird.

§ 32 Abs. 1 Satz 1 KWG ist demnach institutsbezogen auszulegen. Grundsätzlich sind nur die Institute erlaubnispflichtig, die ihren Sitz in der Bundesrepublik haben. Mit Blick auf den Wortlaut der Norm und die Systematik des Europäischen Passes gem. §§ 53 b, 53 c KWG hat sich aber gezeigt, dass der Anwendungsbereich des Erlaubnistatbestands für bestimmte ausländische Institute zu erweitern ist. Auch die ausländischen Institute sind erlaubnispflichtig, die auf dem Gebiet der Bundesrepublik, d. h. insbesondere durch Einreise von Mitarbeitern, Bank- oder Finanzdienstleistungen erbringen. Dies steht mit dem verfassungsrechtlichen Bestimmtheitsgebot in Einklang. Im Ergebnis ist deshalb einer vermittelnden Auffassung zur Auslegung des § 32 Abs. 1 Satz 1 KWG zu folgen.

e) Fallgruppenspezifische Analyse des Erlaubnistatbestands

In diesem Abschnitt der Arbeit werden auf Grundlage des Auslegungsergebnisses zu § 32 Abs. 1 Satz 1 KWG die verschiedenen Formen grenzüberschreitender Dienstleistungserbringung[690] auf ihre kreditwesenrechtliche Bedeutung untersucht.

aa) 1. Modus: Der Dienstleistungserbringer überschreitet die Grenze

Wenn sich Mitarbeiter ausländischer Institute vorübergehend in das Inland begeben und vor Ort Bank- oder Finanzdienstleistungen erbringen, werden sie im Inland tätig. Die Institute sind gem. § 32 Abs. 1 Satz 1 KWG erlaubnispflichtig. So ist das Zulassungserfordernis etwa zu bejahen, wenn nach fernmündlicher Ansprache inländischer Kunden Mitarbeiter von ausländischen Instituten in die Bundesrepublik reisen, um Wertpapiere anzuschaffen oder zu veräußern[691]. Dasselbe

689 Für einen gesetzgeberischen Vorbehalt vgl. *Es-Said*, Grenzüberschreitende Bankgeschäfte (2009), S. 182 ff.; *Hanten*, WM 2003, S. 1412 (1416); *Samm*, in: Beck/Samm/Kokemoor, KWG, § 32 Rn. 41.

690 Siehe 2. Teil 1. Kapitel C. I. 1. b).

691 Vgl. *Florian*, Rechtsfragen des Wertpapierhandels (2001), S. 29.

gilt für den Fall, dass sich Vertreter von ausländischen Banken vorübergehend im Inland aufhalten und Kundengelder als Einlagen einsammeln.

(1) Erforderliche Qualität eines inländischen Teilakts

Die ausländischen Institute können einen Teil der Bank- oder Finanzdienstleistungen innerhalb der Bundesrepublik, einen anderen Teil in ihren Herkunftsstaaten erbringen. In diesem Fall stellt sich die Frage, welche Qualität die inländischen Teilakte aufweisen müssen, um eine Lizenzpflicht für die ausländischen Institute auszulösen. Für inländische Zweigstellen ausländischer Unternehmen wurde festgestellt, dass diese den charakteristischen Teil von Bank- oder Finanzdienstleistungen im Inland erbringen müssen, um gem. § 53 Abs. 1 i. V. m. § 32 Abs. 1 Satz 1 KWG erlaubnispflichtig zu sein[692].

Das Erbringen von Teilakten im Inland kann nur insoweit zu einer Erlaubnispflicht für die ausländischen Institute führen, als diese – aus systematischen Gründen – ausnahmsweise in den Anwendungsbereich des § 32 Abs. 1 Satz 1 KWG einbezogen werden müssen. Dass die Vorschrift teilweise auch für ausländische Institute gelten muss, beruht maßgeblich auf der Regelung des Europäischen Passes in § 53 b KWG[693]. Der Europäische Pass ist nach Auffassung der Europäischen Kommission nur anzuwenden, wenn zumindest die *„charakteristische Leistung"* auf dem Gebiet eines anderen Mitgliedstaats erbracht wird[694]. Dementsprechend sind ausländische Institute nur dann erlaubnispflichtig, wenn diese den charakteristischen Teil von Bank- oder Finanzdienstleistungen auf dem Gebiet der Bundesrepublik erbringen. In anderen Fällen fehlt die systematische Grundlage, um ausländische Institute in den Anwendungsbereich des § 32 Abs. 1 Satz 1 KWG einzubeziehen.

Diese enge Auslegung des Teilaktsbegriffs ist auch zweckmäßig. Nicht jeder von einem ausländischen Institut im Inland erbrachte Teilakt kann eine Erlaubnispflicht auslösen und zu einem Tätigkeitsverbot für das Institut führen. Vielmehr lässt sich eine Erlaubnispflicht nur rechtfertigen, wenn ein Institut jedenfalls den charakteristischen Teil einer Bank- oder Finanzdienstleistung im Inland erbringt.

---

692 Siehe 2. Teil 2. Kapitel A. I. 3. b) bb).

693 Hiernach besteht für passfähige EWR-Unternehmen, die im Wege des grenzüberschreitenden Dienstleistungsverkehrs tätig werden, ein Regel-Ausnahme-Verhältnis zwischen § 53 b Abs. 1, § 53 c Nr. 1 KWG und § 32 Abs. 1 Satz 1 KWG. Zudem ist eine Ausdehnung der Erlaubnisnorm erforderlich, um passfähige EWR-Unternehmen nicht schlechter zu stellen. Siehe im Einzelnen 2. Teil 2. Kapitel A. II. 1. d) cc) (1) (c) und (d).

694 Vgl. Kommission, Mitteilung „Zweite Bankenrichtlinie", v. 10.07.1997 97/C 209 S. 4 (7).

Demgegenüber legt das BVerwG den Teilaktsbegriff weiter aus. Es setzt für eine Erlaubnispflicht voraus, dass ein ausländisches Institut einen „*wesentlichen*“ Teilakt einer Bank- oder Finanzdienstleistung im Inland erbringt[695].

(2) Relevanz eines Vertragsschlusses auf inländischem Gebiet

Eine Bank- oder Finanzdienstleistung kann auch in der Weise grenzüberschreitend erbracht werden, dass Mitarbeiter der ausländischen Institute sich in die Bundesrepublik begeben und die jeweiligen Bank- oder Finanzdienstleistungen mit den inländischen Kunden vereinbaren; zum Erbringen der vereinbarten Leistungen kehren die Mitarbeiter in ihre Herkunftsstaaten zurück.

Entgegen der Auffassung des BVerwG knüpft das KWG nicht an den Abschluss von Verträgen zwischen Institut und Kunden, sondern an das tatsächliche Ausführen von Bank- oder Finanzleistungen an[696]. Bloße Vereinbarungen auf dem Gebiet der Bundesrepublik lösen deshalb keine Erlaubnispflichten für ausländische Institute aus. Vielmehr sind ausländische Institute nach dem Wortlaut des § 32 Abs. 1 Satz 1 KWG und der Gesetzessystematik nur erlaubnispflichtig, wenn Mitarbeiter der Institute auf dem Gebiet der Bundesrepublik Bank- und Finanzdienstleistungen i. S. d. § 1 Abs. 1, Abs. 1a KWG tatsächlich ausführen. So betreibt ein ausländisches Institut ein erlaubnispflichtiges Kreditgeschäft, wenn ein Mitarbeiter des Instituts in das Inland einreist und vor Ort Darlehen an inländische Kunden gewährt, indem er die Gelder auszahlt. Es reicht dagegen nicht aus, dass das Institut den Darlehensvertrag fernmündlich vom Ausland aus mit inländischen Kunden schließt.

Etwas anderes gilt zum einen dann, wenn die Vereinbarung zwischen Institut und Kunden darauf gerichtet ist, dass Bank- oder Finanzdienstleistungen nach Einreise eines Mitarbeiters des Instituts auf dem Gebiet der Bundesrepublik erbracht werden. In diesem Fall plant das ausländische Institut zum Zeitpunkt des Vertragsschlusses, erlaubnispflichtige Aktivitäten im Inland zu entfalten. Dadurch löst es die präventiv ausgestaltete Lizenzpflicht[697] gem. § 32 Abs. 1 Satz 1 KWG aus.

Zum anderen führt bereits der Vertragsschluss in der Bundesrepublik zu einer Erlaubnispflicht für ein ausländisches Institut, wenn die jeweilige Bank- oder Finanzdienstleistung in einer vertraglichen Vereinbarung als solcher besteht. So ist etwa der Abschluss eines Bürgschaftsvertrags ein gem. § 1 Abs. 1 Satz 2 Nr. 8

---

695 Vgl. BVerwG v. 22.04.2009 8 C 2.09 WM 2009, S. 1553 (1555 f.).

696 Siehe 2. Teil 2. Kapitel A. I. 1. b) aa) (2). Die Europäische Kommission lehnt es im Rahmen des Notifizierungsverfahrens ebenfalls ab, an den Ort des Vertragsschlusses anzuknüpfen, vgl. *Vahldiek*, in: Boos/Fischer/Schulte-Mattler, KWG, § 53 b Rn. 45.

697 Siehe 2. Teil 2. Kapitel A. I. 1. b).

KWG erlaubnispflichtiges Bankgeschäft[698], ohne dass es auf eine etwaige Ausführung der Bürgschaftsverpflichtung ankäme.

bb) 2. Modus: Die Dienstleistung überschreitet die Grenze

Nach Wortlaut und Systematik des § 32 Abs. 1 Satz 1 KWG[699] sind ausländische Institute nur erlaubnispflichtig, wenn sie im Wege des aktiven Dienstleistungsverkehrs auf dem Gebiet der Bundesrepublik Bank- oder Finanzdienstleistungen erbringen. Wenn sie auf dem Fernweg tätig werden, z. B. via Telefon, Post, Fax oder Internet, lösen sie keine Erlaubnispflichten aus[700]. Demgegenüber sind nach Auffassung des BVerwG ausländische Institute auch erlaubnispflichtig, wenn sie durch inländische Vermittler oder über Telekommunikationsmedien in der Bundesrepublik tätig werden[701].

Die drei Gestaltungsmöglichkeiten, die im Zusammenhang mit der Erlaubnispflicht für Zweigstellen als Formen grenzüberschreitender Dienstleistungserbringung abgegrenzt wurden, sind im Folgenden ergänzend zu erörtern. Es handelt sich hierbei um den Einsatz von Computern und Automaten, Repräsentanzen sowie selbstständigen Vermittlern im Inland.

(1) Einbindung im Inland platzierter Computer und Automaten

Computer und Automaten von ausländischen Instituten im Inland stellen keine Zweigstellen, sondern Formen des grenzüberschreitenden Dienstleistungsverkehrs dar[702]. Fraglich ist, ob der Einsatz von Computern und Automaten im Inland zu einer Erlaubnispflicht für die ausländischen Institute führt.

Im Vergleich zu reinen Internetsachverhalten weisen Computer und Automaten als feste Einrichtungen eine gewisse physische Präsenz im Inland auf. Diese könnte eine regulatorische Erfassung gem. § 32 Abs. 1 Satz 1 KWG rechtfertigen. Indessen stellt der Einsatz von Automaten und Computern im Inland keine ausnahmsweise zu einer Erlaubnispflicht führende Inanspruchnahme der aktiven Dienstleistungsfreiheit dar, da der Dienstleistungserbringer nicht in das Inland ein-

---

698 Siehe dazu 2. Teil 2. Kapitel A. I. 1. b) aa) (2).
699 Siehe dazu 2. Teil 2. Kapitel A. II. 1. d) aa), cc).
700 Ebenso im Hinblick auf die mitgliedstaatliche Notifizierungspflicht bei grenzüberschreitenden Dienstleistungen Kommission, Mitteilung „Zweite Bankenrichtlinie“, v. 10.07.1997 97/C 209 S. 4 (8).
701 Vgl. BVerwG v. 22.04.2009 8 C 2.09 WM 2009, S. 1553 (1555 ff.). Nach Auffassung der BaFin sind ausländische Institute erlaubnispflichtig, wenn sie sich zielgerichtet an Inländer wenden, vgl. BaFin, Hinweise „Erlaubnispflicht nach § 32 Abs. 1 KWG“, 04/2005, KWG-Texte 4.350, S. 1 ff.
702 Siehe 2. Teil 2. Kapitel A. I. 3. a) cc) (2).

reist. Anders als bei körperlicher Anwesenheit des Erbringers im Inland lassen sich Prozesse von Computern oder Automaten der Bundesrepublik nicht ausreichend räumlich zuordnen. Deshalb liegt ein Erbringen von Bank- oder Finanzdienstleistungen „im Inland" nicht vor. Demnach ist eine Erlaubnispflicht für ausländische Institute abzulehnen, die Computer oder Automaten im Inland aufstellen.

(2) Abwicklung über inländische Repräsentanzen

Repräsentanzen dürfen zwar ohne kreditwesenrechtliche Erlaubnis Geschäfte für ausländische Institute anbahnen und vermitteln. Hiervon ist aber die aufsichtsrechtliche Behandlung der zugehörigen ausländischen Institute zu unterscheiden[703]. Es ist im Einzelfall zu prüfen, ob diese den Tatbestand des § 32 Abs. 1 Satz 1 KWG erfüllen.

Wenn die Institute Bank- oder Finanzdienstleistungen auf dem Fernweg erbringen, ohne dass sie auf dem Gebiet der Bundesrepublik tätig werden, sind sie nicht erlaubnispflichtig. So sind etwa Institute, die im Rahmen der Emission von Wertpapieren Wertpapiergeschäfte über inländische Repräsentanzen abwickeln, erlaubnisfrei, wenn die tatbestandsmäßigen Handlungen nicht auf dem Gebiet der Bundesrepublik vorgenommen werden.

(3) Einsatz selbstständiger Vermittler im Inland

Wenn ausländische Institute selbstständige Vermittler im Inland einsetzen, werden sie im Wege des grenzüberschreitenden Dienstleistungsverkehrs tätig[704]. Sie bedürfen dann nicht zwingend einer Erlaubnis: Der Einsatz von Vermittlern als solcher stellt keine Bank- oder Finanzdienstleistung i. S. d. § 1 Abs. 1, 1 a KWG dar. Die ausländischen Institute erbringen nicht selbst Teilakte von Bank- oder Finanzdienstleistungen auf dem Gebiet der Bundesrepublik, sodass sie auch aus diesem Grund nicht erlaubnispflichtig sind[705]. Eine etwaige Erlaubnispflicht für die inländischen Vermittler wirkt sich auf die ausländischen Institute nicht aus, da die Vermittler rechtlich selbstständig sind.

---

703 Siehe 2. Teil 2. Kapitel A. I. 4. b).

704 Siehe 2. Teil 2. Kapitel A. I. 3. a) cc) (1). Nach Auffassung der BaFin sind ausländische Institute erlaubnispflichtig, wenn sie inländische Vermittler zielgerichtet zum Vertrieb von Bank- oder Finanzdienstleistungen einsetzen, vgl. BaFin, Hinweise „Erlaubnispflicht nach § 32 Abs. 1 KWG", 04/2005, KWG-Texte 4.350, S. 4.

705 A. A. BVerwG v. 22.04.2009 8 C 2.09 WM 2009, S. 1553 (1555 ff.).

cc) 3. Modus: Der Dienstleistungsempfänger überschreitet die Grenze

Wenn sich inländische Kunden zu ausländischen Instituten begeben und dort Bank- oder Finanzdienstleistungen in Anspruch nehmen, sind die ausländischen Institute nicht erlaubnispflichtig[706]. Die BaFin hingegen verneint ein Erlaubniserfordernis nur für den Fall, dass die inländischen Kunden selbst die Geschäfte mit den ausländischen Instituten initiieren. Es kommt nach Auffassung der BaFin nicht auf einen etwaigen Ortswechsel der Parteien an[707].

dd) Weitere Erbringungsmodi

Für die kreditwesenrechtliche Erfassung der übrigen Erbringungsmodi[708] ist ebenfalls maßgebend, ob Bank- oder Finanzdienstleistungen auf dem Gebiet der Bundesrepublik erbracht werden.

Wenn die Dienstleistungen in den Herkunftsstaaten der Institute erbracht werden, während die inländischen Kunden in der Bundesrepublik verbleiben (4. Modus), sind die Institute nicht erlaubnispflichtig. Falls die Leistungen nicht den inländischen Auftraggebern, sondern gebietsfremden Dritten zugutekommen, findet der Erlaubnistatbestand ebenfalls keine Anwendung.

Sofern sowohl der inländische Kunde als auch das ausländische Institut einen Ortswechsel in einen dritten Staat vornehmen (5. Modus), kommt es auf den Ort der Leistungserbringung an. Nur wenn sich dieser im Inland befindet, wird eine Erlaubnispflicht gem. § 32 Abs. 1 Satz 1 KWG ausgelöst. Wenn sich z. B. eine spanische Bank mit einem französischen Kunden in der Bundesrepublik trifft und Anlageberatungen vornimmt, sind die Voraussetzungen des § 32 Abs. 1 Satz 1 KWG erfüllt. Eine Lizenzpflicht ist indessen nicht gegeben, wenn ein deutscher Privatanleger mit einer französischen Bank in der Schweiz zusammenkommt. Für den Fall, dass eine inländische Bank Geschäfte mit ausländischen (z. B. französischen) Kunden in einem dritten Staat (z. B. Luxemburg) abwickelt, ergibt sich die Erlaubnisbedürftigkeit bereits aus dem inländischen Institutssitz.

---

706 Ebenso BVerwG v. 22.04.2009 8 C 2.09 WM 2009, S. 1553 (1557). In diesem Fall lehnt auch die Kommission eine Notifizierungspflicht ab, vgl. Kommission, Mitteilung „Zweite Bankenrichtlinie“, v. 10.07.1997 97/C 209 S. 4 (8).

707 Sog. passive Dienstleistungsfreiheit, vgl. BaFin, Hinweise „Erlaubnispflicht nach § 32 Abs. 1 KWG“, 04/2005, KWG-Texte 4.350, S. 1. Der Begriff stimmt nicht mit dem europarechtlichen Terminus der passiven Dienstleistungsfreiheit überein. Dieser knüpft nämlich nicht an die Initiative, sondern an einen Ortswechsel an; wohl a. A. *Ohler*, WM 2002, S. 162 (165); *Vahldiek*, BKR 2003, S. 971 (973).

708 Siehe 2. Teil 1. Kapitel C. I. 1. b) dd).

Bei Ansässigkeit von Leistungserbringer und -empfänger in demselben Staat (6. Modus) genügt es schließlich für eine Erlaubnispflicht für das Institut, dass die Bank- und Finanzdienstleistungen nach Einreise im Inland erbracht werden.

ee) Kreditwesenrechtliche Erfassung von Vorfeldhandlungen

Abschließend ist zu erörtern, ob bereits Vorfeldhandlungen zu Bank- oder Finanzdienstleistungen, z. B. die Anbahnung von Geschäften oder Werbungen, ein Zulassungsbedürfnis für die ausländischen Institute auslösen. Nach Auffassung der BaFin begründen Werbemaßnahmen eine Erlaubnispflicht, wenn sie bestimmte Produkte anpreisen. Dagegen führen allgemein gehaltene Aussagen, insbesondere reine Imagewerbungen[709], nicht zu einer Erlaubnispflicht, da sie sich nicht zielgerichtet an inländische Kunden wenden[710].

Dagegen stellt die Europäische Kommission für die Frage der Mitteilungspflichten im Rahmen eines Europäischen Passes nicht darauf ab, ob sich Vorfeldhandlungen zu Bank- oder Finanzdienstleistungen zielgerichtet an inländische Kunden richten. Da nach Ansicht der Europäischen Kommission ein Tätigwerden im Inland nur dann vorliegt, wenn Leistungen auf dem Gebiet des jeweiligen Mitgliedstaats erbracht werden[711], lehnt sie es folgerichtig ab, dass Vorfeldhandlungen Mitteilungspflichten auslösen. Nach Auffassung der Kommission sind Vorfeldhandlungen nicht mit dem Erbringen von Bank- oder Finanzdienstleistungen gleichzusetzen[712].

Der Auslegung der Europäischen Kommission ist für die Anwendbarkeit des Erlaubnistatbestands gem. § 32 Abs. 1 Satz 1 KWG zu folgen. Die Vorschrift ist entgegen der Ansicht der BaFin institutsbezogen auszulegen, und ausländische Institute sind nur ausnahmsweise erfasst, wenn sie auf dem Gebiet der Bundesre-

---

709 Z. B. „XY-Bank beste Bank“, siehe BaFin, Hinweise „Erlaubnispflicht nach § 32 Abs. 1 KWG“, 04/2005, KWG-Texte 4.350, S. 6.

710 Vgl. BaFin, Hinweise „Erlaubnispflicht nach § 32 Abs. 1 KWG“, 04/2005, KWG-Texte 4.350, S. 6; ebenso VG Frankfurt a.M. v. 07.05.2004 9 G 6496/03 (V) ZIP 2004, S. 1259 (1263); *Voge*, WM 2007, S. 381 (382). Ähnlich *Schneider*, in: The Institute of Comparative Law in Japan (1998), S. 261 (271), danach liegt eine grenzüberschreitende Dienstleistung vor, wenn die Werbung alle erforderlichen Angaben enthält, um den Vertrag schließen zu können. Wenn der Empfänger nur kontrahieren könne, wenn er eigene Maßnahmen treffe, sei keine Dienstleistung anzunehmen; ablehnend *Vahldiek*, in: Boos/Fischer/Schulte-Mattler, KWG, § 53 Rn. 154.

711 Siehe dazu 2. Teil 2. Kapitel A. II. 1. d) cc) (1) (d).

712 Vgl. Kommission, Mitteilung „Zweite Bankenrichtlinie“, v. 10.07.1997 97/C 209 S. 4 (7 ff.). Siehe hierzu *Hanten*, in: Baudenbacher (2005), S. 153 (164 f.); *Schneider*, in: The Institute of Comparative Law in Japan (1998), S. 261 (268).

publik Bank- oder Finanzdienstleistungen erbringen[713]. Demnach stellen Vorfeldhandlungen kein Erbringen von Bank- oder Finanzdienstleistungen i. S. d. § 32 Abs. 1 Satz 1 KWG dar[714].

f) Erlaubnisbefreiung durch den Europäischen Pass

Wenn Einlagenkreditinstitute, Wertpapierhandelsunternehmen oder E-Geld-Institute mit Sitz in anderen Staaten des EWR im Rahmen des grenzüberschreitenden Dienstleistungsverkehrs im Inland Bank- oder Finanzdienstleistungen erbringen, sind sie gem. § 53 b Abs. 1 Satz 1, 2 KWG nicht erlaubnis-, sondern nur anzeigepflichtig. Um grenzüberschreitenden Dienstleistungsverkehr i. d. S. handelt es sich nur dann, wenn die Institute im Wege des aktiven Dienstleistungsverkehrs im Inland tätig werden[715].

Die BaFin hat gem. § 53 b Abs. 2 a KWG innerhalb von zwei Monaten nach Eingang der Anzeige durch die Herkunftsstaaten die in § 53 b Abs. 3 Satz 3 KWG geregelten Bedingungen anzugeben, die für die Ausübung der geplanten Tätigkeiten aus Gründen des Allgemeininteresses gelten[716]. Falls sich die Institute trotz Aufforderung nicht an die Verpflichtungen aus § 53 b Abs. 3 Satz 3 KWG halten, informiert die BaFin gem. § 53 b Abs. 4 Satz 2, 3 KWG die Aufsichtsbehörden der Herkunftsstaaten und wird bei mangelnder Unterstützung selbst tätig.

Institute, die zwar ihren Sitz in anderen Staaten des EWR haben, aber nicht zu den drei Institutsarten zählen, gelangen nicht in den Genuss des Europäischen Passes. Sie sind deshalb erlaubnispflichtig. Der begrenzte Anwendungsbereich des Europäischen Passes hat zur Folge, dass etwa ein Institut privilegiert wird, wenn es das Finanzkommissionsgeschäft betreibt, nicht aber, wenn es nur das Kreditgeschäft betreibt[717]. Dies erscheint befremdlich, ist aber notwendige Folge

713 Siehe umfassend 2. Teil 2. Kapitel A. II. 1. d) ee).

714 Ob es unverhältnismäßig ist, für eine Zulässigkeit vorbereitender Handlungen eine inländische Niederlassung zu fordern (so *Hanten*, in: Baudenbacher (2005), S. 153 (164)), betrifft die Frage der Erlaubnisfähigkeit der Tätigkeiten und ist im Rahmen der Erlaubnispflicht nicht ausschlaggebend.

715 Streitig, siehe dazu bereits 2. Teil 2. Kapitel A. II. 1. d) cc) (1) (c), (d). Um eine mögliche Unwirksamkeit der Geschäfte zu verhindern, werden Institute dazu verleitet, mit erheblichem Verwaltungsaufwand auch Grenzfälle bzw. eigentlich anzeigefreie Fälle anzumelden. Daher wird eine gesetzgeberische Klarstellung dahingehend gefordert, dass es sich bei der Anzeigepflicht um eine Ordnungsnorm handelt, die keine Auswirkungen auf die Wirksamkeit der Geschäfte hat, vgl. *Kolassa*, in: Schimansky/Bunte/Lwowski (2007), § 136 Rn. 38.

716 Die anwendbaren Vorschriften sind § 3 KWG und, sofern es sich um ein Einlagenkreditinstitut oder Finanzdienstleistungsinstitut handelt, §§ 23 a, 37, 44 Abs. 1, 44 c und 49 KWG sowie § 17 FinDAG.

717 Vgl. *Hanten*, in: Baudenbacher (2005), S. 153 (162).

des gemeinschaftsrechtlichen Kreditinstitutsbegriffs; dieser setzt ein kumulatives Betreiben des Einlagen- und Kreditgeschäfts voraus[718].

g) Erlaubnisbefreiung durch Einzelfreistellung gem. § 2 Abs. 4 KWG

Das kreditwesenrechtliche Zulassungserfordernis kann zudem im Einzelfall auf Grundlage des § 2 Abs. 4 KWG entfallen. Nach dieser Vorschrift werden Institute von kreditwesenrechtlichen Pflichten befreit, wenn sie wegen der Art der von ihnen betriebenen Geschäfte nicht der Aufsicht bedürfen.

Die BaFin hat Institute aus Drittstaaten bereits in mehreren Fällen auf Grundlage des § 2 Abs. 4 KWG von einer Erlaubnispflicht gem. § 32 Abs. 1 Satz 1 KWG freigestellt[719]. Für nichtpassfähige Institute aus anderen Staaten des EWR hat die BaFin zwar von der Vorschrift noch keinen Gebrauch gemacht. Der Grund dürfte darin bestehen, dass die nichtpassfähigen Institute Finanzdienstleistungen erbringen, die der Gesetzgeber einer Erlaubnispflicht unterworfen hat, um eine Ausbreitung des grauen Kapitalmarkts und der Geldwäsche zu verhindern. Bei diesen Zwecken scheidet in den meisten Fällen eine Freistellung von der Erlaubnispflicht aus. Grundsätzlich wäre jedoch eine Freistellung nichtpassfähiger EWR-Institute auf Grundlage des § 2 Abs. 4 KWG möglich. Die Voraussetzungen, die die BaFin an eine Freistellung von Instituten stellt, werden deshalb zunächst dargestellt (Abschnitt aa)). Anschließend wird erörtert, ob die Freistellungspraxis der BaFin mit § 2 Abs. 4 KWG vereinbar ist (Abschnitt bb)).

aa) Freistellungsvoraussetzungen nach den Vorgaben der BaFin

Die BaFin hat die Anforderungen an eine Freistellung in einem Schreiben konkretisiert. Hiernach ist Voraussetzung für eine Freistellung, dass die Aufsichtsbehörden der Herkunftsstaaten der Institute effektiv nach internationalen Standards tätig werden, mit der BaFin kooperieren sowie eine Bescheinigung ausstellen, nach der die jeweiligen Tätigkeiten nach dem Recht des Herkunftsstaats zulässig sind und keine Bedenken gegen grenzüberschreitende Tätigkeiten der Institute bestehen. Zudem muss ein Empfangsbevollmächtigter im Inland benannt werden.

---

718 Vgl. Art. 4 Abs. 1 a) Bankenrichtlinie (Richtlinie 2006/48/EG v. 14.06.2006).

719 Auf Grundlage des § 2 Abs. 4 KWG stellte die BaFin im Jahr 2006 neun ausländische Anbieter, im Jahr 2005 zehn ausländische Anbieter und im Jahr 2004 zehn ausländische Anbieter frei. Die freigestellten Institute hatten ihren Sitz in den Ländern Schweiz, USA, Kanada und Australien (siehe Jahresberichte der BaFin, abrufbar unter www.bafin.de (abgerufen 10/07)).

Während nach der Auffassung der BaFin alle Bank- und Finanzdienstleistungen gegenüber institutionellen Anlegern[720] freigestellt werden können, trifft dies für Geschäfte gegenüber Privatkunden nur zu, wenn sie auf der Vermittlung von inländischen Kreditinstituten oder EWR-Instituten beruhen, die vom Europäischen Pass erfasst werden. Als Vermittler kommen insbesondere inländische Tochterunternehmen oder, falls es sich bei den ausländischen Unternehmen um Tochterunternehmen handelt, inländische Mutterunternehmen in Betracht[721]. Nach Ansicht der BaFin können aus Zwecken der Geldwäscheprävention Finanztransfergeschäfte gem. § 1 Abs. 1 a Satz 2 Nr. 6 KWG nicht freigestellt werden.

Ein Institut, das eine Freistellung erreichen möchte, hat einen Antrag auf Freistellung bei der BaFin zu stellen. Ihm sind bestimmte Unterlagen beizufügen, insbesondere eine Kopie des Gesellschaftsvertrags, Jahresabschlussunterlagen, eine ausführliche Erläuterung der geplanten Geschäftstätigkeit sowie Mustervertragsformulare. Die Freistellung selbst erfolgt durch Verwaltungsakt gegenüber dem Institut und ist gem. § 2 Abs. 4 Satz 2 KWG im Bundesanzeiger bekannt zu machen[722].

bb) Rechtliche Beurteilung der Freistellungspraxis der BaFin

Ob diese Freistellungspraxis der BaFin mit § 2 Abs. 4 KWG zu vereinbaren ist, ist durch Auslegung der Vorschrift zu ermitteln.

(1) Grammatikalische Auslegung des § 2 Abs. 4 KWG

Nach dem Wortlaut des § 2 Abs. 4 KWG kann die BaFin im Einzelfall festlegen, dass bestimmte Normen des KWG auf ein Institut nicht anzuwenden sind, wenn dies „*wegen der Art der von ihm betriebenen Geschäfte*“ nicht notwendig ist. Die Vorschrift soll nach ihrem Wortlaut auf die Sonderfälle beschränkt sein[723], in denen wegen der Eigenart der unternehmerischen Tätigkeiten der Institute kein

720 Institutionelle Anleger sind Bund, Länder, Kommunen und deren Einrichtungen, Kredit- und Finanzdienstleistungsinstitute gem. § 1 Abs. 1, 1a KWG, private und öffentliche Versicherungsunternehmen, Kapitalgesellschaften i. S. d. § 267 Abs. 2 und 3 HGB, vgl. BaFin, Hinweise „Erlaubnispflicht nach § 32 Abs. 1 KWG“, 04/2005, KWG-Texte 4.350, S. 8.

721 Vgl. *Voge*, WM 2007, S. 381 (383).

722 Vgl. insgesamt zu den Voraussetzungen und dem Verfahren gem. § 2 Abs. 4 KWG BaFin, Hinweise „Erlaubnispflicht nach § 32 Abs. 1 KWG“, 04/2005, KWG-Texte 4.350, S. 7 ff.

723 Vgl. BVerwG v. 25.06.1980 1 C 13/74 Beckmann/Bauer, § 2 Abs. 4 (Nr. 11); *Beck/Samm/Kokemoor*, KWG, § 2 Rn. 87; *Schäfer*, in: Boos/Fischer/Schulte-Mattler, KWG, § 2 Rn. 39; *Szagunn/Haug/Ergenzinger*, KWG, § 2 Rn. 31.

Aufsichtsbedürfnis besteht. Maßgeblich sind insbesondere die Zielsetzung, der Kundenstamm und die Art der Geschäftsausführung[724].

Die von der BaFin an eine Freistellung gem. § 2 Abs. 4 KWG gestellten Voraussetzungen richten sich zwar auch danach, ob die ausländischen Institute institutionelle oder private Kunden ansprechen bzw. ob sie inländische Vermittler einschalten. Bedeutsam sind somit ebenfalls die Kunden der Institute und die Art der Leistungserbringung. Die Freistellung knüpft aber zuvörderst daran an, dass die Aufsichtsbehörden in den Herkunftsstaaten die Institute ausreichend beaufsichtigen und sich kooperativ gegenüber der BaFin verhalten. Diese Gesichtspunkte hängen nicht von den jeweiligen Instituten ab. Sie gehören nicht zu den Eigenheiten der von ihnen erbrachten Bank- oder Finanzdienstleistungen. Es handelt sich vielmehr um äußere Umstände und zwar um Gegebenheiten in den Herkunftsstaaten der Institute, die diese nicht beeinflussen können.

Die Freistellungen, die die BaFin auf Grundlage des § 2 Abs. 4 KWG ausländischen Instituten erteilt, orientieren sich deshalb nicht an den Besonderheiten der jeweils erbrachten Bank- oder Finanzdienstleistungen. Damit steht die Verwaltungspraxis der BaFin mit dem Wortlaut der Vorschrift nicht in Einklang, nach dem allein die Art der von den Instituten betriebenen Geschäfte maßgebend ist.

(2) Historische Auslegung des § 2 Abs. 4 KWG

Nach der Gesetzesbegründung soll die Vorschrift den umfassenden Anwendungsbereich des Institutsbegriffs gem. § 1 Abs. 1 KWG beschränken, wenn eine regulatorische Erfassung eines Instituts nach dem Normzweck nicht notwendig ist. Die Institute sollen dann bestimmten institutsbezogenen Regeln, u. a. § 32 Abs. 1 KWG, nicht unterfallen[725]. Nach dem gesetzgeberischen Willen soll § 2 Abs. 4 KWG somit Institute teilweise von den aufsichtsrechtlichen Folgen entbinden, die an ihre Institutseigenschaft anknüpfen.

Die BaFin stellt die ausländischen Institute zwar von einer kreditwesenrechtlichen Vorschrift frei. Da die BaFin den Erlaubnistatbestand aber vertriebsbezogen auslegt, möchte sie nicht den weiten Anwendungsbereich des Institutsbegriffs kompensieren. Vielmehr soll die Freistellungspraxis die von ihr vertretene extensive Auslegung des Tatbestandsmerkmals „im Inland" gem. § 32 Abs. 1 Satz 1 KWG ausgleichen. Die Verwaltungspraxis stimmt daher auch mit dem historischen Hintergrund des § 2 Abs. 4 KWG nicht überein.

---

724 Vgl. *Reischauer/Kleinhans*, KWG, § 2 Rn. 40, 42; *Beck/Samm/Kokemoor*, KWG, § 2 Rn. 82.

725 Vgl. RegBgr. KWG BT-Drucks. 3/1114 S. 27 f.

Dass dieser Gebrauch der Vorschrift der historischen Regelungsabsicht widerspricht, ergibt sich auch daraus, dass nach der ausdrücklich geäußerten Auffassung des damaligen Gesetzgebers ausländische Institute nicht vom KWG erfasst werden[726]. Demnach war auch eine Freistellung ausländischer Institute mittels des § 2 Abs. 4 KWG nicht beabsichtigt.

(3) Systematische Auslegung des § 2 Abs. 4 KWG

Die BaFin befreit auf Grundlage des § 2 Abs. 4 KWG Institute von der Erlaubnispflicht, die mangels inländischer Hauptverwaltung keine Erlaubnis erhalten können. Die Freistellung nicht erlaubnisfähiger Institute ist zwar unter systematischen Gesichtspunkten nicht zu beanstanden[727]. Die Befreiung nach § 2 Abs. 4 KWG betrifft nämlich die Ebene der Erlaubnispflichtigkeit, die von der Frage der Erlaubnisfähigkeit zu trennen ist. Zu berücksichtigen ist aber, dass die Vorschrift eine Ausnahme zu dem gesetzlichen Grundsatz darstellt, dass Institute gem. § 6 Abs. 1 i. V. m. § 32 Abs. 1 Satz 1 KWG beaufsichtigt werden. Dies spricht dafür, die Vorschrift eng auszulegen[728].

(4) Teleologische Auslegung des § 2 Abs. 4 KWG

Zweck der Norm ist es, als „*Korrekturbestimmung*“[729] eine anpassungsfähige Lösung für Sachverhalte zu finden, die zwar gem. § 1 Abs. 1, 1 a KWG vom Aufsichtsrecht erfasst sind, bei denen aber kein Interesse an einer Beaufsichtigung besteht[730]. Es soll verhindert werden, dass Bagatellen der Aufsicht der BaFin unterstellt werden. Das Schrifttum beschränkte die Norm deshalb in der Vergangenheit auf Fälle, in denen Institute Bank- oder Finanzdienstleistungen als untergeordnete Neben- oder Hilfsgeschäfte erbrachten[731]. Dabei galt etwa das Einlagengeschäft als nicht freistellungsfähig, da Einleger auf einen besonderen Schutz nicht verzichten könnten[732]. Das Schrifttum lehnte auch eine Freistellung der Institute ab, die klassische Bankgeschäfte betrieben[733].

---

726 Siehe 2. Teil 2. Kapitel A. II. 1. d) bb).
727 A. A. wohl *Rögner*, WM 2006, S. 745 (749 f.).
728 Vgl. *Beck/Samm/Kokemoor*, KWG, § 2 Rn. 87.
729 *Beck/Samm/Kokemoor*, KWG, § 2 Rn. 81.
730 Vgl. *Beck/Samm/Kokemoor*, KWG, § 2 Rn. 82; *Reischauer/Kleinhans*, KWG, § 2 Rn. 40, 42; *Schäfer*, in: Boos/Fischer/Schulte-Mattler, KWG, § 2 Rn. 39.
731 Vgl. *Beck/Samm/Kokemoor*, KWG, § 2 Rn. 81, 83; *Reischauer/Kleinhans*, KWG, § 2 Rn. 42; *Schneider*, Bank-Betrieb 1970, S. 304.
732 Vgl. *Beck/Samm/Kokemoor*, KWG, § 2 Rn. 83; *Bähre/Schneider*, KWG, § 2 Rn. 11; *Reischauer/Kleinhans*, KWG, § 2 Rn. 42; *Schneider*, Bank-Betrieb 1970, S. 304.
733 Vgl. *Schneider*, Bank-Betrieb 1970, S. 304.

Der Beschränkung des § 2 Abs. 4 KWG auf Fälle von untergeordneter Bedeutung entspricht es, dass die Vorschriften, von deren Anwendung die BaFin die Institute befreien darf[734], nur insgesamt ausgeschlossen werden können. Die Befreiung nur von einzelnen Vorschriften des KWG ist nicht möglich[735]. Der Zweck dieser Regel besteht darin, dass das KWG weitgehend einheitlich angewendet werden soll[736]. Eine generelle Befreiung von den in § 2 Abs. 4 KWG genannten Vorschriften kann aber nur für Institute gelten, deren Tätigkeitsgebiete die Zwecke des KWG nicht berühren. Das setzt voraus, dass es sich um Institute handelt, für die Bank- und Finanzdienstleistungen im Vergleich zu den übrigen Geschäftsfeldern eine untergeordnete Rolle spielen.

Die ausländischen Institute, die die BaFin auf Grundlage des § 2 Abs. 4 KWG von der Erlaubnispflicht befreit, erbringen Bank- oder Finanzdienstleistungen nicht nur als Nebengeschäfte. Sie üben vielmehr Tätigkeiten aus, die für zugelassene inländische Institute typisch sind. Die BaFin stellt auch Institute frei, die das Einlagengeschäft betreiben. Sie knüpft demnach nicht an die fehlende aufsichtsrechtliche Bedeutung der ausländischen Institute an. Die BaFin befreit die ausländischen Institute vielmehr von der Erlaubnispflicht, damit sie ihnen gegenüber nicht Tätigkeitsverbote aussprechen muss. Diese wären wegen einer ausreichenden Beaufsichtigung der Institute in ihren Herkunftsstaaten unverhältnismäßig. Die Freistellungspraxis der BaFin entspricht damit auch nicht dem Zweck des § 2 Abs. 4 KWG.

(5) Ergebnis zur Vereinbarkeit der Freistellungspraxis mit § 2 Abs. 4 KWG

Die BaFin stellt auf Grundlage des § 2 Abs. 4 KWG ausländische Institute nicht wegen der Art der von ihnen betriebenen Geschäfte von der Erlaubnispflicht frei, sondern insbesondere wegen einer ausreichenden Beaufsichtigung der Institute in ihren Herkunftsstaaten und wegen einer Zusammenarbeit der dortigen Aufsichtsbehörden mit der BaFin. Diese Verwaltungspraxis ist nicht mit dem Wortlaut der Vorschrift vereinbar. Sie widerspricht auch dem Willen des historischen Gesetzgebers. Die Regelung ist vom Gesetzgeber lediglich als Erleichterung für Institute gedacht, die Bank- oder Finanzdienstleistungen als Neben- oder Hilfs-

734 Gem. § 2 Abs. 4 KWG §§ 2 c, 10-18, 24, 24a, 25-38, 45, 46-46c und 51 Abs. 1 KWG.

735 Vgl. RegBgr. KWG BT-Drucks. 3/1114 S. 28; BVerwG v. 07.12.1970 I B 64.70 WM 1971, S. 1255 (1256); *Bähre/Schneider*, KWG, § 2 Rn. 11; *Reischauer/Kleinhans*, KWG, § 2 Rn. 40; *Schäfer*, in: Boos/Fischer/Schulte-Mattler, KWG, § 2 Rn. 44; *Szagunn/Haug/Ergenzinger*, KWG, § 2 Rn. 28. Einen generellen Ausschluss aller in § 2 Abs. 4 KWG genannten Normen verhindert die Aufsichtsbehörde dadurch, dass sie die Freistellung mit Auflagen versieht und dadurch bestimmte Regeln anwendbar bleiben, siehe VG Berlin v. 19.08.1996 VG 25 A 41.95 WM 1997, S. 218 (220).

736 Vgl. *Beck/Samm/Kokemoor*, KWG, § 2 Rn. 86.

tätigkeiten erbringen. Die Freistellungspraxis der BaFin entspricht schließlich nicht dem Zweck des § 2 Abs. 4 KWG. Die BaFin zieht die Vorschrift heran, um die zahlreichen Tätigkeitsverbote zu vermeiden, die aus der von ihr favorisierten vertriebsbezogenen Auslegung des Erlaubnistatbestands folgen würden. Dass eine Befreiung ausländischer Institute von der Erlaubnispflicht zwar inhaltlich überzeugt, aber nicht mit dem KWG in Einklang steht, ist ein weiterer Beleg dafür, dass die vertriebsbezogene Auslegung des Erlaubnistatbestands mit dem Gesetz nicht vereinbar ist.

2. Erlaubnisfähigkeit von grenzüberschreitenden Dienstleistungen

Wenn die Voraussetzungen des § 32 Abs. 1 Satz 1 KWG vorliegen[737] und die Erlaubnispflicht nicht etwa auf Grundlage des Europäischen Passes entfällt, stellt sich die Frage der Erlaubnisfähigkeit der ausländischen Institute. Die Erlaubnisfähigkeit ist in § 33 KWG geregelt. Maßgeblich für ausländische Institute ist § 33 Abs. 1 Satz 1 Nr. 6 KWG.

a) Erfordernis der inländischen Hauptverwaltung

Gem. § 33 Abs. 1 Satz 1 Nr. 6 KWG kann ein Institut nur zugelassen werden, wenn sich seine Hauptverwaltung im Inland befindet. Die Vorschrift enthält keine bloße Zuständigkeitsregelung zwischen den Behörden der verschiedenen Mitgliedstaaten, sondern eine zwingende Versagungsbestimmung[738].

Die Hauptverwaltungen ausländischer Institute, die im Wege des grenzüberschreitenden Dienstleistungsverkehrs in der Bundesrepublik tätig werden, befinden sich in den Herkunftsstaaten der Institute. Die BaFin darf solche Institute nach dem Wortlaut des § 33 Abs. 1 Satz 1 Nr. 6 KWG demnach nicht zulassen. Soweit die Institute erlaubnispflichtig sind, unterliegen sie damit einem Tätigkeitsverbot. Die BaFin dürfte die Institute nur zulassen, wenn sie Niederlassungen, d. h. Tochterunternehmen[739] oder Zweigstellen, im Inland errichten würden[740].

---

737 D. h. nach der institutsbezogenen Auslegung nur bei inländischem Satzungssitz bzw. zusätzlich bei tatsächlichem Tätigwerden auf dem Gebiet der Bundesrepublik; nach der von der BaFin angewandten vertriebsbezogenen Auslegung bereits bei einem zielgerichteten Vertrieb an inländische Kunden, siehe 2. Teil 2. Kapitel A. II. 1.

738 Siehe bereits im Rahmen der Erlaubnisfähigkeit von Tochterunternehmen 2. Teil 2. Kapitel A. I. 1. c) bb) (2).

739 Z. B. hat die Schweizer Bank Sarasin ein Tochterunternehmen gegründet, um den Anforderungen der BaFin zu genügen, vgl. *Schwyzer*, Börsen-Zeitung v. 14.07.2005, S. 4.

740 So VG Frankfurt a.M. v. 07.05.2004 9 G 6496/03 (V) ZIP 2004, S. 1259 (1260); GA Stix-Hackl, Schlussanträge zu EuGH C-452/04 (Fidium Finanz) Slg. 2006, S. I 9521

Bei Einführung des § 33 Abs. 1 Satz 1 Nr. 6 KWG im Zuge der 6. KWG-Novelle[741] vertrat die Aufsichtsbehörde jedoch eine institutsbezogene Auslegung des Erlaubnistatbestands. Auch in der Literatur wurde eine Lizenzpflicht für ausländische Institute, die grenzüberschreitende Dienstleistungen im Inland erbringen, nicht erwogen. Deshalb wollte der damalige Gesetzgeber mit Einführung der Vorschrift nur inländische Institute erfassen. Diese sollten ihre Hauptverwaltungen künftig innerhalb der Bundesrepublik haben[742]. Ausländische Institute hatte der Gesetzgeber dagegen nicht vor Augen. Soweit § 33 Abs. 1 Satz 1 Nr. 6 KWG – wie von der BaFin vertreten – zu umfassenden Tätigkeitsverboten für ausländische Institute führt, widerspricht dies damit dem historischen Regelungswillen.

§ 33 Abs. 1 Satz 1 Nr. 6 KWG soll die gemeinschaftsrechtlichen Vorgaben gem. Art. 3 Abs. 2 WDRL[743] und Art. 3 Abs. 2 BCCI-Folgerichtlinie[744] umsetzen[745]. Hiernach muss jeder Mitgliedstaat dafür sorgen, dass Institute, die juristische Personen sind, ihre Hauptverwaltungen in demselben Land haben wie ihren Sitz. Hintergrund dieser europarechtlichen Regelungen ist der Zusammenbruch der Bank for Credit and Commerce International (BCCI) im Jahr 1991. Während die BCCI ihren Satzungssitz in Luxemburg hatte und dort zugelassen war, verlegte sie ihren Verwaltungssitz nach London und wurde von dort aus weltweit tätig. Das Institut geriet aufgrund Fehlverhaltens der Mitarbeiter und tiefgreifender finanzieller Probleme zunehmend in Schwierigkeiten. Die britische Aufsichtsbehörde blieb allerdings mit dem Verweis auf die Zuständigkeit der Aufsichtsbehörde des Herkunftsstaats Luxemburgs untätig[746]. Die Beaufsichtigung durch die luxemburgische Behörde wiederum wurde dadurch erschwert, dass sich die Hauptverwaltung des Instituts nicht im Inland befand.

Mitursächlich für den Zusammenbruch der BCCI war damit, dass das Institut seinen Satzungs- und seinen Verwaltungssitz in verschiedenen Mitgliedstaaten hatte. Die richtlinienrechtlichen Bestimmungen fordern daher eine Anbindung des

---

(Rn. 112 f., 160); BaFin, „Schreiben zu § 53 a KWG“, v. 12.04.2002 II 7 (118751) 100, KWG-Texte 4.341; BaFin, Hinweise „Erlaubnispflicht nach § 32 Abs. 1 KWG“, 04/2005, KWG-Texte 4.350, S. 1; *Böttcher*, Aktienplatzierungen (2005), S. 149; *Freiwald*, in: Schwintowski (2006), Rn. 1248 (1257); *Voge*, WM 2007, S. 381 (383).

741 Vgl. BGBl. I 1997, S. 2518 ff.

742 Vgl. RegBgr. 6. KWG-Novelle BT-Drucks. 13/7142 S. 89.

743 Vgl. Richtlinie 93/22/EWG v. 10.05.1993, heute Art. 5 Abs. 4 MiFID (Richtlinie 2004/39/EG v. 21.04.2004).

744 Vgl. Richtlinie 95/26/EG v. 29.07.1995, heute Art. 11 Abs. 2 Bankenrichtlinie (Richtlinie 2006/48/EG v. 14.06.2006).

745 Vgl. RegBgr. 6. KWG-Novelle BT-Drucks. 13/7142 S. 89.

746 Vgl. Bericht Großbritanniens (Bingham-Kommission), Inquiry into the Supervision of the Bank of Credit and Commerce International (1992), S. 1 ff.; *Schuster/Binder*, WM 2004, S. 1665 (1669).

Verwaltungssitzes an den Satzungssitz[747]. Institutskontrollen sollten künftig nicht mehr durch den Aufbau von Briefkastenfirmen behindert werden.

Wenn ausländische Institute im Wege des grenzüberschreitenden Dienstleistungsverkehrs in der Bundesrepublik tätig werden, verlegen sie ihren Verwaltungssitz nicht in die Bundesrepublik. Der Verwaltungssitz bleibt vielmehr in dem Staat, in dem sich auch der Satzungssitz befindet. Ein Auseinanderfallen von Satzungs- und Verwaltungssitz, das wegen der Erfahrungen aus dem BCCI-Skandal verhindert werden soll, liegt bei der grenzüberschreitenden Dienstleistungserbringung daher nicht vor[748]. Institute verstoßen selbst dann nicht gegen die richtlinienrechtlichen Vorgaben, wenn sie ihre Geschäftstätigkeiten vollständig auf die Bundesrepublik ausrichten. Richtlinienrechtlich ist nämlich nicht erforderlich, dass sich Satzungs- und Verwaltungssitz eines Instituts in dem Staat befinden, in dem es überwiegend aktiv ist[749]. Wenn gegenüber Instituten, die im Wege des grenzüberschreitenden Dienstleistungsverkehrs in der Bundesrepublik tätig werden, nach § 33 Abs. 1 Satz 1 Nr. 6 KWG Tätigkeitsverbote ausgesprochen werden, geht dies über eine Umsetzung der richtlinienrechtlichen Vorgaben hinaus.

Besonderes Augenmerk ist zudem darauf zu richten, dass der deutsche Gesetzgeber in § 33 Abs. 1 Satz 1 Nr. 6 KWG nicht die richtlinienrechtliche Formulierung übernommen hat. Während sich gem. § 33 Abs. 1 Satz 1 Nr. 6 KWG die Hauptverwaltung des Instituts im Inland befinden muss, müssen sich nach den richtlinienrechtlichen Vorgaben nur Verwaltungs- und Satzungssitz des Instituts in demselben Mitgliedstaat befinden. Wären die richtlinienrechtlichen Vorgaben wortlautgetreu umgesetzt worden, wäre ausländischen Instituten eine Erlaubnis nur zu versagen, wenn sich ihr Verwaltungs- und Satzungssitz in verschiedenen Mitgliedstaaten befinden würden. Da bei Instituten, die im Wege des grenzüberschreitenden Dienstleistungsverkehrs im Inland tätig werden, Verwaltungs- und Satzungssitz in dem jeweiligen Herkunftsstaat liegen, könnten sie bei richtliniengetreuer Umsetzung eine Erlaubnis der BaFin einholen.

Nach dem ausdrücklichen Wortlaut des § 33 Abs. 1 Satz 1 Nr. 6 KWG sind damit zwar ausländische Institute, die im Wege des grenzüberschreitenden Dienstleistungsverkehrs im Inland tätig werden, mangels inländischer Hauptverwaltung nicht erlaubnisfähig. Jedoch widerspricht diesem Wortlaut der historische und

747 Vgl. 10. Begründungserwägung zur Bankenrichtlinie (Richtlinie 2006/48/EG v. 14.06.2006) und 22. Begründungserwägung zur MiFID (Richtlinie 2004/39/EG v. 21.04.2004).

748 Vgl. *Hanten*, in: Baudenbacher (2005), S. 153 (174).

749 Vgl. *Bader*, in: Hadding/Welter (1994), S. 173 (187); *Hinkel*, Niederlassungsfreiheit (1996), S. 119.

richtlinienrechtliche Hintergrund der Vorschrift. Bei richtliniengetreuer Umsetzung könnten ausländische Institute zugelassen werden.

Dass § 33 Abs. 1 Satz 1 Nr. 6 KWG zu umfassenden Tätigkeitsverboten für ausländische Institute führt, steht damit im Widerspruch zur Entstehungsgeschichte und richtlinienrechtlichen Grundlage der Vorschrift. Dies stellt auch ein weiteres Argument gegen die von der BaFin vertretene vertriebsbezogene Auslegung des § 32 Abs. 1 Satz 1 KWG dar.

b) Vereinbarkeit der fehlenden Erlaubnisfähigkeit von grenzüberschreitenden Dienstleistungen mit der Dienstleistungsfreiheit gem. Art. 56 f. AEUV

Mit den europäischen Grundfreiheiten wäre es zu vereinbaren, wenn die Erlaubnispflichten für ausländische Institute ausgeweitet würden[750]. Eine dazu erforderliche Anpassung des § 32 Abs. 1 Satz 1 KWG ließe sich durch die Zwecke des KWG rechtfertigen[751]. Sie würde die von der BaFin vertretene extensive Auslegung des § 32 Abs. 1 Satz 1 KWG auf eine gesetzliche Grundlage stellen.

Fraglich ist jedoch, ob es auch mit den europäischen Grundfreiheiten[752] in Einklang steht, dass die BaFin ausländische Institute, die im Wege des grenzüberschreitenden Dienstleistungsverkehrs in der Bundesrepublik tätig werden, gem. § 33 Abs. 1 Satz 1 Nr. 6 KWG bislang nicht zulässt. Im folgenden Abschnitt der Arbeit wird deshalb untersucht, ob das in der Vorschrift geregelte zwingende Niederlassungserfordernis für ausländische Institute der Dienstleistungsfreiheit gem. Art. 56 f. AEUV widerspricht[753]. Hierzu wird zunächst erörtert, ob das Niederlas-

750 Die Vereinbarkeit einer Erlaubnispflicht für ausländische Institute mit den Grundfreiheiten bejahen GA Stix-Hackl, Schlussanträge zu EuGH C-452/04 (Fidium Finanz) Slg. 2006, S. I 9521 (Rn. 126 ff.); VG Frankfurt a.M. v. 11.10.2004 9 E 933/04 (V) WM 2005, S. 503 (514 f.); *Christoph*, ZBB 2009, S. 117 (124 f.).

751 Vgl. GA Stix-Hackl, Schlussanträge zu EuGH C-452/04 (Fidium Finanz) Slg. 2006, S. I 9521 (Rn. 143). Einschränkend *Hanten*, Börsen-Zeitung v. 18.06.2003, S. 18; *Rögner*, WM 2006, S. 745 (751).

752 Nach dem EWR-Abkommen gelten die Grundfreiheiten des AEUV für sämtliche Staaten des EWR (d. h. auch für Island, Liechtenstein, Norwegen).

753 Vgl. für eine Unterscheidung zwischen Erlaubnispflicht und Erlaubnisfähigkeit *Christoph*, ZBB 2009, S. 117 (124 ff.); *Hanten*, WuB I L 1. § 32 KWG 1.10, S. 29 (32). Auch in anderen Bereichen des Wirtschaftsaufsichtsrechts wird danach differenziert: Im Versicherungsaufsichtsrecht hält der EuGH ein Zulassungserfordernis für gerechtfertigt, da nicht alle Bereiche harmonisiert sind, nicht aber das Sitzerfordernis, vgl. EuGH v. 04.12.1986 C-205/84 (Versicherungsurteil) Slg. 1986, S. 3755 (Rn. 42 ff.). Im Bereich der Patentanwaltsordnung sieht Schöne ein Zulassungsverfahren für erforderlich an, nicht aber eine Niederlassungspflicht, vgl. *Schöne*, Dienstleistungsfreiheit (1989), S. 177 f.

sungserfordernis die Dienstleistungsfreiheit beschränkt (Abschnitt aa)). Anschließend werden Rechtfertigungsaspekte untersucht (Abschnitt bb)).

aa) Beschränkung der Dienstleistungsfreiheit durch das Niederlassungserfordernis

Bei Dienstleistungen handelt es sich gem. Art. 57 Abs. 1 AEUV um üblicherweise gegen Entgelt erbrachte Leistungen, die nicht den Vorschriften über den freien Waren- oder Kapitalverkehr oder über die Freizügigkeit der Personen unterliegen. Zudem dürfen die Vorschriften über Niederlassungen nicht anwendbar sein[754].

Bank- und Finanzdienstleistungen sind entgeltlich erbrachte Leistungen. Da sie nicht physisch fassbar sind, stellen sie in Abgrenzung zur Warenverkehrsfreiheit gem. Art. 28 AEUV keine körperlichen Gegenstände[755] dar[756]. Wenn Institute Bank- oder Finanzdienstleistungen aus ihren Herkunftsstaaten in die Bundesrepublik erbringen, ohne hierfür inländische Niederlassungen einzusetzen, gelten auch die Vorschriften über Niederlassungen nicht[757].

Kapitalverkehrsleistungen i. S. d. Art. 63 Abs. 1 AEUV liegen bei einseitigen Wertübertragungen aus einem Staat in einen anderen vor, bei denen es sich regelmäßig um Vermögensanlagen handelt[758]. Die Abgrenzung zwischen Dienst- und Kapitalverkehrsleistungen ist umstritten. Sie ist insbesondere für Unternehmen mit Sitz außerhalb des EWR bedeutsam, denn diese werden nur von der Kapitalverkehrsfreiheit, nicht aber von der Dienstleistungsfreiheit geschützt[759]. Bank- und Finanzdienstleistungen enthalten jedenfalls keine schlichten einseitigen Wertübertragungen, sondern sind stets mit Leistungen des Instituts gegenüber Kunden verbunden. Daher stellen sie keine reinen Kapitalverkehrsleistungen, sondern zumindest auch Dienstleistungen i. S. d. Art. 56 f. AEUV dar[760]. Sie unterliegen damit nicht nur der Kapitalverkehrsfreiheit.

---

754 Vgl. *Müller-Graff*, in: Streinz, EUV/EGV, Art. 49 Rn. 27.

755 Siehe zur Abgrenzung zwischen Dienstleistungen und Waren *Geiger*, EUV/EGV, Art. 50 Rn. 1; *Müller-Graff*, in: Streinz, EUV/EGV, Art. 49 Rn. 25.

756 Vgl. *Schöne*, WM 1989, S. 873.

757 Vgl. eingehend *Schöne*, WM 1989, S. 873 (876 f.). Zur ausnahmsweisen Einschlägigkeit der Niederlassungsfreiheit bei exklusiv tätigen Vermittlern vgl. EuGH v. 04.12.1986 C-205/84 (Versicherungsurteil) Slg. 1986, S. 3755 (Rn. 21) und siehe 2. Teil 1. Kapitel C. I. 1. a) ee).

758 Vgl. *Bleckmann*, Europarecht (1997), Rn. 1702; *Ipsen*, Gemeinschaftsrecht (1972), § 36 Rn. 3.

759 Vgl. zum ausschließlichen Schutz von Drittstaatenunternehmen durch die Kapitelverkehrsfreiheit *Kiemel*, in: von der Groeben/Schwarze, EU/EG, Art. 56 Rn. 26; *Ohler*, Kapital- und Zahlungsverkehrsfreiheit, Art. 56 Rn. 208 ff.; *Rögner*, WM 2006, S. 745 (750); *Schwenke*, IStR 2006, S. 748 (751).

760 Siehe im Einzelnen unten 2. Teil 2. Kapitel B. II. 2. a).

Die Abgrenzung zwischen der Dienstleistungsfreiheit und der Arbeitnehmerfreizügigkeit gem. Art. 45 ff. AEUV richtet sich danach, ob eine Tätigkeit selbstständig außerhalb oder unselbstständig innerhalb eines Arbeitsvertrags ausgeübt wird. Im ersten Fall findet die Dienstleistungsfreiheit, im zweiten Fall die Arbeitnehmerfreizügigkeit Anwendung[761]. Ausländische Institute, die Bank- oder Finanzdienstleistungen in der Bundesrepublik erbringen, werden selbstständig tätig. Sie werden damit nicht von der Arbeitnehmerfreizügigkeit geschützt.

Bank- und Finanzdienstleistungen stellen demnach Dienstleistungen i. S. d. Art. 56 f. AEUV dar. Das in § 33 Abs. 1 Satz 1 Nr. 6 KWG enthaltene Niederlassungserfordernis greift auch in die Dienstleistungsfreiheit ein[762]. Zwar verstößt das Niederlassungserfordernis nicht gegen das Diskriminierungsverbot. Es enthält nämlich weder eine offene Diskriminierung, da es formal nicht zwischen In- und Ausländern unterscheidet, noch eine versteckte Diskriminierung[763], da Ungleichbehandlungen weder bezweckt noch unbeabsichtigte Nebenfolgen sind. Jedoch greift eine Regelung auch dann in die Dienstleistungsfreiheit ein, wenn sie die Grundfreiheit nur beschränkt[764]. Das Niederlassungserfordernis verhindert, dass ausländische Institute im Wege des grenzüberschreitenden Dienstleistungsverkehrs im Inland tätig werden. Die Institute dürfen vielmehr nur dann in der Bundesrepublik Bank- oder Finanzdienstleistungen erbringen, wenn sie über feste Niederlassungen im Inland verfügen. Niederlassungserfordernisse bringen daher den grenzüberschreitenden Dienstleistungsverkehr zum Erliegen[765].

bb) Rechtfertigung des Niederlassungserfordernisses

Gegenstand der Dienstleistungsfreiheit gem. Art. 56 f. AEUV ist der Schutz grenzüberschreitender Tätigkeiten, die nicht über Niederlassungen ausgeübt werden. Eine Vorschrift, die für ein Tätigwerden eines ausländischen Unternehmens im

---

761 Vgl. *Müller-Graff*, in: Streinz, EUV/EGV, Art. 49 Rn. 26.

762 So zu Niederlassungserfordernissen *Knobl*, in: Griller (1992), S. 25 (57 f.). Eine Beschränkung der Grundfreiheit durch § 33 Abs. 1 Satz 1 Nr. 6 KWG verneinen *Fischer*, in: Boos/Fischer/Schulte-Mattler, KWG, § 33 Rn. 24; *Samm*, in: Beck/Samm/Kokemoor, KWG, § 33 Rn. 130 f., da die Autoren die Regelung als bloße Zuständigkeitszuweisung auslegen.

763 Vgl. *Knobl*, in: Griller (1992), S. 25 (57 f.); *Schöne*, Dienstleistungsfreiheit (1989), S. 169. Der EuGH verneint eine diskriminierende Wirkung des Niederlassungserfordernisses für Versicherungsunternehmen und prüft dessen Verhältnismäßigkeit, vgl. EuGH v. 04.12.1986 C-205/84 (Versicherungsurteil) Slg. 1986, S. 3755 (Rn. 52 ff.).

764 Vgl. EuGH v. 03.12.1974 Rs. C-33/74 (Van Binsbergen) Slg. 1974, S. 1299 (Rn. 7 ff.); *Hailbronner/Nachbaur*, EuZW 1990, S. 105 (109).

765 Vgl. GA Stix-Hackl, Schlussanträge zu EuGH C-452/04 (Fidium Finanz) Slg. 2006, S. I 9521 (Rn. 133, 156).

Inland Niederlassungen zwingend voraussetzt, stellt deshalb eine „Negierung“ der Dienstleistungsfreiheit dar. Aus diesem Grund knüpft der EuGH an die Zulässigkeit eines Niederlassungserfordernisses besonders hohe Anforderungen. Ein Niederlassungserfordernis ist nur zulässig, wenn es eine unerlässliche Voraussetzung für die Erreichung des verfolgten gemeinwohlbezogenen Zwecks ist. Dies ist dann der Fall, wenn das Niederlassungserfordernis das mildeste Mittel ist, um den Zweck zu verwirklichen[766].

(1) Gemeinwohlbezogener Zweck

§ 33 Abs. 1 Satz 1 Nr. 6 KWG soll dafür sorgen, dass die BaFin auf die Hauptverwaltungen aller im Inland tätigen Institute unmittelbar zugreifen kann[767]. Dadurch kann die BaFin die Institute vor Ort etwa durch Überprüfungen der Bücher und Computersysteme beaufsichtigen. Auch werden unangemeldete Kontrollen der Institute erleichtert[768]. Damit dient die Regelung dazu, eine effektive Beaufsichtigung von Instituten und dadurch die Stabilität des Finanzmarkts zu gewährleisten.

Daneben bewirkt die Regelung, dass finanzielle Forderungen inländischer Kunden gegenüber Instituten leichter durchsetzbar sind[769], denn durch die Anbindung der Hauptverwaltung an das Inland können die Ansprüche besser vollstreckt werden. Die Regelung dient damit auch dem Gläubigerschutz.

(2) Mildestes Mittel

Das Niederlassungserfordernis gem. § 33 Abs. 1 Satz 1 Nr. 6 KWG muss zudem das mildeste Mittel dazu sein, die verfolgten Zwecke, nämlich eine effektive Be-

---

766 Vgl. EuGH v. 04.12.1986 C-205/84 (Versicherungsurteil) Slg. 1986, S. 3755 (Rn. 52); EuGH v. 04.12.1986 C-220/83 (Kommission/Frankreich) Slg. 1986, S. 3663 (Rn. 20); EuGH v. 06.06.1996 C-101/94 (Kommission/Italien) Slg. 1996, S. I 2691 (Rn. 31); EuGH v. 09.07.1997 C-222/95 (Parodi) Slg. 1997, S. I 3899 (Rn. 31); EuGH v. 03.10.2006 C-452/04 (Fidium Finanz) Slg. 2006, S. I 9521 (Rn. 46). Siehe hierzu *Schöne*, Dienstleistungsfreiheit (1989), S. 172 f.

767 So GA Stix-Hackl, Schlussanträge zu EuGH C-452/04 (Fidium Finanz) Slg. 2006, S. I 9521 (Rn. 164); VG Frankfurt a.M. v. 11.10.2004 9 E 933/04 (V) WM 2005, S. 503 (515); *Böttcher*, Aktienplatzierungen (2004), S. 149 f.; *Freiwald*, in: Schwintowski (2006), Rn. 1248 (1257 Rn. 41); *Ohler*, WM 2002, S. 162 (164); *Puderbach/Zenke*, in: Zenke/Ellwanger (2003), Rn. 84 (96); *Vahldiek*, in: Boos/Fischer/Schulte-Mattler, KWG, § 53 Rn. 172.

768 Vgl. GA Stix-Hackl, Schlussanträge zu EuGH C-452/04 (Fidium Finanz) Slg. 2006, S. I 9521 (Rn. 164).

769 So VG Frankfurt a.M. v. 11.10.2004 9 E 933/04 (V) WM 2005, S. 503 (515).

aufsichtigung von Instituten und Durchsetzbarkeit von Ansprüchen inländischer Kunden, zu erreichen.

Das Niederlassungserfordernis ist jedenfalls nicht das mildeste Mittel, um die Erfüllung von finanziellen Forderungen inländischer Kunden gegenüber ausländischen Instituten zu gewährleisten. Hierzu wäre es ausreichend, wenn verlangt würde, dass die Institute den Kunden Garantien erteilen. Insofern ist nicht erforderlich, dass die Institute Niederlassungen im Inland unterhalten[770].

Die folgende Erörterung kann sich daher auf die Frage beschränken, ob mildere Mittel vorhanden sind, um eine effektive Beaufsichtigung der Institute zu gewährleisten. Insoweit sind zwei Fälle zu unterscheiden: Im ersten Fall (Abschnitt (a)) entspricht das Niveau der Beaufsichtigung der Institute in ihren Herkunftsstaaten dem der Bundesrepublik[771]. Im zweiten Fall (Abschnitt (b)) ist das Aufsichtsniveau in den Herkunftsstaaten niedriger als das in der Bundesrepublik.

(a) Erforderlichkeit bei gleichwertiger Beaufsichtigung durch herkunftsstaatliche Behörden

Bei gleichwertiger Beaufsichtigung der Institute in ihren Herkunftsstaaten kann das Niederlassungserfordernis gem. § 33 Abs. 1 Satz 1 Nr. 6 KWG nur dann das mildeste Mittel sein, wenn die Institute überhaupt einer zusätzlichen Beaufsichtigung durch die BaFin bedürfen.

Das europäische Herkunftslandprinzip besagt, dass Aufnahmestaaten Institute nicht beaufsichtigen, wenn die aufsichtsrechtlichen Standards in den Herkunftsstaaten gleichwertig sind. Eine Beaufsichtigung ausländischer Institute ist aber auch dann entbehrlich, wenn die Gleichwertigkeit der Aufsichtsstandards nicht richtlinienrechtlich, sondern aus anderen Gründen gewährleistet ist. Ob eine solche Gleichwertigkeit gegeben ist, ist von der BaFin im Einzelfall zu prüfen. Da die ausländischen Institute dann nicht der zusätzlichen Beaufsichtigung durch die BaFin bedürfen, ist das Niederlassungserfordernis gem. § 33 Abs. 1 Satz 1 Nr. 6 KWG überflüssig. Es stellt insoweit nicht das mildeste Mittel dar, um eine effektive Beaufsichtigung sicherzustellen.

---

770 So EuGH v. 06.06.1996 C-101/94 (Kommission/Italien) Slg. 1996, S. I 2691 (Rn. 23); GA Stix-Hackl, Schlussanträge zu EuGH C-452/04 (Fidium Finanz) Slg. 2006, S. I 9521 (Rn. 176).

771 Zu beachten ist, dass die GA in der Rechtssache Fidium Finanz die von ihr bejahte Rechtfertigung des kreditwesenrechtlichen Niederlassungserfordernisses nur auf Herkunftsstaaten bezieht, in denen keine Beaufsichtigung stattfindet, vgl. GA Stix-Hackl, Schlussanträge zu EuGH C-452/04 (Fidium Finanz) Slg. 2006, S. I 9521 (Rn. 173, 183).

Die irische Regierung kommt im Rahmen der Rechtssache Fidium Finanz zu derselben Schlussfolgerung: Sie verweist darauf, dass ein Niederlassungserfordernis für Institute im Inland nur dann gerechtfertigt ist, wenn die Institute in ihren Herkunftsstaaten nicht ausreichend beaufsichtigt werden[772].

Bei einer effektiven Beaufsichtigung von Instituten durch die Herkunftsstaaten stellt die BaFin die Institute in Ausnahmefällen nach ihrem Ermessen gem. § 2 Abs. 4 KWG vom Zulassungs- und damit auch vom Niederlassungserfordernis frei. Diese Verwaltungspraxis ist aber zum einen nicht vom Zweck des § 2 Abs. 4 KWG gedeckt[773]. Sie ist zum anderen ein einschneidenderes Mittel, als wenn bei gleichwertiger heimatstaatlicher Kontrolle das Niederlassungserfordernis von vornherein nicht eingreifen würde. Sie führt dazu, dass das präventive Verbot mit Erlaubnisvorbehalt, das durch die §§ 32 ff. KWG aufgestellt wird, für ausländische Institute zu einem repressiven Verbot mit Befreiungsvorbehalt wird. Soweit diese Institute nämlich im Wege des grenzüberschreitenden Dienstleistungsverkehrs im Inland tätig werden, können sie die Voraussetzungen für eine Erlaubniserteilung nie erfüllen. Trotz ausreichender Beaufsichtigung in den Herkunftsstaaten haben sie gegenüber der BaFin keinen Anspruch auf Erteilung einer Erlaubnis, sondern sind auf eine Einzelfallentscheidung angewiesen.

(b) Erforderlichkeit bei unzureichender Beaufsichtigung durch herkunftsstaatliche Behörden

In den von der Rechtsprechung bisher entschiedenen Fällen zur kreditwesenrechtlichen Erlaubnispflicht[774] fehlte es an einer Beaufsichtigung durch die herkunftsstaatlichen Aufsichtsbehörden. Fraglich ist, ob auch in derartigen Fällen ein milderes Mittel als das Niederlassungserfordernis gem. § 33 Abs. 1 Satz 1 Nr. 6 KWG denkbar ist, um eine effektive Beaufsichtigung der Institute sicherzustellen.

Nach der Rechtsprechung des EuGH können administrative Probleme bei der Kontrolle von Unternehmen eine Beschränkung der Grundfreiheiten nicht rechtfertigen. Es genüge nicht, dass inländische Niederlassungen behördliche Prüfungen nur erleichtern[775]. Wenn die BaFin damit ausländische Institute beaufsichtigen kann, ohne dass diese über Niederlassungen im Inland verfügen, ist der Eingriff in

772 Vgl. GA Stix-Hackl, Schlussanträge zu EuGH C-452/04 (Fidium Finanz) Slg. 2006, S. I 9521 (Rn. 159) mit Verweis auf die Ausführungen der irischen Regierung.

773 Siehe 2. Teil 2. Kapitel A. II. 1. g).

774 Siehe 2. Teil 2. Kapitel A. II. 1. c) bb), cc).

775 Vgl. EuGH v. 04.12.1986 C-205/84 (Versicherungsurteil) Slg. 1986, S. 3755 (Rn. 54); EuGH v. 06.06.1996 C-101/94 (Kommission/Italien) Slg. 1996, S. I 2691 (Rn. 20 ff.); dazu auch *Hanten*, EWiR 2006, S. 249 (250).

die Dienstleistungsfreiheit der Institute, unabhängig von einem erhöhten Verwaltungsaufwand bei der Kontrolle dieser Institute, nicht zulässig.

(aa) Prüfung von Institutsunterlagen

Die Erkenntnisquellen, anhand derer die BaFin die wirtschaftliche Lage von Instituten sowie die fachliche und persönliche Eignung von institutsnahen Personen prüft, umfassen im Wesentlichen Einzelanzeigen[776], Monatsausweise[777], Jahresanzeigen[778], Rechnungslegungsunterlagen[779], Geschäftspläne[780] sowie Auskunftsersuche[781]. Diese Unterlagen können auch von ausländischen Instituten eingereicht werden[782]. Die Pflicht zur Vorlage der Dokumente könnte die BaFin in den Zulassungsbescheiden für die Institute verfügen[783]. Auch nach Erlaubniserteilung könnte sie gegenüber den Instituten Regelungen durch Verwaltungsakt treffen. Zwar dürfen solche Verwaltungsakte ausländischen Instituten nur zugesendet werden, wenn die Herkunftsstaaten der Institute dies im Einzelfall oder in völkerrechtlichen Verträgen zulassen[784]. Stattdessen kommt aber auch eine öffentliche Bekanntmachung der Verwaltungsakte gem. § 37 Abs. 1 Satz 3 KWG i. V. m. § 41 Abs. 3 VwVfG in Betracht[785].

Die BaFin kann die ausländischen Institute allerdings nur dann effektiv beaufsichtigen, wenn sie die vorgelegten Dokumente auf ihre Vollständigkeit und inhaltliche Richtigkeit prüfen kann. Vor Ort darf die BaFin nur prüfen, wenn die Herkunftsstaaten der Institute dies im Einzelfall oder in völkerrechtlichen Verträgen erlauben[786]. Derartige völkerrechtliche Verträge sind im Bankenaufsichtsrecht aber nur vereinzelt vorzufinden[787]. Die BaFin kann zudem versuchen, die Aufsichtsbehörden der Herkunftsstaaten im Wege eines Amtshilfeverfahrens zu

---

776 Vgl. z. B. § 13 Abs. 1 Satz 1, § 24 Abs. 1 KWG.
777 Vgl. z. B. § 25 KWG.
778 Vgl. z. B. § 24 Abs. 1a KWG.
779 Vgl. §§ 26-31 KWG.
780 Vgl. § 32 Abs. 1 Satz 2 Nr. 5 KWG.
781 Vgl. § 44 KWG. Siehe hierzu *Nirk*, KWG (2008), S. 59.
782 So auch *Christoph*, ZBB 2009, S. 117 (125).
783 Vgl. im Rahmen der Versicherungsaufsicht EuGH v. 04.12.1986 C-205/84 (Versicherungsurteil) Slg. 1986, S. 3755 (Rn. 55).
784 Vgl. *Gloria/Epping*, in: Ipsen (2004), § 23 Rn. 69, 85; *Verdross/Simma*, Völkerrecht (1984), § 456; siehe dazu auch *Es-Said*, Grenzüberschreitende Bankgeschäfte (2009), S. 159 f.
785 Vgl. *Ohler*, WM 2002, S. 162 (169).
786 Vgl. *Ohler*, Kollisionsordnung (2005), S. 47; *ders.*, WM 2002, S. 162 (169 f.); *Streinz*, in: Sachs, GG, Art. 25 Rn. 52.
787 Vgl. dazu *Kampf*, in: Grabitz/Hilf, EU, E 26 Rn. 61 ff.; *Kurth*, WM 2000, S. 1521 (1527 f.).

den Prüfungen heranzuziehen. Den Empfehlungen von internationalen Gremien, wie dem Baseler Ausschuss[788], für grenzüberschreitende Amtshilfeverfahren fehlt aber rechtliche Verbindlichkeit. Die Aufsichtsbehörden der Herkunftsstaaten können ihre Mithilfe deshalb verweigern. Dies gilt grundsätzlich auch für die Aufsichtsbehörden anderer europäischer Staaten[789]. Insbesondere wenn die Aufsichtsbehörden die Institute nach ihrer Rechtsordnung nicht beaufsichtigen dürfen, ist zweifelhaft, ob sie dem Amtshilfeersuchen der BaFin folgen[790].

Wenn die Aufsichtsbehörden allerdings mit der BaFin kooperieren[791], kann die BaFin die von den ausländischen Instituten eingereichten Unterlagen auf Vollständigkeit und inhaltliche Richtigkeit prüfen bzw. im Wege eines Amtshilfeverfahrens prüfen lassen. Die BaFin kann die ausländischen Institute dann trotz ihres auswärtigen Sitzes beaufsichtigen[792]. Eine wirksame Kooperation zwischen den herkunftsstaatlichen Aufsichtsbehörden und der BaFin muss auf einer verlässlichen Grundlage beruhen. Diese kann etwa in einer Vereinbarung zwischen der BaFin und den Aufsichtsbehörden bestehen.

(bb) Durchsetzung von Verwaltungsmaßnahmen

Eine effektive Beaufsichtigung ausländischer Institute durch die BaFin setzt voraus, dass die BaFin ihre Verfügungen auch durchsetzen kann. Sie bedarf dazu der Einwilligung der Herkunftsstaaten der Institute[793].

Wenn die Herkunftsstaaten nicht mit der BaFin kooperieren, kann die BaFin zwar in der Bundesrepublik verschiedene Maßnahmen ergreifen: Sie kann auf Grundlage des § 37 Abs. 1 Satz 4 KWG auf im Inland ansässige Unternehmen einwirken[794], die den ausländischen Instituten durch Produktvermarktungen in Postsendungen oder in Zeitungen behilflich sind. Sie kann inländischen Instituten

---

788 Siehe zu den Empfehlungen zur Zusammenarbeit bei elektronischen grenzüberschreitenden Bankgeschäften *Baseler Ausschuss zur Bankenaufsicht*, Cross-Border Electronic Banking Activities (2003), S. 8 ff.

789 Vgl. *Mankowski*, in: Leible (2003), S. 51 (60 f.).

790 So GA Stix-Hackl, Schlussanträge zu EuGH C-452/04 (Fidium Finanz) Slg. 2006, S. I 9521 (Rn. 175).

791 Eine Zusammenarbeit der Behörden hält der EuGH im Versicherungsaufsichtsrecht für möglich, vgl. EuGH v. 04.12.1986 C-205/84 (Versicherungsurteil) Slg. 1986, S. 3755 (Rn. 55). Zu Grundlagen und Formen der grenzüberschreitenden Zusammenarbeit von Behörden siehe *Royla*, Grenzüberschreitende Finanzmarktaufsicht (2000), S. 113 ff.

792 Vgl. *Christoph*, ZBB 2009, S. 117 (125).

793 Vgl. *Ohler*, Kollisionsordnung (2005), S. 47; *ders.*, WM 2002, S. 162 (170); *Streinz*, in: Sachs, GG, Art. 25 Rn. 52.

794 Vgl. zu Anordnungen der BaFin gegenüber Dritten *Fischer*, in: Boos/Fischer/Schulte-Mattler, KWG, § 37 Rn. 6.

gem. § 37 Abs. 1 Satz 4 KWG verbieten, die Geschäftstätigkeiten der ausländischen Institute zu unterstützen[795]. Wenn deutsche Provider Internetauftritte der ausländischen Institute unterstützen, kann sie Unterlassungsverfügungen erlassen und zwangsweise durchsetzen[796]. Die BaFin kann auch auf ihrer Homepage oder in Printmedien vor den Instituten warnen. Ineffektiv ist dieses Mittel allerdings bei Instituten, denen Angriffe auf ihren Ruf nicht schaden, weil sie sich von vornherein auf eine kurzfristige Präsenz auf dem deutschen Markt beschränken[797]. Die Maßnahmen, die die BaFin bei mangelnder Zusammenarbeit der herkunftsstaatlichen Aufsichtsbehörden ergreifen kann, haben insgesamt allerdings nur begrenzte Wirkungen. Sie erlauben deshalb keine ebenso wirksame Kontrolle der Institute.

(c) Zusammenfassende Beurteilung zur Rechtfertigung des Niederlassungserfordernisses

Wenn ausländische Institute in ihren Herkunftsstaaten gleichwertigen aufsichtsrechtlichen Standards unterliegen, bedarf es keiner zusätzlichen aufsichtsrechtlichen Erfassung durch die BaFin. Da das Niederlassungserfordernis gem. § 33 Abs. 1 Satz 1 Nr. 6 KWG keine Ausnahmen für diesen Fall vorsieht, stellt die Vorschrift insofern nicht das mildeste Mittel dar.

Sofern der aufsichtsrechtliche Standard in den Herkunftsstaaten nicht gleichwertig ist, ist eine Beaufsichtigung durch die BaFin nicht entbehrlich. Die BaFin kann die Institute zwar grenzüberschreitend beaufsichtigen, indem sie sich die erforderlichen Dokumente vorlegen lässt. Die Dokumente können aber nur dann wirksam auf Vollständigkeit und inhaltliche Richtigkeit geprüft werden, wenn durch eine verlässliche Grundlage sichergestellt ist, dass die Aufsichtsbehörden der Herkunftsstaaten der Institute mit der BaFin zusammenarbeiten. Die BaFin kann Verwaltungsmaßnahmen gegenüber den ausländischen Instituten auch nur dann durchsetzen, wenn die Herkunftsstaaten dies erlauben. Eine wirksame grenzüberschreitende Beaufsichtigung der ausländischen Institute ist insgesamt nur dann möglich, wenn die Aufsichtsbehörden der Herkunftsstaaten mit der BaFin kooperieren. Soweit die Aufsichsbehörden allerdings auf verlässlicher Grundlage mit der BaFin zusammenarbeiten, stellt das zwingende Niederlassungserfordernis gem. § 33 Abs. 1 Satz 1 Nr. 6 KWG nicht das mildeste Mittel dar.

Das Niederlassungserfordernis § 33 Abs. 1 Satz 1 Nr. 6 KWG ist deshalb sowohl bei gleichwertigen aufsichtsrechtlichen Standards in den Herkunftsstaaten

795 Vgl. *Ohler*, WM 2002, S. 162 (169); siehe auch *Es-Said*, Grenzüberschreitende Bankgeschäfte (2009), S. 162.

796 Vgl. *Mankowski*, in: Leible (2003), S. 51 (67 ff.); siehe auch *Es-Said*, Grenzüberschreitende Bankgeschäfte (2009), S. 163.

797 Vgl. *Mankowski*, in: Leible (2003), S. 51 (64).

als auch bei einer verlässlichen Zusammenarbeit der dortigen Aufsichtsbehörden mit der BaFin keine unerlässliche Voraussetzung für die Erreichung der verfolgten Zwecke. Damit verstößt die Vorschrift insoweit gegen die Dienstleistungsfreiheit gem. Art. 56 f. AEUV.

3. Ergebnis zur kreditwesenrechtlichen Erfassung von grenzüberschreitenden Dienstleistungen aus anderen Staaten des EWR

Nach Auffassung der BaFin ist der Erlaubnistatbestand gem. § 32 Abs. 1 Satz 1 KWG vertriebsbezogen auszulegen, sodass ausländische Institute zulassungspflichtig sind, wenn sie sich zielgerichtet an inländische Kunden wenden. Diese Ansicht kann sich zwar auf teleologische Erwägungen stützen, sie entspricht aber nicht dem Wortlaut, der Entstehungsgeschichte und Systematik der Vorschrift. § 32 Abs. 1 Satz 1 KWG ist vielmehr institutsbezogen auszulegen, sodass grundsätzlich nur Institute mit Sitz im Inland, unabhängig vom Ort ihres Tätigwerdens, erlaubnispflichtig sind. Mit Blick auf den Gesetzeswortlaut und die Systematik des § 53 b KWG ist die Vorschrift ausnahmsweise auch auf ausländische Institute anzuwenden, wenn diese auf dem Gebiet der Bundesrepublik, d. h. im Wege des aktiven Dienstleistungsverkehrs, Bank- oder Finanzdienstleistungen erbringen.

Institute sind nicht erlaubnispflichtig, wenn sie vom Europäischen Pass Gebrauch machen. Die BaFin befreit Institute zudem im Einzelfall gem. § 2 Abs. 4 KWG vom Zulassungserfordernis, um die anderenfalls drohenden Tätigkeitsverbote für die Institute abzuwenden. Diese Verwaltungspraxis widerspricht indessen der Bedeutung des § 2 Abs. 4 KWG. Dies ist als weiterer Beleg gegen die vertriebsbezogene Auslegung zu werten.

Mangels inländischer Hauptverwaltungen sind ausländische Institute nach dem Wortlaut des § 33 Abs. 1 Satz 1 Nr. 6 KWG nicht erlaubnisfähig. Soweit die BaFin daher eine Erlaubnispflicht annimmt, muss sie gegenüber den ausländischen Instituten Tätigkeitsverbote aussprechen. Weder die Entstehungsgeschichte noch der richtlinienrechtliche Hintergrund der Vorschrift stützen jedoch diese Rechtsfolge. Vielmehr wären die ausländischen Institute bei genauer Umsetzung der richtlinienrechtlichen Vorgaben in § 33 Abs. 1 Satz 1 Nr. 6 KWG erlaubnisfähig. Dieser Befund bestätigt, dass die vertriebsbezogene Auslegung des Erlaubnistatbestands abzulehnen ist.

Das Niederlassungserfordernis gem. § 33 Abs. 1 Satz 1 Nr. 6 KWG verstößt zudem gegen die Dienstleistungsfreiheit gem. Art. 56 f. AEUV, denn das Niederlassungserfordernis stellt nicht das mildeste Mittel zur Erreichung der kreditwesenrechtlichen Zwecke dar, soweit es auch bei gleichwertigen aufsichtsrechtlichen Standards in den Herkunftsstaaten der Institute und bei einer verlässlichen Zusammenarbeit zwischen der BaFin und der herkunftsstaatlichen Aufsichtsbehörde gilt.

III. Ergebnis zur kreditwesenrechtlichen Erfassung des Zugangs aus anderen Staaten des EWR

1. Inländische Tochterunternehmen von Mutterunternehmen aus anderen Staaten des EWR bedürfen gem. § 32 Abs. 1 Satz 1 KWG der Erlaubnis, wenn sie gewerbsmäßig oder in einem Umfang, der einen kaufmännisch eingerichteten Geschäftsbetrieb erfordert, Bankgeschäfte betreiben oder Finanzdienstleistungen erbringen. Das Tatbestandsmerkmal „Betreiben" erfasst dabei nur ein Handeln eines Instituts im eigenen Namen. Bank- und Finanzdienstleistungen werden grundsätzlich nicht durch Vereinbarungen zwischen Institut und Kunden, sondern nur durch das Erbringen der Leistungen als solche begründet. Tochterunternehmen mit Satzungssitz im Inland erfüllen stets das Tatbestandsmerkmal „im Inland". Dies gilt auch dann, wenn sie ausschließlich gebietsfremde Kunden haben. Ausnahmen von der Zulassungspflicht enthalten § 2 Abs. 1 und 6 KWG.
   Ein Tochterunternehmen ist gem. § 33 Abs. 1 Satz 1 Nr. 6 KWG nur dann erlaubnisfähig, wenn sich seine Hauptverwaltung in der Bundesrepublik befindet. Die Vorschrift stellt keine bloße Zuständigkeitsregelung, sondern eine zwingende Versagungsbestimmung dar. Die BaFin muss vor der Zulassung eines Tochterunternehmens zudem nach § 33 b KWG die Aufsichtsbehörde des Staates anhören, in dem das Mutterunternehmen seinen Sitz hat. Der Wortlaut des § 33 b KWG bedarf einer Anpassung. Insoweit bietet sich die Formulierung „zuständige Behörden des anderen (betroffenen) Mitgliedstaats" an.
2. Ausländische Erwerber von bedeutenden Beteiligungen an inländischen Instituten müssen gem. § 2 c KWG die BaFin und die Bundesbank hierüber benachrichtigen. Die Anzeigepflichten des § 24 KWG für den Beteiligungserwerb und die Eingehung enger Verbindungen gelten dagegen nur für inländische Institute.
3. Unter einer Zweigstelle i. S. d. KWG ist ein rechtlich unselbstständiger Teil eines Unternehmens zu verstehen, der räumlich, organisatorisch und personell selbstständig und dauerhaft errichtet ist. Die Bezeichnung „Zweigniederlassung" ist ein spezieller Begriff für Zweigstellen von passfähigen Unternehmen aus anderen Mitgliedstaaten des EWR. Die Erlaubnispflicht für Zweigstellen ist in § 53 Abs. 1 Satz 1 i. V. m. § 32 Abs. 1 Satz 1 KWG geregelt. Zweigstellen sind nur dann erlaubnispflichtig, wenn sie selbst Bank- oder Finanzdienstleistungen i. S. d. § 1 Abs. 1, 1 a KWG erbringen. Die Erlaubnispflicht entfällt, soweit der Europäische Pass gem. § 53 b KWG gilt. Die Erlaubnisfähigkeit von Zweigstellen richtet sich nach § 53 Abs. 1 Satz 1 i. V. m. § 33 KWG. Insofern ist § 33 Abs. 1 Satz 1 Nr. 6 KWG zweigstellenspezifisch auszulegen; die

Zweigstelle darf nicht die Hauptverwaltung des ausländischen Unternehmens darstellen.

4. Repräsentanzen ausländischer Institute im Inland unterliegen gem. § 53 a KWG einem Anzeige- und Bestätigungsverfahren. Repräsentanzen sind alle Geschäftsstellen eines ausländischen Instituts im Inland, bei denen es sich nicht um Zweigstellen handelt.
5. Inländische Kooperationsinstitute von ausländischen Instituten sind rechtlich selbstständige Einheiten. Sie unterliegen einer separaten aufsichtsrechtlichen Erfassung.
6. Selbständige Vermittler, die ausländische Unternehmen in der Bundesrepublik einsetzen, können gem. § 32 Abs. 1 Satz 1 KWG erlaubnispflichtig sein. Für sog. vertraglich gebundene Vermittler entfällt das Erlaubniserfordernis gem. § 2 Abs. 10 KWG. Die ausländischen Unternehmen, die die Vermittler einsetzen, sind nach den Regeln zum grenzüberschreitenden Dienstleistungsverkehr erlaubnispflichtig.
7. Ausländische Institute, die im Wege des grenzüberschreitenden Dienstleistungsverkehrs in der Bundesrepublik tätig werden, sind nur dann erlaubnispflichtig, wenn sie auf inländischem Gebiet Bank- oder Finanzdienstleistungen erbringen. Im Übrigen sind sie erlaubnisfrei, denn § 32 Abs. 1 Satz 1 KWG ist institutsbezogen auszulegen. Die Verwaltungspraxis der BaFin, nach der die Vorschrift vertriebsbezogen interpretiert wird und ausländische Institute nur im Einzelfall nach § 2 Abs. 4 KWG von der Erlaubnispflicht freigestellt werden, wird vom Gesetz nicht gedeckt.
   Die ausländischen Institute sind gem. § 33 Abs. 1 Satz 1 Nr. 6 KWG mangels inländischer Hauptverwaltung nicht erlaubnisfähig. Soweit sie als erlaubnispflichtig eingeordnet werden, sind demnach Tätigkeitsverbote auszusprechen. Diese Rechtsfolge widerspricht indessen der Entstehungsgeschichte und dem richtlinienrechtlichen Hintergrund der Vorschrift. Das Niederlassungserfordernis gem. § 33 Abs. 1 Satz 1 Nr. 6 KWG verstößt zudem gegen die Dienstleistungsfreiheit gem. Art. 56 f. AEUV, da es nicht das mildeste Mittel zur Erreichung der kreditwesenrechtlichen Zwecke darstellt.

B. Eintritt in den inländischen Markt aus Drittstaaten

Dieser Teil der Arbeit beschäftigt sich mit der kreditwesenrechtlichen Erfassung von Instituten aus Drittstaaten, die in der Bundesrepublik tätig werden. Der Einfluss des europäischen Bankenaufsichtsrechts auf die Behandlung drittstaatlicher Institute ist gering. Bedeutung hat allein das Reziprozitätsprinzip. Hiernach hängt die rechtliche Behandlung der Institute davon ab, wie die jeweiligen Drittstaaten mit mitgliedstaatlichen Instituten verfahren[798].

In der folgenden Erörterung wird wiederum zwischen einem Zutritt der Institute in die Bundesrepublik mittels fester Niederlassungen und mittels des grenzüberschreitenden Dienstleistungsverkehrs unterschieden. Im letzteren Fall wird besonderes Augenmerk auf die Frage gerichtet, ob das Niederlassungserfordernis gem. § 33 Abs. 1 Satz 1 Nr. 6 KWG, das auch für drittstaatliche Institute gilt, mit höherrangigem Recht vereinbar ist. Prüfungsmaßstäbe sind insoweit die Kapitalverkehrsfreiheit gem. Art. 63 Abs. 1 AEUV sowie das GATS.

I. Formen physischer Präsenz

1. Tochterunternehmen

Auch Tochterunternehmen von Mutterunternehmen mit Sitz in Drittstaaten sind unter den Voraussetzungen des § 32 Abs. 1 Satz 1 KWG erlaubnispflichtig. Das Tatbestandsmerkmal „im Inland“ liegt stets vor, wenn die Tochterunternehmen ihren Sitz innerhalb der Bundesrepublik haben. Dies gilt auch dann, wenn sie von der Bundesrepublik aus nur im Ausland tätig werden[799].

Bedeutung für die Erlaubnisfähigkeit der Tochterunternehmen hat § 33 Abs. 3 Satz 2 Nr. 1 KWG. Nach dieser Vorschrift müssen die Beteiligungsgeflechte transparent sein, in die die Tochterunternehmen eingebunden sind. Problematisch ist dieses Zulassungserfordernis, wenn der Sitz des Mutterunternehmens in einem Drittstaat liegt, in dem die beherrschenden Anteilsinhaber verdeckt werden können[800].

Eine besondere Regelung für Tochterunternehmen, deren Mutterunternehmen in Staaten außerhalb der EG[801] ansässig sind, findet sich in § 33 a KWG[802]. Hiernach muss die BaFin bei einem entsprechenden Beschluss der Kommission oder des Rates der EG die Entscheidung über die Zulassung der Institute aussetzen oder

---

798 Siehe 1. Teil 3. Kapitel C. II. 2.

799 Siehe 2. Teil 2. Kapitel A. I. 1. b) cc).

800 Vgl. *Hanten*, in: Baudenbacher (2005), S. 153 (180).

801 Die Tochterunternehmen können ihren Sitz im Inland oder in einem anderen Staat der EG haben, vgl. *Fischer*, in: Boos/Fischer/Schulte-Mattler, KWG, § 33 a Rn. 2; *Reischauer/Kleinhans*, KWG, § 33 a Rn. 2. Erfasst sind wegen des ausdrücklichen Bezugs auf Staaten außerhalb der EG auch Mutterunternehmen mit Sitz in einem Staat des EWR, der nicht zur EG gehört.

802 Diese Regelung beruht auf der 2. BRKR (Richtlinie 89/646/EWG v. 15.12.1989) und der WDRL (Richtlinie 93/22/EWG v. 10.05.1993) und wurde durch die 4. KWG-Novelle (BGBl. I 1992, S. 2211 ff.) eingeführt, vgl. RegBgr. 4. KWG-Novelle BT-Drucks. 12/3377 S. 41.

diese beschränken. Die Vorschrift soll sicherstellen, dass die Kommission mit den Staaten in Verhandlung treten und Ungleichbehandlungen von Instituten mit Sitz in der EG beheben kann. Bis zur Einführung der Vorschrift wurde die Gegenseitigkeit nur bei der Zulassung von Zweigstellen ausländischer Unternehmen geprüft; für diese ist dieses Prinzip in § 53 Abs. 2 Nr. 5 Satz 2 KWG verankert[803].

2. Anteilserwerb

Drittstaatenunternehmen, die bedeutende Beteiligungen an inländischen Instituten erwerben, unterliegen der Anteilseignerkontrolle gem. § 2 c KWG[804]. Gem. § 2 c Abs. 4 Satz 1 KWG[805] gilt für den Anteilserwerb durch drittstaatliche Erwerber das Reziprozitätsprinzip. Danach muss die BaFin den Anteilserwerb bei einem entsprechenden Beschluss der Europäischen Kommission untersagen oder beschränken. Im Übrigen kann auf die Ausführungen zum Anteilserwerb durch Unternehmen aus anderen Staaten des EWR[806] verwiesen werden.

3. Zweigstellen

Inländische Zweigstellen von Unternehmen mit Sitz in Drittstaaten sind gem. § 53 Abs. 1 Satz 1 i. V. m. § 32 Abs. 1 Satz 1 KWG erlaubnisbedürftig, wenn sie gewerbsmäßig Bank- oder Finanzdienstleistungen erbringen. Ausnahmsweise kann das Lizenzerfordernis gem. § 53 c Nr. 1 KWG entfallen, wenn das Bundesministerium der Finanzen auf Basis eines Abkommens der EG den Europäischen Pass durch Rechtsverordnung auf Drittstaatenunternehmen ausweitet. Von dieser Möglichkeit wurde bis dato kein Gebrauch gemacht. Nach § 53 c Nr. 2 KWG ist der Europäische Pass auch dann auf Zweigstellen drittstaatlicher Unternehmen anwendbar, wenn dies in zwischenstaatlichen Vereinbarungen vorgesehen ist. Voraussetzung ist, dass die Unternehmen nach international anerkannten Grundsätzen in den Drittstaaten beaufsichtigt werden, das Reziprozitätsprinzip befolgt wird sowie eine Zusammenarbeit der Staaten gesichert ist[807]. Auf dieser Grundlage sind

803 Vgl. RegBgr. 4. KWG-Novelle BT-Drucks. 12/3377 S. 41.

804 Siehe zur Anwendung des § 2 c KWG auf ausländische Erwerber 2. Teil 2. Kapitel A. I. 2. a).

805 Die Vorschrift entspricht § 2 c Abs. 5 KWG a. F., vgl. Gesetz zur Umsetzung der Beteiligungsrichtlinie (BGBl. I 2009, S. 470 ff.).

806 Siehe 2. Teil 2. Kapitel A. I. 2.

807 Siehe hierzu *Beck/Samm/Kokemoor*, KWG, § 53 c Rn. 12; *Reischauer/Kleinhans*, KWG, § 53 c Rn. 3.

Erleichterungen für bestimmte Unternehmen aus den USA[808], aus Japan[809] und aus Australien[810] getroffen worden.

4. Sonstige Niederlassungen

Da § 53 a KWG sowohl für Repräsentanzen von Instituten mit Sitz in anderen Staaten des EWR als auch für Repräsentanzen von Instituten mit Sitz in Drittstaaten gilt, ergeben sich insofern keine Besonderheiten. Es findet das Anzeige- und Bestätigungsverfahren gem. § 53 a Satz 2-5 KWG Anwendung. Für inländische Kooperationsinstitute von Drittstaateninstituten, die nicht kapitalmäßig verflochten sind, greifen die allgemeinen Regeln. Für die kreditwesenrechtliche Erfassung von drittstaatlichen Unternehmen, die selbstständige Vermittler im Inland einsetzen, bestehen ebenfalls keine Besonderheiten.

II. Aktivitäten ohne physische Präsenz

1. Erlaubnisbedürftigkeit und -fähigkeit von grenzüberschreitenden Dienstleistungen

Nach Auffassung der BaFin sind drittstaatliche Institute erlaubnispflichtig, wenn sie sich zum Vertrieb von Bank- oder Finanzdienstleistungen zielgerichtet an inländische Kunden wenden[811]. Die Auslegung des § 32 Abs. 1 Satz 1 KWG hat indessen gezeigt, dass die Vorschrift nicht vertriebs-, sondern institutsbezogen zu interpretieren ist. Drittstaatliche Institute sind nur dann ausnahmsweise erlaubnispflichtig, wenn sie den charakteristischen Teil von Bank- oder Finanzdienstleistungen auf dem Gebiet der Bundesrepublik erbringen[812]. Die Zulassungspflicht kann zwar gem. § 53 c Nr. 1 KWG entfallen, wenn durch Rechtsverordnung bestimmt wird, dass die Vorschriften über den Europäischen Pass auf drittstaatliche Institute anwendbar sind. Bisher wurde von dieser Regelung aber kein Gebrauch gemacht. Eine Freistellung gem. § 53 c Nr. 2 KWG scheidet ebenfalls aus, da sie nur für Zweigstellen in Betracht kommt[813]. Die Verwaltungspraxis der BaFin, nach der drittstaatliche Institute bei ausreichender Beaufsichtigung durch die Herkunfts-

---

808 Vgl. VO v. 21.04.1994, BGBl. I 1994, S. 887.
809 Vgl. 2. VO v. 13.12.1995, BGBl. I 1995, S. 1703.
810 Vgl. 3. VO v. 02.06.1999, BGBl. I 1999, S. 1247.
811 Vgl. BaFin, Hinweise „Erlaubnispflicht nach § 32 Abs. 1 KWG“, 04/2005, KWG-Texte 4.350, S. 1 ff.
812 Siehe ausführlich 2. Teil 2. Kapitel A. II. 1. d) ee).
813 Vgl. *Vahldiek*, in: Boos/Fischer/Schulte-Mattler, KWG, § 53 c Rn. 5.

staaten im Einzelfall auf Grundlage des § 2 Abs. 4 KWG freigestellt werden, ist mit Wortlaut, Historie und Zweck der Vorschrift nicht vereinbar[814].

Da sich die Hauptverwaltungen der drittstaatlichen Institute nicht im Inland befinden, sind die Voraussetzungen für eine Erlaubniserteilung gem. § 33 Abs. 1 Satz 1 Nr. 6 KWG nicht gegeben[815]. Soweit die drittstaatlichen Institute erlaubnispflichtig sind, unterliegen sie demnach einem Tätigkeitsverbot.

2. *Vereinbarkeit der fehlenden Erlaubnisfähigkeit von grenzüberschreitenden Dienstleistungen mit der Kapitalverkehrsfreiheit gem. Art. 63 Abs. 1 AEUV*

Das Niederlassungserfordernis gem. § 33 Abs. 1 Satz 1 Nr. 6 KWG verstößt für Institute aus anderen Staaten des EWR gegen die Dienstleistungsfreiheit gem. Art. 56 f. AEUV[816]. Es stellt sich die Frage, ob auch Institute aus Drittstaaten eine Unvereinbarkeit des § 33 Abs. 1 Satz 1 Nr. 6 KWG mit den europäischen Grundfreiheiten geltend machen können. In Betracht kommt nur ein Verstoß der Vorschrift gegen die Kapitalverkehrsfreiheit gem. Art. 63 Abs. 1 AEUV, denn im Gegensatz zu den übrigen Grundfreiheiten findet die Kapitalverkehrsfreiheit auf Unternehmen aus Drittstaaten Anwendung[817].

a) Anwendbarkeit der Kapitalverkehrsfreiheit seit Entscheidung in der Rechtssache Fidium Finanz

aa) Begriff des Kapitalverkehrsgeschäfts

Der Begriff des Kapitalverkehrs i. S. d. Art. 63 Abs. 1 AEUV umfasst nach ständiger Rechtsprechung des EuGH[818] jedenfalls die Transaktionen, die in der Nomenklatur des Anhangs I der Kapitalverkehrs-Richtlinie[819] aufgeführt sind. Im Übrigen werden Kapitalverkehrsgeschäfte in der Literatur abstrakt definiert[820] und als einseitige Übertragungen von Werten aus einem Staat in einen anderen verstanden,

---

814 Diese Funktion der Vorschrift stimmt indessen nicht mit der Historie und dem richtlinienrechtlichen Hintergrund überein. Dies spricht gegen die vertriebsbezogene Auslegung, siehe 2. Teil 2. Kapitel A. II. 1. d) cc) (1) (e).

815 Siehe 2. Teil 2. Kapitel A. II. 2. a).

816 Siehe 2. Teil 2. Kapitel A. II. 2. b).

817 Vgl. *Kiemel*, in: von der Groeben/Schwarze, EU/EG, Art. 56 Rn. 26; *Ohler*, Kapital- und Zahlungsverkehrsfreiheit, Art. 56 Rn. 208 ff.; *Rögner*, WM 2006, S. 745 (750); *Schwenke*, IStR 2006, S. 748 (751).

818 Vgl. EuGH v. 14.12.1995 C-163/94 (Sanz de Lera) Slg. 1995, S. I 4821 (Rn. 34); EuGH v. 03.10.2006 C-452/04 (Fidium Finanz) Slg. 2006, S. I 9521 (Rn. 41).

819 Vgl. Richtlinie 88/361/EWG v. 24.06.1988.

820 Vgl. *Ohler*, ZEuS 2002, S. 321 (325).

bei denen es sich regelmäßig um Vermögensanlagen handelt[821]. Die Beschränkung auf einseitige Übertragungsakte soll verdeutlichen, dass beim Kapitalverkehr im Unterschied zum Dienstleistungsverkehr die Leistungen nicht in einem unmittelbaren Zusammenhang mit Gegenleistungen stehen[822]. Als zu übertragende Werte kommen Sachkapital, z. B. Unternehmensbeteiligungen, oder Geldkapital, z. B. Wertpapiere und Kredite, in Betracht[823].

bb) Abgrenzung der Kapitalverkehrsgeschäfte von Dienstleistungen

In Art. 57 AEUV wird die Kapitalverkehrsfreiheit negativ von der Dienstleistungsfreiheit abgegrenzt. Dies legt nahe, dass sich die sachlichen Anwendungsbereiche der beiden Grundfreiheiten nicht überschneiden. Diese Annahme wird aber durch Art. 58 Abs. 2 AEUV widerlegt[824]. Hiernach ist die Liberalisierung der *„mit dem Kapitalverkehr verbundenen Dienstleistungen“* von Banken und Versicherungen in Einklang mit der Liberalisierung des Kapitalverkehrs vorzunehmen. Damit regelt der AEUV im Rahmen des Bank- und Versicherungsrechts Leistungen, die sowohl Kapitalverkehrs- als auch Dienstleistungselemente enthalten. Deshalb lassen sich insgesamt drei Sachverhalte unterscheiden: Die Tätigkeiten von Banken können reine Dienstleistungen, verbundene Dienstleistungen, sog. Finanzdienstleistungen[825], oder reine Kapitalverkehrsleistungen darstellen[826].

Eine reine Dienstleistung liegt vor, wenn eine Tätigkeit in keinem Zusammenhang mit Kapitalverkehrsvorgängen steht[827]. Dies ist im Finanzbereich zu bejahen bei der Anlageberatung[828], bei der reinen Verwahrung und Verwaltung von Wertpapieren[829] oder bei der schlichten Vermittlung[830], d. h. bei der bloßen Anlagevermittlung oder Drittstaateneinlagenvermittlung. Reine Kapitalverkehrsgeschäfte sind unter den Bank- und Finanzdienstleistungen nicht zu finden, da die Kapital-

821 Vgl. *Bleckmann*, Europarecht (1997), Rn. 1702; *Everling*, in: Wohlfahrt/Everling/Glaesner/Sprung, EWG, Art. 67 Rn. 2; *Ipsen*, Gemeinschaftsrecht (1972), § 36 Rn. 3.

822 Vgl. *Everling*, in: Wohlfahrt/Everling/Glaesner/Sprung, EWG, Art. 67 Rn. 2.

823 Vgl. *Bröhmer*, in: Calliess/Ruffert, EUV/EGV, Art. 56 Rn. 8 ff.

824 Vgl. *Schöne*, WM 1989, S. 873 (874).

825 Vgl. *Ohler*, ZEuS 2002, S. 321 (332).

826 Vgl. *Ohler*, Kapital- und Zahlungsverkehrsfreiheit, Art. 56 Rn. 155; *Schöne*, WM 1989, S. 873 (874); *Troberg*, Bank-Betrieb 1973, S. 318 (322 ff.).

827 Vgl. *Ohler*, Kapital- und Zahlungsverkehrsfreiheit, Art. 56 Rn. 154.

828 Vgl. *Ohler*, Kapital- und Zahlungsverkehrsfreiheit, Art. 56 Rn. 154; *Pasternacki*, Niederlassungsfreiheit (2000), S. 60.

829 Vgl. *Pasternacki*, Niederlassungsfreiheit (2000), S. 60.

830 Vgl. EuGH v. 10.05.1995 Rs. 384/93 (Alpine Investment) Slg. 1995, I 1141 (Rn. 5, 14 f.).

bewegungen stets mit Dienstleistungen von Instituten gegenüber Kunden verbunden sind[831]. Bank- und Finanzdienstleistungen stellen wegen der engen Verknüpfung von Dienstleistungs- und Kapitalverkehrscharakter regelmäßig verbundene Dienstleistungen dar[832]. Das Einlagengeschäft ist, obwohl in der Nomenklatur nicht ausdrücklich aufgeführt, ein Kapitalverkehrsgeschäft und gleichzeitig eine Dienstleistung[833]. Das Kreditgeschäft ist in den Rubriken VII, VIII und XI der Nomenklatur genannt und vereint ebenfalls beide Elemente[834]. Dasselbe gilt für das Garantiegeschäft[835], für Leistungen für Kunden im Zusammenhang mit Finanzinstrumenten[836] (d. h. Finanzkommissionsgeschäfte[837], Abschlussvermittlungen oder Finanzportfolioverwaltungen) sowie für den Eigenhandel[838], Zahlungsverkehrsleistungen[839] und das Finanztransfergeschäft[840].

Wenn eine Tätigkeit Dienstleistungs- und Kapitalverkehrselemente enthält und dadurch in den Schutzbereich beider Grundfreiheiten fällt, wird auf der Konkurrenzebene teilweise eine wechselseitige Exklusivität[841], teilweise eine parallele Anwendung der Grundfreiheiten[842], vertreten. Nach Auffassung des EuGH waren

---

831 A. A. *Schöne*, WM 1989, S. 873 (874); *Troberg*, Bank-Betrieb 1973, S. 318 (322).

832 Vgl. *Ress/Ukrow*, in: Grabitz/Hilf, EU, Art. 56 Rn. 139.

833 Vgl. *Ohler*, Kapital- und Zahlungsverkehrsfreiheit, Art. 56 Rn. 163. Nach a. A. handelt es sich um ein reines Kapitalverkehrsgeschäft, vgl. *Schöne*, WM 1989, S. 873 (874).

834 Vgl. EuGH v. 03.10.2006 C-452/04 (Fidium Finanz) Slg. 2006, S. I 9521 (Rn. 41); *Ohler*, Kapital- und Zahlungsverkehrsfreiheit, Art. 56 Rn. 161. Nach a. A. handelt es sich um ein reines Kapitalverkehrsgeschäft, vgl. *Schöne*, WM 1989, S. 873 (874); *Troberg*, Bank-Betrieb 1973, S. 318 (322).

835 Siehe Rubrik IX A. der Nomenklatur. Vgl. *Ohler*, Kapital- und Zahlungsverkehrsfreiheit, Art. 56 Rn. 162.

836 Siehe Rubriken III, IV und V der Nomenklatur.

837 Vgl. zu Geschäften im eigenen Namen für fremde Rechnung *Ohler*, Kapital- und Zahlungsverkehrsfreiheit, Art. 56 Rn. 158.

838 Siehe Rubrik III, IV und V der Nomenklatur. Es handelt sich um kein reines Kapitalverkehrsgeschäft, da der Eigenhandel i. S. d. KWG „für andere" erfolgen muss. Siehe hierzu *Ohler*, Kapital- und Zahlungsverkehrsfreiheit, Art. 56 Rn. 170.

839 Vgl. *Ohler*, Kapital- und Zahlungsverkehrsfreiheit, Art. 56 Rn. 164 ff.; *Schöne*, WM 1989, S. 873 (874).

840 Vgl. EuGH v. 11.11.1981 C 203/80 (Casati) Slg. 1981, S. 2595 (Rn. 8 ff.).

841 Vgl. *Freitag*, EWS 1997, S. 186 (191) (für das Zweipersonenverhältnis); *Ohler*, WM 1996, S. 1801 (1802); *Schwenke*, IStR 2006, S. 748 (753).

842 Vgl. GA Stix-Hackl, Schlussanträge zu EuGH C-452/04 (Fidium Finanz) Slg. 2006, S. I 9521 (Rn. 54 ff., 71, 74); *Kiemel*, in: von der Groeben/Schwarze, EU/EG, Art. 56 Rn. 20 ff.; *Ress/Ukrow*, in: Grabitz/Hilf, EU, Art. 56 Rn. 138 ff.; *Schön*, in: FS Wassermeyer (2005), S. 489 (498 f.). Ohler vertritt zwar eine parallele Anwendung beider Grundfreiheiten. Drittstaatenunternehmen seien vom Schutz der Grundfreiheiten dann aber auszunehmen, vgl. *Ohler*, Kapital- und Zahlungsverkehrsfreiheit, Art. 56 Rn. 130, 196, 215; *ders.*, EuZW 2006, S. 689 (692).

in der Rechtssache Fidium Finanz[843] zwar sowohl die Dienstleistungs- als auch die Kapitalverkehrsfreiheit einschlägig. Allerdings trat nach Ansicht des EuGH im konkreten Fall die Kapitalverkehrsfreiheit völlig hinter die Dienstleistungsfreiheit zurück. Der EuGH nahm auf Konkurrenzebene damit ein Exklusivitätsverhältnis an[844]. Er verneinte – entgegen der Auffassung der Generalanwältin[845] – einen Schutz durch Grundfreiheiten für das Schweizer Institut. Der Grund für die Subsidiarität der Kapitalverkehrsfreiheit ist nach den Ausführungen des EuGH, dass eine Regelung, die den Zugang für ausländische Finanzdienstleister erschwert, vorwiegend die Dienstleistungsfreiheit berührt. Die Beeinträchtigung des Kapitalverkehrs stelle nur eine zwingende Folge dieses Eingriffs dar[846].

b) Beurteilung des Schutzumfangs für Drittstaateninstitute

Da drittstaatliche Institute vom persönlichen Anwendungsbereich der Dienstleistungsfreiheit gem. Art. 56 f. AEUV nicht erfasst sind, werden sie, soweit sie reine Dienstleistungen erbringen, nicht geschützt. Reine Kapitalverkehrsgeschäfte stellen keine kreditwesenrechtlich relevanten Tätigkeiten dar[847], sodass auch insoweit die Grundfreiheiten nicht anwendbar sind. Allein für die drittstaatlichen Institutsgeschäfte, bei denen es sich um verbundene Dienstleistungen handelt, kommt ein Schutz durch Grundfreiheiten in Betracht.

In der Entscheidung des EuGH in der Rechtssache Fidium Finanz wird allerdings deutlich, dass die Aussichten für drittstaatliche Institute, sich erfolgreich auf die Kapitalverkehrsfreiheit berufen zu können, gering sind. Der EuGH legte dar, dass die Kapitalverkehrsfreiheit gegenüber der Dienstleistungsfreiheit subsidiär und deshalb nicht anwendbar war. Der EuGH beschränkte diese Ausführungen nicht auf die in Rede stehenden grenzüberschreitenden Kreditgeschäfte[848], son-

---

843 Vgl. EuGH v. 03.10.2006 C-452/04 (Fidium Finanz) Slg. 2006, S. I 9521.

844 Die Ausführungen des EuGH werden in der Literatur uneinheitlich gedeutet, siehe *Hanten*, WuB I L 1. § 32 KWG 1.07, S. 189 (190); *Ohler*, EuZW 2006, S. 689 (692); *Schwenke*, IStR 2006, S. 748 (753); zu den Folgen für das Verhältnis Kapitalverkehrsfreiheit zur Niederlassungsfreiheit siehe *Schönfeld*, DB 2007, S. 80 ff.

845 Vgl. GA Stix-Hackl, Schlussanträge zu EuGH C-452/04 (Fidium Finanz) Slg. 2006, S. I 9521 (Rn. 75).

846 Vgl. EuGH v. 03.10.2006 C-452/04 (Fidium Finanz) Slg. 2006, S. I 9521 (Rn. 48 ff.). Ebenso *Freiwald*, in: Schwintowski (2006), Rn. 1248 (1262); *Gapp/Gfall*, ecolex 2003, S. 244 (247). Ähnlich VG Frankfurt a.M. v. 11.10.2004 9 E 933/04 (V) WM 2005, S. 503 (513). A. A. VGH Hessen v. 21.01.2005 6 TG 1568/04 WM 2005, S. 1123 (1125 f.); *Hanten*, in: Baudenbacher (2005), S. 153 (172, 177).

847 Siehe 2. Teil 2. Kapitel A. II. 2. b) aa).

848 Vgl. *Fischer*, in: Schimansky/Bunte/Lwowski (2007), § 128 Rn. 29; *Ohler*, EuZW 2006, S. 689 (692 f.); *Voge*, WM 2007, S. 381 (387); differenzierend *Hanten*, WuB I L 1. § 32 KWG 1.07, S. 189 (191); *ders.*, in: Beck/Samm/Kokemoor, KWG, § 53 Rn. 26.

dern bezog sich allgemein auf Bank- und Finanzdienstleistungen ausländischer Institute im Inland.

Die Begründung des EuGH für die Subsidiarität der Kapitalverkehrsfreiheit ist indessen nicht zufrieden stellend[849]. Da im Rahmen der Vorschriften über die Kapitalverkehrsfreiheit gem. Art. 64, 65 Abs. 1 lit. b AEUV die Finanzdienstleistungen und die Institutsaufsicht speziell geregelt sind, wird deutlich, dass Bank- und Finanzdienstleistungen sowohl Dienstleistungs- als auch Kapitalverkehrselemente enthalten. Die Begründung des EuGH knüpft deshalb auch nicht daran an, dass es sich bei grenzüberschreitenden Institutsgeschäften nicht um verbundene Leistungen handelt. Der EuGH stellt stattdessen darauf ab, dass die Grundfreiheiten in einem bestimmten Umfang beschränkt werden[850]. Ausschlaggebend für die Subsidiarität ist nach Auffassung des EuGH, dass durch die deutsche Vorschrift *„der Zugang zum deutschen Finanzmarkt ... erschwert wird“*[851].

Die Ausführungen des EuGH legen damit nahe, dass bei schwerwiegenden Beeinträchtigungen, insbesondere bei Markteintrittsbeschränkungen, die Dienstleistungsfreiheit vorrangig ist, dagegen bei leichteren Beeinträchtigungen die Kapitalverkehrsfreiheit anwendbar ist. Für diese Differenzierung findet sich im AEUV indessen kein systematischer Anhaltspunkt. Markteintrittsbeschränkungen behindern zudem nicht nur den Dienstleistungsverkehr, sondern auch die damit unmittelbar im Zusammenhang stehenden Kapitalbewegungen. Sie wirken sich auf beide Elemente gleich stark aus.

Soweit die Anwendbarkeit der Kapitalverkehrsfreiheit – entgegen der Auffassung des EuGH – für drittstaatliche Institute bejaht würde, wäre das zwingende Niederlassungserfordernis gem. § 33 Abs. 1 Satz 1 Nr. 6 KWG nicht gerechtfertigt, da mildere Mittel zur Erreichung der kreditwesenrechtlichen Zwecke vorhanden sind[852]. Ein Verstoß der Vorschrift gegen die Grundfreiheiten läge dann vor.

3. Vereinbarkeit der fehlenden Erlaubnisfähigkeit von grenzüberschreitenden Dienstleistungen mit dem GATS

Institute aus Drittstaaten, die in einem Mitgliedstaat der WTO ansässig sind, werden darüber hinaus vom GATS geschützt[853]. Damit muss das Niederlassungserfor-

---

849 Kritisch ebenfalls *Dreher/Görner*, EWiR 2007, S. 43 (44); *Es-Said*, Grenzüberschreitende Bankgeschäfte (2009), S. 170 f.; *Hanten*, WuB I L 1. § 32 KWG 1.07, S. 189 (191); *Ohler*, EuZW 2006, S. 689 (692); *Sedemund*, BB 2006, S. 2781 (2784).

850 Siehe *Dreher/Görner*, EWiR 2007, S. 43 (44).

851 EuGH v. 03.10.2006 C-452/04 (Fidium Finanz) Slg. 2006, S. I 9521 (Rn. 49).

852 Siehe zur mangelnden Rechtfertigung im Rahmen der Dienstleistungsfreiheit 2. Teil 2. Kapitel A. II. 2. b).

853 Siehe zum GATS bereits 2. Teil 1. Kapitel B. II.

dernis gem. § 33 Abs. 1 Satz 1 Nr. 6 KWG auch mit diesem Regelwerk in Einklang stehen.

Das GATS enthält zwar nur völkerrechtliche Pflichten für die Mitgliedstaaten. Es begründet keine subjektiven Rechte, auf die sich Institute gegenüber Behörden oder Gerichten unmittelbar berufen könnten[854]. Da die deutsche Rechtsordnung aber völkerrechtsfreundlich ist, sind die nationalen Gesetze in Einklang mit den völkerrechtlichen Regelungen anzuwenden[855]. Das KWG ist deshalb von Behörden und Gerichten so auszulegen, dass es nicht gegen das GATS verstößt[856].

Im Folgenden wird zunächst ein etwaiger Verstoß des § 33 Abs. 1 Satz 1 Nr. 6 KWG gegen die Marktöffnungspflichten des GATS diskutiert (Abschnitt a)). Danach wird eine etwaige Unvereinbarkeit der Vorschrift mit der Standstill-Klausel des GATS erörtert (Abschnitt b)). In beiden Fällen ist schließlich auf Rechtfertigungsaspekte einzugehen (Abschnitt c)).

a) Marktöffnungspflichten für Bank- und Finanzdienstleistungen

Ziel der Verhandlungsrunden zum GATS war die Öffnung der Dienstleistungsmärkte für ausländische Interessenten[857]. Deshalb sind nach Art. XVI Abs. 1 GATS die Mitgliedstaaten verpflichtet, gebietsfremden Marktteilnehmern einen ungehinderten Zutritt zu dem eigenen Rechtskreis zu gewähren. Da das GATS ein Rahmenabkommen ist[858], werden unmittelbare Handlungsanweisungen allerdings erst dadurch getroffen, dass der jeweilige Mitgliedstaat bestimmte Bereiche des Dienstleistungshandels in seine „Liste spezifischer Verpflichtungen" (im Folgenden: Liste) aufnimmt[859]. Erst den Listen kann demnach der Stand der Liberalisierung entnommen werden[860].

---

854 Vgl. *Ohler*, Kapital- und Zahlungsverkehrsfreiheit, Art. 56 Rn. 358; *ders.*, ZEuS 2002, S. 321 (347); *Kampf*, in: Grabitz/Hilf, EU, E 26 Rn. 73; *Vahldiek*, BKR 2003, S. 971 f.; *Völkel*, Marktzugang (2003), S. 258 ff. m. w. N.; *Weber*, Auslandsbanken (1996), S. 158.

855 Vgl. *Jarass*, in: Jarass/Pieroth, GG, Art. 25 Rn. 4.

856 Vgl. *Es-Said*, Grenzüberschreitende Bankgeschäfte (2009), S. 132; *Samm*, in: Beck/Samm/Kokemoor, KWG, § 32 Rn. 53; *Vahldiek*, BKR 2003, S. 971 f.; abweichend VG Frankfurt a.M. v. 05.07.2007 1 E 4355/06 BKR 2007, S. 341 (347); *Völkel*, Marktzugang (2003), S. 265.

857 Vgl. *Weber*, Auslandsbanken (1996), S. 187.

858 Siehe für die verschiedenen Regelungen des GATS über Finanzdienstleistungen *Kokott*, RIW 2000, S. 401 f.

859 Vgl. *Kokott*, RIW 2000, S. 401 f.; *Weber*, Auslandsbanken (1996), S. 159, 187 ff.

860 Vgl. *Kokott*, RIW 2000, S. 401 (402).

Für den Finanzbereich wurde eine Liste verabschiedet[861]. Diese Liste enthält Beschränkungen des Marktzutritts für ausländische Unternehmen. Die Beschränkungen sind nach den Erbringungsarten[862] geordnet. Im Übrigen wird auf die sog. Vereinbarung über Verpflichtungen bei Finanzdienstleistungen (im Folgenden: Vereinbarung)[863] verwiesen. Die Vereinbarung legt unter Buchstabe B bestimmte Marktzugangspflichten positiv fest, die von der Mehrzahl der Mitgliedstaaten anerkannt sind[864].

Gem. Buchstabe B Nr. 5 der Vereinbarung müssen die Mitgliedstaaten zulassen, dass Finanzdienstleistungsinstitute aus anderen Mitgliedstaaten Niederlassungen errichten. Diese Regelung berührt den grenzüberschreitenden Dienstleistungsverkehr nicht.

Gem. Buchstabe B Nr. 4 der Vereinbarung soll den Einwohnern der Mitgliedstaaten erlaubt werden, auf dem Gebiet eines anderen Mitgliedstaats die im Annex zum GATS[865] aufgelisteten Bank- und Finanzdienstleistungen zu erwerben. Diese Regelung erfasst den Modus der Grenzüberschreitung des Leistungsempfängers[866]. Sie begünstigt aber nicht den Leistungserbringer. Da das kreditwesenrechtliche Niederlassungserfordernis nur die Institute selbst betrifft und nicht ihre Kunden als Leistungsempfänger, wird es von Buchstabe B Nr. 4 ebenfalls nicht berührt[867].

Einschlägig ist aber Buchstabe B Nr. 3 der Vereinbarung. Hiernach wird nichtgebietsansässigen Finanzdienstleistungsanbietern erlaubt, im Fernweg[868] durch einen Vermittler, als Vermittler oder selbst[869] und entsprechend den Bedingungen

---

861 Schedule of Specific Commitments, vgl. BGBl. II 1994, S. 1521 (1545 ff.) für die englische Fassung und S. 1678 (1705 ff.) für die deutsche Fassung. Zur aktuellen Fassung nach dem 5. Protokoll zum GATS vgl. BGBl. II 1999, S. 312 ff. für die englische Fassung und S. 328 ff. für die deutsche Fassung.

862 D. h. grenzüberschreitende Erbringung, Nutzung im Ausland, kommerzielle Präsenz oder Präsenz natürlicher Personen, siehe 2. Teil 1. Kapitel B. II.

863 Understanding on Commitments in Financial Services, vgl. BGBl. II 1994, S. 1517 ff. für die englische Fassung und S. 1675 ff. für die deutsche Fassung.

864 Vgl. *Steenkamp*, Financial Services (2004), S. 61; *Völkel*, Marktzugang (2003), S. 196.

865 Annex on Financial Services, vgl. BGBl. II 1994, S. 1660 f.

866 Vgl. *Kampf*, Int.T.L.R. 1998, S. 111 (115); *Steenkamp*, Financial Services (2004), S. 66; *Werner*, WTO (1999), S. 44.

867 Ebenso VG Frankfurt a.M. v. 11.10.2004 9 E 933/04 (V) WM 2005, S. 503 (512 f.).

868 D. h. die Dienstleistung selbst überschreitet die Grenze, vgl. *Ohler*, Kapital- und Zahlungsverkehrsfreiheit, Art. 56 Rn. 362; *Steenkamp*, Financial Services (2004), S. 65; *Vahldiek*, BKR 2003, S. 971 (973).

869 Die englische Fassung lautet: *„as a principal, through an intermediary or as an intermediary“* (BGBl. II 1994, S. 1517). Die deutsche Übersetzung *„als Auftraggeber, durch einen Vermittler oder als Vermittler“* (BGBl. II 1994, S. 1675) ist insoweit missverständlich, denn gemeint kann nach dem Satzzusammenhang nur die eigene Erbringung sein. Abzulehnen sind die Auffassungen von *Vahldiek*, BKR 2003, S. 971

der Inländerbehandlung Leistungen zu erbringen. Durch oder als Vermittler agieren ausländische Institute, wenn sie Vermittler oder Boten i. S. d. BGB[870] einschalten oder selbst als Mittelspersonen tätig werden. Ausländische Institute erbringen die Dienstleistungen selbst, wenn sie keine Zwischenhändler, sondern fernkommunikative Transaktionsmedien, z. B. Telefon, Post oder Internet, nutzen[871].

Von der Liberalisierungspflicht sind aber nach Buchstabe B Nr. 3 der Vereinbarung nur die Erbringung (a) bestimmter Risikoversicherungen, (b) Rückversicherungen, Folgerückversicherungen und Zusatzleistungen und (c) die Bereitstellung und Übertragung von Finanzinformationen erfasst. Das Bankenaufsichtsrecht hat insofern im Vergleich zum Versicherungsaufsichtsrecht nur begrenzte Liberalisierungen erfahren[872]; für den Schutz von Instituten kommt nur Buchstabe B Nr. 3 (c) der Vereinbarung in Betracht. Unter das Merkmal der Verbreitung finanzbezogener Nachrichten kann die Anlageberatung gefasst werden[873]; diese stellt gem. § 1 Abs. 1 a Satz 2 Nr. 1 a) KWG eine erlaubnispflichtige Finanzdienstleistung dar[874].

Soweit nach der vertriebsbezogenen Auslegung der BaFin zielgerichtete Anlageberatungen ausländischer Institute gegenüber deutschen Kunden dem KWG unterstellt werden, werden die Marktöffnungspflichten des GATS damit berührt. Dies gilt aber nur für den Fall, dass die Institute die Kunden auf dem Fernweg beraten. Wenn die Geschäftsinitiative von den Kunden als Leistungsempfänger ausgeht, verneint auch die BaFin eine regulatorische Erfassung der ausländischen Institute. Für Grenzübertritte der Institute als Leistungserbringer gibt es in der Vereinbarung keine Liberalisierungspflichten, sodass insoweit ebenfalls ein Verstoß gegen die Marktöffnungspflichten des GATS ausscheidet[875].

---

(973), gefolgt vom VG Frankfurt a.M. v. 05.07.2007 1 E 4355/06 BKR 2007, S. 341 (346), nach denen sich der Regelungsgehalt auf das Einschalten von Vermittlern und das eigene Tätigwerden als Vermittler beschränkt.

870 Der Bote ist unter die GATS-Formulierung „Vermittler“ zu fassen, vgl. *Vahldiek*, BKR 2003, S. 971 (973 Fn. 23).

871 So zum Online-Vertrieb *Steenkamp*, Financial Services (2004), S. 66. A. A. *Vahldiek*, BKR 2003, S. 971 (973 Fn. 29).

872 Vgl. *Freiwald*, in: Schwintowski (2006), Rn. 1248 (1263); *Ohler*, WM 2002, S. 162 (168).

873 Vgl. BGBl. II 1999, S. 328 (334 Fn. 2); *Vahldiek*, BKR 2003, S. 971 (973). A. A. *Ohler*, EuZW 2006, S. 689 (693).

874 Vgl. BGBl. I 2007, S. 1330 (1368). Für Institute, die Anlageberatungen vornehmen, werden die kreditwesenrechtlichen Anforderungen indessen teilweise beschränkt bzw. gänzlich aufgehoben, vgl. § 2 Abs. 6 Satz 1 Nr. 8, 15 und § 2 Abs. 10 KWG.

875 Vgl. BGBl. II 1999, S. 328 (340); *Ohler*, Kapital- und Zahlungsverkehrsfreiheit, Art. 56 Rn. 362. „Ungebunden“ bedeutet, dass keine mitgliedstaatlichen Bindungen bestehen, vgl. *Koehler*, GATS (1999), S. 122; *Völkel*, Marktzugang (2003), S. 234.

b) Sog. Standstill-Klausel für Bank- und Finanzdienstleistungen

Weiterer Bestandteil des GATS ist die sog. Standstill-Klausel gem. Buchstabe A der Vereinbarung[876]. Durch Standstill-Klauseln wird der einzelne Staat verpflichtet, keine weiteren Bedingungen, Einschränkungen und Vorbehalte für die ausländischen Marktteilnehmer zu erlassen, d. h., diese auf bestehende Maßnahmen zu beschränken[877]. Die Standstill-Klausel ist nach ihrem Wortlaut auf die Dienstleistungen begrenzt, für die Marktöffnungspflichten bestehen[878]. Im Bereich des Bankenaufsichtsrechts ist sie daher nur insoweit einschlägig, als sie gem. Buchstabe B Nr. 3 (c) der Vereinbarung für Anlageberatungen gilt. Die Anlageberatung wurde als Finanzdienstleistung im Jahr 2007 eingeführt[879], d. h. nach Verabschiedung der Vereinbarung. Die Standstill-Klausel wird damit berührt, soweit grenzüberschreitende Anlageberatungen aus den Mitgliedstaaten des GATS dem KWG unterliegen.

c) Rechtfertigung durch den sog. Prudential Carve-out

Soweit die Mitgliedstaaten Liberalisierungspflichten eingegangen sind, können sie gem. Art. VI Abs. 1 GATS die Dienstleistungen ausländischer Marktteilnehmer im Inland „*angemessen, objektiv und unparteiisch*" regeln. Erforderlich ist damit, dass die Vorschriften dem Verhältnismäßigkeitsgrundsatz genügen[880]. Konkretisiert wird dieses Souveränitätsrecht[881] durch lit. 2 a des Anhangs für Finanzdienstleistungen zum GATS[882]. Hiernach bleibt der sog. Prudential Carve-out insbesondere zum Schutz von Investoren, Einlegern, Versicherungsnehmern oder Personen, denen gegenüber die Leistungserbringer treuhänderische Pflichten haben, und zur Wahrung der Funktionsfähigkeit des Finanzsystems zulässig[883].

Das Niederlassungserfordernis gem. § 33 Abs. 1 Satz 1 Nr. 6 KWG ist – wie sich gezeigt hat – nicht das mildeste Mittel zur Erreichung der kreditwesenrechtlichen Zwecke[884]. Die Vorschrift genügt deshalb nicht dem Verhältnismäßigkeitsprinzip. Soweit die BaFin Institute mit Sitz in anderen Mitgliedstaaten der WTO

---

876 Vgl. BGBl. II 1999, S. 328 (329).

877 Vgl. *Völkel*, Marktzugang (2003), S. 196 f.; *Weber*, Auslandsbanken (1996), S. 190.

878 Vgl. *Freiwald*, in: Schwintowski (2006), Rn. 1248 (1263 Fn. 68). A. A. wohl *Hanten*, EWiR 2004, S. 717 (718).

879 Vgl. BGBl. I 2007, S. 1330 (1368).

880 Vgl. *Koehler*, GATS (1999), S. 133; *Vahldiek*, BKR 2003, S. 971 (972); *Völkel*, Marktzugang (2003), S. 190. Ähnlich *Weber*, Auslandsbanken (1996), S. 193.

881 Vgl. *Barth*, EuZW 1994, S. 455 (457).

882 Vgl. BGBl. II 1994, S. 1660.

883 Siehe hierzu *Kampf*, in: Grabitz/Hilf, EU, E 26 Rn. 84.

884 Siehe 2. Teil 2. Kapitel A. II. 2. b) bb).

dem Niederlassungserfordernis unterwirft, wenn diese im Wege des grenzüberschreitenden Dienstleistungsverkehrs Anlageberatungen in der Bundesrepublik erbringen, verstößt dies gegen das GATS.

4. Ergebnis zur kreditwesenrechtlichen Erfassung von grenzüberschreitenden Dienstleistungen aus Drittstaaten

Institute mit Sitz in Drittstaaten, die im Wege des grenzüberschreitenden Dienstleistungsverkehrs in der Bundesrepublik tätig werden, sind entgegen der von der BaFin favorisierten vertriebsbezogenen Auslegung nur dann gem. § 32 Abs. 1 Satz 1 KWG erlaubnispflichtig, wenn sie auf dem Gebiet der Bundesrepublik Bank- oder Finanzdienstleistungen erbringen. Sie sind mangels inländischer Hauptverwaltung gem. § 33 Abs. 1 Satz 1 Nr. 6 KWG nicht erlaubnisfähig und unterliegen damit, soweit sie erlaubnispflichtig sind, einem Tätigkeitsverbot.

Sofern die Kapitalverkehrsfreiheit gem. Art. 63 Abs. 1 AEUV auf die drittstaatlichen Institute anwendbar ist, verstößt das Niederlassungserfordernis gem. § 33 Abs. 1 Satz 1 Nr. 6 KWG gegen die Grundfreiheit. Nach Auffassung des EuGH gilt die Kapitalverkehrsfreiheit aber wegen ihrer Subsidiarität gegenüber der Dienstleistungsfreiheit gem. Art. 56 f. AEUV nicht für Vorschriften, die den Marktzugang für ausländische Institute beschränken.

Auch das GATS bietet drittstaatlichen Instituten im Bereich des Bankenaufsichtsrechts nur begrenzt Schutz. Die Bundesrepublik hat sich lediglich hinsichtlich im Fernweg erbrachter Anlageberatungen zu einer Liberalisierung verpflichtet. Nur insoweit ist das Niederlassungserfordernis für drittstaatliche Institute gem. § 33 Abs. 1 Satz 1 Nr. 6 KWG mit dem GATS unvereinbar.

C. Vorschlag für eine künftige Erfassung von grenzüberschreitenden Dienstleistungen in die Bundesrepublik

In diesem Abschnitt der Arbeit sollen auf Grundlage der bisherigen Erkenntnisse Vorschläge für eine künftige Erfassung von ausländischen Instituten aufgezeigt werden, die im Wege des grenzüberschreitenden Dienstleistungsverkehrs im Inland tätig werden. Dabei wird zwischen einer Neuregelung des Kreises erlaubnispflichtiger Institute (Abschnitt I.) und der Voraussetzungen für die Erlaubniserteilung (Abschnitt II.) unterschieden, d. h. zwischen der Erlaubnispflichtigkeit und der Erlaubnisfähigkeit von Instituten.

I. Ausweitung der Erlaubnispflicht

1. Zusätzliche Einführung des Wirkungsprinzips

Entgegen der Auffassung der BaFin gilt § 32 Abs. 1 Satz 1 KWG de lege lata nur für inländische Institute. Ausnahmsweise erfasst die Vorschrift aber auch ausländische Institute, wenn diese auf dem Gebiet der Bundesrepublik Bank- oder Finanzdienstleistungen erbringen. Demnach ist erforderlich, Bank- und Finanzdienstleistungen auf dem Gebiet der Bundesrepublik zu lokalisieren. Eine solche räumliche Zuordnung ist jedoch schwierig, da Bank- und Finanzdienstleistungen nicht körperlich fassbar sind. Deshalb bietet sich eine Neufassung der Vorschrift an.

Daneben sprechen in bestimmten Fällen die kreditwesenrechtlichen Zwecke, nämlich die Gewährleistung eines stabilen Finanzmarkts und der Gläubigerschutz, dafür, den Kreis erlaubnispflichtiger ausländischer Institute zu erweitern[885]. Auch dazu ist § 32 Abs. 1 Satz 1 KWG neu zu regeln.

Um den extraterritorialen Anwendungsbereich des § 32 Abs. 1 Satz 1 KWG neu zu fassen, muss ein „*sinnvoller Anknüpfungspunkt*"[886] für die grenzüberschreitenden Sachverhalte gefunden werden. Im Bankenaufsichtsrecht bietet sich insofern das Wirkungsprinzip an[887]. Dieses wurde ursprünglich gem. § 130 Abs. 2 GWB im Kartellrecht eingeführt und wird nunmehr auch in anderen Bereichen des Wirtschaftsaufsichtsrechts herangezogen[888]. Nach dem Wirkungsprinzip ist eine Norm extraterritorial anwendbar, wenn sich das Verhalten ausländischer Personen auf inländische Rechtsgüter auswirkt[889]. Der Vorteil des Wirkungsprinzips liegt darin, dass es im Vergleich zu einer Anknüpfung z. B. an den Vertrags-, Durchführungs- oder Erfolgsort weniger leicht zu umgehen ist[890].

Jedoch kann nicht jede noch so geringfügige Auswirkung auf inländische Rechtsgüter zu einer Erlaubnispflicht für ausländische Institute führen. Anderen-

---

885 Siehe insgesamt 2. Teil 2. Kapitel A. II. 1. d) dd).

886 Zum Begriff und zur Notwendigkeit eines „sinnvollen Anknüpfungspunkts" bzw. „reasonable links" siehe *Gloria/Epping*, in: Ipsen (2004), § 23 Rn. 88, 90 ff.; *Meessen*, Internationales Kartellrecht (1975), S. 101 ff.; *Ohler*, Kollisionsordnung (2005), S. 330 f.; *Schuster*, Börsenrecht (1996), S. 38 ff., 651.

887 So *Bauer*, Internationale Bankenaufsicht (1985), S. 59; *Freiwald*, WM 2008, S. 1537 (1543); *Ohler*, Kollisionsordnung (2005), S. 337 f.; *Wagner*, Internationale Tätigkeit der Banken (1982), S. 203. A. A. *Assmann*, in: FS Schütze (1999), S. 15 (31 f.).

888 Vgl. zum VerkProspG und zum US-amerikanischen und britischen Pendant *Assmann*, in: FS Schütze (1999), S. 15 (25 ff.); zum VerkProspG ferner *Borges*, WM 2001, S. 1542 (1549).

889 Vgl. *Ohler*, Kollisionsordnung (2005), S. 336 f.; *Habscheid*, Territoriale Grenzen (1973), S. 47 (59 f.).

890 Vgl. *Meessen*, Internationales Kartellrecht (1975), S. 113 ff., 120.

falls würde der Anwendungsbereich des § 32 Abs. 1 Satz 1 KWG ausufern. Das Wirkungsprinzip muss deshalb begrenzt werden. Hierfür bietet sich das Kriterium der Finalität an[891]. Dieses stellt im Gegensatz zu rein objektiven Kriterien auf ein zielgerichtetes Tätigwerden ausländischer Institute im Inland ab und rechtfertigt dadurch eine aufsichtsrechtliche Erfassung der Institute. Eine Einführung des Finalitätskriteriums würde die derzeitige Verwaltungspraxis der BaFin in das KWG umsetzen. Danach sind nämlich ausländische Institute erlaubnispflichtig, wenn sie sich zielgerichtet an inländische Kunden wenden[892].

Ob ein zielgerichtetes Handeln ausländischer Institute vorliegt, hängt von äußeren Umständen ab. Anzeichen hierfür sind das Abfassen von Informationen, Verträgen oder Fragebögen in deutscher Sprache, Veröffentlichungen in deutschen Tageszeitungen, deutsche Telefon- und Faxnummern als Kontaktdaten oder deutsche Wertpapierkennnummern[893]. Diese Merkmale müssen sich *„verdichten"*[894].

2. Grenzen des Wirkungsprinzips

a) Geschäfte mit inländischen Instituten oder öffentlichen Einrichtungen

Eine Ausweitung der Erlaubnispflicht gem. § 32 Abs. 1 Satz 1 KWG für ausländische Institute ist nur zum Schutz von privaten Kunden erforderlich. Dagegen ist eine Erlaubnispflicht für solche ausländischen Institute nicht notwendig, die Bank- und Finanzdienstleistungen nur an inländische Institute oder öffentliche Einrichtungen erbringen[895]. Lediglich zur Bekämpfung der Geldwäsche bei Finanztransfergeschäften bietet sich die Einführung einer Erlaubnispflicht für ausländische Institute an[896]. Danach würden sich die aufsichtsrechtlichen Pflichten für ausländische Institute an dem jeweiligen Kundenkreis orientieren. Dies ist indessen auch

---

891 Vgl. *Ohler*, Kollisionsordnung (2005), S. 336 f., der das Finalitätskriterium aber bereits de lege lata für anwendbar hält; das Finalitätskriterium wird auch im Bereich des Versicherungsaufsichtsrechts angewandt, vgl. *Winter*, VersR 2001, S. 1461 (1463). Vgl. für objektive Kriterien *Habscheid*, Territoriale Grenzen (1973), S. 47 (59); *Meessen*, Internationales Kartellrecht (1975), S. 159 ff.; *Verdross/Simma*, Völkerrecht (1984), § 1188.

892 Vgl. BaFin, Hinweise „Erlaubnispflicht nach § 32 Abs. 1 KWG", 04/2005, KWG-Texte 4.350, S. 1. De lege lata ist diese Vorgehensweise aber unzulässig, siehe 2. Teil 2. Kapitel A. II. 1. d).

893 Vgl. VG Frankfurt a.M. v. 07.05.2004 9 G 6496/03 (V) ZIP 2004, S. 1259 (1262).

894 *Gapp/Gfall*, ecolex 2003, S. 244 (245).

895 Siehe 2. Teil 2. Kapitel A. II. 1. d) dd).

896 Für das Finanztransfergeschäft verneint auch die BaFin die Freistellungsfähigkeit von Geschäften gem. § 2 Abs. 4 KWG, vgl. BaFin, Hinweise „Erlaubnispflicht nach § 32 Abs. 1 KWG", 04/2005, KWG-Texte 4.350, S. 8.

in anderen Bereichen des Wirtschaftsaufsichtsrechts anerkannt, z. B. in §§ 31 ff. WpHG oder in anderen bankenaufsichtsrechtlichen Rechtsordnungen[897].

Die BaFin nimmt ausländische Institute, die Bank- und Finanzdienstleistungen an inländische Institute oder öffentliche Einrichtungen erbringen, nicht generell von der Erlaubnispflicht gem. § 32 Abs. 1 Satz 1 KWG aus. Nach Auffassung der BaFin ist bei Kreditvereinbarungen und Underwriting-Verträgen[898] mit sog. institutionellen Kunden im Regelfall anzunehmen, dass sich diese von sich aus an ausländische Institute wenden. Als sog. passive Dienstleistungsfreiheit sind diese Geschäfte dann für die ausländischen Institute erlaubnisfrei. Zu den institutionellen Kunden gehören nach den Ausführungen der BaFin öffentliche Einrichtungen, Finanzunternehmen sowie mittelgroße und große Kapitalgesellschaften i. S. d. HGB.

b) Effektive Beaufsichtigung im Herkunftsstaat

Das Wirkungsprinzip ist Ausfluss einer Interessenabwägung zwischen den verschiedenen Staaten, die durch einen grenzüberschreitenden Vorgang betroffen werden[899]. Eine Vorschrift darf daher nur insoweit extraterritorial angewendet werden, als gewichtige Interessen des anderen betroffenen Staates dem nicht entgegenstehen. Bei effektiver Beaufsichtigung im Herkunftsstaat ist ein berechtigtes Interesse dieses Staates daran anzuerkennen, dass andere Staaten, in denen Institute vorübergehend tätig werden, diese nicht doppelt regulieren. Für die Aufnahmestaaten besteht auch kein Grund für eine zusätzliche Beaufsichtigung der Institute[900]. Der Anwendungsbereich des § 32 Abs. 1 Satz 1 KWG ist damit nur insoweit auf ausländische Institute zu erweitern, als diese in ihren Herkunftsstaaten nicht effektiv beaufsichtigt werden[901].

Die BaFin stellt im Einzelfall ausländische Institute, die in ihren Herkunftsstaaten effektiv beaufsichtigt werden, auf Grundlage des § 2 Abs. 4 KWG von

---

897 Vgl. zum Aufsichtsrecht Österreichs *Gapp/Gfall*, ecolex 2003, S. 244 (246 Rn. 24).

898 Siehe 2. Teil 2. Kapitel A. I. 1. b) aa) (3) (j).

899 Vgl. *Meessen*, Internationales Kartellrecht (1975), S. 198 ff.; *Schuster*, Börsenrecht (1996), S. 74.

900 Siehe 2. Teil 2. Kapitel A. II. 1. d) dd). In den Standards des Baseler Ausschusses für Bankenaufsicht zu elektronischen Bankdienstleistungen ist ebenfalls vorgesehen, dass bei effektiver Erfassung durch die Herkunftsstaaten diesen die primäre Zuständigkeit zur Aufsicht zustehen soll, vgl. *Baseler Ausschuss zur Bankenaufsicht*, Cross-Border Electronic Banking Activities (2003), S. 8 ff., 11.

901 Vgl. *Es-Said*, Grenzüberschreitende Bankgeschäfte (2009), S. 191 f.; vgl. auch *Samm*, in: Beck/Samm/Kokemoor, KWG, § 32 Rn. 54 c, 54 f.

der Erlaubnispflicht frei[902]. Diese Verwaltungspraxis entspricht aber zum einen nicht Wortlaut, Historie und Zweck der Vorschrift[903]. Sie stellt die ausländischen Institute zum anderen schlechter, als wenn diese von vornherein keiner Erlaubnis bedürften[904].

c) Einbeziehungsfähigkeit des Internet-Bankings

Ausländische Institute sind nach geltender Rechtslage nicht erlaubnispflichtig, wenn sie Bank- oder Finanzdienstleistungen über das Internet in der Bundesrepublik erbringen. Es ist nicht möglich, Internetgeschäfte dem Gebiet der Bundesrepublik räumlich zuzuordnen[905]. Wenn der Anwendungsbereich des § 32 Abs. 1 Satz 1 KWG auf Grundlage des Wirkungsprinzips für ausländische Institute erweitert würde, käme es allein darauf an, ob die Institute inländische Kunden zielgerichtet über das Internet ansprechen.

Institute wenden sich zielgerichtet an inländische Kunden, wenn sie ihre Internetseiten auf diesen Kundenkreis zuschneiden. Dies ist insbesondere der Fall, wenn auf der Internetseite die deutsche Sprache verwendet wird[906]. Maßgebend sind daneben die Angabe der steuerlichen Rahmenbedingungen in der Bundesrepublik[907], die Preis- und Zahlungsmodalitäten[908] sowie Angaben über Entwicklungstendenzen des deutschen Kapitalmarkts oder gesetzgeberische Vorhaben des deutschen Gesetzgebers. Ein Domainname, der „xybank.*de*" lautet, lässt auf einen deutschen Adressatenkreis schließen[909]. Internetseiten ausländischer Institute

---

902 Vgl. BaFin, Hinweise „Erlaubnispflicht nach § 32 Abs. 1 KWG", 04/2005, KWG-Texte 4.350, S. 7 ff.

903 Siehe 2. Teil 2. Kapitel A. II. 1. g).

904 Siehe bereits 2. Teil 2. Kapitel A. II. 2. b) bb) (2) (a).

905 Streitig, siehe 2. Teil 2. Kapitel A. II. 1. e) bb).

906 Vgl. OLG Dresden v. 15.12.2004 8 U 1855/04 WM 2006, S. 806 (807); VG Frankfurt a.M. v. 07.05.2004 9 G 6496/03 (V) ZIP 2004, S. 1259 (1262); BaFin, Hinweise „Erlaubnispflicht nach § 32 Abs. 1 KWG", 04/2005, KWG-Texte 4.350, S. 6 (die BaFin zieht die im Schreiben des BAKred v. 02.06.1998 sowie in der Bekanntmachung des BAWe zum Wertpapierverkaufsprospektgesetz v. 06.09.1999 entwickelten Kriterien heran); *Borges*, ZIP 1999, S. 565 (570).

907 Vgl. *Borges*, WM 2001, S. 1542 (1548), z. B. eine Förderungswürdigkeit im Rahmen der Riester-/ Rürup-Rente.

908 Vgl. BaFin, Hinweise „Erlaubnispflicht nach § 32 Abs. 1 KWG", 04/2005, KWG-Texte 4.350, S. 6; *Borges*, ZIP 1999, S. 565 (570). A. A. *Mankowski*, RabelsZ 63 (1999), S. 203 (247 f.).

909 Vgl. BaFin, Hinweise „Erlaubnispflicht nach § 32 Abs. 1 KWG", 04/2005, KWG-Texte 4.350, S. 6; *Borges*, WM 2001, S. 1542 (1546 ff., 1553); *Vahldiek*, in: Boos/Fischer/Schulte-Mattler, KWG, § 53 Rn. 160; *Pfeiffer*, NJW 1997, S. 1207 (1214).

richten sich auch an deutsche Kunden, wenn sie Ansprechpartner in der Bundesrepublik benennen.

Nach Auffassung der BaFin kommt einem sog. Disclaimer auf einer Internetseite eines Instituts, d. h. einem ausdrücklichen Hinweis auf einen Ausschluss deutscher Kunden, nur indizielle Bedeutung zu[910]. Teile der Literatur sind dagegen der Auffassung, dass ein Disclaimer die Anwendbarkeit des deutschen Rechts ausschließt[911]. Gegen diese Literaturansicht spricht aber, dass ein Disclaimer dann missbraucht werden könnte[912]. Wenn eine Internetseite inhaltlich auf inländische Kunden ausgerichtet ist, darf nicht nur wegen eines Disclaimers die Anwendbarkeit des deutschen Rechts verneint werden.

3. Formulierungsvorschlag

Auf Grundlage des von der BaFin favorisierten Finalitätskriteriums[913] kommt folgende Erweiterung des kreditwesenrechtlichen Erlaubnistatbestands gem. § 32 Abs. 1 KWG in Betracht:

„Wer im Inland gewerbsmäßig oder in einem Umfang, der einen in kaufmännischer Weise eingerichteten Geschäftsbetrieb erfordert, Bankgeschäfte betreiben oder Finanzdienstleistungen erbringen will oder wer sich dazu vom Ausland aus zielgerichtet an einen inländischen Empfänger wendet, bedarf der schriftlichen Erlaubnis der Bundesanstalt; § 37 Abs. 4 des Verwaltungsverfahrensgesetzes ist anzuwenden.“

Bei dieser Formulierung werden die de lege lata bestehenden Lizenzpflichten beibehalten. Darüber hinaus werden ausländische Institute erfasst, die sich planmäßig an einen inländischen Kundenkreis wenden. Konstellationen, in denen die Geschäftsinitiative von inländischen Kunden ausgeht, werden ausgenommen.

Es hat sich aber gezeigt, dass das Finalitätskriterium weiteren Grenzen unterworfen werden muss. Daher sind für ausländische Institute zusätzliche Regelungen erforderlich. Systematisch sind diese, parallel zu den übrigen besonderen Vorschriften für ausländische Institute, im fünften Abschnitt des KWG aufzuführen.

---

910 Vgl. BaFin, Hinweise „Erlaubnispflicht nach § 32 Abs. 1 KWG“, 04/2005, KWG-Texte 4.350, S. 6. Ebenso *Borges*, WM 2001, S. 1542 (1551); *Ohler*, WM 2002, S. 162 (166).

911 Zu Art. 29 EGBGB und § 1 VerkProspG siehe Nachweise bei *Borges*, WM 2001, S. 1542 (1548, 1550).

912 Vgl. *Borges*, WM 2001, S. 1542 (1551).

913 „Zielgerichtet“, siehe BaFin, Hinweise „Erlaubnispflicht nach § 32 Abs. 1 KWG“, 04/2005, KWG-Texte 4.350, S. 1.

Dort sind aufzunehmen:

„(1) Ein Unternehmen mit Sitz im Ausland darf sich ohne Erlaubnis zielgerichtet an einen inländischen Empfänger wenden und Bankgeschäfte betreiben oder Finanzdienstleistungen mit Ausnahme des Finanztransfergeschäfts erbringen, wenn es im Herkunftsstaat einer wirksamen Aufsicht nach internationalen Standards unterliegt und die zuständigen Stellen auf verlässlicher Grundlage zu einer befriedigenden Zusammenarbeit mit der Bundesanstalt bereit sind[914].

(2) Ein Unternehmen mit Sitz im Ausland darf sich ohne Erlaubnis zielgerichtet an inländische Institute oder öffentlich-rechtliche Institutionen wenden und Bankgeschäfte betreiben oder Finanzdienstleistungen mit Ausnahme des Finanztransfergeschäfts erbringen.

(3) In den Fällen des Absatzes 1 und 2 hat das Unternehmen der Bundesanstalt und der Deutschen Bundesbank unverzüglich die Absicht anzuzeigen, Bankgeschäfte zu betreiben oder Finanzdienstleistungen zu erbringen. Der Anzeige sind beizufügen: ...[915]. Nach Bestätigung der Anzeige durch die Bundesanstalt, spätestens nach Ablauf einer Frist von zwei Monaten[916] nach Eingang der Anzeige, kann das Unternehmen seine Tätigkeit aufnehmen."

II. Einführung der Erlaubnisfähigkeit

Institute sind gem. § 33 Abs. 1 Satz 1 Nr. 6 KWG nur erlaubnisfähig, wenn sie ihre Hauptverwaltungen in der Bundesrepublik haben. Ausländische Institute, die im Wege des grenzüberschreitenden Dienstleistungsverkehrs im Inland tätig werden, unterliegen damit einem Tätigkeitsverbot, soweit sie erlaubnispflichtig sind. Wie gezeigt, entspricht diese Rechtsfolge weder den gesetzgeberischen Intentionen noch den richtlinienrechtlichen Vorgaben[917]. Die Regelung verstößt zudem gegen die Dienstleistungsfreiheit gem. Art. 56 f. AEUV und, sofern anwendbar, gegen die Kapitalverkehrsfreiheit gem. Art. 63 Abs. 1 AEUV[918]. Insoweit besteht demnach gesetzgeberischer Regelungsbedarf[919].

---

914 Angelehnt an § 53 c Nr. 2 KWG und § 136 Abs. 1 Nr. 1 InvG. Siehe zum InvG *Baur*, in: Assmann/Schütze (2007), § 20 (Rn. 379). Vgl. auch Vorschlag von *Es-Said*, Grenzüberschreitende Bankgeschäfte (2009), S. 192 f.

915 Die Anzeigepflicht entspricht den Anforderungen der BaFin an die Freistellung ausländischer Institute, siehe BaFin, Hinweise „Erlaubnispflicht nach § 32 Abs. 1 KWG", 04/2005, KWG-Texte 4.350, S. 9 f.

916 Die Frist von zwei Monaten bestimmt sich in Anlehnung an § 53 b Abs. 2 Satz 2 KWG.

917 Siehe 2. Teil 2. Kapitel A. II. 2. a).

918 Siehe 2. Teil 2. Kapitel A. II. 2. b) und B. II. 2.

919 Vgl. Vorschlag *Christoph*, ZBB 2009, S. 117 (125 f.); auch *Rögner*, WM 2006, S. 745 (752).

Eine Neufassung des § 33 Abs. 1 Satz 1 Nr. 6 KWG könnte sich an die richtlinienrechtlichen Vorgaben[920] anlehnen. Dies würde dazu führen, dass die grenzüberschreitende Erbringung von Bank- und Finanzdienstleistungen in die Bundesrepublik erlaubnisfähig würde. Daher kann folgende Formulierung des § 33 Abs. 1 Satz 1 Nr. 6 KWG vorgeschlagen werden:

„Die Erlaubnis ist zu versagen, wenn …

6. das Institut seine Hauptverwaltung nicht in demselben Land hat wie seinen Sitz."

Wenn die Institute in ihren Herkunftsstaaten einer wirksamen Aufsicht nach internationalen Standards unterliegen und die Aufsichtsbehörden mit der BaFin auf verlässlicher Grundlage kooperieren, kann, wie oben erläutert, bereits das Erlaubniserfordernis für die Institute entfallen. Falls die herkunftsstaatliche Beaufsichtigung nicht ausreichend ist, aber die Aufsichtsbehörden mit der BaFin kooperieren, bedürfen die Institute zwar der Erlaubnis der BaFin. Die BaFin kann die Institute aber grenzüberschreitend beaufsichtigen, ohne dass diese ihre Hauptverwaltungen im Inland haben müssen. Dagegen muss die BaFin die Erlaubnis für die Institute versagen können, wenn die Aufsichtsbehörden nicht mit der BaFin zusammenarbeiten. Ohne Kooperation der Aufsichtsbehörde des jeweiligen Herkunftsstaats kann die BaFin die Institute nicht effektiv beaufsichtigen[921].

Demnach wäre es erforderlich, einen weiteren Erlaubnisversagungsgrund gem. § 33 Abs. 3 KWG zu regeln. Dieser müsste – wie die „Intransparenztatbestände"[922] gem. § 33 Abs. 3 Satz 2 Nr. 1-3 KWG – ausformuliert werden. Nur dann könnte die BaFin die Erlaubnis aufheben, wenn die Aufsichtsbehörde des Herkunftsstaats nach Erlaubniserteilung ihre Zusammenarbeit mit der BaFin verweigern würde. Denn die BaFin kann eine Erlaubnis gem. § 35 Abs. 2 Nr. 3 KWG nur nachträglich aufheben, wenn ein ausformulierter Intransparenztatbestand gem. § 33 Abs. 3 Satz 2 Nr. 1-3 KWG und nicht nur eine allgemeine Intransparenz gem. § 33 Abs. 3 Satz 1 KWG vorliegt. Zwar ergibt sich dies nicht aus dem Wortlaut des § 35 Abs. 2 Nr. 3 KWG, da die in der Vorschrift enthaltene Verweisung nicht der Neufassung des § 33 Abs. 3 KWG durch das 4. FMFG[923] entspricht[924]. Nach dem gesetzgeberischen Willen sollte § 35 Abs. 2 Nr. 3 KWG aber trotz Erweiterung des § 33 Abs. 3 KWG um den allgemeinen Intransparenztatbestand gem. Satz 1 durch das

920 Vgl. Art. 5 Abs. 4 MiFID (Richtlinie 2004/39/EG v. 21.04.2004) und Art. 11 Abs. 2 Bankenrichtlinie (Richtlinie 2006/48/EG v. 14.06.2006).

921 Siehe insgesamt 2. Teil 2. Kapitel A. II. 2. b) bb) (2) (b).

922 *Fischer*, in: Boos/Fischer/Schulte-Mattler, KWG, § 33 Rn. 76.

923 Vgl. BGBl. I 2002, S. 2010 (2055).

924 § 35 Abs. 2 Nr. 3 KWG bezieht sich auf „§ 33 ... Abs. 3 Nr. 1 bis 3" KWG. § 33 Abs. 3 KWG unterteilt sich aber nunmehr in Satz 1-3.

4. FMFG nicht inhaltlich geändert werden[925]. Daher sollte die BaFin eine Erlaubnis weiterhin nur aufgrund eines ausformulierten Intransparenztatbestandes aufheben können.

Deshalb ist ein weiterer Tatbestand in § 33 Abs. 3 Satz 2 KWG einzufügen:

„Dies ist insbesondere der Fall, wenn …

4. sich das Unternehmen mit Sitz im Ausland zielgerichtet an einen inländischen Empfänger wendet und Bankgeschäfte betreibt oder Finanzdienstleistungen erbringt, die zuständige Stelle des Herkunftsstaats zu einer befriedigenden Zusammenarbeit mit der Bundesanstalt auf verlässlicher Grundlage aber nicht bereit ist."

3. Kapitel: Kreditwesenrechtliche Erfassung des Austritts aus dem inländischen Markt

In diesem Kapitel der Arbeit wird erörtert, inwiefern inländische Institute bei ihrem Austritt aus der Bundesrepublik dem KWG unterliegen. Gem. §§ 24, 24 a KWG ist wiederum zwischen einem Eintritt der Institute in andere Staaten des EWR (Abschnitt A.) und einem Eintritt in Drittstaaten (Abschnitt B.) zu unterscheiden[926]. Der Eintritt der Institute kann dabei über Niederlassungen oder im Wege des grenzüberschreitenden Dienstleistungsverkehrs erfolgen.

A. Austritt aus dem inländischen Markt in andere Staaten des EWR

I. Formen physischer Präsenz

1. Tochterunternehmen und Anteilserwerb

Inländische Mutterunternehmen, die in anderen Staaten des EWR Tochterunternehmen errichten, unterliegen den allgemeinen Regeln des KWG. Sie sind gem. §§ 32 ff. KWG erlaubnispflichtig. Die Tochterunternehmen bedürfen dagegen grundsätzlich keiner kreditwesenrechtlichen Erlaubnis, da sie ihren Sitz außerhalb der Bundesrepublik haben. Wenn die Tochterunternehmen aber in der Bundesrepublik, etwa über Zweigniederlassungen, tätig werden, kommt eine Erlaubnispflicht gem. §§ 53, 32 ff. KWG in Betracht. Wenn inländische Institute Anteile

925 Der Anwendungsbereich des § 35 Abs. 2 Nr. 3 KWG wurde ausschließlich im Hinblick auf die Erlaubnistatbestände des § 33 Abs. 1 KWG erweitert, vgl. RegBgr. 4. FMFG BT-Drucks. 14/8017 S. 126.

926 Siehe 2. Teil 1. Kapitel C.

an Instituten mit Sitz in anderen Staaten des EWR erwerben, sind auch nur die inländischen Institute gem. § 32 ff. KWG erlaubnispflichtig.

Tochterunternehmen und sonstige konsolidierungspflichtige Unternehmen werden gem. §§ 10 ff. KWG in die Eigenmittel- und Großkreditbestimmungen für ein Institut einbezogen[927]. Inländische Institute sind deshalb gem. § 24 Abs. 1 Nr. 12, 13, Abs. 1 a Nr. 1, 2 KWG verpflichtet, enge Verbindungen und qualifizierte Beteiligungen an anderen – auch gebietsfremden – Unternehmen anzuzeigen.

Ausländische Institute sind zur Anteilseignerkontrolle gem. § 2 c KWG verpflichtet, wenn sie bedeutende Beteiligungen an inländischen Instituten erwerben[928]. Nun stellt sich aber die Frage, ob dies auch für inländische Institute gilt, die bedeutende Beteiligungen an ausländischen Instituten erwerben[929]. Das Territorialitätsprinzip steht einer solchen Verpflichtung inländischer Institute nicht entgegen[930]. § 2 c KWG kann – ebenso wie andere Vorschriften – extraterritorial anwendbar sein[931]. Insbesondere würden die bedeutenden Beteiligungen inländischer Institute an ausländischen Instituten einen ausreichenden Anknüpfungspunkt für eine extraterritoriale Anwendung der Vorschrift darstellen. Zudem wären Adressaten der Anteilseignerkontrolle nur die inländischen Institute, nicht aber die ausländischen Beteiligungsinstitute.

Indessen spricht die Gesetzessystematik dagegen, dass inländische Institute zur Anteilseignerkontrolle gem. § 2 c KWG verpflichtet sind, wenn sie bedeutende Beteiligungen an ausländischen Instituten erwerben. § 2 c Abs. 1 a Satz 9 Nr. 1, Abs. 1 b Satz 1 Nr. 3, Abs. 4 KWG regeln ausdrücklich die Anteilseignerkontrolle für den Fall, dass Beteiligungserwerber außerhalb und Beteiligungsinstitute innerhalb der Bundesrepublik ansässig sind. Dagegen ist der Anteilserwerb von Inländern an ausländischen Instituten nicht im KWG vorgesehen.

§ 2 c KWG stellt zudem eine institutsbezogene Vorschrift dar. Sie soll Institute vor Beteiligungserwerbern schützen, die die wirtschaftliche Stabilität der Institute beeinträchtigen. Deshalb untersagt die BaFin einen Beteiligungserwerb gem. § 2 c Abs. 1 b KWG nur dann, wenn dieser dazu führen würde, dass sie die Institute

---

927 Vgl. *Reischauer/Kleinhans*, KWG, § 1 Rn. 169 f.; siehe zur Konsolidierung *Senger*, Bankenaufsicht (2004), S. 225 ff.

928 Siehe 2. Teil 2. Kapitel A. I. 2. a).

929 Bejahend *Hanten*, in: Baudenbacher (2005), S. 153 (186 f.). Ablehnend *Erm*, in: Beck/Samm/Kokemoor, KWG, § 2 c Rn. 43; *Schäfer*, in: Boos/Fischer/Schulte-Mattler, KWG, § 2 c Rn. 8.

930 A. A. *Erm*, in: Beck/Samm/Kokemoor, KWG, § 2 c Rn. 43; *Schäfer*, in: Boos/Fischer/Schulte-Mattler, KWG, § 2 c Rn. 8.

931 Siehe zum Unterschied zwischen Geltungs- und Anwendungsbereich einer Norm 2. Teil 2. Kapitel A. II. 1. d) cc) (3).

nicht mehr effektiv beaufsichtigen kann. Dieser Schutz kann nur inländischen Instituten, nicht aber ausländischen Instituten dienen[932].

Daraus folgt, dass der Erwerb von bedeutenden Beteiligungen an ausländischen Instituten nicht der Anteilseignerkontrolle gem. § 2 c KWG unterliegt. § 2 c KWG ist nur bei einem Beteiligungserwerb an inländischen Instituten anwendbar; dabei kommt es nicht darauf an, ob der Beteiligungserwerber in- oder ausländisch ist.

2. Zweigstellen

Inländische Einlagenkreditinstitute, E-Geld-Institute sowie Wertpapierhandelsunternehmen können mittels des Europäischen Passes in anderen Staaten des EWR Zweigniederlassungen errichten, ohne eine Erlaubnis der Aufnahmestaaten einholen zu müssen. Hierzu müssen sie gem. § 24 a Abs. 1 KWG ihre Absicht, die Zweigniederlassungen zu errichten, unverzüglich der BaFin und der Deutschen Bundesbank melden[933]. Nach Prüfung der Organisationsstruktur und der Finanzlage übermittelt die BaFin gem. § 24 a Abs. 2 KWG innerhalb von zwei Monaten die Anzeigeunterlagen an die Aufsichtsbehörden der Aufnahmestaaten. Sie unterrichtet diese über die Eigenmittelausstattung und die Sicherungseinrichtungen der Institute. Nach dem Herkunftslandprinzip bleibt im Wesentlichen die BaFin für die Beaufsichtigung der ausländischen Zweigniederlassungen inländischer Institute zuständig.

Nichtpassfähige inländische Institute müssen je nach Rechtslage im Aufnahmestaat eine Erlaubnis für die Errichtung von Zweigstellen bei der dortigen Aufsichtsbehörde einholen. Allerdings sind die Institute gegenüber der BaFin und der Bundesbank nicht anzeigepflichtig, denn weder § 24 a Abs. 1 KWG noch – wegen der ausdrücklichen Beschränkung auf drittstaatliche Zweigstellen – § 24 Abs. 1 Nr. 6 KWG enthält eine solche Anzeigepflicht[934]. Eine Anzeigepflicht folgt auch nicht aus § 24 Abs. 1 a Nr. 4 KWG, da Institute hiernach nur die Anzahl ihrer inländischen Zweigstellen der BaFin und der Bundesbank anzeigen müssen.

3. Sonstige Niederlassungen

Das Anzeige- und Bestätigungsverfahren gem. § 53 a KWG beschränkt sich auf Repräsentanzen ausländischer Institute in der Bundesrepublik. Es gilt nicht für Repräsentanzen inländischer Institute im Ausland. Diese Repräsentanzen werden aber ggf. vom Aufsichtsrecht des jeweiligen Aufnahmestaats erfasst.

---

932 A. A. *Hanten*, in: Baudenbacher (2005), S. 153 (186).

933 Siehe hierzu *C&L Deutsche Revision*, 6. KWG-Novelle (1998), S. 248; *Hanten*, ZBB 2000, S. 245 (248).

934 Vgl. *Hanten*, in: Baudenbacher (2005), S. 153 (187).

Das KWG enthält demgegenüber eine ausdrückliche Regelung für inländische Institute, die vertraglich gebundene Vermittler in anderen Staaten des EWR einsetzen: Die Institute müssen den Einsatz der Vermittler gem. § 24 a Abs. 1 Satz 2 Nr. 2, Abs. 3 Satz 2 KWG der BaFin und der Bundesbank anzeigen.

II. Aktivitäten ohne physische Präsenz

Inländische Institute, die im Wege des grenzüberschreitenden Dienstleistungsverkehrs in anderen Staaten des EWR Bank- oder Finanzdienstleistungen erbringen, sind wegen ihres Sitzes in der Bundesrepublik gem. § 32 Abs. 1 Satz 1 KWG lizenzpflichtig. Das Zulassungserfordernis entfällt auch nicht dann, wenn sich die Institute ausschließlich an gebietsfremde Kunden wenden[935]. Soweit die Institute ihre Hauptverwaltungen gem. § 33 Abs. 1 Satz 1 Nr. 6 KWG im Inland haben, sind sie erlaubnisfähig.

Wenn die Institute passfähig sind, bedürfen sie in den Aufnahmestaaten keiner weiteren Erlaubnis. Gem. § 24 a Abs. 3 Satz 1 KWG müssen sie aber ihre Absicht, im Wege des grenzüberschreitenden Dienstleistungsverkehrs tätig zu werden, der BaFin und der Deutschen Bundesbank anzeigen. Der Begriff des grenzüberschreitenden Dienstleistungsverkehrs ist dabei wie in § 53 b KWG auszulegen[936]. Die Institute sind demnach nur anzeigepflichtig, wenn sie auf dem Gebiet des anderen Staates Bank- oder Finanzdienstleistungen erbringen (1. Modus). Wenn sie im Fernweg tätig werden (2. Modus) oder wenn die Kunden zu den Instituten in die Bundesrepublik reisen (3. Modus)[937], sind sie nicht anzeigepflichtig[938].

Dagegen müssen nichtpassfähige Institute je nach Rechtslage des Aufnahmestaats bei der dortigen Aufsichtsbehörde eine Erlaubnis für die grenzüberschreitende Erbringung von Bank- und Finanzdienstleistungen einholen.

Fraglich ist, ob die nichtpassfähigen Institute ihre grenzüberschreitenden Aktivitäten auch der BaFin und der Bundesbank anzeigen müssen. Die Anzeigepflicht gem. § 24 a Abs. 3 Satz 1 KWG ist auf diese Institute nicht anwendbar[939]. Zwar beschränkt sich die Anzeigepflicht gem. § 24 a Abs. 3 Satz 1 KWG nicht ausdrücklich auf passfähige Institute. Die Regelung verweist jedoch auf die Anzeigepflicht für Zweigniederlassungen gem. § 24 a Abs. 1 Satz 1 KWG. Diese gilt ausdrücklich nur für passfähige Institute. Die Beschränkung der Anzeigepflicht gem. § 24 a

935 Siehe ebenso zu inländischen Tochterunternehmen, die sich auf ausländische Kundenkreise beschränken, 2. Teil 2. Kapitel A. I. 1. b) cc).
936 Siehe zur Auslegung des § 53 b KWG 2. Teil 2. Kapitel A. II. 1. d) cc) (1) (c).
937 Zu den Erbringungsmodi siehe 2. Teil 1. Kapitel C. I. 1. b).
938 Vgl. *Es-Said*, Grenzüberschreitende Bankgeschäfte (2009), S. 38 f.
939 Vgl. *Hanten*, in: Baudenbacher (2005), S. 153 (183).

Abs. 3 Satz 1 KWG auf passfähige Institute entspricht auch dem Zweck der Anzeigepflicht. Die Anzeigepflicht gem. § 24 a Abs. 3 Satz 1 KWG soll nämlich die Erteilung eines Europäischen Passes gewährleisten. Der Europäische Pass kommt nur für passfähige Institute in Betracht.

Indessen verpflichtet § 24 Abs. 1 Nr. 6 2. Alt. KWG Institute dazu, grenzüberschreitende Dienstleistungserbringungen der BaFin und der Bundesbank anzuzeigen. Diese Anzeigepflicht gilt auch für nichtpassfähige inländische Institute, die im Wege des grenzüberschreitenden Dienstleistungsverkehrs in anderen Staaten des EWR tätig werden[940]. Im Gegensatz zur Anzeigepflicht für Zweigstellen gem. § 24 Abs. 1 Nr. 6 1. Alt. KWG beschränkt sie sich nach dem Gesetzeswortlaut insbesondere nicht auf die Erbringung von Dienstleistungen in Drittstaaten.

B. Austritt aus dem inländischen Markt in Drittstaaten

Für die aufsichtsrechtliche Erfassung von inländischen Instituten, die in Drittstaaten tätig werden, gelten ähnliche Regeln wie für den Eintritt der Institute in andere Staaten des EWR. Während die Mutterunternehmen gem. §§ 32 ff. KWG erlaubnispflichtig sind, bedürfen die Tochterunternehmen wegen ihres Sitzes außerhalb der Bundesrepublik keiner Zulassung der BaFin. Grenzüberschreitende Beteiligungsverhältnisse der inländischen Mutterunternehmen fließen in die Konsolidierung gem. §§ 10 ff. KWG ein. Institute, die Zweigstellen in Drittstaaten einsetzen, sind gem. § 24 Abs. 1 Nr. 6 KWG anzeigepflichtig.

Der grenzüberschreitende Dienstleistungsverkehr inländischer Institute in Drittstaaten ist gem. § 24 Abs. 1 Nr. 6 2. Alt. KWG anzeigepflichtig. Nach dem Gesetzeswortlaut ist – anders als wenn die Institute in anderen Staaten des EWR tätig werden – nicht erforderlich, dass sie bereits ihre Absicht anzeigen, in dem Drittstaat tätig zu werden. Sie sind erst dann anzeigepflichtig, wenn sie tatsächlich in dem Drittstaat Bank- oder Finanzdienstleistungen erbringen[941].

---

940 Anders *Hanten*, in: Baudenbacher (2005), S. 153 (183).

941 So auch *Braun*, in: Boos/Fischer/Schulte-Mattler, KWG, § 24 Rn. 85; *Reischauer/Kleinhans*, KWG, § 24 Rn. 34.

3. Teil: Grenzüberschreitende Verwaltungssitzverlegungen von Kredit- und Finanzdienstleistungsinstituten

Dieser Teil der Arbeit beschäftigt sich mit der regulatorischen Erfassung von Kredit- und Finanzdienstleistungsinstituten, die ihren Verwaltungssitz grenzüberschreitend verlegen. Die gesellschaftsrechtliche Zulässigkeit von Verwaltungssitzverlagerungen wurde in Literatur und Rechtsprechung umfassend diskutiert und ist inzwischen weitgehend anerkannt. Demgegenüber wurde bisher nur vereinzelt erörtert, wie Verwaltungssitzverlegungen von Instituten aufsichtsrechtlich zu behandeln sind[942]. Die auf solche Fälle anwendbaren Vorschriften beruhen auf den Erfahrungen aus dem Zusammenbruch der BCCI. Sie sind insbesondere vor dem Hintergrund der jüngeren Entscheidungen des EuGH zum grundfreiheitlichen Schutz von Sitzverlagerungen zu erörtern.

Im Folgenden wird zunächst der gesellschaftsrechtliche Hintergrund von Verwaltungssitzverlagerungen dargestellt (1. Kapitel). Dabei ist zu unterscheiden zwischen Verwaltungssitzverlagerungen innerhalb des EWR (Unterabschnitt A.) und in Drittstaaten (Unterabschnitt B.).

Im Anschluss wird die bankenaufsichtsrechtliche Erfassung von Sitzverlegungen erörtert (2. Kapitel). Dabei wird – wie im voranstehenden Teil dieser Arbeit – zwischen einem Zuzug von Instituten aus anderen Staaten des EWR (Unterabschnitt A.) und aus Drittstaaten (Unterabschnitt B.) differenziert. Die regulatorischen Beschränkungen, denen die Institute unterliegen, werden jeweils auf ihre Konsistenz mit höherrangigem Recht untersucht. Danach wird die Verwaltungssitzverlegung inländischer Institute in andere Staaten behandelt (3. Kapitel), und zwar zum einen in andere Staaten des EWR (Unterabschnitt A.), zum anderen in Drittstaaten (Unterabschnitt B.). Schließlich wird auf neuere Gestaltungsformen für grenzüberschreitende Sitzverlegungen eingegangen, die durch die Reform des UmwG und die Einführung der SE entstanden sind (4. Kapitel).

942 Untersucht wird diese Rechtsfrage von *Es-Said*, Grenzüberschreitende Bankgeschäfte (2009), S. 63 f.; *Jörgens*, Koordinierte Aufsicht (2001), S. 63 f., 69 ff.; *Kuntz*, ZBB 2005, S. 412 ff.; *Schuster/Binder*, WM 2004, S. 1665 ff.

1. Kapitel: Gesellschaftsrechtliche Anerkennung

A. Verwaltungssitzverlegungen innerhalb des EWR

Die Entscheidungen des EuGH in den Rechtssachen Centros[943], Überseering[944] und Inspire Art[945] haben den gesellschaftsrechtlichen Hintergrund von grenzüberschreitenden Sitzverlagerungen von Gesellschaften aus Staaten der EU verändert. Der EuGH befand, dass eine grenzüberschreitende Verlegung des Verwaltungssitzes unter Beibehaltung der gesellschaftsrechtlichen Identität von der Niederlassungsfreiheit gem. Art. 49, 54 AEUV geschützt ist. Wenn Gesellschaften in einem Mitgliedstaat wirksam gegründet werden und ihren Verwaltungssitz in einen anderen Mitgliedstaat verlegen, müssen die Aufnahmestaaten die Rechtsfähigkeit der Gesellschaften anerkennen[946]. Damit gilt nunmehr für Gesellschaften mit Sitz in der EU für Fragen, die mit dem Gesellschaftsstatut zusammenhängen[947], die bisher im angelsächsischen Raum bevorzugte Gründungstheorie[948].

Nach der traditionell in der Bundesrepublik vorherrschenden Sitztheorie richtete sich die Anwendbarkeit des Rechts nicht nach dem Ort der Gesellschaftsgründung, sondern nach dem des Verwaltungssitzes. Die Verlagerung des Verwaltungssitzes führte damit zu einem Wechsel des Gesellschaftsstatuts. Vor dem Hintergrund der EuGH-Entscheidungen kehrte aber auch der BGH von seiner bisherigen Rechtsprechungslinie ab und erkannte eine niederländische Gesellschaft als rechts- und parteifähig i. S. d. § 50 Abs. 1 ZPO an, die ihren Verwaltungssitz in die Bundesrepublik verlegt hatte[949]. Der BGH entschied zudem, dass die Ausführungen des EuGH zu EU-Gesellschaften auch für Gesellschaften mit Sitz in sonstigen Staaten des EWR gelten[950].

Umstritten ist, ob Gesellschaften auch auf der Wegzugsseite von der Niederlassungsfreiheit geschützt werden. Während Teile der Literatur für eine Gleichbe-

---

943 Vgl. EuGH v. 09.03.1999 C-212/97 (Centros) Slg. 1999, S. I 1459.

944 Vgl. EuGH v. 05.11.2002 C-208/00 (Überseering) Slg. 2002, S. I 9919.

945 Vgl. EuGH v. 30.09.2003 C-167/01 (Inspire Art) Slg. 2003, S. I 10155.

946 Vgl. EuGH v. 05.11.2002 C-208/00 (Überseering) Slg. 2002, S. I 9919 (Rn. 94 ff.).

947 Vgl. *Eidenmüller*, in: Baums/Cahn (2004), S. 164 (168 f.); *Roth*, in: Lutter (2005), S. 379 (380) (mit Verweis auf BGH v. 02.06.2003 II ZR 134/02 NJW 2003, S. 2609 f.).

948 Vgl. *Eidenmüller*, ZIP 2002, S. 2233 (2234 f.); *Horn*, NJW 2004, S. 893 (896 f.); *Leible/Hoffmann*, RIW 2002, S. 925 (930 ff.); *Paefgen*, WM 2003, S. 561 (565 ff.).

949 Vgl. BGH v. 13.03.2003 VII ZR 370/98 Z 154, S. 185 ff.

950 Vgl. BGH v. 19.09.2005 II ZR 372/03 Z 164, S. 148 (150 ff.). Ebenso OLG Frankfurt a.M. v. 28.05.2003 23 U 35/02 IPRax 2004, S. 56 (57 ff.). Grundlage ist, dass die Grundfreiheiten nach dem EWR-Abkommen auch für die nicht zur EU gehörenden EWR-Staaten (Island, Liechtenstein, Norwegen) gelten.

handlung des Zuzugs und Wegzugs von Gesellschaften votieren[951], hat der EuGH in der Rechtssache Cartesio[952] einen solchen Schutz für identitätswahrende Verwaltungssitzverlagerungen verneint[953].

Der deutsche Gesetzgeber stärkte durch das MoMiG[954] die Mobilität inländischer Gesellschaften: § 4 a Abs. 2 GmbHG und § 5 Abs. 2 AktG sahen bislang eine Bindung des Satzungssitzes an den Ort des Betriebs, der Geschäftsleitung oder der Verwaltung vor und beanspruchten auch für ein nachträgliches Auseinanderfallen von Satzungs- und Verwaltungssitz Geltung[955]. Nach überwiegender Ansicht führte danach die Verlegung des Verwaltungssitzes ohne Rücksicht auf einen entgegenstehenden Gesellschafterwillen zu einer Liquidation der Gesellschaft[956]. § 4 a Abs. 2 GmbHG und § 5 Abs. 2 AktG wurden durch das MoMiG aufgehoben. Inländische Gesellschaften sollen ihre Geschäftstätigkeiten nunmehr über die Staatsgrenzen hinaus erweitern können. Sie müssen indessen eine inländische Geschäftsanschrift in das Handelsregister eintragen und beibehalten[957].

B. Verwaltungssitzverlegungen im Zusammenhang mit Drittstaaten

Während sich somit für Gesellschaften aus dem EWR die Gründungstheorie durchgesetzt hat, ist die Behandlung von Gesellschaften, die ihren Verwaltungssitz aus Drittstaaten in die Bundesrepublik verlegen, nicht abschließend geklärt. Nach der Rechtsprechung findet die Gründungstheorie Anwendung, wenn dies in Staatsverträgen vereinbart wurde. So sind etwa US-amerikanische Gesellschaften nach der Rechtsordnung ihres Gründungsstaats zu behandeln[958]. In den übrigen

951 So *Eidenmüller*, ZIP 2002, S. 2233 (2243); *Leible/Hoffmann*, RIW 2002, S. 925 (932 f., 935 f.); *Lutter*, BB 2003, S. 7 (10); *Roth*, in: Lutter (2005), S. 379 (384 ff.). A. A. *Kindler*, Konzern 2006, S. 811 (814 ff.).

952 Vgl. EuGH v. 16.12.2008 Rs. C-210/06 (Cartesio) DB 2009, S. 52.

953 Vgl. dazu *Frobenius*, DStR 2009, S. 487 ff.

954 Gesetz zur Modernisierung des GmbH-Rechts und zur Bekämpfung von Missbräuchen, vgl. BGBl. I 2008, S. 2026.

955 Vgl. *Kindler*, in: MüKo BGB, Bd. 11, Internationales Handels- und Gesellschaftsrecht, Rn. 506.

956 Vgl. *Hüffer*, AktG, § 5 Rn. 12 m. w. N.; *Kindler*, in: MüKo BGB, Bd. 11, Internationales Handels- und Gesellschaftsrecht, Rn. 502 ff. m. w. N.

957 Vgl. RegBgr. MoMiG BT-Drucks. 16/6140 S. 69. Zu den Grenzen der Neufassung *Kindler*, Konzern 2006, S. 811 (816 ff.).

958 Siehe Art. XXV Abs. 5 Deutsch-US-amerikanischer Freundschafts-, Handels- und Schifffahrtsvertrag v. 29.10.1954 BGBl. II 1956, S. 487; vgl. auch BGH v. 05.07.2004 II ZR 389/02 DB 2004, S. 1984 f.; BGH v. 29.01.2003 VIII ZR 155/02 Z 153, S. 353 (354 ff.); *Binz/Mayer*, BB 2005, S. 2361 (2362); zu einer Aufzählung der Staatsverträge mit kollisionsrechtlichen Regeln siehe *Rehm*, in: Eidenmüller (2004), § 2 (Rn. 12 ff.).

Fällen halten Rechtsprechung[959] und Literatur[960] derzeit überwiegend an der Sitztheorie fest, votieren aber teilweise für eine künftige gesetzliche Einführung der Gründungstheorie[961]. Folge der Anwendbarkeit der Sitztheorie ist, dass die zuziehenden Gesellschaften die deutsche Rechtsform haben, die ihrem Typ am besten entspricht[962].

Für inländische Gesellschaften, die ihren Verwaltungssitz identitätswahrend in einen Drittstaat verlegen, gilt die Rechtsordnung des jeweiligen Aufnahmestaats. Seit Erlass des MoMiG ist Gesellschaften nach der deutschen Rechtsordnung ein derartiger Sitzwechsel möglich.

2. Kapitel: Kreditwesenrechtliche Erfassung des Zuzugs in das Inland

A. Zuzug aus anderen Staaten des EWR

Unter einem Zuzug von ausländischen Kredit- und Finanzdienstleistungsinstituten in die Bundesrepublik ist der Fall zu verstehen, dass Institute ihren Verwaltungssitz in die Bundesrepublik verlegen, während sie ihren Satzungssitz im Herkunftsstaat belassen. Zu unterscheiden ist zwischen den im Fall des Zuzugs aus anderen Staaten des EWR bestehenden bankenaufsichtsrechtlichen Kompetenzen der Aufsichtsbehörden der Herkunftsstaaten (Abschnitt I.) und denen der BaFin als Behörde des Aufnahmestaats (Abschnitt II.). Die Maßnahmen der BaFin richten sich danach, ob die herkunftsstaatlichen Aufsichtsbehörden die den Instituten erteilten Zulassungen aufheben (Unterabschnitt 1.) oder nicht[963] (Unterabschnitt 2.). Es wird sich zeigen, dass das KWG vor dem Hintergrund des europäischen Bankenaufsichtsrechts eine grenzüberschreitende Verlegung des Verwaltungssitzes verbietet. Daher wird im

---

959 Vgl. BGH v. 27.10.2008 II ZR 158/06 AG 2008, S. 84; BGH v. 01.07.2002 II ZR 380/00 Z 151, S. 204 (206 ff.); OLG Hamburg v. 30.03.2007 11 U 231/04 DB 2007, S. 1245 (1247); BayOLG v. 20.02.2003 1Z AR 160/02 DB 2003, S. 144.

960 Vgl. *Ebke*, JZ 2003, S. 927 (929 f.); *Eidenmüller*, ZIP 2002, S. 2233 (2244); *Horn*, NJW 2004, S. 893 (897); *Leible/Hoffmann*, RIW 2002, S. 925 (933); *Rehm*, in: Eidenmüller (2004), § 2 (Rn. 87).

961 Vgl. OLG Hamburg v. 30.03.2007 11 U 231/04 DB 2007, S. 1245 (1247). Nach einem RefE des BMJ soll die Gründungstheorie im deutschen internationalen Gesellschaftsrecht normiert werden; dieser ist abrufbar unter www.bmj.bund.de (abgerufen 02/08).

962 Vgl. BGH v. 01.07.2002 II ZR 380/00 Z 151, S. 204 (206 ff.); OLG Hamburg v. 30.03.2007 11 U 231/04 DB 2007, S. 1245 (1249); *Eidenmüller/Rehm*, ZGR 1997, S. 89 (90 ff.). Kritisch *Binz/Mayer*, BB 2005, S. 2361 (2362 ff.); *Halbhuber*, ZEuP 2003, S. 418 (430 ff.).

963 Vgl. zu dieser Strukturierung *Schuster/Binder*, WM 2004, S. 1665 (1670 ff.).

Anschluss geprüft, ob dieses Verbot mit den grundfreiheitlichen Gewährleistungen in Einklang steht (Abschnitt III.).

I. Zuständigkeiten der Aufsichtsbehörden der anderen Staaten des EWR

Wenn ein Einlagenkreditinstitut, E-Geld-Institut oder Wertpapierhandelsunternehmen seinen Verwaltungssitz in das Inland verlegt, sind Art. 5 Abs. 4 MiFID[964] und Art. 11 Abs. 2 Bankenrichtlinie[965] bzw. die jeweiligen nationalen Umsetzungsvorschriften anwendbar. Hiernach müssen die Mitgliedstaaten dafür Sorge tragen, dass die Hauptverwaltungen der Institute sich in denselben Mitgliedstaaten befinden wie der Satzungssitz. Bei einem Auseinanderfallen von Satzungs- und Verwaltungssitz muss gem. Art. 8 lit. c MiFID, Art. 17 Abs. 1 lit. c Bankenrichtlinie der Mitgliedstaat die Zulassung entziehen, der diese erteilt hat. Der Mitgliedstaat kann sich dabei gem. Art. 35 Bankenrichtlinie der BaFin als Aufsichtsbehörde des Aufnahmestaats bedienen.

Wenn die Institute keine Einlagenkreditinstitute, E-Geld-Institute oder Wertpapierhandelsunternehmen sind, richten sich die Maßnahmen der herkunftsstaatlichen Aufsichtsbehörden nach dem in dem jeweiligen Staat geltenden Aufsichtsrecht. Dieses sieht ggf. vor, dass die Institutszulassungen bei einem Auseinanderfallen von Satzungs- und Verwaltungssitz aufzuheben sind.

II. Zuständigkeiten der BaFin

1. Im Fall der Aufhebung der Zulassungen durch die herkunftsstaatlichen Aufsichtsbehörden

a) Erlaubnispflicht für inländische Hauptverwaltungen

Gem. § 37 Abs. 1 KWG kann die BaFin die sofortige Einstellung des Geschäftsbetriebs und die Abwicklung der Geschäfte gegenüber einem Institut anordnen, wenn dieses Bank- oder Finanzdienstleistungen ohne die gem. § 32 KWG erforderliche Erlaubnis betreibt. Voraussetzung für ein Einschreiten der BaFin ist demnach, dass Institute erlaubnispflichtig sind, wenn sie ihre Hauptverwaltungen in die Bundesrepublik verlegen.

§ 32 Abs. 1 Satz 1 KWG knüpft an einen inländischen Satzungssitz von Instituten an[966]. Der Satzungssitz der Institute, die ihre Hauptverwaltungen in die Bun-

964 Vgl. Richtlinie 2004/39/EG v. 21.04.2004.
965 Vgl. Richtlinie 2006/48/EG v. 14.06.2006.
966 Siehe 2. Teil 2. Kapitel A. I. 1. c) bb) (1).

desrepublik verlegen, bleibt jedoch in den Herkunftsstaaten. § 32 Abs. 1 Satz 1 KWG findet zwar auch Anwendung, wenn ausländische Institute Bank- oder Finanzdienstleistungen auf dem Gebiet der Bundesrepublik erbringen[967]. Da aber Institute nicht bei jeder Verlagerung des Verwaltungssitzes bankwirtschaftliche Tätigkeiten in der Bundesrepublik aufnehmen[968], lösen inländische Hauptverwaltungen von Instituten nicht zwingend eine Erlaubnispflicht aus.

Ein Institut, das seine Hauptverwaltung in die Bundesrepublik verlegt, könnte aber gem. § 53 Abs. 1 Satz 1 i. V. m. § 32 Abs. 1 Satz 1 KWG erlaubnispflichtig sein. Dabei käme es nicht darauf an, ob das Institut von seiner Hauptverwaltung aus Bank- oder Finanzdienstleistungen tatsächlich im Inland erbringt. Für eine Erlaubnispflicht gem. § 53 Abs. 1 Satz 1 i. V. m. § 32 Abs. 1 Satz 1 KWG genügt es, dass sich die Zweigstelle im Inland befindet[969].

Zunächst erscheint es befremdlich, inländische Hauptverwaltungen von Instituten als Zweigstellen i. S. d. § 53 KWG einzuordnen. Indessen ist unter einer Zweigstelle jeder rechtlich unselbstständige Teil eines Unternehmens zu verstehen, der räumlich, organisatorisch und personell selbstständig und dauerhaft errichtet ist[970]. Die inländischen Hauptverwaltungen von Instituten erfüllen diese Begriffsmerkmale. Da die Verlagerung des Verwaltungssitzes in das Inland ein tatsächlicher Vorgang ist, sind die Hauptverwaltungen auch rechtlich unselbstständig.

Zwar beschränkt sich der unmittelbare Anwendungsbereich des § 32 Abs. 1 Satz 1 KWG auf Institute mit Satzungssitz im Inland. §§ 53 ff. KWG stellen aber Sonderregeln für ausländische Institute auf. Daher spricht systematisch nichts dagegen, im Rahmen der §§ 53 Abs. 1 Satz 1 i. V. m. § 32 Abs. 1 Satz 1 KWG darauf abzustellen, dass ein Institut seine Hauptverwaltung im Inland hat. § 53 KWG knüpft zudem maßgeblich an die rechtliche Unselbstständigkeit von Zweigstellen an[971], sodass die rein tatsächlich übergeordnete Stellung von Hauptverwaltungen ihrer Einordnung als Zweigstellen nicht entgegensteht.

Mit Einführung des § 53 KWG sollten nach dem Willen des historischen Gesetzgebers Zweigstellen ausländischer Unternehmen dem KWG unterworfen werden, da eine *„unkontrollierte Tätigkeit“*[972] von Zweigstellen nicht akzeptiert werden sollte. Dieser Zweck greift erst recht für die inländischen Hauptverwaltungen der Institute. Wenn sogar Betriebsstellen, die nur untergeordnete wirtschaftli-

---

967 Siehe 2. Teil 2. Kapitel A. II. 1. d).

968 So EuGH v. 27.09.1988 Rs. C-81/87 (Daily Mail) Slg. 1988, S. 5483 (Rn. 13) mit Verweis auf die Ausführungen des Vereinigten Königreichs.

969 Siehe ebenso zu Tochterunternehmen 2. Teil 2. Kapitel A. I. 1. b) cc).

970 Siehe im Einzelnen 2. Teil 2. Kapitel A. I. 3. a).

971 Siehe 2. Teil 2. Kapitel I. 3. a) aa).

972 RegBgr. KWG BT-Drucks. 3/1114 S. 45.

che Funktionen erfüllen, kreditwesenrechtlich erfasst werden, so muss dies umso mehr für die Hauptverwaltungen gelten.

Dass inländische Hauptverwaltungen von Instituten erlaubnispflichtig sein müssen, wird besonders deutlich, wenn Institute ihre Hauptverwaltungen auf bereits errichtete inländische Zweigstellen verlagern. Falls § 53 KWG in diesem Fall nicht gelten würde, würde die Verlegung des Verwaltungssitzes in das Inland, d. h. eine Stärkung der Präsenz im Inland, dazu führen, dass die Erlaubnispflicht entfiele.

Damit sind Institute, die ihre Hauptverwaltungen in das Inland verlegen, gem. § 53 Abs. 1 Satz 1 i. V. m. § 32 Abs. 1 Satz 1 KWG erlaubnispflichtig. Wenn die Aufsichtsbehörden der Herkunftsstaaten der Institute die Zulassungen aufheben, weil Verwaltungs- und Satzungssitz der Institute auseinanderfallen, entfallen gem. § 53 b Abs. 1 Satz 1 a. E. KWG die den Instituten zugutekommenden Europäischen Pässe. Die Institute sind daher auch dann erlaubnispflichtig, wenn sie passfähig waren.

b) Erlaubnisfähigkeit von inländischen Hauptverwaltungen

Die BaFin kann allerdings gem. § 37 Abs. 1 KWG nicht gegen Institute einschreiten, die für die inländischen Hauptverwaltungen eine Erlaubnis beantragt haben und diese erhalten könnten. Die Frage der Erlaubnisfähigkeit stellt sich auch für Hauptverwaltungen, die auf im Inland bestehende Zweigstellen verlagert werden. Die BaFin kann den Zweigstellen erteilte Erlaubnisse gem. § 35 Abs. 2 Nr. 3 KWG nur aufheben, wenn diese nicht mehr erlaubnisfähig sind.

Die Erlaubnisfähigkeit richtet sich nach § 53 Abs. 1 Satz 1 i. V. m. § 33 KWG. Gem. § 33 Abs. 1 Satz 1 Nr. 6 KWG kann eine Erlaubnis nur erteilt werden, wenn sich die Hauptverwaltungen der Institute im Inland befinden. Dies ist bei Instituten der Fall, die ihren Verwaltungssitz in die Bundesrepublik verlegt haben.

Für die aufsichtsrechtliche Erfassung des grenzüberschreitenden Dienstleistungsverkehrs ausländischer Institute in das Inland wurde jedoch festgestellt, dass der Wortlaut des § 33 Abs. 1 Satz 1 Nr. 6 KWG weder mit der Entstehungsgeschichte noch mit den richtlinienrechtlichen Vorgaben in Einklang steht[973]. Die Vorschrift verlangt nämlich, dass sich Verwaltungs- und Satzungssitz der Institute in demselben Staat befinden müssen[974].

---

973 Siehe 2. Teil 2. Kapitel A. II. 2. a).

974 Siehe hierzu *Schuster/Binder*, WM 2004, S. 1665 (1672 f.). Die Autoren verzichten deshalb gänzlich auf eine Anwendung von § 33 Abs. 1 Satz 1 Nr. 6 KWG, was allerdings mit Blick auf den Norminhalt nicht nahe liegt. Weiteres Argument gegen die Anwendbarkeit der Vorschrift sei, dass §§ 53 ff. KWG für ausländische Unternehmen abschließende Sonderregeln enthalten. Diese Begründung ist ebenfalls nicht überzeugend, siehe 2. Teil 2. Kapitel II. 1. d) cc) (1) (a).

Zudem hat sich gezeigt, dass § 33 Abs. 1 Satz 1 Nr. 6 KWG bei der Zulassung von Zweigstellen zweigstellenspezifisch ausgelegt werden muss. Bei wortlautgetreuer Interpretation der Vorschrift wären herkömmliche Zweigstellen ausländischer Unternehmen nie erlaubnisfähig. § 33 Abs. 1 Satz 1 Nr. 6 KWG ist daher so auszulegen, dass es sich bei den Zweigstellen nicht um die Hauptverwaltungen der Unternehmen handeln darf[975].

Demnach darf § 33 Abs. 1 Satz 1 Nr. 6 KWG nicht wortlautgetreu ausgelegt werden. Vielmehr berührt eine Verwaltungssitzverlegung den Zweck der Vorschrift, da Verwaltungs- und Satzungssitz eines Instituts nicht auseinanderfallen dürfen. Damit sind die inländischen Hauptverwaltungen entgegen dem Gesetzeswortlaut nicht erlaubnisfähig[976]. Die BaFin kann auf Grundlage des § 37 Abs. 1 KWG gegen die Institute einschreiten.

2. Im Fall der Untätigkeit der herkunftsstaatlichen Aufsichtsbehörden

a) Residualaufsicht als Ermächtigungsgrundlage für ein Einschreiten der BaFin?

Schreiten die herkunftsstaatlichen Aufsichtsbehörden nicht ein, bleiben den Instituten bereits erteilte aufsichtsrechtliche Zulassungen und gem. § 53 b Abs. 1 Satz 1 a. E. KWG etwaige Europäische Pässe erhalten. Deshalb kommt bei Untätigkeit der herkunftsstaatlichen Aufsichtsbehörden als Ermächtigungsgrundlage für die BaFin neben § 37 Abs. 1 KWG auch § 53 b Abs. 4 KWG in Betracht[977]. § 53 b Abs. 4 KWG weist der BaFin bestimmte Residualkompetenzen für den Fall zu, dass Institute mittels des Europäischen Passes in der Bundesrepublik tätig werden.

Die Residualkompetenzen der BaFin bestehen nur in den in § 53 b Abs. 3 KWG aufgeführten Fällen. Vorliegend könnte sich eine Zuständigkeit der BaFin nur daraus ergeben, dass die BaFin danach die Einhaltung besonderer organisatorischer Pflichten gem. § 25 a Abs. 1 Satz 6 Nr. 2, 3 KWG kontrolliert[978]. Besondere organisatorische Pflichten i. d. S. betreffen betriebsinterne Organisationsmaßnahmen[979]. Externe Organisationsmaßnahmen werden dagegen von § 25 a Abs. 2 KWG erfasst; auf diese Regelung verweist § 53 b Abs. 3 KWG nicht. Grenzüber-

---

975 Siehe zu dieser zweigstellenspezifischen Auslegung des § 33 Abs. 1 Satz 1 Nr. 6 KWG 2. Teil 2. Kapitel A. I. 3. c) bb).

976 Vgl. *Es-Said*, Grenzüberschreitende Bankgeschäfte (2009), S. 65; *Schuster/Binder*, WM 2004, S. 1665 (1672); *Schuster*, in: Hirte/Bücker (2006), S. 498 (507).

977 Vgl. *Schuster/Binder*, WM 2004, S. 1665 (1671); *Schuster*, in: Hirte/Bücker (2006), S. 498 (507).

978 So *Schuster/Binder*, WM 2004, S. 1665 (1671).

979 Vgl. *Boos*, Die Bank 1997, S. 119 (124 f.).

schreitende Verwaltungssitzverlegungen betreffen aber nur die äußere Organisation der Institute. Deshalb scheidet § 53 b Abs. 4 KWG als Ermächtigungsgrundlage für die BaFin aus.

b) Erlaubnispflicht für inländische Hauptverwaltungen

Bleiben die herkunftsstaatlichen Aufsichtsbehörden untätig, kommt demnach wiederum § 37 Abs. 1 KWG als Grundlage für ein Einschreiten der BaFin in Betracht. Eine Erlaubnispflicht für die Institute könnte ebenfalls aus § 53 Abs. 1 Satz 1 i. V. m. § 32 Abs. 1 Satz 1 KWG folgen.

Wenn die ausländischen Institute ihre Europäischen Pässe behalten, sind sie aber grundsätzlich gem. § 53 b KWG erlaubnisfrei. Der BaFin wäre ein Einschreiten gem. § 37 Abs. 1 KWG dann verwehrt.

Voraussetzung für eine Anwendbarkeit des § 53 b KWG ist, dass es sich bei den in das Inland hinein verlegten Hauptverwaltungen um Zweigniederlassungen i. S. d. Vorschrift handelt[980]. Oben wurde festgestellt, dass der Zweigstellenbegriff in § 53 KWG auch inländische Hauptverwaltungen erfasst[981]. Dies muss auch für den Zweigniederlassungsbegriff gelten, da „Zweigstelle" der Oberbegriff für „Zweigniederlassung" ist[982]. Zwar spricht die richtlinienrechtliche Definition des Zweigniederlassungsbegriffs auf den ersten Blick dagegen, dass es sich bei Hauptverwaltungen um Zweigniederlassungen i. S. d. Europäischen Passes handelt: Nach Art. 4 Abs. 1 Nr. 26 MiFID[983] sind nur die Betriebsstellen Zweigniederlassungen, bei denen es sich nicht um Hauptverwaltungen der Institute handelt. Dies betrifft aber nur die Zweigniederlassungen von Instituten, deren Verwaltungs- und Satzungssitz sich in demselben Mitgliedstaat befinden. Die Richtlinie befasst sich nicht mit dem Auseinanderfallen von Verwaltungs- und Satzungssitz.

Dass die Hauptverwaltungen als Zweigniederlassungen i. S. d. Europäischen Passes gelten, entspricht auch dem Herkunftslandprinzip. Herkunftsland ist der Mitgliedstaat, in dem eine juristische Person ihren Satzungssitz hat[984]. Trotz Verlegung des Verwaltungssitzes bleibt damit der Mitgliedstaat das Herkunftsland, in dem ein Institut seinen Satzungssitz hat. Nach dem Herkunftslandprinzip beaufsichtigt die

---

980 Ablehnend *Es-Said*, Grenzüberschreitende Bankgeschäfte (2009), S. 64 f.; *Jörgens,* Koordinierte Aufsicht (2002), S. 70. Bejahend *Schuster/Binder*, WM 2004, S. 1665 (1670) sowie *Kuntz,* ZBB 2005, S. 412 (418 f.), der sich mit Blick auf die Niederlassungsfreiheit für eine Anwendbarkeit der Vorschrift ausspricht.

981 Siehe 3. Teil 2. Kapitel A. II. 1. a).

982 Siehe 2. Teil 2. Kapitel A. I. 3. a) bb).

983 Vgl. Richtlinie 2004/39/EG v. 21.04.2004.

984 Vgl. Art. 4 Abs. 1 Nr. 20 i. V. m. 22. Begründungserwägung zur MiFID (Richtlinie 2004/39/EG v. 21.04.2004); Art. 4 Abs. 7 i. V. m. 10. Begründungserwägung zur Bankenrichtlinie (Richtlinie 2006/48/EG v. 14.06.2006).

Aufsichtsbehörde dieses Mitgliedstaats das Institut[985]. Somit ist für die Beaufsichtigung eines Instituts, das seine Hauptverwaltung in die Bundesrepublik verlegt, nicht die BaFin, sondern die Aufsichtsbehörde am Satzungssitz des Instituts zuständig.

Für eine Anwendbarkeit des Europäischen Passes ist aber gem. § 53 b Abs. 1 Satz 1 a. E. KWG erforderlich, dass die herkunftsstaatlichen Aufsichtsbehörden die Institute auch nach den Vorgaben des europäischen Gemeinschaftsrechts beaufsichtigen[986]. Schreiten die herkunftssstaatlichen Aufsichtsbehörden nicht ein, missachten sie das Prinzip der Einheit von Satzungs- und Verwaltungssitz. Sie beaufsichtigen die Institute dann nicht nach gemeinschaftsrechtlichen Vorgaben. Der Europäische Pass gilt daher nicht[987]. Die ausländischen Institute sind erlaubnispflichtig.

c) Erlaubnisfähigkeit von inländischen Hauptverwaltungen

Institute, die ihre Hauptverwaltungen grenzüberschreitend in das Inland verlegen, sind – anders als der Wortlaut des § 33 Abs. 1 Satz 1 Nr. 6 KWG zunächst nahe legt – nicht erlaubnisfähig[988]. Damit kann die BaFin auf Grundlage des § 37 Abs. 1 KWG gegen die Institute einschreiten. Wenn die Institute ihre Hauptverwaltungen auf bereits lizenzierte inländische Zweigstellen verlagern, muss die BaFin aber zunächst die Zulassung für die Zweigstellen gem. § 35 Abs. 2 Nr. 3 i. V. m. § 33 Abs. 1 Satz 1 Nr. 6 KWG aufheben.

d) Vereinbarkeit des unmittelbaren Einschreitens der BaFin mit dem Herkunftslandprinzip

Die vorstehenden Erörterungen haben ergeben, dass auch bei Untätigkeit der herkunftsstaatlichen Aufsichtsbehörden die BaFin auf Grundlage des § 37 Abs. 1 KWG gegen die inländischen Hauptverwaltungen der Institute einschreiten kann. Nach dem Herkunftslandprinzip wäre allerdings vorrangig die Aufsichtsbehörde am Satzungssitz der Institute zuständig[989]. Daher stellt sich die Frage, ob ein Einschreiten der BaFin gegen das Herkunftslandprinzip verstößt.

---

985 A. A. *Kuntz*, ZBB 2005, S. 412 (413, 418).

986 Vgl. RegBgr. 4. KWG-Novelle BT-Drucks. 12/3377 S. 43; *Reischauer/Kleinhans*, KWG, § 53 b Rn. 4.

987 Vgl. *Schuster*, in: Hirte/Bücker (2006), S. 498 (507).

988 Siehe 3. Teil 2. Kapitel A. II. 1. b).

989 Vgl. *Schuster/Binder*, WM 2004, S. 1665 (1671), die im Fall der Untätigkeit der herkunftsstaatlichen Behörde nicht § 37 Abs. 1 KWG, sondern § 53 b Abs. 3, 4 KWG anwenden und daher zu einer vorrangigen Zuständigkeit der fremden Aufsichtsbehörde kommen.

Ausfluss des Herkunftslandsprinzips ist der Europäische Pass. Wie bereits festgestellt, ist der Europäische Pass gem. § 53 b Abs. 1 Satz 1 a. E. KWG aber nur anwendbar, wenn die Institute in ihren Herkunftsstaaten zugelassen sind und dort in Einklang mit den richtlinienrechtlichen Vorgaben beaufsichtigt werden. Hierdurch soll die Wettbewerbsgleichheit in- und ausländischer Institute sichergestellt und nur „gesunden" Instituten der Europäische Pass gewährt werden[990]. Wenn diese Voraussetzung für die Anwendbarkeit des Europäischen Passes nicht erfüllt ist, gilt auch das Herkunftslandprinzip nicht[991]. Bleiben die herkunftsstaatlichen Aufsichtsbehörden untätig und heben die den Instituten erteilten Zulassungen nicht auf, obwohl die Institute ihren Verwaltungssitz grenzüberschreitend verlagern, ist der Europäische Pass gem. § 53 b Abs. 1 Satz 1 a. E. KWG nicht anwendbar. Da folglich auch das Herkunftslandprinzip nicht gilt, verstößt es nicht gegen diesen Grundsatz, wenn die BaFin auf Grundlage des § 37 Abs. 1 KWG gegen die Institute einschreitet.

III. Vereinbarkeit der Verwaltungssitzanbindung mit der Niederlassungsfreiheit gem. Art. 49, 54 AEUV

1. Untersuchungsgegenstand

Nach den vorstehenden Erörterungen entziehen Aufsichtsbehörden einem Institut die Erlaubnis, wenn es seinen Verwaltungssitz grenzüberschreitend in die Bundesrepublik verlegt. Die BaFin kann dann gegen das Institut einschreiten. Mit Blick auf die Ausführungen des EuGH in den Rechtssachen Daily Mail, Centros, Überseering, Inspire Art und Cartesio erscheint diese Rechtsfolge jedoch zweifelhaft. Sie könnte gegen die Niederlassungsfreiheit gem. Art. 49, 54 AEUV verstoßen.

Deshalb werden im Folgenden die Entscheidungen des EuGH dargestellt (Abschnitt 2., Unterabschnitt a)) und ihre Auswirkungen auf das Bankenaufsichtsrecht untersucht (Abschnitt 2., Unterabschnitt b)). Anschließend wird erörtert, ob die Beschränkung der Niederlassungsfreiheit gerechtfertigt ist (Abschnitt 3.).

Art. 5 Abs. 4 MiFID[992], Art. 11 Abs. 2 Bankenrichtlinie[993] sehen zwar ebenfalls vor, dass Verwaltungs- und Satzungssitz der Institute nicht auseinanderfallen dürfen. Indessen ist ihre Vereinbarkeit mit der Niederlassungsfreiheit vorliegend nicht zu erörtern[994]. Die Vorschriften verpflichten nur die Aufsichtsbehörden der

---

990 Vgl. RegBgr. 4. KWG-Novelle BT-Drucks. 12/3377 S. 43.
991 Abweichend *Hanten*, in: Beck/Samm/Kokemoor, KWG, § 53 b Rn. 26.
992 Vgl. Richtlinie 2004/39/EG v. 21.04.2004.
993 Vgl. Richtlinie 2006/48/EG v. 14.06.2006.
994 Vgl. zum Verhältnis von Primärrecht und Sekundärrecht *Schmidt*, in: von der Groeben/Schwarze, EU/EG, Art. 249 Rn. 22 f.

Herkunftsstaaten der Institute, nicht aber die BaFin[995], und gelten nicht für den Fall des Zuzugs von Instituten. Die Vorschriften gehören nämlich zu den Zulassungsanforderungen an Institute; die Zulassungen werden nur von den Aufsichtsbehörden der Herkunftsstaaten[996] der Institute erteilt.

2. Beschränkung der Niederlassungsfreiheit durch die Verwaltungssitzanbindung

a) Entscheidungen des EuGH zur Reichweite der Niederlassungsfreiheit

aa) Rechtssache Daily Mail

Der Entscheidung des EuGH in der Rechtssache Daily Mail[997] lag folgender Sachverhalt zugrunde: Eine britische Aktiengesellschaft beantragte die Zustimmung des britischen Finanzministeriums für eine Verlegung des Sitzes ihrer Geschäftsleitung in die Niederlande. Dadurch wäre die Gesellschaft von der britischen Körperschaftsteuer befreit gewesen, die an den Ort der Geschäftsleitung anknüpft. Zwar wäre die Gesellschaft nach dem Wegzug nach niederländischem Recht körperschaftsteuerpflichtig gewesen, künftige Einnahmen wären aber nur zu einem geringeren Umfang besteuert worden. Da das britische Finanzministerium die Zustimmung nicht erteilte, machte die Gesellschaft vor dem britischen High Court of Justice geltend, dass im Hinblick auf die Niederlassungsfreiheit die Verlegung ihrer Geschäftsleitung in einen anderen Mitgliedstaat nicht von der Erlaubnis einer britischen Behörde abhängen könne. Das Gericht setzte das Verfahren aus und legte dem EuGH diese Frage vor[998].

Der EuGH befand, dass eine Gesellschaft mit satzungsmäßigem Sitz in einem Mitgliedstaat nicht auf Grundlage des EWGV das Recht habe, ihre Geschäftsleitung in einen anderen Mitgliedstaat zu verlegen. Art. 58 EWGV, ein Vorläufer des heutigen Art. 54 AEUV, verweise auf den satzungsmäßigen Sitz, die Hauptverwaltung und die Hauptniederlassung. Deshalb würden Unterschiede zwischen den von den einzelnen Mitgliedstaaten gewählten Anknüpfungspunkten nicht die Niederlassungsfreiheit berühren[999].

---

995 Anders *Schuster/Binder*, WM 2004, S. 1665 (1671).

996 Vgl. 10. Begründungserwägung zur Bankenrichtlinie (Richtlinie 2006/48/EG v. 14.06.2006) sowie Art. 5 Abs. 1 Satz 2 i. V. m. Art. 4 Abs. 1 Nr. 20 und die 22. Begründungserwägung zur MiFID (Richtlinie 2004/39/EG v. 21.04.2004).

997 Vgl. EuGH v. 27.09.1988 Rs. C-81/87 (Daily Mail) Slg. 1988, S. 5483.

998 Siehe zu der Vorlagefrage EuGH v. 27.09.1988 Rs. C-81/87 (Daily Mail) Slg. 1988, S. 5483 (Rn. 9).

999 Vgl. EuGH v. 27.09.1988 Rs. C-81/87 (Daily Mail) Slg. 1988, S. 5483 (Rn. 15 ff.).

bb) Rechtssache Centros

Der Fall Centros[1000] betraf im Gegensatz zu Daily Mail die Rechtsstellung einer Gesellschaft gegenüber ihrem Aufnahmestaat. Eine in Großbritannien gegründete Gesellschaft beantragte bei der dänischen Zentralverwaltung für Handel und Gesellschaften die Eintragung einer Zweigniederlassung. Zwar ist es nach dänischem Recht ausländischen Gesellschaften möglich, eine Zweigniederlassung in Dänemark zu etablieren. Indessen lehnte die dänische Behörde den Antrag ab, da es sich bei der dänischen Niederlassung tatsächlich um den Hauptsitz handele und so die im Gegensatz zum britischen Recht erhöhten dänischen Mindestkapitalvorschriften umgangen würden. Das mit dem Fall befasste dänische Gericht legte dem EuGH die Frage zur Vorabentscheidung vor, ob die Verweigerung der Eintragung einer Zweigniederlassung einer Gesellschaft mit Sitz in einem anderen Mitgliedstaat gegen Art. 49, 52, 54 AEUV verstoße, wenn die Gesellschaft ihre Geschäftstätigkeit vollständig im Staat der Zweigniederlassung ausübe[1001].

Der EuGH bejahte einen Verstoß gegen die Niederlassungsfreiheit. Insbesondere befand der EuGH, dass der Anwendungsbereich der Niederlassungsfreiheit eröffnet sei, wenn ein Mitgliedstaat einer Gesellschaft mit Sitz in einem anderen Mitgliedstaat verbiete, eine Zweigniederlassung zu errichten. Dass die Gesellschaft durch die Verlegung ihres Hauptsitzes die erhöhten dänischen Mindestkapitalvorschriften vermeiden wolle, sei nicht rechtsmissbräuchlich[1002].

cc) Rechtssache Überseering

Ausgangslage in der Rechtssache Überseering[1003] war eine Klage einer Gesellschaft niederländischen Rechts gegen eine Gesellschaft mit Sitz in der Bundesrepublik. Da nach Ansicht des zuständigen deutschen Landgerichts und Oberlandesgerichts die niederländische Gesellschaft ihren Verwaltungssitz aus den Niederlanden in die Bundesrepublik verlegt hatte, verneinten die Gerichte unter Anwendung der Sitztheorie die Rechts- und Parteifähigkeit der Gesellschaft i. S. d. § 50 Abs. 1 ZPO. Der BGH setzte das Verfahren aus und legte dem EuGH die Frage zur Vorabentscheidung vor, ob es gegen Art. 49, 54 AEUV verstoße, wenn die Rechts-

---

1000 Vgl. EuGH v. 09.03.1999 C-212/97 (Centros) Slg. 1999, S. I 1459.

1001 Siehe zu der Vorlagefrage EuGH v. 09.03.1999 C-212/97 (Centros) Slg. 1999, S. I 1459 (Rn. 13).

1002 Vgl. EuGH v. 09.03.1999 C-212/97 (Centros) Slg. 1999, S. I 1459 (Rn. 17 ff.).

1003 Vgl. EuGH v. 05.11.2002 C-208/00 (Überseering) Slg. 2002, S. I 9919.

und Parteifähigkeit einer Gesellschaft nach der vom Satzungssitz abweichenden Rechtsordnung des Verwaltungssitzes beurteilt werden[1004].

Der EuGH antwortete, ohne sich ausdrücklich auf die Gründungs- oder Sitztheorie festzulegen[1005], dass es mit Art. 49, 54 AEUV unvereinbar sei, wenn einer nach dem Recht eines anderen Mitgliedstaats wirksam gegründeten Gesellschaft im Aufnahmestaat Rechts- und Parteifähigkeit versagt würden. Der EuGH führte aus, dass seine Ausführungen in der Rechtssache Daily Mail, die die Beziehung zwischen einer Gesellschaft und ihrem Gründungsstaat betraf, auf den vorliegenden Fall keine Anwendung fänden. Im Fall Überseering stelle die niederländische Rechtsordnung als Recht des Satzungssitzes die Rechts- und Parteifähigkeit der Gesellschaft nicht infrage. Die Niederlassungsfreiheit könne zudem nicht anders genutzt werden als durch die Verlegung des Verwaltungssitzes in einen anderen Mitgliedstaat, da bei einem Satzungssitzwechsel die Gesellschaft rechtlich nicht erhalten bliebe. Daher komme es einer „Negierung" der Niederlassungsfreiheit gleich, wenn Verwaltungssitzwechsel von wirksam gegründeten Gesellschaften unterbunden würden. Eine Rechtfertigung durch Gemeinwohlaspekte sei nicht anzuerkennen[1006].

dd) Rechtssache Inspire Art

Die Rechtssache Inspire Art[1007] betraf einen Rechtsstreit zwischen der Handels- und Industriekammer Amsterdam und einer britischen Gesellschaft. Diese weigerte sich, ihre niederländische Zweigniederlassung mit dem Namenszusatz „formal ausländische Gesellschaft" in das Handelsregister eintragen zu lassen und sich bestimmten Verpflichtungen des niederländischen Rechts für derartige Gesellschaften zu unterwerfen, obwohl sie ihre gesamten Geschäftstätigkeiten in den Niederlanden ausübte. Das niederländische Gericht legte dem EuGH die Frage vor, ob die niederländischen Sonderregeln für Kapitalgesellschaften mit Art. 49, 54 AEUV vereinbar seien[1008].

Der EuGH bejahte einen Verstoß der Vorschriften gegen die Niederlassungsfreiheit. Seine Ausführungen in dem Urteil Daily Mail fänden auf den vorliegenden Fall keine Anwendung, da nicht die Beziehung einer Gesellschaft zum

---

1004 Siehe zu der Vorlagefrage EuGH v. 05.11.2002 C-208/00 (Überseering) Slg. 2002, S. I 9919 (Rn. 21).

1005 Vgl. *Habersack*, Gesellschaftsrecht (2006), § 3 Rn. 17.

1006 Vgl. EuGH v. 05.11.2002 C-208/00 (Überseering) Slg. 2002, S. I 9919 (Rn. 52 ff.).

1007 Vgl. EuGH v. 30.09.2003 C-167/01 (Inspire Art) Slg. 2003, S. I 10155.

1008 Vgl. im Einzelnen EuGH v. 30.09.2003 C-167/01 (Inspire Art) Slg. 2003, S. I 10155 (Rn. 39).

Gründungsstaat betroffen sei. Dass die Gesellschaft einen Satzungssitz außerhalb der Niederlande gewählt habe, um die erhöhten Anforderungen des niederländischen Gesellschaftsrechts zu umgehen, sei nicht missbräuchlich und hindere nicht die Anwendbarkeit der Niederlassungsfreiheit. Da es sich um eine Gesellschaft englischen Rechts handele, seien sich die niederländischen Gläubiger der abweichenden rechtlichen Anforderungen bewusst, sodass auch Gläubigerschutzaspekte die erhöhten Anforderungen für ausländische Gesellschaften nicht rechtfertigen würden[1009].

ee) Rechtssache Cartesio

Der Fall Cartesio[1010] betraf eine Kommanditgesellschaft nach ungarischem Recht. Die Gesellschaft hatte ihren Verwaltungssitz nach Italien verlegt. Allerdings sollte das ungarische Gesellschaftsstatut bestehen bleiben. Dies lehnte das ungarische Registergericht ab. Der EuGH entschied, dass ein Mitgliedstaat verhindern könne, dass eine nach seinem Recht gegründete Gesellschaft ihren Sitz grenzüberschreitend verlegt und dabei ihr Gesellschaftsstatut beibehält.

b) Übertragbarkeit der Entscheidungen des EuGH auf die bankenaufsichtsrechtliche Verwaltungssitzanbindung

Ausländische Institute können ihren Verwaltungssitz gem. § 33 Abs. 1 Satz 1 Nr. 6 KWG nicht grenzüberschreitend in die Bundesrepublik verlegen. Die Vorschrift berührt dadurch die Zuzugsfreiheit der Institute[1011]. Der Zuzug von Instituten wird – anders als der Wegzug – unstreitig von der Niederlassungsfreiheit gem. Art. 49, 54 AEUV erfasst.

Der Anwendbarkeit der Niederlassungsfreiheit steht auch nicht entgegen, dass § 33 Abs. 1 Satz 1 Nr. 6 KWG nur eine bestimmte Organisationsform für Institute vorgibt, nämlich dass Verwaltungs- und Satzungssitz der Institute in demselben Mitgliedstaat liegen müssen. Zwar betreffen die Rechtssachen Centros[1012] und

1009 Vgl. EuGH v. 30.09.2003 C-167/01 (Inspire Art) Slg. 2003, S. I 10155 (Rn. 95 ff.).

1010 Vgl. EuGH v. 16.12.2008 Rs. C-210/06 (Cartesio) DB 2009, S. 52.

1011 Ebenso für die richtlinienrechtliche Verwaltungssitzanbindung *Kuntz*, ZBB 2004, S. 415 (417); *Schuster/Binder*, WM 2004, S. 1665 (1673 f.). Einen Eingriff der richtlinienrechtlichen Verwaltungssitzanbindung in die Niederlassungsfreiheit bejaht allgemein *Jörgens*, Koordinierte Aufsicht (2002), S. 70 ff. A. A. für das parallel beim Versicherungsaufsichtsrecht auftretende Rechtsproblem *Schmidt*, Versicherungsrecht (2006), S. 210.

1012 Vgl. EuGH v. 09.03.1999 C-212/97 (Centros) Slg. 1999, S. I 1459 (Rn. 2 f.).

Überseering[1013] Vorschriften, die die rechtliche Anerkennung von Gesellschaften regeln. In der Rechtssache Inspire Art führte der EuGH jedoch aus, dass auch die Vorschriften mit der Niederlassungsfreiheit in Einklang stehen müssen, die nur organisatorische Anforderungen an Gesellschaften stellen[1014].

Zweifel an der Anwendbarkeit der Niederlassungsfreiheit auf § 33 Abs. 1 Satz 1 Nr. 6 KWG ergeben sich aber daraus, dass der EuGH in der Rechtssache Überseering die Niederlassungsfreiheit daran anknüpfte, dass jedenfalls der Herkunftsstaat der Gesellschaft die grenzüberschreitende Verlegung des Verwaltungssitzes anerkennt[1015]. Dies ist im Bankenaufsichtsrecht nicht der Fall. Auch die Herkunftsstaaten der Institute lassen nicht zu, dass diese ihren Verwaltungssitz grenzüberschreitend verlegen. Jedoch rückte der EuGH in der Rechtssache Inspire Art von dieser Rechtsprechung ab[1016]. In dieser Entscheidung war – anders als in der Rechtssache Überseering – nicht die rechtliche Existenz, sondern nur die Organisation einer Gesellschaft betroffen.

Die Anwendbarkeit der Niederlassungsfreiheit ist schließlich auch nicht dann ausgeschlossen, wenn Institute ihren Satzungs- und Verwaltungssitz zielgerichtet auseinanderlegen, damit eine für sie günstigere Rechtsordnung gilt. In der Rechtssache Inspire Art entschied der EuGH nämlich, dass die Beweggründe für Sitzverlegungen keine Bedeutung für die Anwendbarkeit der Niederlassungsfreiheit haben. Nach der Auffassung des EuGH folgt aus Art. 49, 56 AEUV vielmehr ein Anspruch der Gesellschaften auf Wahl einer für sie günstigen Rechtsordnung[1017].

Damit greift § 33 Abs. 1 Satz 2 Nr. 6 KWG in die Niederlassungsfreiheit von Instituten ein, die durch die Vorschrift daran gehindert werden, ihren Verwaltungssitz in die Bundesrepublik zu verlegen.

3. Rechtfertigung der Verwaltungssitzanbindung

In der Rechtssache Überseering prüfte der EuGH eine mögliche Rechtfertigung des Eingriffs in die Niederlassungsfreiheit nicht. Nach der Rechtsprechung des EuGH stellte es eine „Negierung" der Niederlassungsfreiheit als solche dar, dass die deutschen Gerichte der Gesellschaft die Rechtsfähigkeit versagten. In diesem Fall sei eine Rechtfertigung ausgeschlossen[1018]. Dagegen ging der EuGH in der

---

1013 Vgl. EuGH v. 05.11.2002 C-208/00 (Überseering) Slg. 2002, S. I 9919 (Rn. 13 ff.).

1014 Vgl. EuGH v. 30.09.2003 C-167/01 (Inspire Art) Slg. 2003, S. I 10155 (Rn. 99 ff.).

1015 Vgl. EuGH v. 05.11.2002 C-208/00 (Überseering) Slg. 2002, S. I 9919 (Rn. 71, 73, 80).

1016 Vgl. EuGH v. 30.09.2003 C-167/01 (Inspire Art) Slg. 2003, S. I 10155 (Rn. 102 f.).

1017 Vgl. EuGH v. 30.09.2003 C-167/01 (Inspire Art) Slg. 2003, S. I 10155 (Rn. 95 ff., 99 f.).

1018 Vgl. EuGH v. 05.11.2002 C-208/00 (Überseering) Slg. 2002, S. I 9919 (Rn. 93).

Rechtssache Inspire Art, die verfahrensrechtliche Anforderungen an Niederlassungen von ausländischen Gesellschaften betraf, umfassend auf Rechtfertigungserwägungen ein[1019].

Für die Prüfung der Vereinbarkeit von § 33 Abs. 1 Satz 1 Nr. 6 KWG mit der Niederlassungsfreiheit gilt der in der Rechtssache Inspire Art angewandte Maßstab. Die Vorschrift betrifft nicht die Rechtsfähigkeit von Instituten, sondern deren Organisation. Damit müsste der Eingriff der Vorschrift in die Niederlassungsfreiheit aus zwingenden Gründen des Allgemeinwohls gerechtfertigt sein[1020].

a) Gemeinwohlbezogenes Ziel

aa) Umgehungsschutz

Nach den Begründungserwägungen zu den Richtlinien bezweckt die Anbindung des Verwaltungssitzes an den Satzungssitz Folgendes: Institute sollen sich die Rechtsordnung eines Mitgliedstaats nicht mit dem Ziel aussuchen, sich den aufsichtsrechtlichen Anforderungen eines anderen Mitgliedstaats zu entziehen, in dem sie überwiegend tätig werden[1021].

Nach den Ausführungen des EuGH in der Rechtssache Inspire Art handeln Institute allerdings nicht missbräuchlich, wenn sie mit der Wahl ihres Sitzes die Anwendbarkeit einer bestimmten Rechtsordnung bezwecken. Gesellschaften können sich nach Ansicht des EuGH eine für sie vorteilhafte Rechtsordnung frei aussuchen[1022].

Aus diesem Grund kann der Zweck des Umgehungsschutzes den Eingriff in die Niederlassungsfreiheit nicht rechtfertigen[1023]. Hierfür spricht auch, dass es passfähigen Instituten aus anderen Staaten des EWR erlaubt ist, in der Bundesrepublik untergeordnete Zweigniederlassungen zu errichten oder im Wege des grenzüberschreitenden Dienstleistungsverkehrs tätig zu werden. Dabei könnte der Aufsichtsstandard in der Bundesrepublik höher sein als in den Herkunftsstaaten der Institute[1024]. Die Institute müssten selbst dann keine Erlaubnis der BaFin einholen, wenn sie sich ausschließlich an inländische Kunden wenden würden.

1019 Vgl. EuGH v. 30.09.2003 C-167/01 (Inspire Art) Slg. 2003, S. I 10155 (Rn. 131 ff.).

1020 Vgl. EuGH v. 30.09.2003 C-167/01 (Inspire Art) Slg. 2003, S. I 10155 (Rn. 107); siehe auch EuGH v. 31.03.1993 C 19/92 (Kraus/Baden-Württemberg) Slg. 1993, S. 1663 (Rn. 32); EuGH v. 30.11.1995 Rs. C-55/94 (Gebhard) Slg. 1995, S. I 4165 (Rn. 37).

1021 Siehe zum Grundsatz der Mindestharmonisierung 1. Teil 3. Kapitel C. I. 2. c).

1022 Vgl. EuGH v. 30.09.2003 C-167/01 (Inspire Art) Slg. 2003, S. I 10155 (Rn. 95 ff., 136 ff.).

1023 Vgl. *Kuntz*, ZBB 2005, S. 412 (417).

1024 Ebenso *Kuntz*, ZBB 2005, S. 412 (417).

bb) Effektivität der Aufsicht

Vielmehr kommt der Grundsatz der Effektivität der Aufsicht als Rechtfertigungsgrundlage für den Eingriff in die Niederlassungsfreiheit in Betracht[1025]. Die Anbindung des Verwaltungssitzes an den Satzungssitz soll nach ihrem historischen Hintergrund sicherstellen, dass die Institute wirksam beaufsichtigt werden: Im Rahmen des Zusammenbruchs der BCCI konnte die luxemburgische Aufsichtsbehörde die Schieflage des Instituts nicht überblicken, da die BCCI ihren Verwaltungssitz nach Großbritannien verlagert hatte, und schritt zu spät ein[1026].

b) Mildestes Mittel

Ein milderes Mittel als die Anbindung des Verwaltungssitzes an den Satzungssitz bestünde möglicherweise darin, dass die Behörde des Mitgliedstaats, in den ein Institut seine Hauptverwaltung verlegt, für die Beaufsichtigung zuständig ist. Diese Behörde könnte das Institut wirksam beaufsichtigen, da es hierfür auf die Erreichbarkeit der Hauptverwaltung ankommt[1027]. Insofern bestehen drei verschiedene Möglichkeiten: (1) Für die Institute könnte nach der Verlegung ihres Verwaltungssitzes weiterhin das Aufsichtsrecht ihres Herkunftsstaats gelten. Die Behörde des Aufnahmestaats würde dieses Aufsichtsrecht anwenden. (2) Für die Institute könnte zusätzlich das Aufsichtsrecht des Aufnahmestaats gelten. Sie müssten dann Erlaubnisse bei den dortigen Aufsichtsbehörden einholen. (3) Für die Institute könnte nur das Aufsichtsrecht des Aufnahmestaats gelten[1028].

Als milderes Mittel kommt auch eine Regelung in Betracht, nach der die herkunftsstaatlichen Aufsichtsbehörden Institute grenzüberschreitend beaufsichtigen, wenn diese ihre Hauptverwaltungen in andere Mitgliedstaaten verlegen[1029].

Allerdings wären solche Neuregelungen auf der Zuzugsseite überflüssig, wenn nicht gleichzeitig die Herkunftsstaaten der Institute die Sitzanbindung aufgeben würden. Damit sind mildere Mittel nur dann gegeben, wenn die Niederlassungsfreiheit gem. Art. 49 AEUV die Institute auch auf der Wegzugsseite schützt.

1025 Vgl. *Es-Said*, Grenzüberschreitende Bankgeschäfte (2009), S. 64; *Jörgens*, Koordinierte Aufsicht (2002), S. 64, 76 ff., 80 f.; *Kuntz*, ZBB 2005, S. 412 (417); *Schuster/Binder*, WM 2004, S. 1665 (1674).

1026 Siehe zum BCCI-Fall 2. Teil 2. Kapitel A. II. 2. a).

1027 Vgl. *Jörgens*, Koordinierte Aufsicht (2002), S. 81.

1028 So *Jörgens*, Koordinierte Aufsicht (2002), S. 81; wohl auch *Schuster/Binder*, WM 2004, S. 1665 (1672, 1674).

1029 Vgl. *Kuntz*, ZBB 2005, S. 412 (417).

Nach der Rechtsprechung des EuGH in der Rechtssache Cartesio[1030] sind die Wegzugsstaaten von Gesellschaften nicht dazu verpflichtet, eine identitätswahrende grenzüberschreitende Verwaltungssitzverlegung zu erlauben[1031]. Zwar besteht im Bankenaufsichtsrecht die Besonderheit, dass die Anbindung des Verwaltungssitzes an den Satzungssitz aus Art. 5 Abs. 4 MiFID[1032] und Art. 11 Abs. 2 Bankenrichtlinie[1033] und damit aus gemeinschaftsrechtlichen Vorgaben folgt. Danach müssen die Mitgliedstaaten Instituten die aufsichtsrechtliche Zulassung entziehen, wenn diese ihren Verwaltungssitz in einen anderen Mitgliedstaat verlegen. Der Anspruch der Institute gegenüber den jeweiligen Zuzugsstaaten auf Verlegung ihres Verwaltungssitzes läuft damit leer, da die Wegzugsstaaten die Sitzverlagerung unterbinden. Jedoch ist vor dem Hintergrund der Entscheidung des EuGH auch im Bankenaufsichtsrecht die Anwendbarkeit der Niederlassungsfreiheit auf den Wegzugsfall zu verneinen.

Damit lassen sich mildere Mittel als die Verwaltungssitzanbindung nicht durchsetzen. Institute, die ihren Verwaltungssitz aus anderen Staaten des EWR in das Inland verlegen möchten, können einen Eingriff in die Niederlassungsfreiheit nicht geltend machen.

B. Zuzug aus Drittstaaten

I. Zuständigkeiten der Aufsichtsbehörden

Für Institute aus Drittstaaten, die ihre Hauptverwaltungen in die Bundesrepublik verlegen, stellt sich ebenfalls die Frage, welche Maßnahmen die BaFin und die herkunftsstaatlichen Aufsichtsbehörden ergreifen können.

Auch drittstaatliche Institute sind nach Verlegung ihres Verwaltungssitzes in die Bundesrepublik gem. § 53 Abs. 1 Satz 1 i. V. m. § 32 Abs. 1 Satz 1 KWG erlaubnispflichtig. Zwar steht § 33 Abs. 1 Satz 1 Nr. 6 KWG nach seinem Wortlaut einer Zulassung der Institute nicht entgegen. Nach dem Zweck der Vorschrift darf den Instituten aber keine Erlaubnis erteilt werden, da ihr Verwaltungs- und Satzungssitz in verschiedenen Mitgliedstaaten liegen. Die BaFin kann daher auf Grundlage des § 37 Abs. 1 KWG gegen die drittstaatlichen Institute einschreiten[1034]. Welche Maßnahmen die Aufsichtsbehörden der Herkunftsstaaten der Institute ergreifen, hängt von der Rechtsordnung des jeweiligen Drittstaates ab.

1030 Vgl. EuGH v. 16.12.2008 Rs. C-210/06 (Cartesio) DB 2009, S. 52.
1031 Siehe dazu bereits 3. Teil 1. Kapitel A.
1032 Vgl. Richtlinie 2004/39/EG v. 21.04.2004.
1033 Vgl. Richtlinie 2006/48/EG v. 14.06.2006.
1034 Siehe 3. Teil 2. Kapitel A. II.

Institute aus Drittstaaten werden auch auf der Zuzugsseite nicht von der Niederlassungsfreiheit gem. Art. 49, 54 AEUV geschützt[1035]. Die Verwaltungssitzanbindung für drittstaatliche Institute verstößt daher nicht gegen Gemeinschaftsrecht.

Allerdings sollte beachtet werden, dass eine Verwaltungssitzanbindung für drittstaatliche Institute nicht sachgerecht ist: Die BaFin beaufsichtigt gem. § 53 Abs. 1 Satz 1 i. V. m. §§ 32 f. KWG auch herkömmliche inländische Zweigstellen drittstaatlicher Institute. Die Zweigstellen müssen eine kreditwesenrechtliche Erlaubnis bei der BaFin einholen. Es ist nicht stimmig, dass die BaFin diese Zweigstellen beaufsichtigt, nicht aber inländische Hauptverwaltungen von Instituten. Die BaFin kann diese ebenso effektiv kontrollieren wie herkömmliche Zweigstellen.

C. Zusammenfassung zur kreditwesenrechtlichen Erfassung des Zuzugs in das Inland

Wenn Institute aus anderen Staaten des EWR ihren Verwaltungssitz in die Bundesrepublik verlegen, müssen die Aufsichtsbehörden der Herkunftsstaaten den Instituten gem. Art. 8 lit. c MiFID[1036], Art. 17 Abs. 1 lit. c Bankenrichtlinie[1037] die Erlaubnis entziehen. Die Institute sind dann gem. § 53 Abs. 1 Satz 1 i. V. m. § 32 Abs. 1 Satz 1 KWG erlaubnispflichtig. Etwaige Europäische Pässe fallen weg. Die Institute sind gem. § 33 Abs. 1 Satz 1 Nr. 6 KWG nicht erlaubnisfähig. Die BaFin kann demnach auf Grundlage des § 37 Abs. 1 KWG gegen die Institute einschreiten.

Wenn die herkunftsstaatlichen Aufsichtsbehörden untätig bleiben und den Instituten die Erlaubnis nicht entziehen, sind die Institute ebenfalls erlaubnispflichtig. Etwaige Europäische Pässe fallen gem. § 53 b Abs. 1 Satz 1 a. E. KWG weg. Die Institute sind gem. § 33 Abs. 1 Satz 1 Nr. 6 KWG nicht erlaubnisfähig, sodass die BaFin gem. § 37 Abs. 1 KWG gegen die Institute einschreiten kann. Dies verstößt nicht gegen das Herkunftslandprinzip.

1035 Wenn Institute nicht nach dem Recht eines Mitgliedstaats gegründet werden, findet die Niederlassungsfreiheit gem. Art. 54 Abs. 1 AEUV keine Anwendung, vgl. *Leible/Hoffmann*, RIW 2002, S. 925 (933); *Troberg/Tiedje*, von der Groeben/Schwarze, EU/EG, Art. 48 Rn. 6 ff., 34 ff. Das GATS bietet ebenfalls nur geringen Schutz, siehe 2. Teil 2. Kapitel B. II. 3.

1036 Vgl. Richtlinie 2004/39/EG v. 21.04.2004.

1037 Vgl. Richtlinie 2006/48/EG v. 14.06.2006.

Die Institute können einen Eingriff des § 33 Abs. 1 Satz 1 Nr. 6 KWG in die Niederlassungsfreiheit gem. Art. 49, 54 AEUV nicht geltend machen, da sie nur auf der Zuzugsseite, nicht aber auf der Wegzugsseite von der Niederlassungsfreiheit geschützt werden.

Auch drittstaatliche Institute, die ihren Verwaltungssitz in die Bundesrepublik verlegen, sind gem. § 53 Abs. 1 Satz 1 i. V. m. § 32 Abs. 1 Satz 1 KWG erlaubnispflichtig. Sie erhalten gem. § 33 Abs. 1 Satz 1 Nr. 6 KWG keine Erlaubnis der BaFin. Deshalb kann die BaFin auf Grundlage des § 37 Abs. 1 KWG gegen die Institute einschreiten. Diese Anbindung des Verwaltungssitzes an den Satzungssitz ist für drittstaatliche Institute allerdings nicht sachgerecht, da die inländischen Hauptverwaltungen – ebenso wie herkömmliche Zweigstellen – von der BaFin beaufsichtigt werden können.

3. Kapitel: Kreditwesenrechtliche Erfassung des Wegzugs aus dem Inland

A. Wegzug in andere Staaten des EWR

Ein Wegzug von Instituten aus dem Inland erfasst die Fälle, in denen inländische Institute ihren Verwaltungssitz aus der Bundesrepublik in andere Staaten verlegen. Zunächst werden wiederum die Maßnahmen erörtert, die die BaFin und die Aufsichtsbehörden der Aufnahmestaaten ergreifen können (Abschnitt I.). Anschließend wird die Vereinbarkeit der Regelungen mit der Niederlassungsfreiheit gem. Art. 49, 54 AEUV untersucht (Abschnitt II.).

I. Zuständigkeiten der Aufsichtsbehörden

Inländische Institute sind gem. § 24 Abs. 1 Nr. 5 KWG verpflichtet, der BaFin und der Deutschen Bundesbank die Verlegung ihrer Niederlassung anzuzeigen. Da die Erlaubnispflicht gem. § 32 Abs. 1 Satz 1 KWG an den Satzungssitz anknüpft[1038], sind Institute auch bei Verlagerung ihrer Hauptverwaltung in andere Staaten des EWR erlaubnispflichtig. Die Institute sind dann aber mangels inländischer Hauptverwaltung gem. § 33 Abs. 1 Satz 1 Nr. 6 KWG nicht erlaubnisfähig.

Deshalb kann die BaFin die Zulassungen der Institute gem. § 35 Abs. 2 Nr. 3 KWG aufheben. Zwar handelt es sich dabei nach dem Gesetzeswortlaut um eine Ermessensvorschrift. Die ihr zugrunde liegenden europäischen Richtlinien schreiben den Mitgliedstaaten die Anbindung des Verwaltungssitzes an den Satzungssitz

1038 Siehe 2. Teil 2. Kapitel A. I. 1. c) bb) (1).

aber zwingend vor[1039], sodass sich ein Ermessen der BaFin auf null reduziert[1040]. Nachdem die BaFin die Zulassungen aufgehoben hat, kann sie auf Grundlage des § 37 Abs. 1 KWG gegen die Institute einschreiten.

Wenn die BaFin Zulassungen aufhebt, entfallen auch etwaige Europäische Pässe der betroffenen Institute. Die Institute können dann nach dem Aufsichtsrecht der Aufnahmestaaten erlaubnispflichtig sein. Da sich ihr Verwaltungssitz nicht in demselben Mitgliedstaat wie ihr Satzungssitz befindet, sind sie allerdings nicht erlaubnisfähig.

II. Vereinbarkeit der Verwaltungssitzanbindung mit der Niederlassungsfreiheit gem. Art. 49, 54 AEUV

Nach der Rechtsprechung des EuGH dürfen Mitgliedstaaten Gesellschaften mit Sitz in anderen Mitgliedstaaten nicht verbieten, ihren Verwaltungssitz in das Inland zu verlegen. Allerdings gilt diese Pflicht nach der Rechtsprechung des EuGH in der Rechtssache Cartesio[1041] nicht für die Wegzugsstaaten der Gesellschaften[1042]. Damit ist auch die bankenaufsichtsrechtliche Verwaltungssitzanbindung auf der Wegzugsseite mit der Niederlassungsfreiheit gem. Art. 49, 54 AEUV vereinbar[1043].

B. Wegzug in Drittstaaten

I. Zuständigkeiten der Aufsichtsbehörden

Inländische Institute sind auch dann gem. § 24 Abs. 1 Nr. 5 KWG anzeigepflichtig, wenn sie ihre Hauptverwaltungen nicht in andere Staaten des EWR, sondern in Drittstaaten verlagern. Die BaFin kann die von ihr erteilten Zulassungen gem. § 35 Abs. 2 Nr. 3 i. V. m. § 33 Abs. 1 Satz 1 Nr. 6 KWG aufheben. Da insofern keine zwingenden richtlinienrechtlichen Vorgaben gegeben sind[1044], steht dies im

---

1039 Vgl. Wortlaut Art. 5 Abs. 4 MiFID (Richtlinie 2004/39/EG v. 21.04.2004), Art. 11 Abs. 2 Bankenrichtlinie (Richtlinie 2006/48/EG v. 14.06.2006).

1040 Vgl. *Schuster/Binder*, WM 2004, S. 1665 (1670); *Schuster*, in: Hirte/Bücker (2006), S. 498 (507).

1041 Vgl. EuGH v. 16.12.2008 Rs. C-210/06 (Cartesio) DB 2009, S. 52.

1042 Siehe 3. Teil 1. Kapitel A.

1043 Siehe bereits 3. Teil 2. Kapitel A. III. 3.

1044 Diskutiert wird, ob das Richtlinienrecht auf drittstaatliche Institute anwendbar ist, die im Wege des grenzüberschreitenden Dienstleistungsverkehrs in der Gemeinschaft tätig werden. Bejahend VG Frankfurt a.M. v. 07.05.2004 9 G 6496/03 (V) ZIP 2004, S. 1259 (1263); *Ohler*, EuZW 2006, S. 689 (693); *ders.*, WM 2002, S. 162 (168). A. A. VGH Hessen v. 21.01.2005 6 TG 1568/04 WM 2005, S. 1123

freien Ermessen der BaFin. Die BaFin kann dann auf Grundlage des § 37 Abs. 1 KWG gegen die Institute einschreiten.

II. Zweckmäßigkeit der Verwaltungssitzanbindung

Im Inland gegründete Institute, die ihren Verwaltungssitz in Drittstaaten verlegen, können sich nicht auf die Niederlassungsfreiheit gem. Art. 49, 54 AEUV berufen[1045]. Die Beaufsichtigung der Institute ist allerdings insoweit nicht sachgerecht, als die BaFin die Institute trotz Verwaltungssitzverlegung wirksam beaufsichtigen kann. So kann eine effektive Beaufsichtigung der Institute möglich sein, wenn die Aufsichtsbehörden in den Aufnahmestaaten der Institute auf verlässlicher Grundlage mit der BaFin zusammenarbeiten.

C. Zusammenfassung zur kreditwesenrechtlichen Erfassung des Wegzugs aus dem Inland

Institute, die ihren Verwaltungssitz aus der Bundesrepublik in einen anderen Mitgliedstaat des EWR verlegen, bleiben gem. § 32 Abs. 1 Satz 1 KWG erlaubnispflichtig. Sie sind gem. § 33 Abs. 1 Satz 1 Nr. 6 KWG nicht erlaubnisfähig, sodass die BaFin die Zulassungen gem. § 35 Abs. 2 Nr. 3 KWG aufheben muss. Die BaFin kann dann auf Grundlage des § 37 Abs. 1 KWG gegen die Institute einschreiten. Die Institute können sich gegen die Verwaltungssitzanbindung nicht auf die Niederlassungsfreiheit gem. Art. 49, 54 AEUV berufen, da die Niederlassungsfreiheit nicht den Wegzug von Instituten schützt.

Wenn inländische Institute ihre Hauptverwaltungen in Drittstaaten verlegen, sind sie gem. § 24 Abs. 1 Nr. 5 KWG anzeigepflichtig. Da sie erlaubnispflichtig, aber nicht erlaubnisfähig sind, kann die BaFin die Zulassungen gem. § 35 Abs. 2 Nr. 3 i. V. m. § 33 Abs. 1 Satz 1 Nr. 6 KWG aufheben. Sie kann dann auf Grundlage des § 37 Abs. 1 KWG gegen die Institute einschreiten.

4. Kapitel: Neuere Gestaltungsmöglichkeiten für Sitzverlagerungen

Für Institute, die ihren Sitz in einen anderen Staat verlegen möchten, besteht de lege lata die Möglichkeit, ihren Verwaltungs- und Satzungssitz kumulativ zu ver-

---

(1125); *Hanten*, in: Baudenbacher (2005), S. 153 (177); *Marwede*, WuB I L 1 § 32 KWG 1.05, S. 685 (687); *Rögner*, WM 2006, S. 745 (750).

1045 Siehe bereits 3. Teil 3. Kapitel A. II.

legen. Dabei werden die von den Aufsichtsbehörden der Herkunftsstaaten erteilten Zulassungen aber nicht in die Aufnahmestaaten übertragen. Vielmehr müssen die Institute das Erlaubnisverfahren erneut durchlaufen[1046].

Erleichterungen für Institute könnten allerdings zwei neuere Gestaltungsformen bringen: die grenzüberschreitende Verschmelzung[1047] (Abschnitt A.) und die Gründung einer SE[1048] (Abschnitt B.). Im Folgenden wird zunächst der gesellschaftsrechtliche Hintergrund von grenzüberschreitenden Verschmelzungen und der SE dargestellt (jeweils Unterabschnitt I.). Danach werden die Regelungen im KWG erörtert (jeweils Unterabschnitt II.). Abschließend wird beurteilt, inwiefern diese Gestaltungsformen die Sitzverlegung vereinfachen (Abschnitt C.).

A. Grenzüberschreitende Verschmelzungen nach dem UmwG

I. Gesellschaftsrechtliche Zulässigkeit grenzüberschreitender Verschmelzungen

Bis zur Änderung des UmwG war die gesellschaftsrechtliche Zulässigkeit von grenzüberschreitenden Verschmelzungen von Gesellschaften umstritten. Unter Bezugnahme auf § 1 Abs. 1 UmwG, nach dem Rechtsträger mit Sitz im Inland umgewandelt werden können, wurde überwiegend vertreten, dass grenzüberschreitende Verschmelzungen mit Teilnahme deutscher Gesellschaften unzulässig seien[1049].

Der Streit um die Auslegung des § 1 Abs. 1 UmwG gewann auf Grundlage der Rechtssache Sevic[1050] an Nachdruck. Der EuGH befand, dass es gegen die Niederlassungsfreiheit gem. Art. 49, 54 AEUV verstößt, wenn ein Mitgliedstaat die Hereinverschmelzung einer in einem anderen Staat der EU gegründeten Gesellschaft mit einem inländischen Unternehmen nicht zulässt[1051]. Dieser Entschei-

---

1046 Vgl. *Jörgens*, Koordinierte Aufsicht (2001), S. 70; *Schuster/Binder*, WM 2004, S. 1665 (1673 ff.).

1047 Siehe zum alten Recht *Weber*, Auslandsbanken (1996), S. 60 ff. Grenzüberschreitende Verschmelzungen sind zu einer beliebten Form der Expansion im Finanzsektor geworden, da innerhalb kurzer Zeit breite Marktanteile gewonnen werden können und ein weiteres Wachstum im eigenen Land kartellrechtlich begrenzt ist, vgl. *Creutz*, Handelsblatt v. 02.05.2007, S. 18; *o.V.*, Börsen-Zeitung v. 25.02.2006, S. 4.

1048 Societas Europaea (Europäische Gesellschaft). Siehe *Schuster/Binder*, WM 2004, S. 1665 (1673 Fn. 68).

1049 Vgl. *Kindler*, in: MüKo BGB, Bd. 11, Internationales Handels- und Gesellschaftsrecht, Rn. 872 ff.; *Kloster*, Unternehmenszusammenschlüsse (2004), S. 303 ff.; *Schwarz*, DStR 1994, S. 1694 (1698); a. A. *Lutter/Drygala*, in: Lutter/Winter, UmwG, § 1 Rn. 5.

1050 Vgl. EuGH v. 13.12.2005 C-411/03 (Sevic) Slg. 2005, S. I 10805.

1051 Vgl. EuGH v. 13.12.2005 C-411/03 (Sevic) Slg. 2005, S. I 10805 (Rn. 31).

dung konnte im deutschen Rechtsraum auf zwei Wegen Rechnung getragen werden. Zum einen kam die unmittelbare Anwendung der am 15.12.2005 in Kraft getretenen Verschmelzungsrichtlinie[1052] in Betracht. Diese enthält eine europaweit einheitliche Regelungsgrundlage für Herein- und Herausverschmelzungen von Kapitalgesellschaften aus verschiedenen Mitgliedstaaten. Zum anderen war die gemeinschaftskonforme Ausweitung des Anwendungsbereichs des UmwG auf grenzüberschreitende Verschmelzungen möglich[1053].

Seit Inkrafttreten des Zweiten Gesetzes zur Änderung des UmwG[1054] am 25.04.2007, das den gesellschaftsrechtlichen Teil der Verschmelzungsrichtlinie umsetzt, hat sich die Diskussion für Kapitalgesellschaften[1055] erübrigt. Durch das Gesetz wurden in einem neuen zehnten Abschnitt die §§ 122 a – 122 l UmwG eingefügt, die das Rechtsfundament für grenzüberschreitende Verschmelzungen von Gesellschaften mit Sitz in Deutschland mit Unternehmen aus anderen Staaten des EWR darstellen[1056].

II. Bankenaufsichtsrechtliche Erfassung grenzüberschreitender Institutsverschmelzungen

Die regulatorische Behandlung grenzüberschreitender Institutsverschmelzungen beurteilt sich danach, ob die Unternehmenszusammenschlüsse in Form einer Verschmelzung durch Neugründung oder einer Verschmelzung durch Aufnahme erfolgen.

Im Fall der Verschmelzung durch Neugründung müssen inländische[1057] übertragende Institute ihre Vereinigungsabsicht gem. § 24 Abs. 2 KWG der BaFin und der Bundesbank anzeigen. Die Vorschrift gilt auch für Verbindungen zwischen in- und ausländischen Instituten[1058].

1052 Vgl. Richtlinie 2005/56/EG v. 25.11.2005.

1053 Vgl. *Bungert*, BB 2006, S. 53 (54 f.); *Louven/Dettmeier/Pöschke/Weng*, BB Beilage 2006 Nr. 13, S. 1 (5).

1054 Vgl. BGBl. I 2007, S. 542 ff.

1055 Von den Neuregelungen sind gem. § 122 b Abs. 2 UmwG Genossenschaften und Kapitalanlagegesellschaften nicht erfasst. Für Personengesellschaften ist weiterhin die Sevic-Rechtsprechung heranzuziehen. Als Beispiel für eine vor Umsetzung der Verschmelzungsrichtlinie erfolgreich vollzogene „Sevic-Verschmelzung“ siehe AG Amsterdam v. 29.01.2007 EA 06-3338 166 DB 2007, S. 677 ff.

1056 Siehe zur Neufassung des UmwG *Drinhausen/Gesell*, BB-Special 2006 Nr. 8, S. 3 (10 ff.).

1057 Zur ausschließlichen Anwendbarkeit des § 24 KWG auf inländische Institute siehe 2. Teil 2. Kapitel A. I. 2. b).

1058 Vgl. *Bähre/Schneider*, KWG, § 24 Rn. 9.

Die rechtliche Existenz der übertragenden Institute endet mit der Verschmelzung. Inländische übertragende Institute müssen deshalb auch die Einstellung ihres Geschäftsbetriebs gem. § 24 Abs. 1 Nr. 7 KWG der BaFin und der Bundesbank anzeigen. Zudem erlöschen die Zulassungen, die den übertragenden Instituten erteilt wurden. Zulassungen sind bei einem Wechsel der Erlaubnisträger von Instituten neu zu beantragen[1059]. Dies ist bei der Verschmelzung durch Neugründung der Fall, sodass das neu errichtete Institut das Zulassungsverfahren gem. § 32 Abs. 1 Satz 1 KWG durchlaufen muss. Ein Übergang oder ein automatisches Wiederaufleben der ursprünglich den übertragenden Instituten erteilten Erlaubnisse ist im KWG und im europäischen Bankenaufsichtsrecht nicht geregelt[1060].

Im Fall der Verschmelzung durch Aufnahme sind die inländischen Institute ebenfalls gem. § 24 KWG anzeigepflichtig. Während die dem aufgenommenen Institut erteilte Erlaubnis erlischt, bleibt die dem aufnehmenden Institut erteilte Erlaubnis erhalten, da das Institut fortbesteht. Wenn diese Erlaubnis auch nach der Verschmelzung sämtliche Bank- und Finanzdienstleistungen des Instituts umfasst[1061], muss das Erlaubnisverfahren nicht erneut durchgeführt werden[1062]. Sofern über das aufgenommene Institut Bank- oder Finanzdienstleistungen erbracht werden sollen, gelten die Regeln für Zweigstellen[1063].

Damit ist bei der Verschmelzung durch Neugründung stets erforderlich, dass eine Erlaubnis eingeholt wird, während bei der Verschmelzung durch Aufnahme die Einholung einer Erlaubnis entbehrlich sein kann. Auch die Verschmelzung durch Aufnahme ist aber für Institute kein geeigneter Ersatz für eine grenzüberschreitende Verlegung des Verwaltungssitzes; für das aufnehmende Institut bleibt aufsichtsrechtlich erforderlich, dass sich sein Verwaltungssitz in demselben Staat wie sein Satzungssitz befindet.

1059 So *Es-Said*, Grenzüberschreitende Bankgeschäfte (2009), S. 116; *Jung/Schleicher*, Finanzdienstleister (2001), S. 96; *Reischauer/Kleinhans*, KWG, § 32 Rn. 10b; *Samm*, in: Beck/Samm/Kokemoor, KWG, § 32 Rn. 25, 55; *Szagunn/Haug/Ergenzinger*, KWG, § 32 Rn. 3; *Weber*, Auslandsbanken (1996), S. 54.

1060 Vgl. *Weber*, Auslandsbanken (1996), S. 60 f.; ebenso für eine Verschmelzung unter inländischen Instituten *Jung/Schleicher*, Finanzdienstleister (2001), S. 97; *Szagunn/Haug/Ergenzinger*, KWG, § 32 Rn. 4; *Reischauer/Kleinhans*, KWG, § 32 Rn. 10b; *Samm*, in: Beck/Samm/Kokemoor, KWG, § 32 Rn. 60.

1061 Vgl. für eine Verschmelzung unter inländischen Instituten *Jung/Schleicher*, Finanzdienstleister (2001), S. 97.

1062 Vgl. für eine Verschmelzung unter inländischen Instituten *Jung/Schleicher*, Finanzdienstleister (2001), S. 97; *Reischauer/Kleinhans*, KWG, § 32 Rn. 10b; *Samm*, in: Beck/Samm/Kokemoor, KWG, § 32 Rn. 60; *Szagunn/Haug/Ergenzinger*, KWG, § 32 Rn. 4.

1063 Vgl. *Es-Said*, Grenzüberschreitende Bankgeschäfte (2009), S. 116; *Weber*, Auslandsbanken (1996), S. 61.

Grenzüberschreitende Verschmelzungen unterliegen zudem der Anteilseignerkontrolle gem. § 2 c KWG. Dies gilt auch für Verschmelzungen in anderen Mitgliedstaaten des EWR, da die Anteilseignerkontrolle richtlinienrechtlich vorgeschrieben ist[1064]. Hiernach kann die Aufsichtsbehörde am Sitz des Beteiligungsinstituts den Anteilserwerb untersagen, wenn durch den Anteilserwerb Schäden für das Finanzwesen drohen[1065].

B. Gründung einer SE

I. Ausgestaltung grenzüberschreitender Sitzverlegungen der SE

Als weitere neuere Gestaltungsform kommt die Gründung einer SE in Betracht. Am 08.10.2004 ist durch die SEVO[1066] die gemeinschaftliche Grundlage für die SE, die erste europäische Gesellschaftsform[1067], geschaffen worden. Das deutsche Ausführungsgesetz, das SEEG[1068], ist am 29.12.2004 in Kraft getreten.

Eine SE kann auf vier Wegen gegründet werden. Diese werden in Art. 2 Abs. 1-4 SEVO[1069] abschließend[1070] genannt. Hiernach können Aktiengesellschaften, die nach dem Recht eines Mitgliedstaats gegründet worden sind und ihren Satzungs- und Verwaltungssitz in einem Mitgliedstaat haben, zunächst durch eine Verschmelzung eine SE gründen, wenn zumindest zwei verschiedene Rechtsordnungen betroffen sind. Die Verschmelzung kann durch Aufnahme oder durch Neugründung erfolgen[1071]. Die SE stellt insofern das erste kodifizierte Instrument für grenzüberschreitende Verschmelzungen im europäischen Rechtsraum dar[1072].

1064 Vgl. Art. 19 Bankenrichtlinie (Richtlinie 2006/48/EG v. 14.06.2006).

1065 Siehe zur Kritik an den Kriterien für ein Einschreiten der Aufsichtsbehörde *Creutz*, Handelsblatt v. 02.05.2007, S. 18 mit Verweis auf Gunnar Schuster. Die Kriterien wurden in der Richtlinie über Beteiligungen im Finanzsektor (Richtlinie 2007/44/EG v. 05.09.2007) präzisiert.

1066 Vgl. Verordnung (EG) 2157/2001 v. 08.10.2001.

1067 Vgl. *Reichert*, Konzern 2006, S. 821 (822).

1068 Vgl. BGBl. I 2004, S. 3675 ff.

1069 Vgl. Verordnung (EG) 2157/2001 v. 08.10.2001.

1070 Vgl. *Drinhausen/Gesell*, BB-Special 2006 Nr. 8, S. 3 (15).

1071 Siehe im Einzelnen *Drinhausen/Gesell*, BB-Special 2006 Nr. 8, S. 3 (16 f.); *Louven/Dettmeier/Pöschke/Weng*, BB Beilage 2006 Nr. 13, S. 1 (8 ff.).

1072 Spätestens mit Umsetzung der Verschmelzungsrichtlinie (Richtlinie 2005/56/EG v. 25.11.2005) durch die Mitgliedstaaten ist die Möglichkeit grenzüberschreitender Zusammenschlüsse auch anderen Gesellschaftsformen eröffnet worden, sodass sich die SE als Gestaltungsmedium insoweit nicht mehr besonders hervorhebt, vgl. *Reichert*, Konzern 2006, S. 821.

Daneben können Aktiengesellschaften und Gesellschaften mit beschränkter Haftung eine Holding-SE gründen, wenn zumindest zwei Gesellschaften verschiedenen Rechtsordnungen unterliegen oder seit zumindest zwei Jahren eine Tochtergesellschaft oder eine Zweigniederlassung in einem anderen Mitgliedstaat gehalten wird. Gesellschaften gem. Art. 54 Abs. 2 AEUV sowie juristische Personen des öffentlichen oder privaten Rechts können auch eine Tochter-SE gründen, wenn zumindest zwei Gesellschaften verschiedenen Rechtsordnungen unterliegen oder seit zumindest zwei Jahren eine Tochtergesellschaft oder Zweigniederlassung in einem anderen Mitgliedstaat besteht. Schließlich kann eine Aktiengesellschaft die Rechtsform der SE annehmen, wenn sie ihren Sitz und ihre Hauptverwaltung in der Gemeinschaft und seit mindestens zwei Jahren eine Tochtergesellschaft in einem anderen Mitgliedstaat hat.

Die Verordnung schreibt auch den Sitz der SE vor: Gem. Art. 7 Satz 1 SEVO[1073] muss der Satzungssitz[1074] in dem Mitgliedstaat liegen, in dem sich die Hauptverwaltung der SE befindet[1075]. Damit sind sowohl die ausschließliche Verlegung des Verwaltungssitzes als auch die ausschließliche Verlegung des Satzungssitzes einer Gesellschaft in einen anderen Mitgliedstaat unzulässig. Bei einem Auseinanderfallen droht gem. Art. 64 Abs. 1, 2 SEVO[1076] die Liquidation der SE[1077]. Die Vereinbarkeit dieser Regelung mit der Niederlassungsfreiheit gem. Art. 49, 54 AEUV ist umstritten[1078] und hängt von der Anwendbarkeit der Niederlassungsfreiheit auf Wegzugsfälle ab[1079].

Die Bundesrepublik hatte zwar ursprünglich von der Ermächtigung gem. Art. 7 Satz 2 SEVO[1080] Gebrauch gemacht und in § 2 SEEG geregelt, dass Satzungs- und Verwaltungssitz auch an demselben Ort liegen müssen. Diese Vorschrift wurde

---

1073 Vgl. Verordnung (EG) 2157/2001 v. 08.10.2001.

1074 Vgl. *Oechsler*, MüKo AktG, Bd. 9/2, VO (EG) 2157/2001, Art. 7 Rn. 3; *Schwarz*, ZIP 2001, S. 1847 (1849).

1075 Die Regelung soll keine Entscheidung zwischen der Sitz- und Gründungstheorie treffen, vgl. 27. Begründungserwägung zur SEVO (Verordnung (EG) 2157/2001 v. 08.10.2001).

1076 Vgl. Verordnung (EG) 2157/2001 v. 08.10.2001.

1077 Vgl. *Habersack*, Gesellschaftsrecht (2006), § 12 Rn. 10.

1078 Eine Vereinbarkeit der Verordnungsbestimmung mit Art. 49, 54 AEUV nehmen an *Eidenmüller*, in: Baums/Cahn (2004), S. 164 (166 Fn. 6; 186); *Horn*, DB 2005, S. 147 (153); *Oechsler*, MüKo AktG, Bd. 9/2, VO (EG) 2157/2001, Art. 7 Rn. 2, Art. 8 Rn. 6. A. A. *Louven/Dettmeier/Pöschke/Weng*, BB Beilage 2006 Nr. 13, S. 1 (8 ff.). Zweifelnd *Kallmeyer*, AG 2003, S. 197 (201).

1079 Zur Diskussion um die Bedeutung der EuGH-Rechtsprechung für die Wegzugsfälle siehe 3. Teil 1. Kapitel, 3. Kapitel A. II.

1080 Vgl. Verordnung (EG) 2157/2001 v. 08.10.2001.

aber angesichts der Aufhebung von § 4 a Abs. 2 GmbHG, § 5 Abs. 2 AktG im Rahmen des MoMiG gestrichen[1081].

Art. 8 Abs. 1 SEVO[1082] bestimmt, dass eine Satzungssitzverlegung der SE unter Beachtung bestimmter verfahrensrechtlicher Anforderungen möglich ist und weder zur Auflösung noch zur Neugründung der SE führen darf. Die Option des Satzungssitzwechsels hebt die SE von anderen Gesellschaftsformen ab[1083]. Dabei ist aber ausschließlich die kumulative Verlagerung des Satzungs- und Verwaltungssitzes der SE in einen anderen Mitgliedstaat zulässig[1084].

II. Bankenaufsichtsrechtliche Erfassung von SE-Instituten

Grenzübergreifende Verschmelzungen unter Beteiligung von Instituten in der Rechtsform der SE, d. h. sowohl im Gründungsakt der SE als auch bei späteren Zusammenschlüssen gem. §§ 122 a ff. UmwG[1085], unterliegen den Regeln für Institutsverschmelzungen. Während bei der Verschmelzung durch Neugründung die neu errichtete Gesellschaft damit stets zulassungspflichtig ist, kann bei einer Verschmelzung durch Aufnahme das Einholen einer erneuten Zulassung entbehrlich sein[1086].

Die getrennte Verlegung von Verwaltungs- oder Satzungssitz ist für SE-Institute bereits nach Art. 7 Satz 1 SEVO[1087] unzulässig. Sie steht auch der aufsichtsrechtlichen Vorgabe entgegen, dass sich Verwaltungs- und Satzungssitz in demselben Staat befinden müssen. Gesellschafts- und aufsichtsrechtlich zulässig ist aber, dass SE-Institute ihren Verwaltungs- und Satzungssitz kumulativ in einen anderen Mitgliedstaat verlegen[1088].

1081 Vgl. BGBl. I 2008, S. 2026 (2041).

1082 Vgl. Verordnung (EG) 2157/2001 v. 08.10.2001.

1083 Vgl. *Reichert*, Konzern 2006, S. 821 (825). Der Erlass der sog. Sitzverlagerungsrichtlinie, die eine gemeinschaftsrechtliche Grundlage für die identitätswahrende Verlagerung des Satzungssitzes für andere Gesellschaftsformen darstellen sollte, wurde im Oktober 2007 zurückgestellt, vgl. *Weber-Rey*, FAZ v. 21.11.2007, S. 25. Zur ursprünglichen Konzeption der Sitzverlagerungsrichtlinie siehe den Vorentwurf in ZIP 1997, S. 1721 ff. und hierzu *Hoffmann*, ZHR 164 (2000), S. 43 ff.

1084 Vgl. *Louven/Dettmeier/Pöschke/Weng*, DB Beilage 2006 Nr. 13, S. 1 (8); *Oechsler*, MüKo AktG, Bd. 9/2, VO (EG) 2157/2001, Art. 8 Rn. 7; *ders.*, AG 2005, S. 373 (379).

1085 Zur Anwendbarkeit dieser Regeln vgl. Art. 9 Abs. 1 lit. c ii und Art. 10 SEVO (Verordnung (EG) 2157/2001 v. 08.10.2001) sowie RegBgr. UmwG BT-Drucks. 16/2919 S. 14.

1086 Siehe 3. Teil 4. Kapitel A. II.

1087 Vgl. Verordnung (EG) 2157/2001 v. 08.10.2001.

1088 Vgl. *Schuster/Binder*, WM 2004, S. 1665 (1673 Fn. 68).

Wenn SE-Institute ihren Verwaltungs- und Satzungssitz in die Bundesrepublik verlegen, müssen sie eine Erlaubnis der BaFin gem. § 32 Abs. 1 Satz 1 KWG einholen. Zwar erlöschen die von den Herkunftsstaaten erteilten Erlaubnisse zunächst nicht. Art. 8 Abs. 1 Satz 2 SEVO[1089] bestimmt nämlich, dass bei einer Sitzverlegung die rechtliche Identität der SE erhalten bleibt[1090]. Insofern kommt es nicht darauf an, dass Sitzverlagerungen einer SE als faktische Rechtsformwechsel bezeichnet werden, weil das SE-Statut weitgehend durch die nationalen Ausführungsgesetze zur Verordnung bestimmt wird[1091]. Jedoch ist gem. § 32 Abs. 1 Satz 1 KWG eine Erlaubnis „der BaFin" erforderlich. Daher genügen die von den Herkunftsstaaten erteilten Erlaubnisse nicht.

Wenn inländische SE-Institute ihren Verwaltungs- und Satzungssitz in andere Staaten des EWR verlegen, entfällt das Erlaubniserfordernis gem. § 33 Abs. 1 Satz 1 Nr. 6 KWG; bei richtlinienkonformer Umsetzung der Vorschrift wäre dies indessen nicht der Fall[1092]. Die BaFin kann die Zulassung der Institute dann gem. § 35 Abs. 2 Nr. 3 KWG aufheben.

C. Zusammenfassende Beurteilung der neueren Gestaltungsmöglichkeiten

Für Institute, die ihren Verwaltungssitz grenzüberschreitend verlegen möchten, kommen als neuere Gestaltungsformen die grenzüberschreitende Verschmelzung und die Rechtsform der SE in Betracht.

Bei einer Verschmelzung durch Neugründung ist stets erforderlich, dass das neu errichtete Institut eine Erlaubnis einholt. Dagegen bleibt bei einer Verschmelzung durch Aufnahme die Erlaubnis des aufnehmenden Instituts bestehen. Damit ist diese Form des Zusammenschlusses einfacher. Für Verschmelzungen unter Beteiligung einer SE gelten diese Regeln entsprechend.

SE-Institute können aufgrund gesellschafts- und aufsichtsrechtlicher Vorgaben ihren Verwaltungs- und Satzungssitz nur kumulativ in einen anderen Mitgliedstaat verlegen. Da die Aufnahmestaaten die herkunftsstaatlichen Zulassungen nicht anerkennen, müssen die SE-Institute neue Erlaubnisse einholen. Zweckmäßiger

1089 Vgl. Verordnung (EG) 2157/2001 v. 08.10.2001.

1090 Vgl. *Habersack*, Gesellschaftsrecht (2006), § 12 Rn. 11; *Horn*, DB 2005, S. 147; *Oechsler*, MüKo AktG, Bd. 9/2, VO (EG) 2157/2001, Art. 8 Rn. 3.

1091 Vgl. *Horn*, DB 2005, S. 147; *Oechsler*, MüKo AktG, Bd. 9/2, VO (EG) 2157/2001, Art. 8 Rn. 3; *ders.*, AG 2005, S. 373 (374); *Reichert*, Konzern 2006, S. 821 (825).

1092 Die Vorschrift erfordert, dass sich die Hauptverwaltung des Instituts in der Bundesrepublik befindet. Richtlinienrechtlich ist aber lediglich Voraussetzung, dass sich Verwaltungs- und Satzungssitz in demselben Mitgliedstaat befinden, siehe 2. Teil 2. Kapitel A. II. 2. a).

wäre es, wenn die Aufsichtsbehörden der Aufnahmestaaten die den SE-Instituten bereits erteilten Erlaubnisse ausreichen ließen.

Beide Gestaltungsformen können die grenzüberschreitende Verlagerung des Verwaltungssitzes von Instituten vereinfachen. Sie führen allerdings nicht dazu, dass nunmehr Verwaltungs- und Satzungssitz der Institute in verschiedenen Mitgliedstaaten liegen können.

Zusammenfassung der wesentlichen Ergebnisse

1. Der Finanzsektor erfährt derzeit eine durchgreifende Europäisierung und Internationalisierung. Diese Entwicklung stellt besondere Anforderungen an das Bankenaufsichtsrecht. Im Kern stellen sich die Fragen, inwiefern das herkömmliche Aufsichtsrecht für die neuen grenzüberschreitenden Vertriebsstrukturen der Institute gilt und inwiefern es den Aufsichtsbehörden Zuständigkeiten zuweist. Innerhalb des EWR wurden die Rechtsordnungen der Mitgliedstaaten angeglichen und das Herkunftslandprinzip, das Prinzip der gegenseitigen Anerkennung und das Prinzip der Mindestharmonisierung eingeführt. Auf internationaler Ebene findet eine Koordinierung der aufsichtsrechtlichen Regelwerke durch Empfehlungen des Baseler Ausschusses für Bankenaufsicht statt.

2. Die verschiedenen grenzüberschreitenden Vertriebsformen von Instituten lassen sich unter Zuhilfenahme des AEUV und des GATS strukturieren. Zu unterscheiden ist danach zwischen dem Eintritt von Instituten in die Bundesrepublik aus anderen Staaten des EWR und aus Drittstaaten, weiterhin zwischen einem Eintritt mithilfe von Niederlassungen und im Wege des grenzüberschreitenden Dienstleistungsverkehrs. Als Niederlassungen kommen Tochterunternehmen, Anteilserwerbe, Zweigstellen, Repräsentanzen, Kooperationen ohne Kapitalverflechtung sowie selbstständige Vermittler in Betracht. Der grenzüberschreitende Dienstleistungsverkehr erfasst insbesondere die Grenzüberschreitung des Dienstleistungserbringers, der Dienstleistung als solche oder des Dienstleistungsempfängers. Inländische Institute können spiegelbildlich in andere Staaten des EWR und in Drittstaaten eintreten.

3. Inländische Tochterunternehmen ausländischer Mutterunternehmen bedürfen einer Zulassung der BaFin, wenn sie gem. § 32 Abs. 1 Satz 1 KWG gewerbsmäßig oder in einem Umfang, der einen kaufmännisch eingerichteten Geschäftsbetrieb erfordert, Bankgeschäfte betreiben oder Finanzdienstleistungen erbringen. Während unter das Tatbestandsmerkmal „Betreiben" ausschließlich ein Handeln im eigenen Namen fällt, erfasst das Tatbestandsmerkmal „Erbringen" auch ein Handeln im fremden Namen. Erlaubnispflichtig ist nur das Ausführen der Bank- oder Finanzdienstleistungen als solches, nicht aber der im Vorfeld liegende Vertragsschluss zwischen Institut und Kunden. Das Tatbestandsmerkmal „im Inland" erfüllen Institute, die ihren Satzungssitz im Inland

haben. Insofern kommt es nicht darauf an, dass die Institute auch in der Bundesrepublik tätig werden. Institute, die unter die Ausnahmetatbestände des § 2 Abs. 1 und 6 KWG fallen, sind nicht erlaubnispflichtig.
Die Erlaubnisfähigkeit der Tochterunternehmen ist in § 33 KWG geregelt. Gem. § 33 Abs. 1 Satz 1 Nr. 6 KWG müssen ihre Hauptverwaltungen im Inland liegen. Die Vorschrift regelt nicht die Zuständigkeiten der europäischen Aufsichtsbehörden, sondern stellt eine zwingende Versagungsbestimmung dar. In bestimmten Fällen muss die BaFin vor Zulassung der Institute gem. § 33 b KWG die Behörde anhören, in der das Mutterunternehmen seinen Sitz hat. Nachdem bereits ein Redaktionsversehen in der Vorschrift korrigiert werden musste, ist eine weitere Anpassung des Gesetzestexts notwendig, soweit er auf die Anhörung der „*zuständigen Stellen des Herkunftsstaats*" abstellt. Die Formulierung der „*zuständigen Behörden des anderen (betroffenen) Mitgliedstaats*" ist treffender.

4. Ausländische Erwerber von bedeutenden Beteiligungen an inländischen Instituten unterliegen der Anteilseignerkontrolle gem. § 2 c KWG. Die Vorschrift gilt dagegen nicht für inländische Erwerber von bedeutenden Beteiligungen an ausländischen Instituten. Die Anzeigepflichten des § 24 KWG für den Erwerb von qualifizierten Beteiligungen oder für das Eingehen enger Verbindungen finden nur auf inländische Institute Anwendung.

5. „Zweigniederlassung" bezeichnet die Zweigstellen von europapassfähigen Instituten. Unter einer Zweigstelle ist ein rechtlich unselbstständiger Teil eines Unternehmens zu verstehen, der räumlich, organisatorisch und personell selbstständig und dauerhaft errichtet ist. Maßgebende Regelung für die inländischen Zweigstellen ausländischer Unternehmen ist § 53 KWG. Hiernach gelten Zweigstellen als Kredit- und Finanzdienstleistungsinstitute, sodass die institutsbezogenen Vorschriften des KWG auf Zweigstellen anwendbar sind. Vom Zweigstellenbegriff nicht erfasst werden rechtlich selbstständige Vermittler, die von ausländischen Instituten im Inland eingesetzt werden. Automaten und andere technische Einrichtungen auf dem Gebiet der Bundesrepublik stellen ebenfalls keine Zweigstellen dar. Ob es sich bei Betriebsstellen, die nur Hilfs- und Vermittlungstätigkeiten für ausländische Institute ausüben, um Zweigstellen handelt, ist im Einzelfall zu entscheiden.
Zweigstellen sind gem. § 53 Abs. 1 Satz 1 i. V. m. § 32 Abs. 1 Satz 1 KWG erlaubnispflichtig. Die Zulassungspflicht besteht nur dann, wenn die Zweigstellen selbst den charakteristischen Teil von Bank- oder Finanzdienstleistungen erbringen; die Tätigkeiten der zugehörigen ausländischen Unternehmen sind dabei unerheblich. Die Erlaubnispflicht entfällt für Zweigstellen von Einlagen-

kreditinstituten, Wertpapierhandelsunternehmen oder E-Geld-Instituten mit Sitz in einem Staat des EWR, wenn diese vom Europäischen Pass Gebrauch machen.
Für die Erlaubnisfähigkeit der Zweigstellen gilt über die Verweisung gem. § 53 Abs. 1 Satz 1 KWG auch § 33 KWG. Das Niederlassungserfordernis in § 33 Abs. 1 Satz 1 Nr. 6 KWG ist zweigstellenspezifisch zu interpretieren. Zweigstellen können danach nur zugelassen werden, wenn die Hauptverwaltungen der Institute in den jeweiligen Herkunftsstaaten liegen.

6. Der Begriff „Repräsentanz" ist weit auszulegen. Repräsentanzen sind alle inländischen Betriebsstellen ausländischer Institute, bei denen es sich nicht um Zweigstellen handelt. Repräsentanzen sind nicht erlaubnispflichtig, sondern unterliegen gem. § 53 a KWG einem Anzeige- und Bestätigungsverfahren. Sie dürfen einerseits abstrakte Tätigkeiten wie die Informationssammlung, Kontaktpflege oder Werbung, andererseits konkrete Hilfstätigkeiten für die von den ausländischen Instituten erbrachten Bank- und Finanzdienstleistungen ausüben, solange sie nicht selbst Bank- oder Finanzdienstleistungen erbringen.

7. Für die Beaufsichtigung inländischer Kooperationsinstitute von ausländischen Instituten gelten die §§ 32 f. KWG. Insofern bestehen keine besonderen Regelungen.

8. Selbstständige Vermittler, die von ausländischen Unternehmen in der Bundesrepublik eingesetzt werden, sind erlaubnispflichtig, wenn sie den Tatbestand des § 32 Abs. 1 Satz 1 KWG erfüllen. Dies ist nicht der Fall, wenn sie Bankgeschäfte nur im fremden Namen betreiben. Für sog. vertraglich gebundene Vermittler kann das Erlaubniserfordernis gem. § 2 Abs. 10 KWG entfallen. Die ausländischen Unternehmen, die die Vermittler einsetzen, sind nach den Regeln zum grenzüberschreitenden Dienstleistungsverkehr erlaubnispflichtig.

9. Zwischen Literatur, Rechtsprechung und Verwaltung ist umstritten, ob ausländische Institute gem. § 32 Abs. 1 Satz 1 KWG erlaubnispflichtig sind, wenn sie im Wege des grenzüberschreitenden Dienstleistungsverkehrs in der Bundesrepublik Bank- oder Finanzdienstleistungen erbringen. Die Auslegung des § 32 Abs. 1 Satz 1 KWG hat gezeigt, dass die Vorschrift grundsätzlich institutsbezogen ist. Danach sind nur die Institute erlaubnispflichtig, die ihren Satzungssitz in der Bundesrepublik haben.
Im Hinblick auf den Wortlaut des § 32 Abs. 1 Satz 1 KWG und die Systematik der §§ 53, 53 b, 53 c KWG ist aber einer vermittelnden Auffassung zu folgen.

Der Anwendungsbereich des Erlaubnistatbestands ist auf die ausländischen Institute zu erweitern, die auf dem Gebiet der Bundesrepublik Bank- oder Finanzdienstleistungen erbringen. Dies ist eng auszulegen und nur der Fall, wenn die Institute im Wege des aktiven Dienstleistungsverkehrs im Inland tätig werden, d. h. nach Einreise von Institutsmitarbeitern. Vereinbarungen zwischen Institut und Kunden oder andere Vorfeldhandlungen auf dem Gebiet der Bundesrepublik lösen dabei nur dann eine Erlaubnispflicht für die Institute aus, wenn sie das Erbringen von Bank- oder Finanzdienstleistungen auf dem Gebiet der Bundesrepublik anbahnen sollen. Institute, die vom Europäischen Pass Gebrauch machen, werden von der Erlaubnispflicht befreit.

Die BaFin legt § 32 Abs. 1 Satz 1 KWG dagegen weit aus. Sie befreit ausländische Institute zwar auf Grundlage des § 2 Abs. 4 KWG vom Erlaubniserfordernis, wenn diese in ihren Herkunftsstaaten ausreichend beaufsichtigt werden. Diese Verwaltungspraxis steht aber mit der Bedeutung des § 2 Abs. 4 KWG nicht in Einklang. Auch dies spricht gegen eine weite Auslegung des § 32 Abs. 1 Satz 1 KWG.

Die ausländischen Institute sind nicht erlaubnisfähig, da sie nicht gem. § 33 Abs. 1 Satz 1 Nr. 6 KWG ihre Hauptverwaltung im Inland haben. Ein Verbot dieser Institute steht aber weder mit der Entstehungsgeschichte noch mit dem richtlinienrechtlichen Hintergrund des § 33 Abs. 1 Satz 1 Nr. 6 KWG in Einklang. Bei richtliniengetreuer Umsetzung der Vorschrift durch den Gesetzgeber wären die Institute erlaubnisfähig.

Das Verbot gegenüber nichtpassfähigen Instituten aus anderen Staaten des EWR, im Wege des grenzüberschreitenden Dienstleistungsverkehrs in der Bundesrepublik tätig zu werden, verstößt gegen die Dienstleistungsfreiheit gem. Art. 56 f. AEUV. Wenn die Institute nämlich in ihren Herkunftsstaaten wirksam beaufsichtigt werden, ist eine zusätzliche Kontrolle durch die BaFin überflüssig. Auch kann die BaFin die Institute jedenfalls in Zusammenarbeit mit den herkunftsstaatlichen Aufsichtsbehörden grenzüberschreitend beaufsichtigen.

Institute aus Drittstaaten werden nicht von der Dienstleistungsfreiheit, sondern nur von der Kapitalverkehrsfreiheit gem. Art. 63 Abs. 1 AEUV geschützt. Nach Auffassung des EuGH ist die Kapitalverkehrsfreiheit aber nicht anwendbar, soweit sich drittstaatliche Institute auf einen Verstoß des § 33 Abs. 1 Satz 1 Nr. 6 KWG gegen die Grundfreiheit berufen. Diese Ansicht des EuGH ist zweifelhaft. Die drittstaatlichen Institute werden auch nicht durch das GATS geschützt, da dieses nur für im Fernweg erbrachte Anlageberatungen gilt.

10. De lege ferenda überzeugt es, die Anwendbarkeit des § 32 Abs. 1 Satz 1 KWG auf ausländische Institute auszuweiten. Hierfür kann auf das Finalitätskrite-

rium zurückgegriffen werden, das die BaFin bereits anwendet. § 32 Abs. 1 Satz 1 KWG könnte wie folgt gefasst werden:
„Wer im Inland gewerbsmäßig oder in einem Umfang, der einen in kaufmännischer Weise eingerichteten Geschäftsbetrieb erfordert, Bankgeschäfte betreiben oder Finanzdienstleistungen erbringen will oder wer sich dazu vom Ausland aus zielgerichtet an einen inländischen Empfänger wendet, bedarf der schriftlichen Erlaubnis der Bundesanstalt; § 37 Abs. 4 des Verwaltungsverfahrensgesetzes ist anzuwenden.“
Ausländische Institute sind von der Erlaubnispflicht zu befreien, wenn sie in ihren Herkunftsstaaten wirksam beaufsichtigt werden und die Aufsichtsbehörden mit der BaFin kooperieren oder wenn sie Bank- und Finanzdienstleistungen nur an inländische Institute oder öffentliche Einrichtungen erbringen. Diese Ausnahmen sind im fünften Abschnitt des KWG zu regeln.
Den ausländischen Instituten muss dann ermöglicht werden, eine Erlaubnis bei der BaFin einzuholen. Hierzu ist § 33 Abs. 1 Satz 1 Nr. 6 KWG richtlinienkonform anzupassen:
„Die Erlaubnis ist zu versagen, wenn …
6. das Institut seine Hauptverwaltung nicht in demselben Land hat wie seinen Sitz.“
Wenn die Aufsichtsbehörden in den Herkunftsstaaten der Institute allerdings nicht mit der BaFin kooperieren, kann die BaFin die Institute nicht wirksam grenzüberschreitend beaufsichtigen. Deshalb ist in § 33 Abs. 3 Satz 2 KWG zu regeln, dass die BaFin die Erlaubniserteilung versagen kann, wenn die zuständige Stelle des Herkunftsstaats zu einer befriedigenden Zusammenarbeit mit der BaFin auf verlässlicher Grundlage nicht bereit ist.

11. Ein Zuzug von Gesellschaften in oder ein Wegzug von Gesellschaften aus der Bundesrepublik durch eine Verlegung ihres Verwaltungssitzes ist zwar auf Grundlage von Entscheidungen des EuGH mittlerweile gesellschaftsrechtlich weitgehend anerkannt. Kredit- und Finanzdienstleistungsinstitute sind indessen aufsichtsrechtlich dazu verpflichtet, ihren Verwaltungssitz in demselben Mitgliedstaat wie ihren Satzungssitz zu haben.
Die BaFin kann auf Grundlage des § 37 Abs. 1 KWG gegen Institute einschreiten, die ihre Hauptverwaltungen in die Bundesrepublik verlegen. Die Erlaubnispflicht für diese Institute ergibt sich aus § 53 Abs. 1 Satz 1 i. V. m. § 32 Abs. 1 Satz 1 KWG. Zwar sind die inländischen Hauptverwaltungen als Zweigniederlassungen i. S. d. Europäischen Passes einzuordnen, sodass die Erlaubnispflicht für passfähige Institute aus anderen Staaten des EWR entfallen könnte. Da die herkunftsstaatlichen Aufsichtsbehörden aber entweder den Instituten die Zulassungen entziehen oder sie anderenfalls gegen richtlinien-

rechtliche Vorgaben verstoßen, gilt der Europäische Pass nicht für die Hauptverwaltungen der Institute. Obwohl den Instituten zwar nach dem Wortlaut des § 33 Abs. 1 Satz 1 Nr. 6 KWG eine Erlaubnis erteilt werden könnte, sind sie nach dem Zweck der Vorschrift nicht erlaubnisfähig.

Wenn inländische Institute ihre Hauptverwaltungen in andere Staaten des EWR oder in Drittstaaten verlegen, kann die BaFin den Instituten die Erlaubnis entziehen. Sie kann dann auf Grundlage des § 37 Abs. 1 KWG gegen die Institute vorgehen.

Weder durch grenzüberschreitende Verschmelzung noch durch Umwandlung in eine SE können Institute erreichen, dass sie ihren Verwaltungssitz in einen anderen Mitgliedstaat als ihren Satzungssitz verlegen können. Institute, die ihren Verwaltungssitz grenzüberschreitend in einen anderen Mitgliedstaat verlegen, werden zwar auf der Zuzugsseite, nicht aber auf der Wegzugsseite von der Niederlassungsfreiheit gem. Art. 49, 54 AEUV geschützt. Sie können daher nicht wirksam gegen die aufsichtsrechtliche Verwaltungssitzanbindung vorgehen.

Literaturverzeichnis

Angerer, August: Aufsichtsrechtliche Ausgangspunkte der Dienstleistungsfreiheit für Versicherungsunternehmen im Gemeinsamen Markt, VersR 1987, S. 325 – 331.

Artopoeus, Wolfgang: Global Banking erfordert neues Aufsichtssystem, Die Bank 2000, S. 12 – 17.

Assmann, Heinz-Dieter / *Schneider*, Uwe H.: Wertpapierhandelsgesetz, 5. Auflage, Köln 2009.

Assmann, Heinz-Dieter: Neuemissionen von Wertpapieren über Internet, in: Festschrift für Rolf A. Schütze, S. 15 – 48, Hrsg.: Geimer, Reinhold, München 1999.

Bachmann, Birgit: Internet und IPR, in: Internet- und Multimediarecht (Cyberlaw), S. 169 – 183, Hrsg.: Lehmann, Michael, Stuttgart 1997.

Bader, Udo-Olaf: Die EG-Bankrechtsharmonisierung – Stand und Ausblick, in: Rechtsfragen bei Bankleistungen im Europäischen Binnenmarkt, S. 173 – 191, Hrsg.: Hadding, Walther / Welter, Reinhard, Köln 1994.

Bader, Udo-Olaf: Inhalt und Bedeutung der Zweiten Bankrechtskoordinierungsrichtlinie – ein EG-Grundgesetz für die Banken?, EuZW 1990, S. 117 – 122.

Bähre, Inge Lore / *Schneider*, Manfred: KWG-Kommentar, 3. Auflage, München 1986.

Bähre, Inge Lore: Probleme der Bankenaufsicht internationaler Finanzmärkte, in: Internationales Bankgeschäft, S. 63 – 75, Hrsg.: Krümmel, Hans-Jacob, Berlin 1985.

Barth, Dietrich: Das Allgemeine Übereinkommen über den internationalen Dienstleistungshandel (GATS), EuZW 1994, S. 455 – 460.

Basedow, Jürgen: Europäisches Internationales Privatrecht, NJW 1996, S. 1921 – 1929.

Baseler Ausschuss zur Bankenaufsicht: Management and Supervision of Cross-Border Electronic Banking Activities, Basel 2003.

Bauer, Klaus-Albert: Das Recht der internationalen Bankenaufsicht, Baden-Baden 1985.

Baumanns, Frans Joseph: Faktoren einer Internationalisierungsentscheidung der Kreditinstitute, Frankfurt am Main 1984.

Baumbach, Adolf / *Hopt*, Klaus J.: Handelsgesetzbuch, 33. Auflage, München 2008.

Baur, Jürgen: Investmentgeschäfte, in: Handbuch des Kapitalanlagerechts, § 20, Hrsg.: Assmann, Heinz-Dieter / Schütze, Rolf A., 3. Auflage, München 2007.

Beck, Heinz / *Samm*, Carl-Theodor / *Kokemoor*, Axel: Gesetz über das Kreditwesen, 141. EGL, Stand: 12/2009, Heidelberg.

Beckmann, Klaus / *Bauer*, Joachim: Bankaufsichtsrecht, 3. EGL, München 1989.

Beck'scher Bilanz-Kommentar: Hrsg.: Ellrott, Helmut / Förschle, Gerhart / Kozikowski, Michael / Winkeljohann, Norbert, 7. Auflage, München 2010.

Bester, Dietmar: Aufsichtsrechtliche Kontrolle internationaler Bankkonzerne, Bergisch Gladbach u. a. 1986.

Binz, Mark K. / *Mayer*, Gerd: Die Rechtsstellung von Kapitalgesellschaften aus Nicht-EU/EWR/USA-Staaten mit Verwaltungssitz in Deutschland, BB 2005, S. 2361 – 2368.

Bleckmann, Albert: Europarecht, 6. Auflage, Köln u.a 1997.

Bliesener, Dirk H.: Aufsichtsrechtliche Verhaltenspflichten beim Wertpapierhandel, Berlin u. a. 1998.

Boos, Karl-Heinz / *Fischer*, Reinfrid / *Schulte-Mattler*, Hermann: Kreditwesengesetz, 3. Auflage, München 2008.

Boos, Karl-Heinz: Entwurf einer Sechsten KWG-Novelle, Die Bank 1997, S. 119 – 125.

Borges, Georg: Lokalisierung von Angeboten beim Electronic Banking, WM 2001, S. 1542 – 1553.

Borges, Georg: Weltweite Geschäfte per Internet und deutscher Verbraucherschutz, ZIP 1999, S. 565 – 573.

Böttcher, Christiane: Aufsichtsrechtliche Rahmenbedingungen für Aktienplatzierungen über das Internet unter besonderer Berücksichtigung des deutschen Rechts, Hamburg 2004.

Buisson, Jochaim du: Die Reichweite der Erlaubnistatbestände Emissionsgeschäft und Eigenhandel für andere in § 1 Kreditwesengesetz, WM 2003, S. 1401 – 1411.

Bundesverband deutscher Banken e. V.: Stellungnahme des Bundesverbandes deutscher Banken zu Hindernissen für grenzüberschreitende Fusionen und Übernahmen im EU-Bankensektor, abrufbar unter www.bankenverband.de (abgerufen 10/2007), 06/2005.

Bungert, Hartwin: Grenzüberschreitende Verschmelzungsmobilität – Anmerkung zur Sevic-Entscheidung des EuGH, BB 2006, S. 53 – 56.

Büschgen, Hans E. / *Börner*, Christoph J.: Bankbetriebslehre, 4. Auflage, Stuttgart 2003.

Büschgen, Hans E.: Bankbetriebslehre: Bankgeschäfte und Bankmanagement, 5. Auflage, Wiesbaden 1998.

Büschgen, Hans E.: Entwicklungsphasen des internationalen Bankgeschäfts, in: Handbuch des internationalen Bankgeschäfts, S. 1 – 23, Hrsg.: Büschgen, Hans E. / Richolt, Kurt, Wiesbaden 1989.

C&L Deutsche Revision: 6. KWG-Novelle und neuer Grundsatz I, Frankfurt am Main 1998.

Caemmerer, Ernst von: Fragen des Akzeptkredits, NJW 1955, S. 41 – 46.

Calliess, Christian / *Ruffert*, Matthias: EUV/EGV, 3. Auflage, München 2007.

Canaris, Claus-Wilhelm: Die Ausgabe von Namensgewinnschuldverschreibungen an Arbeitnehmer in bankaufsichtsrechtlicher Sicht, BB 1978, S. 227 – 235.

CESR: The Passport under MiFID (Recommendations), 10/2007, Paris.

Christoph, Fabian L.: Zulässigkeit grenzüberschreitender Bankenaufsicht nach dem Marktortprinzip, ZBB 2009, S. 117 – 126.

Consbruch, Johannes / *Fischer*, Reinfrid: Kreditwesengesetz, 85. EGL, Stand 03/2009, München.

Cramer, Michael: Das internationale Kreditgeschäft der Banken, Wiesbaden 1981.

Creutz, Marcus: Rechtsfallen bei Bankenfusionen, Handelsblatt v. 02.05.2007, S. 18.

Dicken, Engelbert: Gemeinschaftliche Bankenwirtschaftspolitik, in: Das Bankwesen im Gemeinsamen Markt, S. 75 – 92, Hrsg.: Blaurock, Uwe, Baden-Baden 1981.

Diehl, Wolfram: Zweigniederlassungen ausländischer Banken, Frankfurt am Main 1978.

Dreher, Meinrad / *Görner*, Andre: Anmerkung zu EuGH v. 03.10.2006 Rs. C-452/04, EWiR 2007, S. 43 – 44.

Dreier, Horst: Grundgesetz, 2. Aufl., Tübingen 2008.

Drinhausen, Florian / *Gesell*, Harald: Gesellschaftsrechtliche Gestaltungsmöglichkeiten grenzüberschreitender Mobilität von Unternehmen in Europa, BB-Special 2006 Nr. 8, S. 3 – 17.

Duve, Christian / *Keller*, Moritz: MiFID: Die neue Welt des Wertpapiergeschäfts, BB 2006, S. 2425 – 2432 und 2477 – 2484.

Ebenroth, Carsten Thomas / *Boujong*, Karlheinz / *Joost*, Detlev / *Strohn*, Lutz: Handelsgesetzbuch, 2. Auflage, München 2008.

Ebenroth, Carsten Thomas / *Eyles*, Uwe: Die innereuropäische Verlegung des Gesellschaftssitzes als Ausfluß der Niederlassungsfreiheit? (Teil I), DB 1989, S. 363 – 372.

Ebke, Werner F.: Überseering: „Die wahre Liberalität ist Anerkennung", JZ 2003, S. 927 – 933.

Eicke, Jürgen: Die europäische Zweigniederlassung, Die Bank 1993, S. 702 – 706.

Eidenmüller, Horst: Mobilität und Restrukturierung von Unternehmen im Binnenmarkt, in: Die Europäische Aktiengesellschaft, S. 164 – 192, Hrsg.: Baums, Theodor / Cahn, Andreas, Berlin 2004.

Eidenmüller, Horst: Wettbewerb der Gesellschaftsrechte in Europa, ZIP 2002, S. 2233 – 2245.

Eidenmüller, Horst / *Rehm*, Gebhard M.: Gesellschafts- und zivilrechtliche Folgeprobleme der Sitztheorie, ZGR 1997, S. 89 – 114.

Eilmansberger, Thomas: Die Liberalisierung des Hypothekarkredits in der EWG, EuZW 1991, S. 691 – 698.

Einsele, Dorothee: Bank- und Kapitalmarktrecht, Tübingen 2006.

Elixmann, Patrick J.: Anmerkung zu BVerwG v. 22.04.2009 8 C 2.09, EWiR 2009, S. 553 – 554.

Ensthaler, Jürgen: Gemeinschaftskommentar zum Handelsgesetzbuch, 7. Auflage, Neuwied 2007.

Es-Said, Karim: Erlaubnispflichten bei grenzüberschreitenden Bankgeschäften, Hamburg 2009.

Felke, Klaus: Rechtsfragen des Kreditvertriebs über Internet, München 2003.

Findeisen, Michael: „Underground Banking" in Deutschland, WM 2000, S. 2125 – 2133.

Fischer, Reinfrid: Aufsicht über Kredit- und Finanzdienstleistungsinstitute, in: Bankrechts-Handbuch, § 125 - § 133, Hrsg.: Schimansky, Herbert / Bunte, Hermann-Josef / Lwowski, Hans-Jürgen, 3. Auflage, München 2007.

Fleischer, Holger: Konzernrechtliche Vertrauenshaftung, ZHR 163 (1999), S. 461 – 485.

Florian, Ulrich: Rechtsfragen des Wertpapierhandels im Internet, München 2001.

Fock, Till: Kollektive Vermögensverwaltung zwischen Investmentrecht und Kreditwesengesetz, ZBB 2004, S. 365 – 371.

Footer, Mary E.: GATT and Banking as a Trade in Service, in: International Banking Operations and Practices, S. 25 – 54, Hrsg.: Norton, Joseph J., London 1994.

Freitag, Robert: Mitgliedstaatliche Beschränkungen des Kapitalverkehrs und Europäisches Gemeinschaftsrecht, EWS 1997, S. 186 – 195.

Freiwald, Beatrice: Erlaubnispflicht nach § 32 Abs. 1 KWG für grenzüberschreitende Bank- und Finanzdienstleistungen, WM 2008, S. 1537 – 1545.

Freiwald, Beatrice: Aufsichtsrechtliche Rahmenbedingungen, in: Handbuch Energiehandel, S. 551 – 648, Hrsg.: Schwintowski, Hans-Peter, Berlin 2006.

Frieling, Klaus von: Gibt es eine Krise der Repräsentanzen ausländischer Banken in Deutschland?, Kreditwesen 2003, S. 354 – 355.

Frobenius, Tilmann: „Cartesio": Partielle Wegzugsfreiheit für Gesellschaften in Europa, DStR 2009, S. 487 – 492.
Gaddum, Johann: Die aufsichtsrechtlichen Rahmenbedingungen des internationalen Bankgeschäfts, in: Handbuch des internationalen Bankgeschäfts, S. 45 – 69, Hrsg.: Büschgen, Hans E. / Richolt, Kurt, Wiesbaden 1989.
Gapp, Walter / *Gfall*, Kathrin: Grenzüberschreitende Bankgeschäfte ohne inländische Niederlassung – Internationale Anknüpfung und Konzessionspflicht, ecolex 2003, S. 244 – 247.
Geiger, Rudolf: EUV/EGV, 4. Auflage, München 2004.
Gkoutzinis, Apostolos: Internet Banking and the Law in Europe, Cambridge 2006.
Gloria, Christian / *Epping*, Volker: Der Staat im Völkerrecht, in: Völkerrecht, 5. Kapitel, Hrsg.: Ipsen, Knut, 5. Auflage, München 2004.
Götting, Thomas: Anwendbares Aufsichtsrecht bei Finanzdienstleistungen im Internet, CR 2001, S. 528 – 533.
Grabitz, Eberhard / *Hilf*, Meinhard: Das Recht der Europäischen Union, 38. EGL, Stand 04/2009, München.
Granzow, Sonja: Die Aufsicht über den Handel mit Energiederivaten nach dem Gesetz über das Kreditwesen, Online-Ressource 2006.
Groeben, Hans von der / *Schwarze*, Jürgen: Kommentar zum Vertrag über die Europäische Union und zur Gründung der Europäischen Gemeinschaft, 6. Auflage, Baden-Baden 2003.
Groß, Thomas: Die administrative Föderalisierung der EG, JZ 1994, S. 596 – 605.
Großbritannien (Bingham-Kommission): Inquiry into the Supervision of the Bank of Credit and Commerce International, London 1992.
Habersack, Mathias: Europäisches Gesellschaftsrecht, 3. Auflage, München 2006.
Habscheid, Walther: Referat, in: Territoriale Grenzen der staatlichen Rechtsetzung, S. 47 – 67, Hrsg.: Habscheid, Walther / Rudolf, Walter, Heidelberg 1973.
Hahn, Hugo J.: Währungsrecht und öffentliches Kreditwesen, in: Öffentliches Finanzrecht, S. 243 – 322, Hrsg.: Klein, Franz, 2. Auflage, Neuwied u. a. 1993.
Hahn, Steffen / *Wild*, Christian: Grenzüberschreitende Bankdienstleistungen in der EU – Europa- und aufsichtsrechtliche Aspekte am Beispiel Deutschland und Österreich, EuZW 2006, S. 107 – 111.
Hailbronner, Kay / *Nachbaur*, Andreas: Die Dienstleistungsfreiheit in der Rechtsprechung des EuGH, EuZW 1992, S. 105 – 113.

Halbhuber, Harald: Das Ende der Sitztheorie als Kompetenztheorie – Das Urteil des Europäischen Gerichtshofs in der Rechtssache C-208/00 (Überseering), ZEuP 2003, S. 418 – 437.

Hanten, Mathias: Anmerkung zu BVerwG v. 22.04.2009 8 C 2.09, WuB I L 1. § 32 KWG 1.10, S. 29 – 32.

Hanten, Mathias: Anmerkung zu VG Frankfurt am Main v. 05.07.2007 1 E 4355/06 (V), EWiR 2007, S. 573 – 576.

Hanten, Mathias: Anmerkung zu GA Stix-Hackl, Schlussanträge zu C-452/04 (Fidium Finanz), Slg. 2006, I-9521, EWiR 2006, S. 249 – 250.

Hanten, Mathias: Anmerkung zu EuGH v. 03.10.2006 C-452/04, WuB I L 1. § 32 KWG 1.07, S. 189 – 191.

Hanten, Mathias: Grenzüberschreitende Bankgeschäfte und Zertifikatstrukturen, Anmerkung zu VGH Kassel v. 21.01.2005 6 TG 1568/04, BKR 2005, S. 160 – 164.

Hanten, Mathias: Grenzüberschreitende Aspekte des Kreditwesengesetzes und der Wohlverhaltensregeln des Wertpapierhandelsgesetzes, in: Aktuelle Entwicklungen des Europäischen und Internationalen Wirtschaftsrechts, S. 153 – 191, Hrsg.: Baudenbacher, Carl, Basel 2005.

Hanten, Mathias: Anmerkung zu VG Frankfurt am Main v. 11.10.2004 9 E 993/04 (V), EWiR 2005, S. 127 – 128.

Hanten, Mathias: Anmerkung zu VG Frankfurt am Main, Beschl. v. 07.05.2004 9 G 6496/03 (V), EWiR 2004, S. 717 – 718.

Hanten, Mathias: Erlaubnispflicht für grenzüberschreitende Geschäfte?, Börsen-Zeitung v. 18.06.2003, S. 18.

Hanten, Mathias: Aufsichtsrechtliche Erlaubnispflicht bei grenzüberschreitenden Bankgeschäften und Finanzdienstleistungen, WM 2003, S. 1412 – 1416.

Hanten, Mathias: Der europäische Paß für Zweigniederlassungen von Kredit- und Finanzdienstleistungsinstituten, ZBB 2000, S. 245 – 258.

Häuselmann, Holger: Die handelsrechtlichen Rahmenbedingungen für inländische Zweigstellen von EG-Kreditinstituten und ihre Auswirkungen auf das Rechnungswesen, WM 1994, S. 1693 – 1705.

Hellenthal, Ludger: Das Bankenaufsichtsrecht der Europäischen Gemeinschaft, Berlin 1992.

Herring, Frank M. / *Steck*, Andreas: Rechtliche Grenzen des Outsourcing – der neueste Entwurf eines BAKred-Rundschreibens, Kreditwesen 2000, S. 1441 – 1445.

Heymann: Handelsgesetzbuch, Band 1, Hrsg.: Horn, Norbert, 2. Auflage, Berlin u. a. 1995.

Hinkel, Klaus: Niederlassungsfreiheit für Kreditinstitute im Bankenbinnenmarkt, Weimar 1996.

Hirschmann, Jörn: Anteilseignerkontrolle im Versicherungs- und Kreditwirtschaftsrecht, Karlsruhe 2000.
Hirte, Heribert / *Heinrich*, Tobias: Entwicklungen im Europäischen Bankrecht – Eine Bestandsaufnahme, ZBB 2001, S. 388 – 497.
Hoffmann, Jochen: Neue Möglichkeiten zur identitätswahrenden Sitzverlegung in Europa?, ZHR 164 (2000), S. 43 – 66.
Horn, Norbert: Die Europa-AG im Kontext des deutschen und europäischen Gesellschaftsrechts, DB 2005, S. 147 – 153.
Horn, Norbert: Deutsches und europäisches Gesellschaftsrecht und die EuGH-Rechtsprechung zur Niederlassungsfreiheit – Inspire Art, NJW 2004, S. 893 – 901.
Horn, Norbert: Entwicklungslinien des europäischen Bank- und Finanzdienstleistungsrechts, Bonn 1994.
Horn, Norbert: Bankrecht auf dem Weg nach Europa, ZBB 1989, S. 107 – 115.
Huber, Christian: Bankrecht, Baden-Baden 2001.
Hüffer, Uwe: Aktiengesetz, 8. Auflage, München 2008.
Hütz, Gerhard: Die Bankenaufsicht in der Bundesrepublik Deutschland und in den USA, Berlin 1990.
Immenga, Ulrich / *Mestmäcker*, Ernst-Joachim: Gesetz gegen Wettbewerbsbeschränkungen, 3. Auflage, München 2001.
Ipsen, Hans Peter: Europäisches Gemeinschaftsrecht, Tübingen 1972.
Jarass, Hans D. / *Pieroth*, Bodo: Grundgesetz, 10. Auflage, München 2009.
Jörgens, Stefan: Die koordinierte Aufsicht über europaweit tätige Bankengruppen, Baden-Baden 2002.
Jung, Matthias / *Schleicher*, Bettina: Finanzdienstleister und Wertpapierhandelsbanken – Aufsichtsrechtliche Regelungen, 2. Auflage, Berlin 2001.
Kallmeyer, Harald: Europa-AG: Strategische Optionen für deutsche Unternehmen, AG 2003, S. 197 – 203.
Kampf, Roger: Financial Services in the WTO: Third Time Lucky, Int.T.L.R. 1998, S. 111 – 123.
Katsas, Theodor: Conduct of Business Rules für Wertpapierdienstleistungsunternehmen in Europa, Berlin 2002.
Kegel, Gerhard / *Schurig*, Klaus: Internationales Privatrecht, 9. Auflage, München 2004.
Kiel, Peter: Internationales Kapitalanlegerschutzrecht, Berlin 1994.
Kindler, Peter: Der Wegzug von Gesellschaften in Europa, Konzern 2006, S. 811 – 821.
Kloster, Lars: Grenzüberschreitende Unternehmenszusammenschlüsse, Hamburg 2004.

Kluge, Olav: Die Mindestharmonisierung des Bankenrechts, Kreditwesen 1990, S. 182 – 184.

Knaul, Andreas: Auswirkungen des europäischen Binnenmarktes der Banken auf das internationale Bankvertragsrecht unter besonderer Berücksichtigung des Verbraucherschutzes, Frankfurt am Main 1995.

Knobl, Peter: Ein Meilenstein im Europarecht der Bank- und Wertpapierdienstleistungen sowie im Anwendungsbereich der Dienstleistungsfreiheit, WBl. 1995, S. 309 – 314.

Knobl, Peter: Europabankrecht, in: Banken im Binnenmarkt, S. 25 – 476, Hrsg.: Griller, Stefan, Wien 1992.

Koehler, Matthias: Das Allgemeine Übereinkommen über den Handel mit Dienstleistungen, Berlin 1999.

Kokott, Juliane: Liberalisierung der Finanzdienstleistungen im Rahmen der WTO – Auswirkungen auf Deutschland, Österreich und die Schweiz, RIW 2000, S. 401 – 407.

Kolassa, Doris: Bankrecht der Europäischen Gemeinschaften, in: Bankrechts-Handbuch, § 135 – § 139, Hrsg.: Schimansky, Herbert / Bunte, Hermann-Josef / Lwowski, Hans-Jürgen, 3. Auflage, München 2007.

Koller, Ingo / *Roth*, Wulf-Henning / *Morck*, Winfried: Handelsgesetzbuch, 6. Auflage 2007.

Koller, Peter: Theorie des Rechts, 2. Auflage, Wien u. a. 1997.

Kollmann, Andreas: Das Konzernprivileg der 6. KWG-Novelle, WM 1998, S. 1569 – 1574.

Kort, Michael: Schranken der Dienstleistungsfreiheit im europäischen Recht, JZ 1996, S. 132 – 140.

Krause, Nils: Alternative Wertpapierhandelssysteme unter besonderer Berücksichtigung von Regulierungs- und Aufsichtsproblemen im Internet, Frankfurt am Main 2005.

Kugelmann, Dieter: Der Rundfunk und die Dienstleistungsfreiheit des EWG-Vertrages, Berlin 1991.

Kümpel, Siegfried: Bank- und Kapitalmarktrecht, 3. Auflage, Köln 2004.

Kuntz, Thilo: Zweigniederlassungsfreiheit und Begriff der Zweigniederlassung von EU-Auslandsgesellschaften im Handels- und Gesellschaftsrecht, Bank- und Versicherungsaufsichtsrecht, ZBB 2005, S. 412 – 420.

Kuntze, Wolfgang: Zusammenarbeit der Bankaufsichtsbehörden, Kreditwesen 1993, S. 18 – 21.

Kurth, Ekkehard: Problematik grenzüberschreitender Wertpapieraufsicht, WM 2000, S. 1521 – 1530.

Lanzke, Gert Uwe: Umsetzung und Anwendung der europäischen Bankrichtlinien durch die Mitgliedstaaten, WM 1994, S. 2001 – 2010.

Leible, Stefan / *Hoffmann*, Jochen: „Überseering" und das (vermeintliche) Ende der Sitztheorie, RIW 2002, S. 925 – 936.

Liermann, Matthias: Die deutschen Kreditinstitute im Spannungsfeld von deutschem und europäischem Recht, Frankfurt am Main 2002.

Louven, Christoph / *Dettmeier*, Michael / *Pöschke*, Moritz / *Weng*, Andreas: Optionen grenzüberschreitender Verschmelzungen innerhalb der EU – gesellschafts- und steuerrechtliche Grundlagen, BB Beilage 2006 Nr. 14, S. 1 – 16.

Lusser, Markus: Internationale Harmonisierung von Bankenrecht und Finanzmarktaufsicht, ZBB 1989, S. 101 – 107.

Lutter, Marcus: Europäische Auslandsgesellschaften in Deutschland, Köln 2005.

Lutter, Marcus / *Winter*, Martin: Umwandlungsgesetz, 4. Auflage, Köln 2009.

Lutter, Marcus: „Überseering" und die Folgen, BB 2003, S. 7 – 10.

Mankowski, Peter: Anmerkung zu VG Frankfurt am Main v. 07.05.2004 9 G 6496/03, WuB I L 1. § 32 KWG 1.04, S. 929 – 932.

Mankowski, Peter: Behördliche Eingriffe und grenzüberschreitende Online-Dienste, in: Die Bedeutung des internationalen Privatrechts im Zeitalter der neuen Medien, S. 51 – 88, Hrsg.: Leible, Stefan, Stuttgart u. a. 2003.

Mankowski, Peter: Das Internet im Internationalen Vertrags- und Deliktsrecht, RabelsZ 63 (1999), S. 203 – 294.

Marwede, Jan: Anmerkung zu VGH Kassel v. 21.01.2005 6 TG 1568/04, WuB I L 1. § 32 KWG 1.05, S. 685 – 689.

Marwede, Jan: Die sechs goldenen Regeln der Bankenaufsicht, in: Festschrift für Martin Peltzer, S. 301 – 325, Hrsg.: Lutter, Marcus / Scholz, Manfred / Sigle, Walter, Köln 2001.

Matscher, Franz: Gibt es ein Internationales Verwaltungsrecht?, in: Festschrift für Günther Beitzke, S. 641 – 649, Hrsg.: Sandrock, Otto, Berlin 1979.

McDonald, Kevin M.: Der Begriff der Dienstleistung im europäischen Binnenmarkt und WTO-System (GATS), Frankfurt am Main 2001.

Meessen, Matthias: Völkerrechtliche Grundsätze des internationalen Kartellrechts, Baden-Baden 1975.

Meister, Edgar: Globale Geschäfte, nationale Aufsicht – passt das zusammen?, Kreditwesen 2000, S. 20 – 22.

Meister, Edgar: Gespräch mit Edgar Meister: „Dezentrale Bankenaufsicht hat sich bewährt", Gesprächsführer: Wittkowski, Bernd, Börsen-Zeitung v. 15.05.1999, S. 7.

Morgan, Victor E. / *Harrington*, Richard / *Zis*, George: Banking Systems and Monetary Policy in the EEC, London 1974.

Möschel, Wernhard: Bankenaufsicht und internationales Geschäft, ZBB 1989, S. 168 – 184.

Müller-Graff, Peter-Christian: Dienstleistungsfreiheit und Erbringungsformen grenzüberschreitender Dienstleistungen, in: Festschrift für Rudolf Lukes, S. 471 – 493, Hrsg.: Leßmann, Herbert / Großfeld, Bernhard / Vollmer, Lothar, Köln u. a. 1989.

Münchener Kommentar: Aktiengesetz, Band 9/2, Hrsg.: Goette, Wulf / Habersack, Mathias / Kropff, Bruno / Semler, Johannes, 2. Auflage, München 2006.

Münchener Kommentar: Bürgerliches Gesetzbuch, Band 11, Hrsg.: Rebmann, Kurt / Rixecker, Roland / Säcker, Franz J., 4. Auflage, München 2006.

Nielsen, Jens: Auslandsgeschäft, in: Bankrecht und Bankpraxis, 5. Teil, Hrsg.: Gößmann, Wolfgang / Hellner, Thorwald / Schröter, Jürgen / Steuer, Stephan/ Weber, Ahrend, 84. EGL, Stand 12/2009, Köln.

Niethammer, Thomas: Die Ziele der Bankenaufsicht in der Bundesrepublik Deutschland, Berlin 1990.

Nietsch, Michael: Internationales Insiderrecht, Berlin 2004.

Nirk, Rudolf: Das Kreditwesengesetz, 13. Auflage, Frankfurt am Main 2008.

Oechsler, Jürgen: Die Sitzverlegung der Europäischen Aktiengesellschaft nach Art. 8 SE-VO, AG 2005, S. 373 – 380.

Ohler, Christoph: Zulässige Versagung der Erlaubnis zur gewerbsmäßigen Kreditvergabe, EuZW 2006, S. 689 – 693.

Ohler, Christoph: Die Kollisionsordnung des allgemeinen Verwaltungsrechts, Tübingen 2005.

Ohler, Christoph: Der Status von Finanzdienstleistungen in EGV und GATS, ZEuS 2002, S. 321 – 560.

Ohler, Christoph: Europäische Kapital- und Zahlungsverkehrsfreiheit, Berlin u. a. 2002.

Ohler, Christoph: Aufsichtsrechtliche Fragen des electronic banking, WM 2002, S. 162 – 170.

Ohler, Christoph: Die Kapitalverkehrsfreiheit und ihre Schranken, WM 1996, S. 1801 – 1808.

O. V.: Versicherungen stehen vor Zeitwende, Handelsblatt v. 11.07.2007, S. 22.

O. V.: EZB setzt sich für Cross-Border-Banking ein, Börsen-Zeitung v. 25.02.2006, S. 4.

Paefgen, Walter G.: Gezeitenwechsel im Gesellschaftskollisionsrecht, WM 2003, S. 561 – 570.

Panowitz, Rudolf / *Jung*, Harald: Kreditwesengesetz, Frankfurt am Main 1988.

Pasternacki, Katrin: Zur Abgrenzung von Niederlassungsfreiheit und Dienstleistungsfreiheit bei Niederlassungen mit Teilfunktion, Frankfurt am Main 2000.

Pfeiffer, Thomas: Die Entwicklung des Internationalen Vertrags-, Schuld- und Sachenrechts in den Jahren 1995/96, NJW 1997, S. 1207 – 1216.

Pfenningstorf, Werner: Versicherungsaufsicht ohne Niederlassung – europäischer Auftrag und amerikanische Erfahrungen, VersR 1987, S. 331 – 336.
Pfüller, Markus / *Westerwelle*, Kai: Wertpapierhandel im Internet, in: Handbuch Multimedia Recht, Kapitel 13.7, Hrsg.: Hoeren, Thomas / Sieber, Ulrich, 21. EGL, Stand 12/2008, München.
Puderbach, Frank / *Zenke*, Ines: Genehmigungsvoraussetzungen nach dem KWG. Wer ist wann Finanzdienstleister?, in: Handel mit Energiederivaten, Rn. 84 – 228, Hrsg.: Zenke, Ines / Ellwanger, Niels, München 2003.
Rehbein, Dieter: Auf dem Wege zum Europäischen Bankenmarkt, ÖBA 1993, S. 251 – 259.
Rehm, Gebhard: Völker- und europarechtliche Vorgaben für die Bestimmung des Gesellschaftsstatuts, in: Ausländische Kapitalgesellschaften im deutschen Recht, § 2, Hrsg.: Eidenmüller, Horst, München 2004.
Reich, Norbert: Die Freiheit des Dienstleistungsverkehrs als Grundfreiheit, ZHR 153 (1989), S. 571 – 594.
Reichert, Jochem: Die SE als Gestaltungsinstrument für grenzüberschreitende Umstrukturierungen, Konzern 2006, S. 821 – 835.
Reimpell, Peter: Filialen, Tochterbanken, Beteiligungen?, zfbf 1980, S. 905 – 921.
Reischauer, Friedrich / *Kleinhans*, Joachim: Kreditwesengesetz, EGL 06/09, Berlin.
Richter, Tanja: Eine zentrale europäische Bankenaufsichtsbehörde?, Hamburg 2006.
Rinne, Burkhard: Zweigniederlassung ausländischer Unternehmen im deutschen Kollisions- und Sachrecht, Berlin 1998.
Rögner, Herbert: Zur „Auslegung“ des Inlandsbegriffs des § 32 KWG durch die Verwaltungspraxis der Bundesanstalt für Finanzdienstleistungsaufsicht, WM 2006, S. 745 – 752.
Römer, Monika: Harmonisierung der Bankenaufsicht in der Europäischen Gemeinschaft, Berlin 1977.
Roth, Wulf-Henning: Die Wegzugsfreiheit für Gesellschaften, in: Europäische Auslandsgesellschaften in Deutschland, S. 379 – 402, Hrsg.: Lutter, Marcus, Köln 2005.
Royla, Pascal: Grenzüberschreitende Finanzmarktaufsicht in der EG, Berlin 2000.
Ruthig, Josef: Wirtschaftsverwaltungsrecht, in: Rechtshandbuch Electronic Business, S. 538 – 577, Hrsg.: Gounalakis, Georgios, München 2003.
Sachs, Michael: Grundgesetz, 5. Auflage, München 2009.
Sanio, Jochen: Europäische Finanzaufsicht: Ein Motor der Integration?, Die Bank 2007, Heft 4, S. 20 – 25.

Scheerer, Michael: EU will neue Versicherungsaufsicht, Handelsblatt v. 20.06.2007, S. 26.

Schelinski, Tobias: Behördliche Aufsicht über grenzüberschreitende Online-Dienste, Hamburg 2005.

Schlag, Martin: Grenzüberschreitende Verwaltungsbefugnisse im EG-Binnenmarkt, Baden-Baden 1998.

Schmid-Burgk, Klaus: Bankenaufsicht und Auslandstöchter, Frankfurt am Main 1989.

Schmidt, Peter: Die Europäisierung des Versicherungsrechts unter besonderer Berücksichtigung der Grundfreiheiten im Binnenmarkt, Online-Ressource 2006.

Schmidt-Wilke, Hans-Jürgen: Risikoproblematik und Risikopolitik im internationalen Bankgeschäft, Hamburg 1969.

Schneider, Manfred: Probleme der Bankenaufsicht, Bank-Betrieb 1970, S. 304 – 307.

Schneider, Sven: Nichtanwendbarkeit des KWG bzw. WpHG trotz Erbringung regulierter Tätigkeiten, WM 2008, S. 285 – 291.

Schneider, Uwe H.: Neue Formen des grenzüberschreitenden Vertriebs von Bankdienstleistungen in der Europäischen Gemeinschaft, in: Toward Comparative Law in the 21st Century, S. 261 – 279, Hrsg.: The Institute of Comparative Law in Japan, Tokio 1998.

Schneider, Uwe H.: Europäische und internationale Rechtsangleichung und ihre Bedeutung für die Kreditwirtschaft, in: Rechtsfragen bei Bankleistungen im Europäischen Binnenmarkt, S. 9 – 24, Hrsg.: Hadding, Walther / Welter, Reinhard, Köln 1994.

Schneider, Uwe H. / *Troberg*, Peter: Finanzdienstleistungen im EG-Binnenmarkt: Sitzland- oder Gastlandrecht?, WM 1990, S. 165 – 172.

Schön, Wolfgang: Der Kapitalverkehr mit Drittstaaten, in: Festschrift für Franz Wassermeyer, S. 489 – 521, Hrsg.: Gocke, Rudolf / Gosch, Dietmar / Lang, Michael, München 2005.

Schöne, Franz-Josef: Das deutsche Bankenaufsichtsrecht (KWG) und die Dienstleistungsfreiheit nach Art. 59 ff. EWG-Vertrag, WM 1989, S. 873 – 877.

Schöne, Franz-Josef: Dienstleistungsfreiheit in der EG und deutsche Wirtschaftsaufsicht, Köln u. a. 1989.

Schönfeld, Jens: EuGH konkretisiert Anwendung der Kapitalverkehrsfreiheit im Verhältnis zu Drittstaaten, DB 2007, S. 80 – 82.

Schork, Leo: Gesetz über das Kreditwesen, 24. Auflage, Stuttgart 2007.

Schurig, Klaus: Kollisionsnorm und Sachrecht, Berlin 1981.

Schuster, Gunnar: Aufsichtsrechtliche Grenzen und kapitalmarktrechtliche Folgen grenzüberschreitender Sitzverlegungen, in: Grenzüberschreitende Gesellschaften, S. 498 – 517, Hrsg.: Hirte, Heribert / Bücker, Thomas, 2. Auflage, Köln u.a. 2006.

Schuster, Gunnar / *Binder*, Jens-Hinrich: Die Sitzverlegung von Finanzdienstleistern innerhalb der Europäischen Gemeinschaft, WM 2004, S. 1665 – 1675.
Schuster, Gunnar: Die internationale Anwendung des Börsenrechts, Berlin u. a. 1996.
Schwarz, Günter Christian: Zum Statut der Europäischen Aktiengesellschaft, ZIP 2001, S. 1847 – 1861.
Schwarz, Hans-Detlef: Das neue Umwandlungsrecht, DStR 1994, S. 1694 – 1702.
Schwenke, Michael: Die Kapitalverkehrsfreiheit im Wandel?, IStR 2006, S. 748 – 754.
Schwennicke, Andreas: Anmerkung zu BVerwG v. 22.04.2009 8 C 2.09, GWR 2009, S. 249.
Schwintowski, Hans-Peter: Die rechtlichen Rahmenbedingungen grenzüberschreitend tätiger schweizerischer Vermögensverwalter, AJP/PJA 2005, S. 457 – 468.
Schwyzer, Conrad P.: Interview mit Conrad P. Schwyzer: „Für kleine Bankhäuser eine große Herausforderung", Interviewer: Steevens, Carsten, Börsen-Zeitung v. 14.07.2005, S. 4.
Sedemund, Jan: Die mittelbare Wirkung der Grundfreiheiten für in Drittstaaten ansässige Unternehmen nach den EuGH-Urteilen Fidium Finanz AG und Cadbury Schweppes, BB 2006, S. 2781 – 2786.
Senger, Michael: Bankenaufsicht, Unternehmensverbindungen und Bankengruppen, Frankfurt am Main u. a. 2004.
Siedenbiedel, Christian: Deutschland gilt wieder als interessant, FAZ v. 20.04.2007, S. 55.
Siller, Christian: Rechtsfragen des Discount-Broking, Köln 1999.
Simma, Bruno: Das Reziprozitätselement im Zustandekommen völkerrechtlicher Verträge, Berlin 1972.
Spindler, Gerald: Änderungen des WpHG durch das Finanzmarktrichtlinie-Umsetzungsgesetz (FRUG), WM 2007, S. 1245 – 1249.
Spindler, Gerald: Versicherungsaufsicht über Internetangebote ausländischer Versicherer, VersR 2002, S. 1049 – 1055.
Spindler, Gerald: Internationale Kapitalmarktangebote und Dienstleistungen im Internet, WM 2001, S. 1689 – 1701.
Spindler, Gerald: Emissionen im Internet: Kapitalmarktrecht und Kollisionsrecht, NZG 2000, S. 1058 – 1064.
Staudt, Michael von: Bankmarketing im internationalen Geschäft, Wiesbaden 1980.
Steck, Andreas: Kaum ein Weg führt an Bankerlaubnis vorbei, Börsen-Zeitung v. 04.10.2001, S. 3.

Steck, Kai-Uwe: Interview mit Kai-Uwe Steck: „Es wird spannend, ob die BaFin vor großen Namen zurückschreckt“, Interviewer: Becker, Walther, Börsen-Zeitung v. 11.10.2006, S. 2.

Steck, Kai-Uwe / *Campbell*, Nicole: Die Erlaubnispflicht für grenzüberschreitende Bankgeschäfte und Finanzdienstleistungen, ZBB 2006, S. 354 – 365.

Steenkamp, Johan Leon: Electronic Commerce in Financial Services in the Context of the General Agreement on Trade in Services, Tübingen 2004.

Streinz, Rudolf: EUV/EGV, München 2003.

Strub, Andreas J.: Bankdienstleistungen im Binnenmarkt, München 1994.

Szagunn, Volkhard / *Haug*, Ulrich / *Ergenzinger*, Wilhelm: Gesetz über das Kreditwesen, 6. Auflage, Stuttgart u. a. 1997.

Timmermans, Christiaan W.A.: The Implementation of the Uruguay Round by the EC, in: The Uruguay Round Results, S. 501 – 509, Hrsg.: Bourgeois, Jacques / Berrod, Frederique / Fournier, Eric Gippini, Brüssel 1995.

Treichl, Heinrich: Multinationale Bankenkooperation, in: Festschrift für Hans Krasensky, S. 367 – 390, Hrsg.: Schneider, Wilfried / Fuchs, Konrad, Wien 1973.

Troberg, Peter: Die Liberalisierung der nationalen Banktätigkeiten und die Schaffung eines einheitlichen Bankenaufsichtsrechts, in: Das Bankwesen im Gemeinsamen Markt, S. 33 – 45, Hrsg.: Blaurock, Uwe, Baden-Baden 1981.

Troberg, Peter: Europäische Aufsicht über das Kreditwesen, Frankfurt am Main 1979.

Troberg, Peter: Die Niederlassungs- und Dienstleistungsfreiheit der Kreditinstitute in der EWG, Bank-Betrieb 1973, S. 318 – 328.

UNCTAD: Trade and Development Report, New York 1990.

Unruh, Mey Marianne: Bankenaufsicht im Bereich elektronischer Zahlungsmöglichkeiten, Münster 2004.

Vahldiek, Wolfgang: GATS und Bankaufsichtsrecht, BKR 2003, S. 971 – 976.

Verdross, Alfred / *Simma*, Bruno: Universelles Völkerrecht, 3. Auflage, Berlin 1984.

Voge, Dirk: Zur Erlaubnispflicht grenzüberschreitend betriebener Bank- und Finanzdienstleistungsgeschäfte, WM 2007, S. 381 – 387.

Völkel, Fabian: Der Marktzugang ausländischer Versicherer, Münster 2003.

Völker, Stefan: Passive Dienstleistungsfreiheit im Europäischen Gemeinschaftsrecht, Berlin 1990.

Wagner, Klaus: Die internationale Tätigkeit der Banken als aufsichtsrechtliches Problem, Baden-Baden 1982.

Wagner, Matthias: Das Konzept der Mindestharmonisierung, Berlin 2001.

Walter, Ingo: Global Competition in Financial Services, Cambridge 1988.

Weber, Christoph: Marktzugang von Auslandsbanken, Heidelberg 1996.

Weber, Martin: Die Entwicklung des Kapitalmarktrechts im Jahre 2003, NJW 2004, S. 28 – 38.

Weber, Martin: Internet-Emissionen, MMR 1999, S. 385 – 390.

Weber-Rey, Daniela: Leichter über die Grenze, FAZ v. 21.11.2007, S. 25.

Werner, Welf: Das WTO-Finanzdienstleistungsabkommen, München u. a. 1999.

Winter, Gerrit: Internationale Online-Versicherung als Korrespondenzversicherung, VersR 2001, S. 1461 – 1471.

Wohlfahrt, Ernst / *Everling*, Ulrich / *Glaesner*, Hans Joachim / *Sprung*, Rudolf: Die Europäische Wirtschaftsgemeinschaft, Berlin u. a. 1960.

Zahradnik, Andreas / *Kremslehner*, Florian: Aufsichtsrechtliche Aspekte des Internet-Banking, in: Internetbanking, S. 172 – 193, Hrsg.: Lucius, Otto / Zakostelsky, Andreas, Wien 2002.

Zeitler, Isabelle: Internationales Bankgeschäft als Problem der Bankenaufsicht, München 1984.

Zenke, Ines / *Puderbach*, Frank / *Freiwald*, Beatrice: Der finanzielle Energiehandel – Aufsicht und Erlaubnispflichten, in: Energiehandel in Europa, S. 149 – 186, Hrsg.: Zenke, Ines / Schäfer, Ralf, 2. Auflage, München 2009.

Zerwas, Herbert / *Hanten*, Mathias: Market Access to Germany – Legal and Tax Implications, in: Banking Business in Germany, S. 36 – 65, Hrsg.: Roennberg, Jens / Tolckmitt, Jens, Frankfurt am Main 2005.

Zerwas, Herbert / *Hanten*, Mathias: Bankaufsicht und Online-Banking: Neue Erlaubnispflichten?, BuM 2002, S. 40 – 41.

Zerwas, Herbert / *Hanten*, Mathias: Outsourcing bei Kredit- und Finanzdienstleistungsinstituten, WM 1998, S. 1110 – 1118.

Europäische Richtlinien, Verordnungen und Mitteilungen

Erste Richtlinie 77/780/EWG des Rates vom 12.12.1977 zur Koordinierung der Rechts- und Verwaltungsvorschriften über die Aufnahme und Ausübung der Tätigkeit der Kreditinstitute, ABl. EG Nr. L 322 v. 17.12.1977, S. 30 ff. (zit.: 1. BRKR).

Siebente Richtlinie 83/349/EWG des Rates vom 13.06.1983 aufgrund von Artikel 54 Absatz 3 Buchstabe g) des Vertrags über den konsolidierten Abschluss, ABl. EG Nr. L 193 v. 18.07.1983, S. 1 ff. (zit.: Siebente Richtlinie).

Richtlinie 88/361/EWG des Rates vom 24.06.1988 zur Durchführung von Artikel 67 des Vertrags, ABl. EG Nr. L 178 v. 08.07.1988, S. 5 ff. (zit.: Kapitalverkehrs-Richtlinie).

Zweite Richtlinie 89/646/EWG des Rates vom 15.12.1989 zur Koordinierung der Rechts- und Verwaltungsvorschriften über die Aufnahme und Ausübung der Tätigkeit der Kreditinstitute und zur Änderung der Richtlinie 77/780/EWG, ABl. EG Nr. L 386 v. 30.12.1989, S. 1 ff. (zit.: 2. BRKR).

Richtlinie 92/30/EWG des Rates vom 06.04.1992 über die Beaufsichtigung von Kreditinstituten auf konsolidierter Basis, ABl. EG Nr. L 110 v. 28.04.1992, S. 52 ff. (zit.: Konsolidierungsrichtlinie).

Richtlinie 93/6/EWG des Rates vom 15.03.1993 über die angemessene Eigenkapitalausstattung von Wertpapierfirmen und Kreditinstituten, ABl. EG Nr. L 141 v. 11.6.1993, S. 1 ff. (zit.: Kapitaladäquanzrichtlinie).

Richtlinie 93/22/EWG des Rates vom 10.05.1993 über Wertpapierdienstleistungen, ABl. EG Nr. L 141 v. 11.06.1993, S. 27 ff. (zit.: WDRL).

Richtlinie 95/26/EG des Europäischen Parlaments und des Rates vom 29.06.1995 zur Änderung der Richtlinien 77/780/EWG und 89/646/EWG betreffend Kreditinstitute, der Richtlinien 73/239/EWG und 92/49/EWG betreffend Schadenversicherungen, der Richtlinien 79/267/EWG und 92/96/EWG betreffend Lebensversicherungen, der Richtlinie 93/22/EWG betreffend Wertpapierfirmen sowie der Richtlinie 85/611/EWG betreffend bestimmte Organismen für gemeinsame Anlagen in Wertpapieren (OGAW) zwecks verstärkter Beaufsichtigung dieser Finanzunternehmen, ABl. EG Nr. L 168 v. 18.07.1995, S. 7 ff. (zit.: BCCI-Richtlinie).

Kommission: Mitteilung der Kommission zu Auslegungsfragen über den freien Dienstleistungsverkehr und das Allgemeininteresse in der Zweiten Bankenrichtlinie, ABl. EG Nr. C 209 v. 10.07.1997, S. 4 ff. (zit.: Mitteilung „Zweite Bankenrichtlinie“).

Richtlinie 2000/46/EG des Europäischen Parlaments und des Rates vom 18.09.2000 über die Aufnahme, Ausübung und Beaufsichtigung der Tätigkeit von E-Geld-Instituten, ABl. EG Nr. L 275 v. 27.10.2000, S. 39 ff. (zit.: E-Geld-Richtlinie).

Verordnung 2157/2001 des Rates über das Statut der Europäischen Gesellschaft (SE), ABl. EG L 294 v. 10.11.2001, S. 1 ff. (zit.: SEVO).

Richtlinie 2004/39/EG des Europäischen Parlaments und des Rates vom 21.04.2004 über Märkte für Finanzinstrumente, zur Änderung der Richtlinien 85/611/EWG und 93/6/EWG des Rates und der Richtlinie 2000/12/EG des Europäischen Parlaments und des Rates und zur Aufhebung der Richtlinie 93/22/ EWG des Rates, ABl. EG Nr. L 145 v. 30.04.2004, S. 1 ff. (zit.: MiFID).

Kommission: Grünbuch zur Finanzdienstleistungspolitik, v. 03.05.2005 KOM (2005) 177 (zit.: Grünbuch zur Finanzdienstleistungspolitik).

Richtlinie 2005/56/EG des Europäischen Parlaments und des Rates vom 26.10.2005 über die Verschmelzung von Kapitalgesellschaften aus verschiedenen Mitgliedstaaten, ABl. EG Nr. 310 v. 25.11.2005, S. 1 ff. (zit.: Verschmelzungsrichtlinie).

Richtlinie 2006/48/EG des Europäischen Parlaments und des Rates vom 14.06.2006 über die Aufnahme und Ausübung der Tätigkeit der Kreditinstitute, ABl. EG Nr. L 177 v. 30.06.2006, S. 1 ff. (zit.: Bankenrichtlinie).

Richtlinie 2007/44/EG des Europäischen Parlaments und des Rates vom 05.09.2007 zur Änderung der Richtlinie 92/49/EWG des Rates sowie der Richtlinien 2002/83/EG, 2004/39/EG, 2005/68/EG und 2006/48/EG in Bezug auf Verfahrensregeln und Bewertungskriterien für die aufsichtsrechtliche Beurteilung des Erwerbs und der Erhöhung von Beteiligungen im Finanzsektor, ABl. EG Nr. L 247 v. 21.09.2007, S. 1 ff. (zit.: Richtlinie über Beteiligungen im Finanzsektor).

Richtlinie 2009/138/EG des Europäischen Parlaments und des Rates vom 25.11.2009 betreffend die Aufnahme und Ausübung der Versicherungs- und Rückversicherungstätigkeit (Solvabilität II), ABl. EG Nr. L 335 v. 17.12.2009, S. 1 ff. (zit.: Solvency-II-Richtlinie).

Nationale Merkblätter, Mitteilungen und Schreiben

Reichskommissar: Bezeichnung der Zweigstellen, v. 02.05.1939 24 635/39 III, Beck/Samm/Kokemoor, KWG, A 24/5.

Bundesminister der Justiz: Schreiben zum Verfahren bei den Registergerichten, v. 06.02.1963 Nr. 7200-2-34 130/62, KWG-Texte Nr. 4.22.

BAKred: Schreiben zum automatischen 24-Stunden-Bankservice, v. 28.07.1975 I 3-271-1/75, KWG-Texte 4.122.

BAKred: Verlautbarung zur Auszahlung von Krediten durch Kreditinstitute über Kreditvermittler, v. 24.08.1979 I 5-211-3/76, geändert durch Rundschreiben „Auslagerung“ 11/2001, v. 06.12.2001 I 3-272 A-2/98, KWG-Texte 4.171.

BAKred: Schreiben zur Verfügungsbefugnis von Repräsentanten ausländischer Banken oder anderen Personen mit Sitz im Inland über Sammelkonten, die von Banken im Ausland bei inländischen Kreditinstituten unterhalten werden, v. 24.06.1996 Z5-173-20/95, Reischauer/Kleinhans, KWG, § 53 Rn. 3c Fn. 2.

BAKred: Schreiben des BAKred zu den „Voraussetzungen für die Erteilung einer Erlaubnis zum Betreiben des Finanztransfergeschäfts (§ 1 Abs. 1 a Satz 2 Nr. 6 KWG)“ vom April 1999, abgedruckt bei Reischauer/Kleinhans, KWG, Anhang 3 zu § 1, geändert durch BAKred, Merkblatt zum Betreiben des Finanztransfergeschäfts v. 04.05.2000 Z5-C663, KWG-Texte 11.68.

BAKred: Rundschreiben 11/2001 zur Auslagerung von Bereichen auf ein anderes Unternehmen gem. § 25a Abs. 2 KWG, v. 06.12.2001 I 3-272A-2/98, KWG-Texte 4.339.

BAKred: Vermerk zu „Kreditfabriken", v. 12.12.2003 13-272A-4/2003, abrufbar unter www.bafin.de (abgerufen 05/2007).

BAKred: Schreiben zu „Ihre Anzeige gemäß § 53a vom 6. März 2002 und Ihr Schreiben vom 19. März 2002“, v. 12.04.2002 II 7 (118751) 100, KWG-Texte 4.341.BaFin: Hinweise zur Erlaubnispflicht nach § 32 Abs. 1 KWG in Verbindung mit § 1 Abs. 1 und Abs. 1 a KWG von grenzüberschreitend betriebenen Bankgeschäften und/oder grenzüberschreitend erbrachten Finanzdienstleistungen, v. 03/2003, ersetzt durch 04/2005, KWG-Texte 4.350.

Frankfurter wirtschaftsrechtliche Studien

Herausgegeben von
Theodor Baums, Andreas Cahn, Friedrich Kübler, Hans-Joachim Mertens,
Eckard Rehbinder, Gunther Teubner

Band 1 Tomas Brinkmann: Unternehmensinteresse und Unternehmensrechtsstruktur. Aufgaben und Grenzen eines normativen Regulativs unternehmenspolitischer Prozesse. 1983.

Band 2 Rüdiger Hahn: Behinderungsmißbräuche marktbeherrschender Unternehmen. Eine Untersuchung der Beeinträchtigung von Wettbewerb und Marktstruktur durch horizontalen Nichtleistungswettbewerb als Gegenstand der Mißbrauchaufsicht nach § 22 Abs. 4 S. 2 Nr. 1 GWB. 1984.

Band 3 Peter Buchmann: Registerpublizität und Gläubigerschutz bei der Einmann-Gesellschaft. 1984.

Band 4 Christian Joerges/Eugen Hiller/Knut Holzscheck/Hans-W. Micklitz: Vertriebspraktiken im Automobilersatzteilsektor. Ihre Auswirkungen auf die Interessen der Verbraucher. 1985.

Band 5 Annette Boerner: Die Haftung des herrschenden Kommanditisten. 1985.

Band 6 Dirk H. Mahler: Rechtsmißbrauch und einstweiliger Rechtsschutz bei Dokumentenakkreditiven und "Akkreditiven auf erstes Anfordern": Eine rechtsvergleichende Untersuchung. 1986.

Band 7 Brigitte Kratz: Ausländische Eingriffsnorm und inländischer Privatrechtsvertrag. 1986.

Band 8 Dimitris Tsibanoulis: Die genossenschaftliche Gründungsprüfung. 1987.

Band 9 Jürgen Braun: Rechtsfragen des Transport-Unfall-Informations- und Hilfeleistungs-Systems der deutschen chemischen Industrie. 1987.

Band 10 Thomas Pfeiffer: Die Bedeutung des privatrechtlichen Immissionsschutzes. Eine Untersuchung zu §§ 1004, 906 BGB. 1987.

Band 11 Michael Bothe/Josef Brink/Christian Kirchner/Albrecht Stockmayer: Rechtsfragen der internationalen Verschuldungskrise. Voraussetzungen, Formen und Verfahren internationaler Umschuldungsmaßnahmen und Umschuldungsvereinbarungen. 1988.

Band 12 Felix Dörr: Die fehlerhafte GmbH. 1989.

Band 13 Rolf Trittmann: Anwendungsprobleme des Haager Beweisübereinkommens im Rechtshilfeverkehr zwischen der Bundesrepublik und den Vereinigten Staaten von Amerika. Exklusive Regelung zur Überbrückung der Unterschiede zwischen dem kontinental-europäischen und anglo-amerikanischen Zivilprozeßrechtssystem? 1989.

Band 14 Margaretha Sudhof: Dreieckige Rechtsverhältnisse im Wirtschaftsverwaltungsrecht - Am Beispiel von Konkurrentenklagen. 1989.

Band 15 Michael Weigel: Schriftformklauseln in Allgemeinen Geschäftsbedingungen. 1989.

Band 16 Hans-Peter Schröder: Der sichere Weg bei der Vertragsgestaltung. 1990.

Band 17 Matthias Haas: Haftungsfreizeichnungsklauseln in Allgemeinen Geschäftsbedingungen. Eine rechtsdogmatische und ökonomische Analyse. 1991.

Band 18 Andreas Hahn: Instandhaltungsverträge. Begriffe, Einordnung, Rechtsfolgenbestimmung, Auswirkung auf die Kautelarpraxis. 1991.

Band 19 Jürgen Götz: Der Entherrschungsvertrag im Aktienrecht. 1991.

Band 20 Friedrich Wächtershäuser: Das Gesellschaftsrecht des internationalen Joint Ventures. 1992.

Band 21 Christina Escher-Weingart: Nutzungsausfall als Schaden und sein Ersatz. 1993.

Band 22 Jean-Claude Zerey: Rechtliche Probleme der Finanzierung von *Leveraged Buyouts* und *Tender Offers* durch Banken in den USA und in der Bundesrepublik Deutschland. Eine rechtsvergleichende Studie über die Rolle der Banken bei Unternehmenskontrolltransaktionen in den USA und in der Bundesrepublik Deutschland. 1994.

Band 23 Markus Bauer: Gläubigerschutz durch eine formelle Nennkapitalziffer - Kapitalgesellschaftsrechtliche Notwendigkeit oder überholtes Konzept? Eine rechtsvergleichende Untersuchung der Gläubigerschutzkonzepte des amerikanischen und deutschen Kapitalgesellschaftsrechts. 1995.

Band 24 Marion Vollmann: Minderheitenschutz im aktienrechtlichen Beschlußmängelrecht. Eine Bestandsaufnahme und Vorschläge zu einer rechtspolitischen Reform. 1997.

Band 25 Lydia Klose-Mokroß: Gläubigerschutz im Kapitalgesellschaftsrecht am Beispiel der Lehre von der verdeckten Sacheinlage. 1997.

Band 26 Stephan Aubel: Der vereinfachte Bezugsrechtsausschluß. Aktionärs- und Gesellschaftsinteressen beim vereinfachten Bezugsrechtsausschluß nach Maßgabe des § 186 Absatz 3 Satz 4 AktG. 1998.

Band 27 Kurt Peter Dittrich: Die Privatplazierung im deutschen Kapitalmarktrecht. Eine Untersuchung der Vorschriften des Auslandinvestmentgesetzes, des Wertpapier-Verkaufsprospektgesetzes und des Gesetzes über Kapitalanlage-Gesellschaften unter Berücksichtigung des Rechts der Vereinigten Staaten von Amerika und des Vereinigten Königreichs. 1998.

Band 28 Viola Sailer: Aktienrechtliche Minderheitskompetenzen zwischen Mißbrauch und unternehmerischer Entscheidungsfreiheit. 1999.

Band 29 Marc Zimmerling: Kapitalerhaltung und Konzernfinanzierung. Eine Untersuchung der kapitalerhaltungsrechtlichen Problematik aufsteigender Sicherheiten im Konzern. 1998.

Band 30 Joachim Wichert: Die Finanzen der Kommanditgesellschaft auf Aktien. 1999.

Band 31 Kerstin Andrea Müller: Produktverantwortung und ihre Durchsetzung. Eine kartellrechtliche Beurteilung von Selbstverpflichtungen im Umweltrecht aus deutscher und europäischer Sicht unter besonderer Berücksichtigung der Altautoentsorgung. 1999.

Band 32 Bettina Friedrich: Konvergenzen im Gesellschaftsrecht. Recht-Fertigung durch Status- und Befundsicherung. 2000.

Band 33 Rudolf Lemke: Haftungsrechtliche Fragen des Ratingwesens – ein Regelungsproblem? 2000.

Band 34 Klaus R. Roller: Die Vergütung des Aufsichtsrats in Abhängigkeit vom Aktienkurs. 2000.

Band 35 Bettina Bokelmann: Personelle Verflechtungen über Aufsichtsräte. Aufsichtsratsmitglieder mit hauptberuflicher Vorstandsfunktion. 2000.

Band 36 Kai-Uwe Steck: Regulierung von US-amerikanischen Investmentgesellschaften (Investment Companies). Unter besonderer Berücksichtigung des National Securities Markets Improvement Act of 1996 (NSMIA) und anderer aktueller Rechtsanpassungen. 2000.

Band 37 Kristofer Bott: Wissenszurechnung bei Organisationen. 2000.

Band 38 Ursula Lenzen: Unerlaubte Eingriffe in die Börsenkursbildung. 2000.

Band 39 Martin Schulz: Verfassungsrechtliche Vorgaben für das Kollisionsrecht in einem Gemeinsamen Markt. Eine rechtsvergleichende Untersuchung zu den Grenzen einzelstaatlicher Anknüpfungsmethoden im internationalen Vertrags-, Delikts- und Gesellschaftsrecht am Beispiel der Vereinigten Staaten von Amerika. 2000.

Band 40 Maximilian Koch: Diversifizierung und Vorstandskompetenzen. 2001.

Band 41 Corrado Wohlwend: Die Hauptversammlung im Wandel der Kommunikationsformen. 2001.

Band 42 Michael Rozijn: Der Unternehmensmaklervertrag. Zur Anwendung des allgemeinen Maklervertragsrechts auf Mergers & Acquisitions-Dienstleistungen. 2001.

Band 43 Konstantinos N. Kyriakakis: Die Überwachung einer US-amerikanischen Aktiengesellschaft durch institutionelle Anleger. 2002.

Band 44 Uta Fredebeil: Aktienemissionen. Das underwriting agreement (der Übernahmevertrag) und seine spezifischen Klauseln. 2002.

Band 45 Michaela G. Döbler: Die Einführung des WTO-weiten Erschöpfungsgrundsatzes in das Markenrecht der EU und der USA. 2002.

Band 46 Jan Liersch: Regulierung des Blockhandels an den organisierten Aktienmärkten der Vereinigten Staaten, Großbritanniens und Deutschlands. 2002.

Band 47 Sascha Lotze: US-amerikanisches Kapitalmarktrecht und Internet. Aufsichts- und haftungsrechtliche Fragen des Internet-Einsatzes bei Wertpapieremissionen und im Wertpapierhandel. 2002.

Band 48 Boris Trautmann: Die Konkurrenz von Haftpflicht- und Versicherungsanspruch. Ein Beitrag zur ökonomischen Analyse des Rechts unter Berücksichtigung von Unsicherheit und Verhaltensanomalien. 2002.

Band 49 Matthias Möller: Rechtsformen der Wagnisfinanzierung. Eine rechtsvergleichende Studie zu den USA und zu Deutschland. 2003.

Band 50 Heiner Feldhaus: Die Eignung zur erheblichen Kursbeeinflussung bei der Ad-hoc-Publizität. Eine rechtsvergleichende und interdisziplinäre Untersuchung unter Berücksichtigung der europarechtlichen Vorgaben. 2003.

Band 51 Matthias Janke: Gesellschaftsrechtliche Treuepflicht. Neubewertung der richterrechtlichen Generalklausel im Rahmen einer rechtsvergleichenden und ökonomischen Analyse. 2003.

Band 52 Katrin Thoma: Eigengeschäfte des Vorstands mit der Aktiengesellschaft. Eine vergleichende Untersuchung zum englischen, U.S.-amerikanischen und deutschen Recht. 2003.

Band 53 Mathias Stöcker: Rechtsfragen grenzüberschreitender Unternehmenszusammenschlüsse – unter besonderer Berücksichtigung des Falles Daimler/Chrysler – 2003.

Band 54 Otto Korte: Zur mißbräuchlichen Wahrnehmung der aktienrechtlichen Anfechtungsbefugnis. 2003.

Band 55 Wilhelm Wilderink: Die Auflösung, die Übertragung und die Verschmelzung von In vestmentfonds. 2003.

Band 56 Anja Birkenkämper: Rechtsfragen feindlicher Übernahmen. Jurisitische Nachlese zum Fall Krupp/Thyssen. 2003.

Band 57 Manuel Lorenzo Alonso: Die Neuausrichtung der Zwischenstaatlichkeitsklausel der Art. 81, 82 EG. Folgen der neuesten Entwicklungen des Gemeinschaftsrechts für die Zwischenstaatlichkeitsklausel – unter besonderer Berücksichtigung des Bankenbereichs. 2003.

Band 58 Dirk Kocher: Kapitalgesellschaft & Co. KG in Finnland. Eine Untersuchung zur Frage der Übertragbarkeit der deutschen Grundtypenvermischung auf das finnische Recht. 2003.

Band 59 Ruiting Qin: Parteiautonomie: Eine rechtsvergleichende Untersuchung. Versuch zur Entwicklung einer Gerechtigkeitsjurisprudenz im IPR. 2003.

Band 60 René Runte: Walter Julius Derenberg – Leben und Werk. 2004.

Band 61 Udo Prinz: Umstrukturierung durch *Schemes of Arrangement* mit Gesellschaftern im englischen Recht. – Ein Vorbild? 2004.

Band 62 Rainer Schmitz: Die Haftung des Vorstands gegenüber den Aktionären. Eine rechtsvergleichende Untersuchung nach deutschem und US-amerikanischem Recht. 2004.

Band 63 York Oehlschläger: Die typische und atypische stille Beteiligung an einer Aktiengesellschaft. Möglichkeiten und Grenzen der Gestaltung für die stille Gesellschaft zwischen Personengesellschaftsrecht, Aktienrecht, Konzernrecht und Umwandlungsrecht. 2004.

Band 64 Stefan Klein: Die Rechtsstellung auswärtiger Gesellschaften im deutschen und US-amerikanischen Recht. Ein Beitrag zur Neuausrichtung des deutschen internationalen Gesellschaftsrechts unter besonderer Berücksichtigung des Europäischen Gemeinschaftsrechts. 2004.

Band 65 Knut Sauer: Haftung für Falschinformation des Sekundärmarktes. 2004.

Band 66 Michael Senger: Bankenaufsicht, Unternehmensverbindungen und Bankengruppen. 2004.

Band 67 Maximilian Rittmeister: Gewährleistung beim Unternehmenskauf. Die Gewährleistungshaftung des Verkäufers bei einem Unternehmenskauf seit In-Kraft-Treten des Schuldrechtsmodernisierungsgesetzes. 2005.

Band 68 Ole Ziegler: Der Anteilserwerb am Kapitalmarkt nach der Schuldrechtsreform. 2005.

Band 69 Maia Tacheva: Rechtsbehelfe des Käufers im Warenkaufrecht. Eine rechtsvergleichende Untersuchung des Übereinkommens der Vereinten Nationen über Verträge über den internationalen Warenkauf (CISG), des englischen Sale of Goods Act, des bulgarischen Kaufrechts und des deutschen Kaufrechts vor und nach dem Schuldrechtsmodernisierungsgesetz. 2005.

Band 70 Michael Lange: Rechtsfragen der Finanzierung eines feindlichen Übernahmeangebotes. Am Beispiel der großen Publikumsgesellschaft nach US-amerikanischem und deutschem Recht. 2005.

Band 71 Niklas Dieterich: Outsourcing bei Kapitalanlagegesellschaften. 2005.

Band 72 Julia Sernetz: Derivate und Corporate Governance. Kompetenzen und Pflichten des Vorstands von Aktiengesellschaften beim Einsatz von Derivaten. 2006.

Band 73 Marcel Polte: Aktiengattungen. Eine rechtsvergleichende Untersuchung zum deutschen, US-amerikanischen und englischen Recht. 2005.

Band 74 Jens Bornscheid: Stapled Stock (Verbundaktien). 2006.

Band 75 Robert F. Thoma: Der Wettbewerb um Stimmen im US-amerikanischen und deutschen Aktienrecht. 2006.

Band 76 Markus Lauer: Gemeinsam geführte Unternehmen im Bilanz- und Gesellschaftsrecht. 2006.

Band 77 Arne Christian Lawall: Die virtuelle Holding nach deutschem Aktienrecht. 2006.

Band 78 Marcel Barth: Schadensberechnung bei fehlerhafter Kapitalmarktinformation. 2006.

Band 79 Dirk Reidenbach: Aktienanalysten und Ratingagenturen – Wer überwacht die Überwacher? 2006.

Band 80 Jochen Herr: Neue EU-Wettbewerbsregeln für Technologietransfer-Vereinbarungen. 2006.

Band 81 Simon Markus Beck: Kritik des Eigenkapitalersatzrechts. Zugleich ein Beitrag zur Stärkung des insolvenzrechtlichen Gläubigerschutzes. 2006.

Band 82 Emrullah Kervankiran: Haftungsbeschränkung im türkischen Gesellschaftsrecht. Ein Rechtsvergleich. 2007.

Band 83 David C. Donald: Der Einfluss der Wertpapierabwicklung auf die Ausübung von Aktionärsrechten. Eine Untersuchung der Entstehungsgeschichte und Auswirkungen des U.S.-amerikanischen „Indirect Holding System". 2008.

Band 84 Mathias Eisen: Haftung und Regulierung internationaler Rating-Agenturen. 2007.

Band 85 Nina Bogenschütz: Neuausrichtung des Eigenkapitalbegriffs. Dogmatische Überlegungen im Lichte hybrider Finanzierungen. 2008.

Band 86 Hans-Jürgen Schmitt: Das Geldwäsche-Risikomanagement der Kreditinstitute. 2008.

Band 87 Daniel Komo: Grenzüberschreitende Zusammenschlüsse britischer und deutscher Unternehmen. 2008.

Band 88 Stefan Rothweiler: Der Informationsfluss vom beherrschten zum herrschenden Unternehmen im Gesellschafts- und Kapitalmarktrecht. 2008.

Band 89 Stefan Berg: Kreditderivate im deutschen Privatrecht. 2008.

Band 90 Christian Fischer: Rechtsfragen grenzüberschreitender Übernahmeangebote. 2008.

Band 91 Volker Konopatzki: Funktionsauslagerung bei Kreditinstituten. Gesellschaftsrechtlicher und bankenaufsichtsrechtlicher Rahmen. 2008.

Band 92 Nicolas A. Ostler: Stimmrecht ohne Beteiligungsinteresse. Erwerb und Ausübung des Aktienstimmrechts ohne das Vermögensinteresse an der Beteiligung. 2010.

Band 93 Stefan Brass: Hedgefonds als aktive Investoren. Rechtliche Schranken und rechtspolitische Vorschläge. 2010.

Band 94 Ulrike Blömer: Grenzüberschreitende Sachverhalte im Bankenaufsichtsrecht. 2010.

www.peterlang.de